社会学

数土直紀　山田真茂留 編
天田城介　山根純佳 著

は じ め に

◉ 本書の狙い

社会学について，もうすでに数多のテキストが存在し，そしてそのうちいくつかは研究者がみても質量ともに高い水準にあるにもかかわらず，それでもなお『社会学』と銘打ったテキストを出すことにいったいどのような狙いがあるのか，まずはこのことについて説明したい。

社会学一般に関するテキストは二つに大別することができるだろう。一つは，社会学の面白さを伝えることに重きをおくタイプのテキストである。もう一つは，社会学に関する基本的な事項を網羅するタイプのテキストである。いずれのタイプのテキストにもそれぞれ長所と短所があり，どちらのタイプが絶対的にすぐれているわけではない。しかし個人的には，どちらのスタイルをとるにしても，この二つのタイプのテキストには共通する難点があるのではないかと考えてきた。それは，どちらのタイプのテキストに依拠しても，そのテキストを通じて社会学の全体像を把握することが容易ではないということである。前者のタイプのテキストでは学習する内容に偏りが生じるし，後者のタイプのテキストでは細部にこだわりすぎることで全体像がみえにくくなってしまうからである。

そこで，新しく社会学のテキストを出版するならば，社会学を学習する人に対して社会学について明確な全体像を提示できるようなものにしたいと考えた。このとき考えなければいけないことは，明確な全体像を描き出すためには，全体を構成する各部分について十分な知識が必要になるし，その知識は偏ったものではなく，全体との関係のなかでバランスが取れたものになっている必要があるということである。そのうえで，それらの知識が断片的に与えられるのではなく，互いが有機的に関連しあい，一個の全体を構成しているのでなければならない。単なる知識の羅列では，学習する内容は学習者にとって無味乾燥な

ものとなり，社会学の学習をつまらないものにしてしまうだろう。つまり本テキストで目的とされたことは，社会学を理解するうえで必要な知識をバランスよく提供し，かつそれらの有機的な結びつきを明らかにすることで，ともすれば得体がしれないと思われがちな社会学に，一つの明確なストーリーを与えることであった。

　強調したいことは，本テキストに書かれている事柄は覚えるために用意されているものではないということである。社会学の歴史や，理論や，概念をひたすら暗記しても，そのことで社会学に対する理解が深まることはないだろう。そうではなく，本テキストに書かれている事柄は，社会について考えるための手がかりとして用意されている。社会学者がこれまで社会についてどのようなことを考え，そして何を述べてきたのか，このことを学ぶのは，偉大な社会学者は一般の人よりも社会のことを正しく理解しており，偉大な社会学者の学説を知ることで一般の人も社会のことを正しく理解できるようになるからではない。すでに社会について真摯に問い，そして考えてきた社会学者の考えを理解し，そして批判することで，私たちの社会に対する思索は，それをしなかったときと比べて，より深いものになることが期待できるからである。本テキストでは，いま社会に起こっていることを一人ひとりが真摯に問い，そして考えることで，社会学に対する理解が深まるのだと考えている。言い換えれば，本テキストで紹介されている事柄は，社会学に対する理解を深めるための貴重な手がかりとして用意されているのである。

◉　本書の構成

　本書の構成について，説明したいと思う。本書は 5 部構成になっているが，第Ⅰ部では社会学の基礎理論と方法論について解説している。本テキストでは学問としての社会学の骨格は理論と方法にあると考えており，だからこそ社会学を理解するための最初のステップとして，基礎理論と方法論の学習を重視した。第 1 章「社会学の基礎理論」では，社会学初期の社会学理論を大きく方法論的集合主義と方法論的個人主義に大別し，その二つの理論的立場が時を経るなかで融合し，そして多様化していった流れを明らかにしている。第 2 章「社会学の方法論」では，社会学の方法論を，社会学が扱うデータのタイプを質的

データと量的データの二つに大別したうえで，それぞれタイプに対応させる形で分類している。質的データに対応する方法論は意味解釈法に相当し，量的データに対応する方法論は統計帰納法に相当する。そのうえで，二つの方法にまたがるものとして，数理モデルやコンピュータ・シミュレーションを扱う数理演繹法についても紹介した。

　また第Ⅱ部では，社会の組成について社会学がどのように考えてきたのかを，まなざし，つながり，集まりの概念を基軸にして解説している。社会学という学問を難しくしている理由の一つは，社会なるものの捉えがたさにある。だからこそ，そもそも社会学が対象としている社会とは何であるのか，このことについての理解が大切になる。第3章「アイデンティティと相互行為」では，自我・自己・自分といったものが他者との対比を介して社会的に構成されていることを明らかにし，社会的行為の多様な類型についても紹介している。人びとが日々の行為を通して構築している社会的な意味世界は，機械的に確定できるようなものではなく，多様で複雑に構成されている。第4章「人びとの関係」では，制度化された価値を内面化する社会化について紹介したうえで，社会化をめぐるダイナミクスがさまざまな問題に曝されていることを明らかにし，さらに社会関係の種類について述べたあと，その関係性が現代社会においてどのように変容してきているのかを論じている。さらに，人と人とのつながりを，ネットワークあるいは社会関係資本という観点からどのように捉えられるのか，このことを明らかにし，匿名の人たちが織りなす集合性の様態（群集・公衆・大衆）についても紹介した。第5章「集団と組織」では，集団と組織について述べている。集団には基礎集団と機能集団の違いがあること，機能集団である近代組織の典型として官僚制があること，そして官僚制は集権性・公式性・専門性を特徴とする非人格的な組織であることを論じている。官僚制に代表される近代組織はさまざまな問題を含んでおり，フォーマルな組織も実はインフォーマルな集団や関係に大きな影響を受けている。

　第Ⅰ部と第Ⅱ部で目指されていることは，社会学のアイデンティティの核となる部分についての学習だといえる。それに対して，第Ⅲ部と第Ⅳ部は，社会学が扱ってきた個別領域に関する内容の解説だといえる。まず第Ⅲ部では，家族，ジェンダー，障害，病い，老いといった主題が扱われている。社会学は，

私たちがこれらについて当たり前だと考えてきたことが決して当たり前ではなかったこと，実は別様でもありえること（あるいは，ありえたこと）を明らかにしてきた。そして重要なことは，そのような社会学による常識の問い直しは今も現在進行形でおこなわれており，決して終わることのない営みだということである。たとえば，第6章「家族と親密性」では，家族形態はかつての拡大家族から核家族・小規模家族に変化してきたという常識が正しくないこと，家族の普遍的・本質的機能は愛情を基盤とした関係にあるという常識が正しくないこと，これらのことを明らかにしている。さらに，女性はいまだに家族のなかでケアに関わる負担やコストを担わされており，そのことで深い苦悩・葛藤を抱えていることを述べ，最後に国民国家と個人の結び目として位置づけられた家族が社会から強い介入を受けていることを論じている。第7章「ジェンダー・セクシュアリティ」では，ジェンダー・セクシュアリティ研究が日常生活のなかに埋め込まれた権力構造を明らかにしてきたことを紹介している。性別規範としての「ジェンダー」は人びとの実践を規定する構造であり，この構造のもとで性別分業パターンやマクロなジェンダー体制がつくられている。また「ジェンダー」は，同性愛やトランスジェンダーを規範から逸脱した存在と位置づけてきたが，いまは二元的性別と異性愛主義にとらわれない自由なセクシュアリティの可能性を考察する必要があると指摘する。第8章「障害・病い・老い」では，障害・病い・老いを生きる人びとの「生」を捉え直すことで，従来の社会学研究が前提にしてきたことに対する異議申し立てがなされ，その妥当性が問い直されていることを紹介している。たとえば，障害学では，障害者運動の影響を受けて「能力主義」や「優生思想」によって構築された社会を強く批判している。あるいは，医療社会学では，患者運動や消費者運動や医療批判などを背景に医療のあり方や病いを生きることの意味の捉え直しが起こっている。また老いの社会学についても，高齢者運動やエイジズム批判のもと，「老いを生きること」の批判的検討がなされてきている。

　同様に，第Ⅳ部では，政治，経済，権力といった主題が扱われている。これらについても，社会学はかつての常識を問い直し，それが何でありうるのかについての問いを深化させてきた。第9章「社会的不平等」では，そもそも社会的平等をどのように概念化するかについて困難が存在することを確認したうえ

で，社会的不平等が不平等によって不利益を被る人びとにとってだけの問題ではなく，社会全体にとっての問題であることを指摘している。第10章「社会階層」では，多くの国で社会階層が世代を超えて再生産される傾向があり，その背後には機会格差の問題があることを指摘している。そして，機会格差は，単に経済の領域だけにとどまるのでなく，教育や文化といった領域にまで及んでいることを論じている。最後に第11章「権力と国家」では，権力には抵抗を排除する形で個人に直接的に行使される権力以外に，人びとの意識に影響を与える形で間接的に行使される権力があることを指摘している。それとともに，権力主体には国民国家だけでなく金融機関やグローバル企業なども含まれるようになってきており，何が権力なのか，権力の何が問題なのか，このことが次第に不明瞭になってきていることを論じた。

　社会学の魅力は，私たちが体験していながら，にもかかわらずみえていなかったことに言葉を与え，私たちの世界に対する視野を拡げてくれることにある。いわば第Ⅲ部と第Ⅳ部で目指されていることは，社会学を学ぶことの楽しさについての学習だといえる。最後に第Ⅴ部では，現代社会の特徴を描き出し，私たち一人ひとりが社会に対してどのように関与しているのか，そして関与すべきなのか，このことについて問題提起を行っている。社会は絶えず変化しており，社会の変化に応じて，私たちの社会への関わり方も変わってこざるをえない。あまりにも早く変化する社会のなかで，ともすれば私たちは自分の進むべき道を見失ってしまいかねない。しかし，私たちは社会の動きの背後にあるものを見据えることで，そうした困難に立ち向かうことができる。いわば第Ⅴ部で目指されていることは，道に迷って，途方に暮れてしまわないための知的なツールとして，社会学を役に立ててほしいというメッセージを伝えることにある。社会学は，プラクティカルな意味では役に立つ学問とはいえないかもしれない。しかし社会学は，私たちの生き方に直接に関わっており，その意味ではきわめて重要な学問である。第12章「社会を動かす力」では，一人が社会全体に及ぼす影響力がどんなに微小にみえても，それらが合わさることで社会を良い方向にも悪い方向にも変えうることを，社会的ジレンマ，社会運動，社会ネットワークといった主題を手がかりに明らかにしている。第13章「新しい時代の社会性」では，価値観が多様化し，文化を共有することが困難になって

いるなか，公共性の問題を考えることがかつてよりも困難になっていることを指摘している。また，近代社会では再帰性が高まったことで，社会がより流動的になり（言い換えれば，見通しの効かないものになり），生きることの難しさも強まっている。そんななか，いかに生きるべきかについて，宗教や寛容といった主題を手がかりにさまざまな可能性が検討されている。

　以上のことからわかるように，社会学は社会に起こるさまざまな現象をただ単に記述するだけの学問ではない。社会学は，社会現象を生み出す社会過程や社会構造の解明を目指す学問である。いわば，社会を成り立たせているものの根底を問い，それを批判する学問だといえるだろう。社会とともにある社会学は，社会の変化に応じて絶えず変わっていかざるをえない。それは，社会学とは何かをわかりにくくさせている一つの原因かもしれないが，同時に社会学がもっている魅力だともいえよう。

◈　本書の読み方・使い方

　どのような図書も，著者の手を離れて読者の手に渡った瞬間，著者のものではなく，読者のものとなる。読者のものである以上，著者がそのテキストの読み方（あるいは使い方）について読者に指南するというのはあまり適切なことといえないように思う。基本的に，本テキストの読み方・使い方は読者の自由に委ねられるからである。しかしそうであるにしても，著者の立場から本テキストを通して社会学を学習する際のスタンスについて，一つ大きな提案をしたいと思う。

　おそらく社会学については，その学問のすべての問題・領域を網羅した100％完璧なテキストの存在を想定することができない。そう考える理由は，二つある。一つは，社会学は社会に生じているすべての事象を研究対象にできるために，そして実際に社会学は私たちの社会に生じているさまざまな事象を研究対象にしてきたがゆえに，そのすべてをコンパクトにはリスト化できないからである。そしてもう一つは，社会学が対象にする社会は絶えず変化しているために，ある時点で社会について書かれた事柄はある程度の時が経てば時代遅れになり，ときには誤ったものにもなりうるからである。このことを念頭におくならば，社会（学）について正しい答え（説明）を与えるという意味での権威

主義的なテキストなど，社会学についてはおよそ考えようがない。そうである以上，本テキストも，そのようなテキストとして使われるのではなく，むしろ読者の社会に対する関心を惹起し，社会について深く考えるための手がかりとして読まれることを期待している。

　そのうえで，本テキストでは，社会学の学習に役立つように，いくつかの工夫を加えた。一つは，章ごとにその章の内容の要点を示し，テキストを読解するときに特に何に注意すればよいのかがわかるようになっている。また，その章で書かれた内容について関心をもち，さらに学習を進めたいと思ったとき，適切なガイドとなる文献を紹介する「文献ガイド」も設けた。さらに，特に重要と思われる用語・人名はゴチック体で強調し，重要用語については巻末に解説も加えた。最後に，テキスト本文では言及することができなかったけれども，章で扱っているトピックを理解するうえで重要と思われる論点については，コラムという形で説明を加えている。テキストを読み進めていくうえで，有効にこれらを活用してもらいたいと考えている。

　実は，本書を執筆する際に最も参考にしたのは，有斐閣から出版されているNew Liberal Arts Selection シリーズの『社会学』（長谷川公一・浜日出夫・藤村正之・町村敬志著）であった。有斐閣から出版されている『社会学』は，本格的で正統派の社会学のテキストでありながら，著者の個性が反映された，読み物としても面白い，現役の一線級テキストである。しかし2019年に新しい版が出されているとはいえ，さすがに初版から20年近くも経つと，気になる点も少なからずでてきているようにみえた。だからこそ，自分たちの手で新しい『社会学』を書きたいとの思いが募り，そしてその気持ちが本テキストを作成するうえでの強いモチベーションとなった。（すでに述べたように）100％完璧な社会学のテキストなどありえないと思いつつも，それでもなお，この当初の目的はある程度までは実現できたのではないかと自負している。

＊＊＊

　思い返せば社会学のテキスト執筆の依頼を勁草書房からいただいたのは，10年以上も前のことになる。そのときはなかなか思い切ることができず，気にはなりながらも長く放置してきた。しかし2021年になり，新しく担当編集者に

なった伊從文さんから改めてご依頼があったとき，いつまでも放置しておくことはできないと決心し，テキストの執筆にとりかかることにした。しかしそのときには社会学全体を概観する本格的なテキストを自分一人だけで書き上げることなどできないことが十分にわかっていたので，信頼できる二人，山田真茂留さんと天田城介さんにご協力をお願いすることにした。幸いにも，山田さんと天田さんからご快諾をいただくことができ，ようやくテキストの執筆を開始することができた。

　しかしそこからも，本テキストの執筆は決して順調ではなかった。さまざまな意味で，新型コロナウイルス感染症拡大が私たちの作業に深刻な影響をもたらしたからである。もうこのテキストを刊行することは無理ではないかと思った時期も少なからずあった。しかし，そうした苦しい時期に，山根純佳さんには「ジェンダー・セクシュアリティ」の章で執筆陣に加わっていただくことができ，染谷莉奈子さんには本書のいくつかのコラムと用語解説を執筆していただくことができた。山田さん，天田さんのお力はもちろんのこと，山根さんと染谷さんのご協力がなければ，このテキストが完成することは決してなかっただろう。山田さん，天田さん，山根さん，染谷さんには，改めて心から感謝を申し上げたい。本当にありがとうございました。

　そして，本テキスト刊行の最大の功労者は，いうまでもなく伊從さんである。眠ったままになっていた企画を再度立ち上げていただいただけでなく，いつ頓挫してもおかしくはなかった私たちの執筆を，決してあきらめずに，最後まで粘り強く支えていただいたからである。テキストの編集は，通常の学術図書の編集以上に考えなければいけないことが多く，伊從さんの負担も大きかったはずである。結果として伊從さんには，本テキストの刊行について著者以上の貢献をしていただいたと思っている。この場を借りて，おかけしたさまざまなご負担についてお詫び申し上げるとともに，心からのお礼を申し上げたい。

数土直紀

目　次

はじめに …………………………………………………………………………… i

第 I 部　社会学の理論と方法
——社会を問うための基礎——

第1章　社会学の基礎理論 ……………………………………………… 3
——社会を考えるためのフレームワーク——

1. 理論を学習する意味 …………………………………………… 4
- (1) 理論の種類　*4*
- (2) 姿かたちを変える社会学理論　*5*

2. 個人か，全体か ………………………………………………… 6
- (1) 方法論的集合主義　*6*
- (2) 自殺論　*7*
- (3) 方法論的個人主義　*8*
- (4) プロテスタンティズムの倫理と資本主義の精神　*9*

3. 社会をシステムと考える ……………………………………… 11
- (1) 機能概念　*11*
- (2) パーソンズの社会システム論　*12*
- (3) 中範囲の理論　*12*
- (4) 予言の自己成就　*14*

4. 個人と社会をつなげる——構造から個人へ／個人から構造へ ……… 15
- (1) ギデンズによる構造機能主義批判　*15*
- (2) 構造化理論　*16*
- (3) ルーマンの社会システム理論　*17*
- (4) ミクロ－マクロ・リンク　*19*

5. 更新される社会学理論 ································· 21

(1) 多様な社会学理論　*21*

(2) 道具としての理論　*22*

第2章　社会学の方法論 ····················· *25*
——社会を捉えるためのアプローチ——

1. 理論と現実をつなぐ ······················· *26*

(1) 量的データと質的データ　*27*

(2) 方法の三類型　*27*

(3) データの収集法　*29*

(4) 適切な方法であるための基準　*30*

2. 意味解釈法 ··························· *31*

(1) 参与観察　*31*

(2) ハマータウンの野郎ども　*32*

(3) ドキュメント分析　*34*

3. 統計帰納法 ··························· *35*

(1) リテラリーダイジェストの失敗　*35*

(2) 無作為抽出の重要性　*36*

(3) 標本調査における誤差の考え方　*37*

(4) データ分析の考え方　*38*

4. 数理演繹法 ··························· *40*

(1) 数理モデルの利用　*40*

(2) 囚人のジレンマ　*41*

(3) コンピュータ・シミュレーション　*43*

第II部　社会を織り成す諸要素
——まなざし・つながり・集まりの諸相——

第3章　アイデンティティと相互行為 ············· *49*
——まなざしの交錯——

1. 私のありよう ·· 50

(1) 他者に映った自分　*50*

(2) 一般化された他者　*51*

(3) 希求されるアイデンティティ　*53*

(4) アイデンティティの可塑性と流動性　*55*

2. 相互行為の諸相 ··· 58

(1) 社会の原型　*58*

(2) 社会的行為の諸類型　*59*

(3) さまざまな行為観　*61*

3. 現実の構成 ··· 63

(1) 世界の共同主観性　*63*

(2) 自己呈示の応酬　*65*

(3) 秘められた行為前提　*66*

(4) まなざしの拡散　*68*

第4章　人びとの関係 ·· 73
——つながりの展開——

1. 社会化・逸脱・闘争 ··· 74

(1) 共有価値の内面化　*74*

(2) アノミーの問題　*75*

(3) 逸脱の意味　*77*

(4) 闘争の意義　*79*

(5) 社会化のゆくえ　*80*

2. 関係の表出性と手段性 ·· 81

(1) 温かい関係と冷たい関係　*81*

(2) 純粋な関係性　*83*

3. ネットワークと社会関係資本 ······································ 85

(1) ネットワークへの注目　*85*

(2) 社会関係資本の働き　*86*

(3) つながりの功罪　*88*

4. 集まりの光と翳 ·· 90

(1) 群集・公衆・大衆　*90*

(2) 問題としての大衆　*91*

(3) インターネット時代のコミュニケーション問題　*93*

第5章　集団と組織 ·· *97*
——集まりの制度化——

1. さまざまな集団 ·· *98*

(1) 相互行為・関係・集団・組織　*98*

(2) ゲマインシャフトとゲゼルシャフト　*99*

(3) 第一次集団と第二次集団／コミュニティとアソシエーション　*99*

2. 近代的な組織 ·· *101*

(1) 官僚制論　*101*

(2) 協働システム論　*103*

3. 官僚制を超えて ·· *105*

(1) 官僚制の逆機能論　*105*

(2) ホーソン実験と人間関係論　*106*

(3) 新制度派組織論　*107*

4. 集合体の魔力 ·· *109*

(1) 自集団中心主義　*109*

(2) 自発的随順　*110*

5. 集合的アイデンティティの動態 ···················· *112*

(1) 準拠集団論　*112*

(2) 社会的アイデンティティ論　*114*

第Ⅲ部　生，差異，そして親密性
——私的領域を問う——

第6章　家族と親密性 ································· *121*
——私的領域としての家族の発見——

1. 家族の捉え方の変容 ································· *122*

(1)「近代家族」の発見　*122*

xii

目　次

　　(2)　家族研究における「家族」の常識破り　*123*

　2.　近代家族の問い直し ……………………………………………… *125*

　　(1)　多様化する家族への問い　*125*

　　(2)　個人の人生行路から家族プロセスを理解する──ライフコース論　*126*

　　(3)　家族への多様なアプローチ　*128*

　3.　親密性の現在──「家族介護」の発見／創出 ……………………… *132*

　　(1)　私的領域とされた近代家族における家族介護の困難　*132*

　　(2)　再生産労働としての近代家族における家族介護をめぐる困難　*133*

　　(3)　感情管理のもとでの近代家族における家族介護をめぐる困難　*136*

　4.　家族と政治 …………………………………………………………… *137*

　　(1)　古代ギリシアにおけるオイコスとポリス　*137*

　　(2)　「社会的なもの」による「私的領域／公的領域」の発見・創出　*138*

　5.　近代国家と個人の結節点としての家族 …………………………… *140*

第7章　ジェンダー・セクシュアリティ ………………………… *145*
──日常生活に埋め込まれた規範と権力──

　1.　ジェンダーとは ……………………………………………………… *146*

　　(1)　社会の中で「女」「男」になる　*146*

　　(2)　「社会的性別」としてのジェンダー　*147*

　2.　権力と家父長制 ……………………………………………………… *149*

　　(1)　ラディカル・フェミニズムの家父長制概念　*149*

　　(2)　生産・再生産と家父長制　*150*

　　(3)　家父長制概念の限界　*151*

　3.　「実践」としてのジェンダー ……………………………………… *153*

　　(1)　差異化の実践　*153*

　　(2)　「主体」批判とエージェンシー　*154*

　　(3)　構造化する構造としてのジェンダー秩序　*157*

　　(4)　社会変動と構造　*159*

　4.　セクシュアリティ …………………………………………………… *159*

　　(1)　ジェンダーとセクシュアリティ　*159*

　　(2)　言説装置としてのセクシュアリティ　*160*

xiii

（3）性的マイノリティの政治運動とクィア　*161*

第8章　障害・病い・老い … *167*
——生の社会学——

1. 障害・病い・老いを生きることの問い直し … *168*
（1）超高齢社会／人口減少社会において問い直される「生」　*168*
（2）障害・病い・老いを生きることへの問い　*169*
2. 障害の認識論的転回 … *170*
（1）障害を社会的な文脈のもとに位置づける　*170*
（2）身体の差異（インペアメント）という問い　*173*
（3）「能力主義」と「優生思想」に対する常識破り　*176*
3. 病いの位置づけ直し／意味づけ直し … *177*
（1）病いを社会的な文脈のもとに位置づける　*177*
（2）「病人役割」から「病いの経験」と「病いの語り」へ　*179*
（3）「近代医療」と「病いを生きること」に対する常識破り　*181*
4. 超高齢社会／人口減少社会における老い … *183*
（1）老いを社会的な文脈のもとに位置づける　*183*
（2）老いの連続性と非連続性　*185*
（3）高齢者とその家族の「生」　*186*
　　　——「超高齢社会」と「老いを生きること」の常識破り
5. 最後に … *189*

第IV部　政治，経済，そして権力
——公的領域を問う——

第9章　社会的不平等 … *195*
——正しい分配とは——

1. 財の正しい分配を考える … *196*
（1）正義の二原理　*196*
（2）潜在能力　*197*
（3）社会的平等の困難さ　*198*

xiv

2. 社会的不平等を測る ………………………………………………… 200

(1) 給与の違いからみる所得格差 *200*

(2) ジニ係数と相対的貧困率 *202*

(3) 所得格差を生み出す社会メカニズム *203*

(4) 累積効果をともなう反復投資ゲーム *204*

3. 社会的不平等の趨勢 ………………………………………………… 205

(1) 日本社会における所得格差の変化 *205*

(2) 世界各国との比較 *206*

(3) 世界における所得格差の変化 *209*

(4) 日本社会の所得格差の行方 *210*

4. 世代を超えて継承される不平等 ………………………………… 211

(1) 高齢者の所得格差 *211*

(2) 子どもの貧困 *212*

(3) 貧困の連鎖 *213*

(4) 社会的不平等は誰にとっての問題なのか *214*

第10章 社会階層 ……………………………………………………… 217
――分断された社会――

1. 社会階層と社会移動 ………………………………………………… 218

(1) 社会階級と社会階層 *218*

(2) 社会移動 *219*

(3) 世代間移動の趨勢 *220*

(4) 総中流社会から格差社会へ *222*

2. 労働と社会階層 ……………………………………………………… 223

(1) 雇用の流動化 *223*

(2) 非正規雇用拡大の背景 *225*

(3) 累積される不利 *227*

(4) 階層とジェンダー *228*

3. 教育と社会階層 ……………………………………………………… 230

(1) 教育による階層の再生産 *230*

(2) 相対リスク回避モデル *231*

（3）日本社会における教育格差の諸相　*233*

（4）拡大・維持される格差　*234*

4. 文化と社会階層 ………………………………………………………………… 236

（1）文化資本論　*236*

（2）文化的オムニボア　*238*

（3）文化資本と経済資本の違い　*239*

5. 最後に ……………………………………………………………………………… 241

第11章　権力と国家 ……………………………………………………………… 243
——人を支配する力——

1. 誰が誰を支配するのか ………………………………………………………… 244

（1）権力の類型　*244*

（2）個人主義的な権力　*245*

（3）その存在が意識されない権力　*247*

（4）社会システムと権力　*248*

2. 人の何が支配されるのか ……………………………………………………… 249

（1）批判理論の系譜　*249*

（2）権威主義の台頭　*251*

（3）合理性による支配　*252*

（4）生活世界の植民地化　*253*

3. 国民国家の登場 ………………………………………………………………… 254

（1）支配の諸類型　*254*

（2）想像の共同体　*255*

（3）国民国家と管理的権力　*256*

（4）パノプティコン　*258*

4. グローバル化とともに ………………………………………………………… 260

（1）マクドナルド化　*260*

（2）合理的な思考様式の果てに　*261*

（3）ネットワーク化する権力　*262*

（4）自由であるために　*263*

目 次

第 V 部　社会変動
——社会の動きを考える——

第 12 章　社会を動かす力 ･･ 269
——社会的ジレンマを超えて——

1. 私益と公益の相克 ･･･ 270
(1) 共有地の悲劇ジレンマ　　270
(2) 社会的ジレンマ　　271
(3) 社会的ジレンマと環境問題　　273

2. なぜ人は協力するのか／しないのか ･･････････････････････････････ 274
(1) 社会秩序問題　　274
(2) 選択的誘因の導入　　275
(3) 共有地を管理するルール　　276
(4) 受益圏と受苦圏　　278

3. 何が社会運動を成功／失敗させるのか ･･･････････････････････ 279
(1) 集合行動論と資源動員論　　279
(2) 社会運動論の展開　　280
(3) 政治的機会構造論　　281
(4) フレーム分析　　282

4. つながる力が社会を変える ･･･ 283
(1) 閉じられた社会ネットワーク　　283
(2) 開かれた社会ネットワーク　　285
(3) リーダーの役割　　286

5. 最後に ･･･ 287

第 13 章　新しい時代の社会性 ･･･ 289
——多様化と流動化の彼方に——

1. 文化の混沌 ･･ 290
(1) 共有されない価値　　290
(2) 文化の断片化　　291

xvii

2. 共同性と公共性のゆくえ ………………………………………… *293*

　　（1）新たな共同性の模索　　*293*

　　（2）揺らぐ公共性　　*294*

3. 宗教の変容 ………………………………………………………… *297*

　　（1）世俗化というプロセス　　*297*

　　（2）現代社会における宗教性　　*298*

4. 多様性との対峙 …………………………………………………… *300*

　　（1）文化による亀裂　　*300*

　　（2）寛容という思想　　*303*

5. 高まる流動性 ……………………………………………………… *304*

　　（1）再帰性の昂進　　*304*

　　（2）リキッドでモバイルな社会　　*306*

　　（3）新しい関係性の連なり　　*308*

おわりに ……………………………………………………………… *311*

用 語 解 説 ………………………………………………………… *315*

参 考 文 献 ……………………………………………………………… *333*

事 項 索 引 ……………………………………………………………… *355*

人 名 索 引 ……………………………………………………………… *361*

目 次

コラム

1-1	G. ジンメルの形式社会学	10
1-2	オートポイエシス的システムとしての社会	18
2-1	デジタル時代の社会 (科) 学	44
3-1	個性を出すことのキツさ	57
3-2	相互行為ルールを見極めることの大変さ	69
4-1	人種差別をしないという価値・規範	78
4-2	われわれという美名の裏で	89
5-1	組織に従うということ・従わないということ	104
5-2	神道儀礼の新しい制度化	109
6-1	シングル化する社会	129
6-2	ケアの社会化時代における家族ケア	134
7-1	男性性研究	154
8-1	ディスアビリティ・スタディーズ	172
9-1	日本の経済格差	207
9-2	女性の社会進出は所得格差を拡大する？	213
10-1	アンダークラスの人びとの社会意識	232
10-2	有閑階級の振る舞い──顕示的消費	237
11-1	人と人との共在から現れる権力	253
11-2	国民国家と世界システム	257
12-1	短期的視野と長期的視野	277
12-2	協力の進化	284
13-1	移民問題のゆくえ	302
13-2	流動化の極致	307

xix

第 **I** 部

社会学の理論と方法
――社会を問うための基礎――

第1章

社会学の基礎理論
——社会を考えるためのフレームワーク——

　社会に起こっていることをただ漫然と観察していても，社会のことを理解できるわけではない。社会の何を対象にするのであれ，起こっていることを体系的に理解するためには，何らかの理論が必要になる。その一方で，社会は刻々と変化していることにも注意しなければならない。理論が述べていることを鵜呑みにし，社会に起こっている大切な変化を見落とすことがあってはならない。本章では，代表的な社会学理論を紹介し，社会学理論がたどった歴史を明らかにする。そのことで，社会学という視点から社会を理解するときに理論を適切にもちいることの重要性と，それと同時に理論に対して批判的であることの重要性を学習する。

第1章　社会学の基礎理論

1. 理論を学習する意味

（1）理論の種類

　本章では，社会学を学ぶにあたって必要となる理論について学習する。まず確認しなければならないことは，社会学にとっていわゆる理論とは何であるのかということである。一般に理論は，単に現象を説明するだけでなく，現象を予測することも期待されている。したがって，研究者は適切に理論をもちいることで，まだ実際には観察されていない現象についても積極的に語ることができる。しかし，理論にもとづいた予測がつねに正しいわけではない。研究者は，理論から導かれた予測とはまったく異なる現象を観察することがときとしてある。理論から導かれた予測が外れたとき，研究者は，理論がどこかで誤っていたからだと判断し，観察された現象を説明できるように理論を修正することになる。このように，学問における理論は，研究者によって絶えず修正されながら，人びとの社会に対する理解を深めていくことに貢献する。

　観察から得られた反証によって絶えず修正される演繹的推論体系というイメージは，科学において理論と呼ばれるものの一般的なイメージに合致しており，当然社会学における理論もそうした性格をもっている。しかし同時に注意しなければならないことは，社会学における理論には，それにとどまらないものも含まれているということである（筒井 2021）。たとえば，社会学の理論のなかには，社会全体の大きな動きを概観し，人びとの社会に対する見方そのものを問題にするようなものも存在する。このようなスケールの大きな理論を現象の具体的な観察によって反証することは難しく，現象を説明／予測するというよりは，むしろ社会を捉えるための世界観を提示することに意義があるといえるだろう。また社会学では，過去の社会学者の学説研究を理論研究と呼ぶこともある。具体的な観察によって理論を検証することが困難なときは，理論それ自身の論理的整合性を検討することで理論の妥当性を検証することになる。その場合，先人が述べたことのどこに矛盾があるのか，あるいはそうでなくてもどこに論理の曖昧さがあるのか，これらのことを確認することが必要になる。

(2) 姿かたちを変える社会学理論

本章では，「社会をどう理解すべきか」について社会学者がこれまでどのように考えてきたのかを解き明かすという形をとるので，演繹的推論体系としての社会学理論を問題にするというよりは，学説研究としての社会学理論を問題にするスタイルに近い。そのとき，鍵となる概念として，**方法論的集合主義**（あるいは，方法論的全体主義）と**方法論的個人主義**の二つがまず取り上げられる（友枝［2017］2023a）。この二つの立場の違いは，実証的には社会構造の変動を問題にするマクロ社会学と，社会的行為の過程を問題にするミクロ社会学との違いにも大きく重なってくる。このことを前提に，本章の全体的な流れをまず明らかにしよう。本章では，まず方法論的集合主義の流れを É. デュルケームの著作に注目しながら説明する。次に，方法論的個人主義の流れを M. ヴェーバーの著作に注目しながら説明する。社会学を代表する方法論的集合主義と方法論的個人主義の二つの流れを明らかにしたあと，今後はその二つの流れがどのように統合されていったのかを説明する。ひと口に社会学理論といっても，その姿は一つではない。時代の変化とともに社会学者が提唱する理論も次第にその姿を変えていった。

社会学を学習するうえで社会学理論を学習することは重要だが，理論を学習することで自足してはいけない。それでは，理論の学習は単なる畳の上の水練に終わってしまうだろう。理論を学習する際に心がけてほしいのは，理論を学習することを最終目的にするのではなく，あくまでも理論を通じて現代社会を理解することを目的にしてほしいということである。いきなり社会について考えろといわれても，社会という対象はあまりに大きく，またあまりにも漠然としているので，考えるための手がかりすら判然としないのが普通である。そのとき，先人が社会をどのように考えてきたのかを知ることは，これから私たちが自分たちの生きる社会を考えるうえで重要な手がかりとなる。そのための理論の学習である。また先人の考えを学ぶうえで重要なことは，先人の考えを絶対視しないことである。これから述べるように，社会学理論はつねにその姿を変えてきた。今あるどの理論も決して最終形態とはいえない。新しい社会学理論は，まさにあなたの手によってつくられるかもしれないのである。

第 1 章　社会学の基礎理論

2.　個人か，全体か

(1) 方法論的集合主義

　社会学を代表する理論的立場として方法論的集合主義（あるいは方法論的全体主義）と方法論的個人主義の二つを挙げることができる。ここではまず，方法論的集合主義を代表する論者として，19 世紀から 20 世紀にかけて活躍したフランスの社会学者であるデュルケームの業績を確認することにしよう。

　デュルケーム（図 1-1）は，1895 年に出版された『社会学的方法の規準』において，社会学を科学として確立するための規準を明らかにした（Durkheim 1895=1978）。社会学的認識論・方法論を確立するうえで不可欠な作業は，まず研究対象を定めることであり，そして研究対象を分析するための方法を示すことであると，デュルケームは考えた。デュルケームは，『社会学的方法の規準』のなかで**社会的事実**を社会学に固有の研究領域とみなし，そのうえで社会的事実を理論的に定義し，さらに社会的事実を分析するための方法論について議論したのである。そうであるがゆえに，この著作に方法論的集合主義の特徴をはっきりとみてとることができる。

　デュルケームは，社会学の研究対象である社会的事実を「固定化されていると否とを問わず，個人のうえに外部的な拘束をおよぼすことができ，さらにいえば，固有の存在をもちながら所与の社会の範囲内に一般的にひろがり，その個人的な表現物からは独立しているいっさいの行為様式」（訳 p. 69）と定義している。そのうえで，デュルケームは，この社会的事実をあたかも物であるかのように考察することが必要だと主張した。社会的事実の定義と社会的事実に対してとるべき態度に関する主張からわかるように，デュルケームは社会学の方法論を自然科学の方法論になぞらえて考えていた。もちろん，デュルケームは，自然科学の方法をそのまま社会学に適用できると考えたわけではなかった。社会現象の解明に実験という方法が馴染まないからである。そこでデュルケームが提案したのは，変化の違いに着目して因果関係を特定する共変法という方法であった。

6

(2) 自殺論

共変法にもとづいた社会分析を，デュルケームの『自殺論』を例にして考えてみよう（Durkhiem 1897=1985）。デュルケームは，自殺を社会的事実として捉え（自殺それ自身は個人が選択した行為だが，集計された数値である自殺率はその社会の特性といえるので，自殺を社会的事実とみなせるようになる），どのような社会的条件が自殺を増やすのか（あるいは減らすのか），自殺率の数字の違いに着目して考察した。『自殺論』では，自殺は自己本位的自殺，集団本位的自殺，アノミー的自殺，宿命的自殺の四種類に分類されている。自己本位的自殺とは，社会統合が弱まり，個人的自我が強まると増大するタイプの自殺を意味する。集団本位的自殺とは，逆に個人には自由を与えられておらず，行為の選択基準が所属集団の側に置かれることで増大するタイプの自殺を意味する。また，アノミー的自殺は人びとの活動に対する規制が弱まることで増大するタイプの自殺を意味し，逆に宿命的自殺は人びとの活動に対する規制が強まることで増大するタイプの自殺である（→第4章1節）。ただし，最後の宿命的自殺については論理的な可能性が指摘されているだけで，デュルケームは宿命的自殺をきちんと分析しているわけではない。したがって，デュルケームは自殺の種類として主として先の三つを考えていたといってよい。

図1-1　É. デュルケーム
（Émile Durkheim, 1858-1917）

デュルケームが『自殺論』を著した19世紀末は自殺の激増が社会問題になっていた時代でもあった。そして，デュルケームは，自殺率のデータをもとにして，自殺が激増しているのは集団本位的自殺が増えているからなのではなく，自己本位的自殺とアノミー的自殺が増えているからだと結論した。宗教や，家族や，祖国によって実現されていた社会統合が近代になって弱まっていった結果，自殺が増大したのである。デュルケームの自殺研究は，統計データにもとづいた実証的な研究であり，社会学の科学としての可能性を明らかにしている。しかし，データが示す数字から何を読み取るのかは，研究者の解釈に依存する部分が小さくなく，データにもとづく実証研究といえども，その時代の価値観

第1章 社会学の基礎理論

と無縁ではない。また，何を自殺とみなし，何を自殺とみなさないか，自殺の定義自体が社会ごとに異なっている可能性があり，そうした違いが自殺率の変化の違いを生んでいる可能性もある。したがって，データにもとづく実証研究の有効性を理解するとともに，その限界についても理解することが重要になる。

(3) 方法論的個人主義

デュルケームに代表される方法論的集合主義について確認したので，次に方法論的集合主義に対置されるところの方法論的個人主義について確認することにしよう。方法論的個人主義の立場を代表する社会学者は，19世紀から20世紀にかけて活躍したドイツの社会学者ヴェーバーである（図1-2）。ヴェーバーは，社会学を「社会的行為を解釈によって理解するという方法で社会的行為の過程および結果を因果的に説明しようとする科学」（Weber 1922=1972: 8）と定義した。この定義において重要なのは，研究対象を**社会的行為**に定め，それを解明する方法として理解を重視した点である。このように，人びとの行為を理解することに重きを置いている点が，方法論的個人主義の大きな特徴といえる。もちろん，行為を理解するといっても，そこで目指されているのは特定の個人の特定の行為を理解することではなく，人と人を結び付け，人びとの間で共通の意味をもつ社会的行為の理解が目指されていることに注意しなければいけない。

ヴェーバーは，社会学の研究対象を社会的行為に定めたうえで，社会的行為の理念型（→第3章2節）として，目的合理的行為，価値合理的行為，伝統的行為，そして感情的行為を概念化した。目的合理的行為とは，自分の目的を実現するための合理的な条件や手段となっている行為である。たとえば，大学に入学するという目的があり，その目的を実現するために勉学に励んでいる場合，勉学に励む行為は，目的合理的行為となる。一方，価値合理的行為とは，結果に関係なく，その人がもっている絶対的価値にもとづいた行為である。たとえば，結果に関係なく，学ぶことそれ自体に価値を見出して勉学に励んでいる場合，その行為は価値合理的な行為となる。目的合理性の観点に立てば価値合理的行為は非合理的にみえるかもしれない。しかし，その人の価値観を知ればその行為は十分に理解可能なものになり，十分な根拠をもっていると判断できる。

言い換えれば，やはり合理的な行為なのだといって差し支えない。また，感情的行為は感情にもとづいた行為を意味し，伝統的行為は身についた習慣にもとづく行為を意味する（→第3章2節）。

(4) プロテスタンティズムの倫理と資本主義の精神

社会的行為の理解を重視するヴェーバーの社会学の最も有名な研究は，『プロテスタンティズムの倫理と資本主義の精神』だといえる（Weber 1920=1989）。この著書では，資本主義社会において経営者や上層の熟練労働者層といった富裕層にプロテスタントが多かった理由を解き明かし，そのことで西欧社会に資本主義

図1-2　M. ヴェーバー
（Max Weber, 1864-1920）

社会が現れた理由を明らかにしようとしている。一見すると，プロテスタントが資本主義社会で成功したのは，プロテスタントがカトリックと比較して教会の権威にとらわれず，より世俗的だったからであるようにみえる。しかしヴェーバーは，敬虔なプロテスタントは自分の仕事を天職とみなして励む一方で，自分の欲望のために富を消費することに禁欲的であったために，資本主義社会で成功したのだと考えた。仕事に励むことで利益が上がり，財産は増えるけれども，その財産は消費されることなく資本として再投下されるので，熱心なプロテスタントほど，資本主義社会で成功する。そして，このようなプロテスタントの性向は，「救われているものは神によってあらかじめ定まっている」という予定説によってさらに強化されることになる。周囲の人に助けを求めることのできないプロテスタントは，神の救いを確信するためにはひたすら天職にまい進するほかなかったからである。

初期資本主義社会の形成においてプロテスタントが果たした役割に注目し，プロテスタントの行動をその教義にもとづいて理解・説明したヴェーバーの『プロテスタンティズムの倫理と資本主義の精神』は，単にヴェーバーの代表作であるだけでなく，方法論的個人主義にもとづく社会学研究の有効性を明らかにした社会学史上の傑作といってよい。このときヴェーバーは，プロテスタントの行動を価値合理的行為の観点から説明したといえる。しかし注意しなけ

第1章　社会学の基礎理論

コラム 1-1　G. ジンメルの形式社会学

　本章では，社会学の枠組みを構成する方法論として大きく方法論的個人主義と方法論的集合主義の二つを考え，前者をヴェーバーに代表させ，そして後者をデュルケームに代表させた。しかし社会学が形成される過程のなかで現れた方法論的な立場は，この二つに尽きるわけではない。そして，この二つ以外の特に忘れてはいけない理論的立場として，G. ジンメルの形式社会学を挙げることができるだろう（Simmel 1908=1994）。ジンメルは，個人を超越した実在としては社会を考えず，また社会を単なる個人の集合体とも考えてはいなかった。ジンメルは，社会を個人と個人の心的相互作用だと考え，さらに個人間の心的相互作用によって関係性が形成されることを社会化と考えた。そして，このとき生成される関係には領域ごとに一定の共通した仕方があり，ジンメルはそれを「社会化の形式」とみなしたのである。ジンメルは，ヴェーバーやデュルケームと比較すると社会学全体に与えた影響は相対的に小さくみえてしまうかもしれないが，ジンメルが提示したさまざまな魅力的なアイディアは今でも多くの社会学者によって積極的に議論されており，社会に関する興味深い視点を私たちに提示してくれている（→第3章1節）。［数土直紀］

　ればいけないことは，プロテスタンティズムの倫理が資本主義社会の形成に大きな役割を果たしていたとしても，当時のすべてのプロテスタントがヴェーバーの説明と寸分たがわず行動していたわけではなかったということである。ひと口にプロテスタントといっても，人によって信仰に対する考え方は異なっているので，その行動は多種多様であったはずである。ヴェーバーは，そうした現実の多様性を認めつつ，概念的に構成された理念型としてのプロテスタントに注目して，分析をおこなった。つまり，個々をみれば小さな違いはあったとしても，全体としてみたときに何がいえるか，このことに注目して説明をおこなおうとしたのである。

3. 社会をシステムと考える

3. 社会をシステムと考える

(1) 機能概念

　20世紀中頃，アメリカを中心にして，**構造機能主義**が社会学の標準的な理論だとみなされるようになった。構造機能主義は，2節で議論した二つの主たる方法論的立場のうち，方法論的集合主義に分類することができる。構造機能主義は，社会構造を形成する各単位がそれぞれ何らかの機能を担うことで社会が成り立っていると考える理論である。構造機能主義をイメージとして捉えるためには，人間の生体構造を思い浮かべればよい。心臓は血液を体内で循環させる機能を担い，胃腸は食物から栄養を摂取する機能を担い，肺は外気から酸素を摂取する機能を担うといったように，人体の各部分がそれぞれ与えられた機能を担うことで生命を維持することができる。同じように，社会は，社会構造の各部分が与えられた機能を担うことで，社会を存続させることができる。ただこのような素朴な構造機能主義は，適切に機能概念をもちいないと，しばしば強引な解釈をおこなうことになる。

　アメリカの社会学者 R. K. マートンは，そうした弊害を避けるために，機能概念の精緻化をおこなった（Merton 1957=1961）。マートンがとりわけ重視したのは，順機能と逆機能の区別と，顕在的機能と潜在的機能の区別である。順機能とは社会システムの環境に対する適応と調整を促していることを意味し，逆機能とは社会システムの環境に対する適応と調整を損なっていることを意味している。一方，顕在的機能とは社会システム内の個人によって意図され認知された機能を意味し，潜在的機能とは社会システム内の個人によって意図されず，また認知もされていない機能を意味する。マートンは，このように機能概念を整理することで，一見すると非合理的にみえる社会現象を説明できるようになると主張した。たとえば，マフィアなどの政治的なボス組織は多くの市民からよくないものと認知されているにもかかわらず，社会からなくなってしまうことがない。それは，政治的ボス組織が社会においてある種の潜在的な順機能を担っているために，人びとの意図と関係なく，必要悪として存在してしまうからなのである。

11

第 1 章　社会学の基礎理論

(2) パーソンズの社会システム論

　構造機能主義を代表する最も有名なアメリカの社会学者は，T. パーソンズ
である。パーソンズは，構造機能主義の立場から精緻で複雑な社会システム論
を構築し，当時の社会学において大きな影響力をもつことに成功した。ただし，
ひと口にパーソンズの社会システム論といっても，パーソンズが議論を展開し
た時期によってその中身はかなり変わってくる。たとえば，パーソンズは，
『社会体系論』を著した時期には社会構造を五つのパターン変数をもちいて分
析することを試みている（Parsons 1951＝1974）。ちなみに，五つのパターン変
数とは，感情性－感情中立性，自己指向－集合体指向，普遍主義－個別主義，
業績性－帰属性，そして限定性－無限定性の五つである（パターン変数につい
ては，第4章2節を参照）。そして，すべての社会構造は，この五つの変数の組
み合わせによって表現できると考えた。ある構造が担っている機能を評価する
ためには，社会構造を正しく特定する必要があるけれども，パーソンズはその
ための準拠枠を提示したのである。

　しかしそれからあと，パーソンズの社会システム論において重要視されるの
は，パターン変数ではなくなり，AGIL 図式（図1-3）と呼ばれる四つの機能要
件図式になっていく（Parsons 1966＝1971）。AGIL のAは適応（adaptation）を，
Gは目標達成（goal attainment）を，Iは統合（integration）を，そしてLは潜
在的パターンの維持と緊張緩和（latent pattern maintenance and tension manage-
ment）を意味し，パーソンズはこの四つをシステムが充足しなければならな
い機能要件なのだと考えた。また四つの機能要件を担う各下位システムは，そ
れぞれが独立しているわけではなく，互いに影響を与えあっていると，パーソ
ンズは主張する。たとえば，Aの機能を担う経済システムはGの機能を担う
政治システムを条件づける一方で，Gの機能を担う政治システムがAの機能
を担う経済システムを統制する。そして同じような条件づけと統制の関係は，
GとIの間にも，そしてIとLの間にも存在するのだと考えた。

(3) 中範囲の理論

　パーソンズの社会システム論は，20世紀の半ば，アメリカを中心に多くの
社会学者によって支持された。しかし20世紀後半になると，その反動からか

3. 社会をシステムと考える

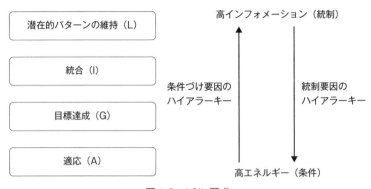

図1-3 AGIL 図式

パーソンズの社会理論はさまざまな批判を受けることになり，次第に注目されることが少なくなっていった。たとえば，C. W. ミルズは，『社会学的想像力』においてパーソンズの社会システム論を誇大理論として強く批判している (Mills 1959=1965)。パーソンズの社会理論が社会学においてまったく存在意義を失ったわけではないにしても，その意義はかつてと比べると相対的に低下したといえる。このようにパーソンズの社会システム論が急速に支持を失った理由の一つとして考えられるのは，その包括性のゆえに理論の成否を経験的に検証するのに難しさがあったことを指摘できる。経験的に実証されない理論は，ひとたび支持を失えば，人びとから再度支持を取り戻すことは容易ではない。

これに対して本節冒頭に挙げたマートンは，**中範囲の理論**の重要性を唱えた (Merton 1967=1969)。マートンの考えによれば，すべての社会現象を説明できる統一的な理論体系はその分野の研究者にとって魅力的であるかもしれないが，少なくとも社会学においてそのような統一的な理論体系をただちに求めることは時期尚早だったということになる。すべての対象を包括的に説明する統一理論にたどり着くためには，最初は限られた概念範囲に適用できる特殊理論を構築することから始めなければならない。次に，特殊理論から経験的に研究できる仮説を導出し，経験的な事実によってその理論を確証し，そうやって確証された特殊理論のグループを統一整理するのでなければならない。そのような過程を経て，ようやく最後に一般的な概念図式の獲得が可能になるのである。少なくとも，統一的な理論体系は，突然変異のごとく現れた一人の天才社会学者

13

第1章　社会学の基礎理論

によって生み出されるものではないと，マートンは主張した。このとき，マートンが理論の有用性そのものを否定したわけではないことに注意しなければならない。マートンは，理論を経験的に検証できるよう，まずは適用範囲を限定することを主張したのである。

(4) 予言の自己成就

　マートンは，構造機能主義の枠組みを活かしながら，多くの魅力的な中範囲の理論を提示した。ここでは，その代表的な事例として，**予言の自己成就**を紹介しよう（Merton 1957=1961）。マートンは，「予言の自己成就」メカニズムをトーマスの公理と呼び，その内容を「もしひとが状況を真実（リアル）であると決めれば，その状況は結果においても真実（リアル）である」（訳 p. 382）と要約している。たとえば，1932 年にアメリカでナショナル銀行が破産したが，銀行が破産したのは経営が悪化したことによるものではなかった。経営は健全であったにもかかわらず，支払い不能に陥るかもしれないという噂が流れたために，噂を信じた人がいっせいに預金を引き出したことで，銀行が破産してしまったのである。このとき，「経営が危ない」という噂に根拠はなかったが，その噂を信じた人びとの行動が，その噂を真実にしてしまったといえる。そして，これと同様のメカニズムは，偏見によって引き起こされる人種間の紛争などにも観察される。マートンは，こうした事例に共通する社会メカニズムを予言の自己成就と呼んだのである。

　予言の自己成就メカニズムが明らかにする問題の困難さは，そのメカニズムがいったん始動してしまうと，噂には根拠がないということを知っている人すらも巻き込んでしまうことである。噂に根拠がなかったとしても，（他の人が）それを信じて行動を起こせば，実際に銀行は破産してしまうからである。このことを予見できれば，たとえ噂に根拠がないとわかっていても，自分の財産を守るために人は預金の引き出しに走るのである。

　しかしだからといって，予言の自己成就メカニズムが引き起こす問題が回避不可能なわけではない。マートンは，ナショナル銀行の取り付け騒ぎから四年後，アメリカで連邦預託金保証会社が設立され，また銀行法規が整備されたことで，その後は銀行の営業停止数が劇的に減少したことを指摘している。1920

年代の空前の好況期にすら銀行の営業停止数は数多く発生していた一方で，実はその数は適切な対策を施すことで減らすことが可能だったのである。マートンは，このことを踏まえ，予言の自己成就を引き起こす個人の行動様式は修正可能な社会構造の所産にすぎないことを主張している。

4. 個人と社会をつなげる——構造から個人へ／個人から構造へ

(1) ギデンズによる構造機能主義批判

　前節でみたように構造機能主義はさまざまな批判にさらされ，次第に影響力を失っていった。そして，構造機能主義が社会学の標準理論としての地位を失うことで，方法論的個人主義を発展させたさまざまな社会学理論が形成されるようになった。そうした諸理論については，第3章でみることになろう。この節では，構造機能主義を批判し，方法論的集合主義的な立場と方法論的個人主義的な立場の接合を試みた諸社会理論について紹介したい。

　構造化理論を提唱したイギリスの社会学者 A. ギデンズは，構造機能主義について次の三点を批判した（Giddens 1977=1986）。①意図されない結果と予期されない結果の区別を見過ごしている，②社会全体が何か特別な目的をもっているかのように仮定している，③社会構造を人びとの行為の斉一的なパターンであるかのように捉えている。それぞれの批判が何を意味しているのかについて，言語体系を社会システムの例とみなして，具体的に考えてみよう。

　言語体系は人びとの言語活動によって存続できているが，人びとはその言語を存続させようと言語活動をおこなっているわけではない。人びとは，他人とコミュニケーションをし，自身の生存を確実にするためにその言語をもちいているにすぎない。したがって，人びとの言語活動によってある特定の言語が存続しているとしても，それは人びとによって意図された結果ではない。その一方で，それは人びとによって予期されなかった結果なのだともいえない。人びとは，自分たちの言語活動が結果としてその言語体系を存続させていることを知っているからである。「意図はしていないが，予期はされている」というこの特徴は，顕在的機能と潜在的機能という区別では適切に把握できない。これが最初の批判が意味することである。また言語体系は，自身を存続させようと

第 1 章　社会学の基礎理論

して人びとの言語活動をコントロールしているといった事実は存在しない。人びとはそれぞれ何か具体的な目的にしたがって言葉をもちいた活動をおこなっており，それらが集まった結果としてその言語体系が存続しているにすぎない。にもかかわらず，人びとの言語活動を言語体系の存続との関連（つまり，システムの機能要件との関連）だけで理解しようとすれば，言語活動を生み出していた人びとの日々の営みの具体的な意味が見失われてしまうことになる。これが第二の批判である。最後に，言語構造とは，人びとの言語活動の斉一的なパターンを意味するわけではない。言語構造が具体的にはその言語の文法と語彙を意味していたように，社会構造は人びとの行為の斉一的なパターンを意味するのではなく，人びとの行為を生み出す規則と資源を意味しているのでなければならない。したがって社会構造は，行為を生み出す規則と資源として理解される必要がある。

（2）構造化理論

　ギデンズは，構造機能主義に対する批判をもとに，方法論的個人主義的な立場にたつ理解社会学の成果を積極的に取り入れた**構造化理論**を構築した（Giddens 1984=2015）。構造化理論の核となる概念は，構造，システム，そして構造の二重性の三つである。先に述べたように，ギデンズは構造を行為の斉一的なパターンとは考えず，行為を可能にする規則と資源だと考えた。行為者は社会に存在するさまざまな規則や資源をもとに意図をもって行為を選択するが，行為者に選択された行為は行為者の意図とは関係なく，そうした規則や資源を効力あるものとして再生産する。たとえば，言語の文法や語彙は人びとに正しく使われてはじめて次代に継承されることを例として考えてみればよい。このとき構造は，行為選択を可能にさせるメディアであると同時に，行為の（意図せざる）結果でもある。ギデンズは，社会構造のこのような特性を構造の二重性と呼んだ。そして，構造が人びとの行為選択を可能にすると同時に，人びとに選択された行為が構造に再帰することで構造それ自身を再生産する過程全体を，システムと考えたのである。

　ギデンズの構造化理論は，構造が存続／維持される理由を構造の果たしている（と思われる）機能に求めるのではなく，行為者の意図をもった行為と構造

との連関に求めた点で構造機能主義と区別される。ギデンズの社会理論を理解するうえでもう一つ重要な概念は，二重の解釈学である。社会学者は，人びとの行動を観察／解釈することで，社会に関する一般的な知見を導き出す。しかし，そうやって導き出された社会科学者の知見は社会と切り離されて存在するわけではない。それは社会学者の意見として社会に流通し，人びとの行動に影響を与えることになる。言い換えれば，社会学者の言葉は人びとによって解釈されることで，社会を変えてしまう可能性がある。このように，人びとの行動は社会学者によって解釈されるけれども，社会学者の言葉は今度は人びとによって解釈されるという，互いが互いを解釈しあう関係が存在する。これを，ギデンズは二重の解釈学と呼んだ。自然科学では発見された自然法則が発見されたことで法則でなくなってしまうといったことは考えられない。しかし社会学では，この二重の解釈学という特徴によって，見出された社会問題が見出されたことで存在しなくなることがありうる。だからこそ，社会学は実践の科学でありうる。

(3) ルーマンの社会システム理論

次に，構造化理論の対極に置かれると思われる N. ルーマンの社会システム理論についても紹介することにしよう（Luhmann 1984=2020）。ドイツの社会学者であるルーマンには，アメリカへの留学経験もあり，パーソンズの社会システム論に影響を受けている。しかし，長きにわたる彫琢を経て完成したルーマンの社会システム理論は，パーソンズの社会システム論とは大きく異なる独特の社会理論になっている。ルーマンの社会システム理論の核となる概念を二つ挙げるならば，一つはシステムと環境の差異となり，もう一つはシステムの自己準拠となるだろう。システムの要素が増えるにしたがい，可能な関係の総体（複雑性）は飛躍的に上昇し，あっという間に制御不能になる。このような制御不能な複雑性が，システムにとっての環境となる。そして，可能な関係の総体を制御可能にするためには，複雑性を適切に縮減することが必要になる。このとき，システムは複雑性を縮減することによって環境から区別されることになる。たとえばマーケットで商品の売買をおこなうとき，人びとは商品としての価値（価格）だけに注目し，どのような理由でそれが製造され，そしてどの

第 1 章　社会学の基礎理論

コラム 1-2　オートポイエシス的システムとしての社会

　ルーマンの社会システム理論のなかで，忘れてはいけない概念の一つにオートポイエシス（自己産出）がある（Luhmann 1984=2020）。オートポイエシスは，もともとはチリ出身の生物学者 H. マトゥラナと F. ヴァレラが提示した概念である（Maturana and Varela 1984=1987）。このときオートポイエシスは，環境の変化に抗って自己の同一性を維持するのではなく，再帰的に自己を産出するプロセスによって自己の同一性を維持するシステムの特徴を意味している。ルーマンは，このオートポイエシスの概念を，コミュニケーションを単位とする社会システムに適用することで，個人を圧倒する超越的な何かとして社会を捉えるのではなく，しかし単なる個人の行為の集まりでもない，一つの自律したシステムとして概念化することに成功した。抽象的な言い方になってしまったが，社会はコミュニケーションが接続する限りにおいてしか存続していないという視点や，また個人がコミュニケーションの接続のされ方を決定しているわけではないという視点は，社会とは何かを考える際に大いに参考になる。

［数土直紀］

　ような経路を経てここにあるのかといった情報は副次的なものとして扱われ，参照する必要がなくなる。このようにして複雑性が縮減されることで，マーケットという効率的な社会システムが出現する。このとき重要なことは，マーケットにおいては価格が重要だったかもしれないが，別の場面では別の特性が重要になり，そしてそのことで異なる社会システムが現れるということである。そして，新たに現れた社会システムにおいては，値段はいくらなのかといった情報は副次的なものになり，参照する必要がなくなる。何がシステムにとって内部に属するのか，何がシステムにとって外部に属するのか，これらはシステム自身が決定している。ルーマンは，これをシステムの自己準拠と呼んだ。そして異なるシステム同士は，互いに重なりあいながらも，互いに互いを環境として扱っている。ルーマンは，これをシステム分化と呼んだ。

　ルーマンの社会システム理論には以上の説明に収まらない広汎な内容が含ま

れているが，その全部をここで説明することはできない（→コラム1-2）。しかしここまでの議論との関連で指摘しなければならない点は，ルーマンの社会システム理論では個人と社会がシステムという抽象化された概念によって一つにまとめあげられているということと，そしてそのことで方法論的集合主義や方法論的個人主義といった区別が無化され，両者の統合が果たされているということである。これは，目的をもった個人の行為に着目することで両者の統合を図った構造化理論との大きな違いだといえる。

(4) ミクロ－マクロ・リンク

最後に，アメリカの社会学者 J. S. コールマンが提唱したミクロ－マクロ・リンクについて述べることにしよう（Coleman 1990＝2004-06）。コールマンは，マートンの社会学の影響を受けており，実際にコールマンの主著である『社会理論の基礎』はマートンに捧げられている。その一方で，コールマンは明確に方法論的個人主義の立場にたち，その立場からマクロ現象を説明する理論枠組みを構想した。したがって，ギデンズが方法論的集合主義の枠組みに方法論的個人主義の成果を摂り入れることでマクロ現象を扱う社会学と相互行為の過程を分析するミクロ社会学の統合を試みたのに対して，コールマンは方法論的個人主義の枠組みに方法論的集合主義の問題意識を取り込むことで両者の統合を図ったのだと評価できる。

コールマンは，機能の概念に依存してマクロ現象を説明しても，結局は目的論的な説明になっており，科学的な説明になっていないと考えた。「○○のために××になった」という説明は，○○という機能（あるいは目的）を実証的に特定できるのでなければ，単なる同義反復に陥るからである。たとえば，「社会秩序を維持するために，規範意識が強化された」という説明を考えてみよう。このとき，規範意識の強さが「社会秩序を維持できているかどうか」で判断されるなら，その説明は「社会秩序を維持するために，社会秩序を維持するものが必要とされた」と言い換えられ，同義反復となる。

これに対して，コールマンは，マクロ現象を説明するためには異なるマクロ現象をつなぐミクロレベルの相互行為の過程を明らかにすることが必要だと考えた。つまり，コールマンは，社会をマクロ水準の社会現象とミクロ水準の相

第1章 社会学の基礎理論

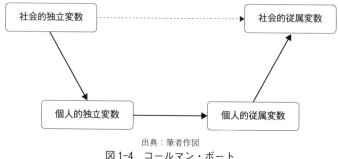

出典：筆者作図
図1-4　コールマン・ボート

互行為に分析的に区別し，そのうえで両者を連結することで，ミクロ－マクロ・リンクと呼ばれる新しい説明枠組みを構想したのである。ちなみに図1-4は，コールマンが提唱したミクロ－マクロ・リンクを図式化したものである。

　図1-4からわかるように，研究者の問題関心は，社会的従属変数を社会的独立変数によって説明することである（従属変数と独立変数の違いについては第2章3節を参照のこと）。しかし社会的独立変数と社会的従属変数の因果関係を解明するためには，研究者はいったんマクロレベルの社会現象から離れてミクロレベルの相互行為過程に注目し，個人的独立変数と個人的従属変数の関係を明らかにする必要がある。そのうえで，社会的独立変数と個人的独立変数を連結（マクロ－ミクロ移行）し，さらに個人的従属変数と社会的従属変数を連結（ミクロ－マクロ移行）することになる。こうすることで，必ずしも自明ではなかった社会現象間の関係が相互行為の過程をたどることで明らかにされる。ちなみに，この説明図式はボートの形に似ているので，コールマン・ボートと呼ばれることもある。

　さらにコールマンは，ミクロレベルの相互行為の過程を明らかにするツールとして合理的選択理論を想定していた（→第12章1節）。つまり，「行為者が合理的ならば，この条件のもとではこのように行為するはずだ」という推論を積み重ねていくことで，相互行為の過程を因果的に説明できると考えたのである。しかし，認知科学が興隆し，人びとの行動がそれまで想定されてきたようには必ずしも合理的ではないことが明らかになると，一部の研究者は合理的選択理論を想定せずに，ミクロ－マクロ・リンクの図式をもちいるようになる。ある

社会現象が発生する社会メカニズムをミクロレベルの相互行為過程に注目して明らかにしようとする理論的立場を，分析社会学という（Hedström 2005）。分析社会学の代表的な研究者としては，P.ヘドストロームが知られている。

5. 更新される社会学理論

(1) 多様な社会学理論

　本章では社会学における理論の変遷を，方法論的集合主義と方法論的個人主義という二つの伝統的な立場に注目し，それぞれがどのようにして現れ，そして最終的に一つのものに統合されていったのかという視点から整理をおこなった。単純化していえば，方法論的集合主義は，社会を理解するときに社会それ自体を一つの全体として捉え，そのうえで社会に生じるさまざまな現象を説明しようとする立場である。一方，方法論的個人主義は，社会を理解するときに社会を構成している個人に注目し，個人の視点から社会に生じるさまざまな現象を説明しようとする立場である。方法論的集合主義の立場にたつにしても，方法論的個人主義の立場にたつにしても，最終的な目的は「社会を理解する」点で共通している。したがって，二つはそもそも相反するものではなかった。二つの方法論的立場が一つに統合されていったのは，ある意味で当然の帰結であったといえるだろう。

　むしろ興味深いと思われるのは，方法論的集合主義と方法論的個人主義が一つになっていく過程の多様性にある。たとえば，ギデンズの構造化理論では，構造（機能）主義的な立場を基盤にして，そこに方法論的個人主義のアプローチが取り込まれていった。本章では紹介しなかったが，フランスの社会学者P. ブルデューの文化的再生産の理論（→第10章4節）も，同様であったといえる。一方，コールマンのミクロ‐マクロ・リンクでは，合理的選択理論という方法論的個人主義的な立場を基盤にして，そこにマクロな社会現象への説明がリンクされていった。つまり，前者は方法論的集合主義を基盤にした統一が図られており，後者は方法論的個人主義を基盤にした統一が図られている。それに対して，ルーマンの社会システム理論では，社会も，個人も，システムという概念をもとに抽象化して捉えられることで，両者の統合が図られている。

第1章　社会学の基礎理論

結果として，ひと口に社会学理論といっても，実にさまざまな理論が併存する形になっている。この点は，自然科学における理論（自然法則）とは大きく異なる特徴といえるだろう。

(2) 道具としての理論

　社会学を見渡し，そこに多様な理論が併存する状態を確認したとき，少なくない人が，どの理論が正しい理論で，どの理論が正しくない理論なのかを気にするかもしれない。しかしこのような態度は，社会学理論を理解するうえでは必ずしも適当とはいえない。実際に，あらゆる社会現象を完全に説明しうる絶対的に正しい社会学理論が存在するわけではない。社会学理論は，ターゲットとされた社会現象に対する人びとの理解を促す限りにおいてその正当性が認められるのであって，その正当性はあくまでも人びとと社会との関係に依存して決まってくる。特に，ギデンズが二重の解釈学という概念で示したように，社会学者の説明は説明の対象となっていた社会内部で流通し，その説明の意味することを人びとに解釈されることで，まさにそのことによって，理論としての有効性を失うことがある。たとえば，理論によって経済恐慌の発生が予測されても，人びとが理論を通じて経済恐慌が発生する可能性を知ることで正しい予防措置がとられれば，経済恐慌を回避できる（理論の予測が外れる）といったことがありうる。

　少なくとも社会学にとって，理論は金科玉条のごとく崇められるものであってはならないし，単なる世界観の表明にとどまるものであってもならない。社会学理論は人びとの社会現象に対する適切な理解を促進する限りにおいてその正しさが認められるのであって，理論の正しさを保持するために社会現象の解釈が歪められるようなことがあってはならない。むしろ，社会は絶えず変化するものであるから，そうした社会の変化にあわせて社会学理論も随時更新されていかなければならない。実際に社会学理論の歴史を振り返れば，社会学理論は社会の変化とともにその姿を絶えず変えてきたのであり，そしてこの先も社会の変化とともにその姿を変えていくことが予想される。

　このことを前提にすれば，読者に求められるのは，本章で論じられた社会学理論をただそのまま鵜呑みにするのではなく，しかしだからといって理論を軽

んじるわけでもなく，社会学理論がどのような社会現象をどのように説明し，
そしてその説明が本当に納得いくものになっているのかどうかについて，自身
の感性を研ぎ澄まして検討することだといえる。

要点の確認

・初期の社会学理論は，方法論的集合主義（あるいは方法論的全体主義）と方法論的
　個人主義の二つに大きく分けて考えることができた。
・20 世紀半ばに構造機能主義が社会学における標準理論の地位を確立したが，その後
　は批判を受け，影響力を低下させていった。
・20 世紀末からは，構造化理論やミクロ‐マクロ・リンクのように，方法論的集合主
　義と方法論的個人主義を架橋するような理論構築が試みられてきた。
・社会学理論は，時代とともに更新され，多様化が進んでいる。

文献ガイド

M. ヴェーバー著『プロテスタンティズムの倫理と資本主義の精神』（岩波文庫）
　　▷プロテスタンティズムの教義と資本主義社会の精神との間に親和性があったことを
　　　論じた書である。社会的行為の理解にもとづいた方法論的個人主義による研究の代
　　　表作である。
É. デュルケーム著『自殺論』（中公文庫）
　　▷自殺を三つ（厳密には四つ）に類型化したうえで，近代社会では自己本位的自殺が
　　　増えていることを論じた書である。社会的事実の解明を目指す方法論的集合主義に
　　　もとづいた研究の代表作である。
R. K. マートン著『社会理論と社会構造』（みすず書房）
　　▷構造機能主義の立場にたつ社会理論書であると同時に，中範囲の理論，準拠集団論，
　　　予言の自己成就など，現代社会学に継承されている魅力的なさまざまな理論概念を
　　　彫塑した書である。
A. ギデンズ著『社会の構成』（勁草書房）
　　▷構造化理論について述べられた図書である。構造と行為が相互に結び付くプロセス
　　　を重視した社会理論であり，方法論的集合主義と方法論的個人主義の架橋を目指し
　　　ている。

第 2 章

社会学の方法論
──社会を捉えるためのアプローチ──

　社会学理論の系譜をみると理論的な立場として大きく方法論的集合主義と方法論的個人主義の二つが存在したことを，前章で確認した。私たちは，社会学理論を適切にもちいることで，さまざまな社会現象を説明／予測することができる。しかし社会現象を実証的に明らかにするためには，理論による説明や予測の正しさをきちんと検証することが必要になる。そして，理論による説明や予測の正しさを検証するためには，対象とされる社会現象に関するデータが収集されていなければならない。しかしひと口にデータといっても，データにはさまざまな種類があり，対象となる社会現象に応じて，あるいは理論が用意する説明や予測に応じて，適切に使い分けられなければならない。そこで本章では，まずデータにはどのような種類があり，そしてデータに応じてどのような分析方法が使われるのかを紹介する。そして，データの種類と分析方法との関係を理解することを通して，社会学の方法を知ることを目指す。

第 2 章　社会学の方法論

1. 理論と現実をつなぐ

　「巨人の肩の上に立つ」という言葉がある通り，私たちが個人で考えうることには限界があるので，遠くをみるためには先人の力を借りることが重要になる。実際に，"すべての研究は，誰の力も借りずに，ゼロから出発しなければならない"のだとすれば，それはとても非合理的かつ非効率的な営みといえるだろう。しかし先人の力を借りるといっても，私たちが直面している問題に先人が残してくれたものがそのままの形ですぐに活用できるわけではない。それは，先人が経験してきたことと私たちがいま体験していることが，基本的なところで大きく異なっており，決して同じではないからである。当然，想定されている状況が異なれば，必要とされる解決も状況の変化にあわせて変わってこざるをえない。それゆえ，私たちが先人の残したテクストを読解するとき，先人の意図を正しく理解することを心がけると同時に，それを眼前の問題にどう適用できるかについて批判的に検討することも大切となる。

　これは社会学においても同様である。前章で紹介したように，ヴェーバーやデュルケーム，ジンメルやパーソンズなど，多くの社会学者が社会について価値ある考察を深めてきた。私たちがそうした過去の偉大な社会学者から学ぶことは，きわめて重要な意味をもっている。しかしその際に注意しなければならないことは，かれらが想定していたさまざまな社会的文脈と，私たちが前提としている社会的文脈との異同である。かれらの社会に関する考察を活用するためには，まずはいったんかれらの考察をかれらが想定していた固有の文脈から切り離して一般的に理解しなおすことが重要になる。そうして得られた一般的な知見を，今度は現代の文脈に位置づけなおすことが必要になってくるだろう。そうすることで，私たちは偉大な社会学者が残してきた業績を私たちが直面する現代社会におけるさまざまな問題の解決に役立てることができるようになる。そしてそうした作業は，優れた理論研究，学説研究につながっていくことになる。しかし，ただ単に社会について理論的な考察を深めるだけでは，社会のすべてを明らかにすることはできない。社会の正しい姿を明らかにするためには，考察によって得られた知見をデータにもとづいて検証することが不可欠になる。

1. 理論と現実をつなぐ

本章で，そのための方法について学ぶことになる。

(1) 量的データと質的データ

　社会学者が扱うデータは，量的データと質的データの二つに大きく分けて考えることができる。ちなみに，量的データとは数量的に扱うことのできるデータを意味する。たとえば，アンケート調査の回答を数値にしてデータ化した場合には，そのデータは量的データとなる。一方，質的データとは，数量的に扱うことが難しいデータを意味する。たとえば，インタビュー調査の回答を音声やテクストにしてデータ化した場合には，そのデータは質的データといえる。ただし，量的データと質的データの区別は便宜的なものでしかないことにも注意する必要がある（盛山 2004）。たとえば，膨大なテクストは，テクストに書かれている内容を読解し，それをもとに社会現象を説明しようとする場合は質的データとみなされる。しかし，特定の単語がテクストに現れる頻度や，あるいは特定の単語がどの単語と一緒に使われるのか，その関連の強さに注目する場合には，量的データとみなされる。したがって，あるデータが量的データなのか，それとも質的データなのかは，研究者がそのデータのどの側面に注目して分析するかに依存して決まってくる。

(2) 方法の三類型

　社会科学の方法論は，統計帰納法，数理演繹法，意味解釈法の三つに分けて考えることができる（今田 1986; 友枝 [2017] 2023b）。そして，この三つの方法の違いを，先に挙げた量的データと質的データに関連づけて理解することができる（図 2-1）。

　まず，**意味解釈法**からみてみよう。意味解釈法は，私たちの社会や人びとの行為が意味によって構成されていることに注目し，その意味を解釈することで社会現象を説明しようとする方法である。このような意味解釈法は，量的データでなく，質的データとの適合性が高い。質的データとしてのテクスト文書であれば，研究者がテクスト文書に書かれている内容の意味するところを読解・解釈するという方法を適用することで，社会現象の説明が試みられることになる。あるいは，参与観察であれば，研究者はインフォーマント（informant）の

第2章　社会学の方法論

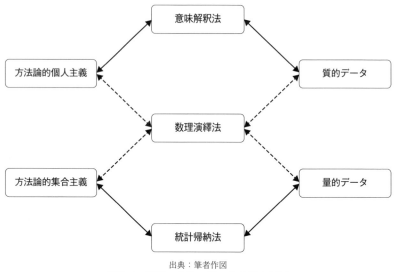

出典：筆者作図
図2-1　理論・方法・データの対応関係

語る内容が意味するところを読解・解釈するという方法を適用することで，社会現象の説明を試みていることになる。

　次に，**統計帰納法**についてみてみよう。統計帰納法とは，実験・観察・調査によって得られたデータを分析することで予想される命題の妥当性を検証したり，あるいはそこから一般的な命題を新たに導出したりする方法である。このとき，分析されるデータとして念頭に置かれているものは，主として量的データとなる。統計帰納法にしたがって社会現象を明らかにしようとするとき，社会学においてとりわけ重要視されるのは，社会調査である。社会調査から得られたデータを数量化し，そのデータを統計的な分析手法をもちいて処理し，そこから一般命題を導出し，さらに仮説の妥当性を検証する方法は，統計帰納法の典型といえるだろう。ちなみに，意味を解釈することに重点を置いた意味解釈法は，行為の意味を理解することを重視する方法論的個人主義に対してより親和的な方法だといえる。一方，データ分析によって一般命題を導出・検証することに重点を置いた統計帰納法は，社会的事実の解明に焦点を置く方法論的集合主義に対してより親和的な方法だといえる（→第1章2節）。

1. 理論と現実をつなぐ

　最後に，**数理演繹法**をみてみよう。数理演繹法とは，いくつかの前提（公理）から社会現象を説明するモデルや理論を構築し，そうして得られたモデルや理論をもちいて社会現象を明らかにしようとする方法である。典型的には社会学のなかでも数理社会学と呼ばれる分野において積極的に採用される方法だが，社会システム理論などの純粋理論研究においてもみることのできる方法である。意味解釈法と統計帰納法が質的データと量的データに関連づけられていたのに対して，数理演繹法は，質的データにも量的データにも明示的に関連づけられているわけではない。しかし，数理演繹法をもちいて得られたモデルや理論の経験的妥当性は，質的データもしくは量的データをもちいて検討されなければならない。したがって，数理演繹法に従っていればデータを無視してよいというわけではない。

　また，ここに挙げられた三つの類型はあくまでも理念型にしかすぎず，社会学でもちいられる方法がこの三つのいずれかに排他的に分類されるわけではないことにも注意する必要がある（理念型については，第3章2節を参照のこと）。たとえば，仮説検証型の統計分析は，仮説の構築という面に焦点をあてれば数理演繹法に近いが，数量化されたデータをもちいて命題の妥当性を検証するという面に焦点をあてれば統計帰納法に近い。あるいは，機械学習をもちいた大量テクスト分析は，大量のテクストを統計的に分析してそこから特定のパターンを引き出すという点では統計帰納法に近いが，抽出されたパターンの意味を解釈することに焦点をあてると今度は意味解釈法に近いことになる。つまり，三つの類型は互いに対立しているわけではなく，社会学者によって実際に採用される方法は，この三つの類型のいずれにも何らかの形で関係している場合が少なくない。

（3）データの収集法

　前項では，意味解釈法が質的データの分析と適合性が高く，統計帰納法は量的データとの適合性が高いと述べた。本項では，質的データを収集する方法と量的データを収集する方法のそれぞれについて述べることにしたい。

　質的データを収集する方法としてまず挙げられるのが，**参与観察（フィールドワーク）**である。参与観察とは，研究対象である社会現象が生起している現

第2章　社会学の方法論

場に入り込み，関係者へのインタビューを交えながら，直接に出来事を観察してデータを収集する方法である。次に挙げられるのが，インタビュー調査である。しかし，ただインタビュー調査といってしまうと，アンケートをもちいた調査も広い意味でのインタビュー調査に含まれることになる。質的データを収集する方法として念頭に置かれているインタビュー調査は，質問紙を用意せずに長時間の聴き取りをおこなうインデプスインタビュー，もしくはある程度の質問内容や順序を決めたうえで自由に回答してもらう半構造化インタビューである。最後に，質的データの収集として，新聞，雑誌，テレビなどの記事，あるいはさまざまな歴史的資料の収集も含まれる。

　量的データを収集する方法として挙げられるのは，量的な**社会調査**である。しかし，量的な社会調査といっても，社会調査の実施の仕方にはいくつか種類が存在する。最も代表的なものは，個別面接調査と呼ばれるもので，調査票を携えた調査員が調査対象者に会い，回答を聴取するタイプの社会調査を意味する。しかし，個別面接調査は，調査対象者と直接会いかつ直接回答を聴取するため，コストのかかる社会調査でもある。これに対して，まず調査対象者に調査票を配布して，調査対象者によって記入された調査票を後日回収する社会調査もある。これを留置調査と呼ぶ。さらに，郵送で調査票を送付し，調査対象者が回答を記入した後，調査票を送り返してもらう社会調査を郵送調査と呼ぶ。これら以外にも，電話をもちいておこなう電話調査や，インターネットをもちいておこなう Web 調査も存在する。このことからわかるように，ひと口に量的な社会調査といってもそこにはいくつもの種類が存在し，それぞれの社会調査法にはその方法にともなう利点も欠点も存在する。

（4）適切な方法であるための基準

　このように，扱うデータに応じて採用される方法が異なってくるし，またデータの収集方法も異なってくる。このとき，「どの方法が優れており，どの方法が劣っているのか」という議論は，生産的ではないし，あまり意味もない。なぜなら，どの方法が優れているのかに関する判断の基準は絶対的なものではなく，研究者の問題関心や，研究対象である社会現象に影響を与えるようなさまざまな社会的文脈に対応して変化するものだからである。たとえば，研究対

30

象となる社会現象の全体的な趨勢を明らかにしたいと考えるときは，量的デー
タを扱う方法，あるいは量的データを収集する方法が重要になるかもしれない。
しかし，対象となる社会現象に対する深い理解が必要とされるときは，質的デー
タを扱う方法，あるいは質的データを収集する方法が重要になるだろう。し
たがって重要なことは問題関心にあわせた方法を選択できることであり，あら
かじめ方法をいずれかに限定してしまうとよい研究成果につながらなくなる。

　また，問題関心に対応した適切な方法を選択することが望ましいという考え
に加えて，現実的にどの方法を採用できるのかという制約条件にも配慮するこ
とが必要になる。学問の進展とともに，量的データであるか，あるいは質的デー
タであるかを問わず，データの分析手法は高度になり，そして複雑になって
いる。そのため，一人の研究者が量的データの分析手法と質的データの分析手
法のいずれにも熟達し，いずれの方法についても高度な分析手法を駆使できる
ようになるというのは，至難の業である。またある社会現象について信頼性の
高い確かな量的データ（あるいは質的データ）を収集したいと考えても，さま
ざまな現実的な制約からそれが難しい場合もある。その場合には，利用可能な
データをもちいて，研究対象となる社会現象へアプローチすることが現実的な
判断となるだろう。こうした制約を少しでも克服するためには，多様な研究者
がデータを共有し，各自の専門知識・技法を活かしつつ，さまざまな視点から
データ分析に取り組むことが有効となる。

2. 意味解釈法

(1) 参与観察

　質的データとの親和性が高い意味解釈法を最もよく代表しているのは，参与
観察である。参与観察をおこなうためには，調査者は現場に参与すると同時に，
現場を観察することも要請されるが，参与と観察を両立させることは容易なこ
とではない。なぜなら，参与は現場に同化することを意味する一方で，観察は
現場で起こっていることに対して距離を置くことを意味するからである。しか
し，同化することと距離を置くこととは本来は相反することを意味している。
当然，同化すれば距離を置くことが困難になるし，逆に距離を置こうとすれば

第2章　社会学の方法論

同化することが困難になる。したがって，参与観察をおこなおうとする調査者は，現場の内側と外側の双方に足を置く境界人として振る舞うことになる。また，このような参与観察の困難は，ただ単に調査をおこなうことを難しくするだけでなく，調査によって得られた知見の正当化を難しくする場合もある。調査者が現場に完全に同化してしまうと，調査者は無自覚に現場の利益をただ代弁してしまっていることもありうる。

　しかし，このような参与観察の困難は，同時に参与観察の方法論としての強みあるいは魅力にもなっている。社会現象を構成している意味を明らかにするためには，当事者の視点から社会がどのように見えているかを理解し，かつそれがどのような問題を帰結しているのかを明らかにしなければならない。しかし完全に当事者の立場にたってしまうと，社会を当事者の見方でみることに慣れてしまうために，社会をそのようにみることがどのような問題を帰結しているのかを明らかにすることができなくなる。一方，完全に観察者の立場にたってしまうと，当事者がどのように社会を見ているかがわからないために，何がそのような問題を帰結しているのかがわからなくなる。もし研究者が当事者としての視点と観察者としての視点の双方をとることができれば，研究者は当事者の視点からみえる社会の姿を理解しつつ，それが結果としてどのような問題を帰結しているのかを示すことができるようになるだろう。このことを，一つの研究事例を挙げて，みてみよう。

(2) ハマータウンの野郎ども

　イギリスの社会学者 P. ウィリスによって書かれた『ハマータウンの野郎ども』は，なぜ労働者階級出身の少年たちが自発的に現代資本制社会の工場労働者になっていくのかを明らかにした著作である（Willis 1977=1996）（→第 10 章 3 節）。『ハマータウンの野郎ども』における調査の主たる対象者は，ハマータウン男子校（仮名）に通う，学業に背を向けた労働者階級出身の生徒 12 人からなる集団である。ウィリスは，集団のメンバーについて授業を含む学内活動や学外の活動を観察し（ウィリスは，全科目の授業に出席したと述べている），定期的に集団で話しあう場も設けた。さらに，個別面談をおこなったり，少年の日記を参考にしたり，当人たち以外の家族や教員や職員にもインタビューを実

施した。さらにウィリスの調査は，卒業後の職業生活に関する追跡調査も含んでいる。結果として，最終学年の前年度の二学期から開始された調査は，卒業後の労働生活を六か月経験するまで継続されたのである。またウィリスは，彼らとの比較対象のためにさらに四つの集団に対しても並行して調査をおこなった。

　彼らは〈野郎ども（the lads）〉と自称し，教師や学校といった権威に対して反抗的な態度をとり，そうした権威に対して従順な生徒たちを〈耳穴っ子（ear-oles）〉と呼んで馬鹿にしていた。〈野郎ども〉は，いわば一つのインフォーマル集団を構成しており，教師や学校に代表される権威に抗う対抗文化を形成していたのである。そして，学校制度のなかで形成された対抗文化は，〈野郎ども〉の出身階級である労働者階級の階級文化と強い親和性をもっていた。その結果として，学校を卒業した〈野郎ども〉は，労働者階級へと送り出されることになる。いわば，〈野郎ども〉は，学校での経験を通して自らの意志で出身階級である労働者階級に参入し，そして社会全体としてみれば社会階級が再生産されていたのである。ウィリスは，〈野郎ども〉の学校内外での経験を丁寧に観察することで，労働者階級出身の少年が一見すると誰からも強制されることなく，あたかも自然の流れのなかで，労働者になっていく過程を明らかにしたといえるだろう。

　ウィリスの研究において重要なことは，〈野郎ども〉が教師や学校の指導に従わず，粗暴な振る舞いを繰り返すことは決して非合理的な態度ではなかったことを明らかにしているという点である。〈野郎ども〉は彼ら自身の対抗文化をもっており，その価値観に従っていたにすぎない。そして，このような〈野郎ども〉の対抗文化は，彼らの日常を観察し，そして彼らの語りを聴くことではじめて明らかにされるようなものだった。しかし〈野郎ども〉は，自分たちの文化や価値観を語ることはできても，それに従うことでどのような未来を結果として招来してしまっているのか，このことを十分に自覚していたわけではない。〈野郎ども〉の学校での振る舞いが，結果として彼らの未来の可能性を狭めていることは，学校の外に身を置くウィリスだからこそわかることなのである。このように，研究者は当事者に見える世界と観察者に見える世界の双方を捉えることで，たとえば社会階級の再生産を帰結するミクロの社会過程を明

第2章　社会学の方法論

らかにできるのである。

(3) ドキュメント分析

　参与観察は質的データを収集・分析する方法として強力だが，すでに過去の
ものとなってしまった出来事を対象にすることは難しい。すでにないものに参
与することはできないからである。しかし過去の出来事について当事者の視点
から理解するために活用できる質的データは多く存在する。たとえば，その出
来事について当事者が残した生活記録や，日誌や，書簡や，雑誌への投稿記事，
あるいは自伝などである。こうした記録を収集し，そして分析することで，当
事者の視点から社会現象の意味を明らかにする分析手法を，ドキュメント分析
と呼ぶ。ただし，ひと口にドキュメント分析といっても，そこには内容分析や，
言説分析や，歴史社会学的アプローチや，テキストマイニングなど，いくつか
種類がある。特にメディア研究で盛んにもちいられてきた内容分析や，あるい
はテキストマイニングなどは，むしろ量的データとしてのドキュメントを扱う
分析手法といってよいだろう。

　したがって，意味解釈法との関係でいえば，ドキュメント分析のなかでも言
説分析あるいは歴史社会学的なアプローチが重要な意味をもつことになる。フ
ランスの哲学者 M. フーコーの業績に大きな影響を受けている言説分析は，さ
まざまな言説を丹念に読み込むことで，私たちが自明視してきた社会的事実が
歴史のなかでどのように形成されてきたのか，その過程を具体的に明らかにし
ようとする。もし私たちが自明視してきたことが実は単に歴史的に構成された
ものでしかなかったことが明らかにされれば，そのことによって私たちは今と
は異なる現実がありえたことを理解できるようになる。

　言説分析にはこのようなメリットがある一方で，考慮しなければいけないい
くつかの問題点ももっている。分析の対象となるドキュメントは膨大なものに
なるので，一つの論文でそのすべてを，そしてそのすべての部分について参照
することはできない。自ずと明示的に言及されるドキュメントは全体のごく一
部にとどまらざるをえないが，その選択基準をどう設定するかは研究者自身に
委ねられることになる。また，分析されるドキュメントは解釈されなければな
らないが，得られた解釈の一義性をどのように保証するかについても問題にな

りうる。これらの問題は当然研究者自身にも自覚されており，実際の分析では
これらの点に十分に配慮しながら分析がおこなわれることになる。それに加え
て，研究成果を受け取る側もこうした問題の存在に注意することが必要である。

　言説分析あるいは歴史社会学的アプローチをもちいた研究事例として，小熊
英二が著した『1968』を挙げることができる（小熊 2009）。『1968』では，1960
年代後半から1970年代前半にかけて日本社会で観察された若者によるさまざ
まな政治運動が詳細に分析されている。小熊によって分析の対象として取り上
げられたドキュメントは，同時代のビラや機関誌類を中心に，当時の学生の手
記や座談会，週刊誌や新聞の報道記事，そして回想記などであった。小熊はこ
れらのドキュメントを丹念に読み込むことで，全共闘運動とは「日本史上初め
て「現代的不幸」に集団的に直面した世代がくりひろげた大規模な〈自分探
し〉運動であった」（小熊 2009: 下 793-4）と結論づける。ちなみに，ここでキー
ワードとなっている現代的不幸とは，貧困・飢餓・戦争などのわかりやすい
「近代的不幸」に対して，閉塞感をともない，言葉にしがたい，そうであるが
ゆえに捉えがたいタイプの現代社会に特徴的な不幸を意味する。

　なお，意味解釈法には，この他にもエスノメソドロジーによる会話分析や，
現象学的社会学による研究（いずれも第3章3節を参照）も分類することができ，
多様なアプローチが存在する。

3. 統計帰納法

(1) リテラリーダイジェストの失敗

　前節では，質的データを扱う参与観察（フィールドワーク）とドキュメント
分析について検討した。これらの分析手法が抱えがちな問題の一つは，扱って
いる事例の代表性（あるいは一般性）をどう正当化するかである。また，問題
のもう一つは，データの解釈の再現性をどのように担保するかである（ちなみ
に，ここでいう再現性とは，同じデータを分析すれば誰もが同じ結果が得られると
いう意味である）。一方，質的データを扱う方法に対して，量的データを扱う統
計的な方法は，データの代表性や分析結果の再現性についてより優位な立場に
あると考えられがちである。しかし実際は，量的データといえども，データの

第2章　社会学の方法論

代表性や分析結果の再現性が自動的に保証されるわけでは決してない。むしろ，量的データをもちいて分析するときにこそ，データの代表性や分析結果の再現性について十分な注意を払うことが必要になる。

　そのことを印象的に示す事例としてたびたび引かれるのが，1936年における『リテラリーダイジェスト』誌がおこなった米大統領選の結果予測の失敗である。リテラリーダイジェストは，1936年の米大統領選の結果を予測するために，1000万人に投票用紙を郵送し，そのうち240万人から回答を得た。そして，得られた結果をもとに，次の米大統領選ではアルフ・ランドンが勝利すると予測した。ちなみに，このときリテラリーダイジェストは，1000万人の対象者の住所のほとんどを電話帳と自動車登録記録から入手している。240万人という回答者の規模は，現代の世論調査の標準的な規模と比較するときわめて大きいが，にもかかわらず実際にはフランクリン・ルーズベルトが勝利し，リテラリーダイジェストは予測を外したのである。このとき，リテラリーダイジェストが予測を外したのは，収集したデータの代表性に問題があったからである。1936年当時，固定電話が置かれていたり，あるいは自動車を保有していたりする家庭は比較的裕福で，アルフ・ランドンを支持する傾向があった。アルフ・ランドンを支持しやすい人びとから回答を収集したために，リテラリーダイジェストは選挙結果の予測に失敗したのである。

(2) 無作為抽出の重要性

　リテラリーダイジェストが，多くの人から回答を集めたにもかかわらず，米大統領選挙の結果予測を外してしまった理由は，リテラリーダイジェストの調査に回答した人たちの構成が有権者全体の構成と比べると偏りを含んでいたことにある。調査回答者の構成が全体の構成と異なっていることに起因するこのような問題を回避するためには，調査回答者の構成が全体の構成とどの程度異なっているのかを見極めることが必要になる。そのためにもちいられる方法が，**無作為抽出**（ランダムサンプリング）である。ちなみに，ここで使われている無作為（ランダム）という語は，調査回答者を"適当"に選ぶということを意味するわけではない。すべての人が等しい確率で調査回答者に選ばれている（あるいは，選ばれていない）という意味である。

3. 統計帰納法

　もしすべての回答者が全体から等しい確率で無作為に抽出されているならば，統計学の知識をもちいることで，調査回答者の回答が全体の回答とどの程度異なっているのかを確率的に評価できる。結局のところ，調査回答者が全体のごく一部の人たちでしかない以上，調査回答者の回答が全体の回答と異なってしまう可能性をゼロにすることはできない。重要なのは，どの程度の確率で，どの程度異なっているのかを科学的に評価できることなのである。もし確率的に判断して，十分に高い信頼性で，ある程度の正確さをもった結果が得られるならば，（100%確実とはいえないにしても）調査結果を妥当な結果として受け入れることができる。しかし確率的に判断して，信頼性が低い，あるいは正確性に乏しいと判断されるようなときは，（もしかすると正しい結果かもしれないけれども）その結果を受け入れることに慎重にならなければならない。このとき，信頼性や正確性に関する判断の手続きは，社会統計学の知識に従うことになる。ただし，社会統計学の知識にもとづいた判断をおこなうためには，すべての調査回答者が全体から等しい確率で抽出されていることが前提条件として満たされていなければならないことにも注意する必要がある。

(3) 標本調査における誤差の考え方

　正しく選挙結果を予測するために，調査回答者集団の構成を有権者集団の構成にあえて似せるような方法を採ることがよいのではないかと考える人がいるかもしれない。しかしこのような方法は，必ずしも望ましい方法とはいえない。調査回答者の構成が有権者全体の構成に似たようなものになるように基準を設けて調査回答者を抽出するような方法は割当法と呼ばれる。割当法を採用すると，抽出のために設定された基準については全体の構成と一致するかもしれないが，それ以外の基準についてはどの程度全体とずれているのか（誤差）が不明となってしまう。そして，それ以外の基準についてどの程度誤差があるのかを確率的に判断しようとしても，調査回答者が無作為に抽出されていないので，誤差の大きさを科学的に評価することができない。このとき注意してほしいのは，割当法が必ずしも望ましくないのは，割当法によって調査回答者の構成が偏ってしまうからではないということである。どのような抽出法を採用しても（かりに無作為抽出法を採用したとしても），全体の一部からしか回答を得ていな

第2章　社会学の方法論

い以上，調査回答者の構成が意図せず偏ってしまう可能性を否定することはできない。重要なことは，偏りがあるかないかではなく，偏りによって生じる誤差を社会統計学の知識をもちいて科学的に評価できるかどうかという点なのである。

（4）データ分析の考え方

　量的データを使って社会現象を分析するとき，記述と説明を概念的に区別することが有用になる。たとえば，私たちが知りたいと考えている事柄（変数）についてその値がどのように分布しているのかを量的データをもちいて明らかにしようとする場合，それは社会現象の記述になる。私たちは，量的データを正しくもちいることで，社会の姿を正しく知ることができる。一方，ある変数とある変数がどのように関係し，それらが互いにどのように影響しあっているかを，量的データをもちいて明らかにする場合，それは社会現象の説明になる。換言すれば，ある事柄（変数）がなぜそうなっているのかを知るために，それとは別の事柄（変数）との関係に注目し，異なる変数間の関係がどうなっているのかを明らかにすることが重要になる。たとえば，合計特殊出生率が過去数十年間でどのように変化したのかを示すのは記述になるが，合計特殊出生率と他の変数（平均初婚年齢，雇用形態の分布，大学進学率など）との関連を明らかにし，合計特殊出生率の変化が異なる変数の変化と連動していたことを明らかにできれば，それは合計特殊出生率の変化を説明することにつながっていく。

　異なる変数間の関係を明らかにすることで社会現象を説明しようとするとき，そこには説明される変数と説明する変数が存在する。一般に，説明される変数は従属変数と呼ばれ，説明する変数を独立変数と呼ぶ。たとえば，合計特殊出生率の低下が平均初婚年齢の上昇（晩婚化）によって説明されると考えたとき，説明される変数すなわち従属変数は合計特殊出生率になる。一方，説明する変数すなわち独立変数は平均初婚年齢になる。しかし，量的データをもちいて変数間の関連を明らかにし，そのことで社会現象を説明しようとするとき，気を付けなければいけないことが大きく二つある。一つは，かりに二つの変数の変化が連動しているようにみえたとしてもそれは単なる偶然かもしれないという可能性である。もう一つは，かりに二つの変数の変化が連動しているようにみ

3. 統計帰納法

えたとしても，説明する／されるの関係は逆かもしれないという可能性である。つまり，原因と結果を取り違えている可能性である。

異なる変数の変化が連動しているとき，その関係は単なる偶然にすぎないのか，それとも偶然ではない本質的な関係を示しているのか，このことを社会統計学の知識をもちいて検証することを**統計的検定**という。統計的検定の基本的な考え方は，数学的背理法のロジックとよく似ている。まず，「異なる変数の間で観察された関係は単なる偶然にしかすぎない」（これを帰無仮説という）と仮定し，この仮定のもとでデータから得られたような関係が観察される確率を計算する。もしこの確率が十分に小さければ，単なる偶然にしかすぎないと考えることが難しくなるので，帰無仮説は棄却される。そして帰無仮説が棄却されたことで，「異なる変数の間で観察された関係は偶然の産物ではない」（これを対立仮説という）という仮定が採択されることになる。もちろん，統計的検定はあくまでも確率的な判断にしかすぎないので，つねに100%正しい判断をするわけではない。しかし，誤った判断をする可能性を小さくすることはできる。

しかし，ある二つの変数の関連が統計的検定によって偶然ではないと判断されたとしても，それだけで両者の間に何か本質的な関係があるはずだと即断はできない。たとえばかりにデータから日本社会の出生数の減少と携帯電話・スマートフォンの普及率との間に統計的に意味のある関連が見出されたとしよう。このとき，データから両者の間に関連が見出されたからといって，携帯電話・スマートフォンの普及と出生数の減少との間に何か本質的な関係があるはずだと考える人は少ないだろう。両者は，20世紀から21世紀にかけて生じた社会変化の影響を共通して受けているにすぎず，両者の間に何か直接的な関係があったわけではないからである。このように，本来は関係のない変数であっても，共通する変数に等しく影響を受けることでデータ上にあたかも関連があったかのように現れてしまう場合がある。これを**擬似相関**という。変数の関連を解釈するときには，この擬似相関の可能性を念頭に置くことも大切になってくる。

二つの変数の間に統計的な関連が見出されたとき，どちらの変数が原因で，どちらの変数が結果なのか，このことを厳密に判断することは原理的には容易ではない。たとえば，晩婚化が少子化の原因になっているという主張は，「結

第2章　社会学の方法論

婚していることが子どもをもつための条件になっている」という社会常識の存在を前提にしている。しかし実際には，子どもができたことが原因になって，結婚という結果が生じることもありうる。言い換えれば，少子化が晩婚化の原因である可能性も否定できない。もし本当に因果関係を特定したいのであれば，実験心理学のようにランダム化比較試験をおこなうことが必要になってくる。しかし，この方法を社会調査データに厳密に適用することには困難がある。実験をおこなうためには，「条件を厳密に統制する」ことが必要になるが，社会現象は文脈に依存する度合いが大きく，文脈から切り離して条件を統制してしまうと現象そのものが変容してしまう可能性があるからである。しかし最近では，調査方法論が大きく進展したことで，社会調査データをもちいた因果関係の検証方法が積極的に議論されるようになってきている（Salganik 2017=2019）。

4.　数理演繹法

（1）数理モデルの利用

2節と3節ではそれぞれ意味解釈法と統計帰納法について紹介したが，これらのアプローチは利用するデータと相即している。意味解釈法についていえば質的データが対応しており，統計帰納法についていえば量的データが対応している。しかし，私たちが社会について理解を深めようとするとき，適切なデータが常に揃っているとは限らない。あるいは，社会を理解するためにそもそもどのようなデータが必要なのか，このことを十分に承知しているとも限らない。そのようなとき，私たちは思考実験を通じて社会に迫ることができる。本節で紹介する数理演繹法は，思考実験を通じて社会を理解しようとするアプローチの一つといえる。このようなアプローチを利用することで，私たちは，現実的な社会条件に制約されることなく，社会を捉えるための想像力をより自由なものへと解放し，社会に対するより豊かな見方を手にすることができる。

数理演繹法という言葉からわかるように，社会現象について思考実験をおこなうとき，数理モデルを活用できることがある。数理モデルを適切に活用することで，現実に観察された条件のもとで生起する社会現象だけでなく，現実とは異なる条件のもとで生起しうる社会現象も予測できるようになる。もちろん，

数理モデルに予測される社会現象が，仮定された条件のもとで本当に生起するのかどうかはわからない。しかし，もし研究者によって構築された数理モデルが社会現象の本質を捉えていれば，数理モデルから導かれる予測は正しいものとなるはずである。逆に，もしその数理モデルに誤りが含まれていれば，数理モデルから導かれる予測は間違ったものとなるはずである。言い換えれば，数理モデルから導かれた予測が現実の観測と一致するかどうかを検証することで，私たちは数理モデルによる社会現象の理解の適否を判断できるようになる。

たとえば，第10章で紹介する相対リスク回避モデルは，数理モデルをもちいた現象の説明になっている。個人の出身階層と教育達成の間に統計的な関連があることは知られているが，その関連を説明する数理モデルを構築することで，どのような条件のもとであればそのような関連が現れるのかを明らかにできるようになる。

(2) 囚人のジレンマ

社会科学において数理演繹法に特にもちいられる数学的手法はいくつかあるが，代表的なものは**ゲーム理論**，社会的選択理論，そして社会ネットワーク分析などである。特にゲーム理論は経済学を中心に多くの社会科学において積極的にもちいられ，そのなかには社会学も含まれる。ゲーム理論といっても，狭い意味でのいわゆるゲームを対象にした理論というわけではない。ゲーム理論は，社会における人間行動をゲームとして捉えて分析する理論である。実際に，プレイヤーが存在し，各プレイヤーには選択肢が与えられており，プレイヤーの選択によって導かれた結果に対して各プレイヤーが利得もしくは効用をもっていると仮定できれば，その状況をゲームとして分析することが可能になる。ゲーム理論にはさまざまなトピックが存在するが，そのなかでも特に有名なのが囚人のジレンマとして知られるものである。

囚人のジレンマとは，次のような構造をもったゲームである（図2-2）。まず，プレイヤーが二人おり，それぞれのプレイヤーは協力と裏切りの二つの選択肢を与えられている。いずれのプレイヤーにとっても，相手が協力を選択し，自分は裏切りを選択している状態が最も望ましい。次に望ましいのは，二人とも協力を選択している状態であり，その次に望ましいのは二人とも裏切りを選択

第2章　社会学の方法論

囚人1　＼　囚人2	協力	裏切り
協力	（協力，協力）	（協力，裏切り）
裏切り	（裏切り，協力）	（裏切り，裏切り）

囚人1の選好　（裏切り，協力）＞（協力，協力）＞（**裏切り，裏切り**）＞（協力，裏切り）
囚人2の選好　（協力，裏切り）＞（協力，協力）＞（**裏切り，裏切り**）＞（裏切り，協力）

出典：筆者作図

図2-2　囚人のジレンマ

している状態である。そして，最も望ましくないのは相手が裏切りを選択し，自分は協力を選択している状態である。このとき，相手が協力を選択するなら，プレイヤーは裏切りを選択することで自分にとって最も望ましい状態を実現できる。逆に相手が裏切りを選択するなら，プレイヤーは裏切りを選択することで自分にとって最も望ましくない状態を回避できる。いずれにしても，プレイヤーにとって合理的な選択は，相手の手に関係なく裏切りを選択することである。つまり，プレイヤーが合理的であるならば共に裏切りを選択することになるけれども，共に裏切っている状態よりも二人にとって共通のよりよい状態（共に協力している状態）があり，一見するとプレイヤーは自らあえて望ましくない状態を選んでいるようにみえてしまう。

　問題は，囚人のジレンマに類する状況に置かれたとき，人は本当に裏切りしか選択しないのかということである。もし「二人のプレイヤーは共に裏切りを選択する」という予測が外れたとすれば，なぜ予測された振る舞いと観察された振る舞いが一致しないのかを明らかにすることが必要になる。逆に，もし予測が正しかったとすれば，囚人のジレンマ的な状況においても人が互いに協力できるための条件を探し出すことが必要になる。実際に，囚人のジレンマではどのプレイヤーも自己利益を最大化するように振る舞っていたにもかかわらず，結果としてどのプレイヤーにとってもあまり望まない状態に陥ってしまうことを甘受している。このような状態は，当然社会全体にとっても望ましい状態とはいえないだろう。たとえば囚人のジレンマのような問題を厳密に数学的に形式化することで，私たちは，数理モデルを手がかりにして，人びとの（非）協

力行動とそれがもたらす社会的影響を分析できるようになる。

(3) コンピュータ・シミュレーション

数理演繹法には数学をもちいた思考実験の側面があると述べたが，コンピュータの発達とともに，コンピュータをもちいた計算機実験も数理演繹法に含まれるようになってきている。これは，一般にはコンピュータ・シミュレーションとして知られる研究手法である。高度に複雑であったり，あるいは不確定要素を含んでいたりする数理モデルの挙動は，人力ではとても解析できない。そのような複雑な数理モデルであっても，コンピュータを適切にもちいることで，どのような条件のもとでどのような現象が帰結されるのかを予測・説明できるようになる。

コンピュータ・シミュレーションのなかでも，社会科学において頻繁にもちいられるのはエージェント・ベースト・モデルと呼ばれるものである（Axelrod 1997=2003）。エージェント・ベースト・モデルでは，社会を構成するエージェント（たとえば，個人）が互いに相互作用することで，社会現象がどう変化するのかをダイナミックに分析する。エージェント間の相互作用をミクロ過程，社会現象の変化をマクロ現象と考えれば，エージェント・ベースト・モデルの試みは，J. S. コールマンが問題にしたミクロ−マクロ・リンクの解明だといえるだろう（→第1章4節）。

技術の発展とともに，エージェント・ベースト・モデルに代表されるコンピュータ・シミュレーションも高度化しているが，ここではコンピュータ・シミュレーションをもちいた研究のイメージをつかんでもらうために，T. シェリングが1970年代に提唱した選別モデル（セグリゲーション・モデル）を紹介することにしよう（Schelling 1978=2016）。まず，次のような世界をイメージしてほしい。マス目に区切られた盤上に，同数の二つのタイプの駒（たとえば，赤駒と黒駒）がランダムに散らばっているとする。このとき，一つのマス目には一つの駒しか置くことができない。ここで駒をエージェントと考えて，駒は次のような条件で移動するかしないかを判断すると仮定する。1）自身の周囲をみて，自分と同タイプの駒が半分以上いれば，移動しない，2）自身の周囲をみて，自分と同タイプの駒が半分未満であれば，どこか空いているマス目に移

第2章　社会学の方法論

コラム2-1　デジタル時代の社会 (科) 学

　さまざまなデジタルツールが普及し，私たちの生活が大きく変わっている。しかし，デジタルツールが普及して大きく変わったのは，学問のあり方も同様である。デジタル時代になったことにより，計算社会科学と呼ばれる新しい領域が注目されつつある。このとき，デジタルデータとデジタルツールを活用する計算社会科学は，主に三つの手法によって特徴づけられる（笹原 2022）。一つは，人びとの行動や社会的相互作用に関するビッグデータの分析であり，たとえばソーシャルメディア（SNS）上の発言が分析の対象として扱われている。もう一つは，デジタルツールを使ったオンライン行動実験であり，個人は PC やスマートフォンによって提示される刺激に対する反応を測られる。そして最後は，社会シミュレーションであり，本章で紹介したエージェント・ベースト・モデルなどが適用される。計算社会科学は，社会学のみならず，いま社会科学全体に大きな影響を与えているが，最終的に私たちに何をもたらしてくれるのかはまだわからないところもある。単なる一過性の流行にとどまらせるのではなく，私たちが直面しているグローバルな問題の解決に寄与できるような学問に成長させていくことが必要になるだろう。［数土直紀］

動する。そうすると，最初はランダムに散らばっていた駒は，次第に赤駒が集中するエリアと黒駒が集中するエリアとに明確に棲み分けられるようになる。一人ひとりのエージェントは "少数派にはなりたくない" と思っているだけだが，結果としてそのようなエージェントの動機が世界全体に深刻な分断を生み出すことになる。ちなみにこの傾向は，移動する／しないの判断基準をかなり緩めても，それでもなお発生することがシミュレーションによって明らかにされている。

　この事例が示唆することは，たとえ異なる人種や宗教に対して偏見や憎悪をもっていなかったとしても，少数派になることを忌避する気持ちさえあれば，あたかも偏見や憎悪によって分断されているかのような社会が現れうるということである。したがって，社会の分断を解消するためには，ただ単に一人ひと

りの心がけを変えること以上の社会的な対応が必要になる。このことを，シェリングは選別モデルによって明らかにしたといえる。

要点の確認

- 社会学者が扱うデータは，大きく質的データと量的データに分けて考えることができる。
- 質的データを扱う意味解釈法として，参与観察や言説分析などを挙げることができる。
- 量的データを扱う統計帰納法では，量的社会調査の果たす役割が大きくなる。
- 直接的にデータを扱うわけではないが，社会現象を分析する重要なアプローチとして理論研究や数理演繹法が存在する。

文献ガイド

盛山和夫『社会調査法入門』（有斐閣）
　　　▷社会調査に関する入門書であるが，社会調査をもとに社会学することを網羅的かつ体系的に論じている。

P. ウィリス著『ハマータウンの野郎ども』（ちくま学芸文庫）
　　　▷参与観察を通じて，労働者階級出身の少年が学校を経由して父親と同じ労働者階級へ参入していく過程を明らかにした書である。学術的な価値の高さと同時に，読み物としても魅力的である。

M. J. サルガニック著『ビット・バイ・ビット――デジタル社会調査入門』（有斐閣）
　　　▷社会調査が 21 世紀になって起こった社会変化のなかでどのように変化しつつあるのかを論じている。社会調査に対する，そして社会学全体に対する新しい展望を得ることができる。

T. シェリング著『ミクロ動機とマクロ行動』（勁草書房）
　　　▷人びとの間の些細な相互行為から思いがけない社会現象が帰結される過程を，数理的に解き明かす。社会を分析的に捉えていくうえで，さまざまな示唆を与えてくれる。

第 **Ⅱ** 部

社会を織り成す諸要素
──まなざし・つながり・集まりの諸相──

第3章

アイデンティティと相互行為
──まなざしの交錯──

　社会という言葉を聞くと，何か大きな体制とか制度とか機関とかを思い浮かべることが多いかもしれない。もちろんそれも社会だが，学校のクラスも，そのなかでできる仲間集団も，三人だけから成る仲良し関係もすべて社会的な現象といっていい。社会はそもそもわれわれ一人ひとりが構成する身近な相互行為から成り立っている。個人は社会のなかに生まれ落ちるが，しかしその個々人のアイデンティティの集積なしに社会の存在はありえない。ではアイデンティティや相互行為といったものはいかなるものとして存在し，どのように社会的現実を構成しているのであろうか。考えを深めてみよう。

第3章 アイデンティティと相互行為

1. 私のありよう

(1) 他者に映った自分

　社会という言葉を聞いてすぐにイメージされるのは，政治や労働や福祉など
をめぐる制度的仕組みかもしれないし，あるいはソーシャルメディア（SNS）
やマスメディアによって気づかぬうちに形成される集合的な意識かもしれない。
それらは一人ひとりの人間の単なる寄せ集めではなく，諸個人を超えた何らか
の実体として観念され，そして人びとの心と振る舞いに大きな影響を及ぼす。
しかしながら，そうした大きな社会が個々の人間から成り立っているというの
も，また紛れもない事実だ。社会の成り立ちを追ってミクロな方向へと視線を
落としていけば，そこには相互行為をする人びとの関係性の網の目が浮き彫り
になり，その無数の結節点が一人称の私であることに気づくだろう。では私と
はいったい何なのか。

　草創期のアメリカ社会学の代表的研究者の一人 C. H. クーリーは，2歳と2
週間になる自分の娘が「あなたのお鼻は？」と訊かれた際，自分の鼻を指して
「私の」と答えたのを見てひたすら驚く（Cooley 1922: 189）。その歳にして一人
称と二人称の違いを明確に理解し，それを使い分けていたからだ。個我という
存在ならびに私という言葉はけっして孤立した単体として存在するのではなく，
必ず他の人物との照らし合わせという文脈において成立し，そして他者とのコ
ミュニケーションのなかで言及される。「誇りや恥のように，対応するあなた
や彼や彼らがいない場合は，〈私〉という意味など存在しない」のである
（Cooley 1922: 182）。そしてここにクーリーの有名な概念，「**鏡に映った自己**」
が登場する。特定の他者の心に映った自己のイメージを想像すること，そして
そうした自己感情が他者の精神への志向によって決定づけられるということ，
このような現象を指してクーリーは反省的な自己，あるいは鏡に映った自己と
呼んだ（Cooley 1922: 183-4）。

　クーリーによれば，われわれは他者の心に映った見映えを非常に気にするわ
けだが，その種の自己観念には大きく次の三種があるという。①他者に映って
いる自らの姿の想像，②自らの姿に関するその人の判断，③誇りや屈辱といっ

たある種の自己感情（Cooley 1922: 184）。世の中にはさまざまな人がいて，なかには自分が大好きという人も，また自分のことばかり考えている人もそれなりに見受けられる。しかしながらそうした人びとも，自分の様子しか目に入っていないわけではけっしてなく，むしろ他者と自分とを頻繁に見比べながら自己満足に浸ったり，またときに落ち込んだりするというのが通常だろう。上のクーリーの議論には誇りや恥といった優劣にまつわる自己感情の話が出てきたが，それだけでなく，およそ一般的に自我・自己・自分といった事柄が心に浮かび，あるいは言葉として語られる際は，意識的か無意識的かはともかくとして，ほぼ常に他の人たちとの対比がなされているといって間違いないだろう。その意味で私という現象はひたすらに社会性を帯びたものなのである。

そして，私という存在が個我を超えてわれわれにまで大きく拡がっていくと，その社会性はさらに際立ってこよう。クーリーは鏡に映った自己という概念を提起した章の最後のところで，民族的自己や集団的自己といったものについて触れている（Cooley 1922: 210）。個人が他者との関係のなかで自己なるものを認識するのと同じように，大勢から成るわれわれ意識もより広い社会的文脈においてこそ鋭く感得される。他者なしに自己がありえないのと同様，他国なしに自国も存在しえない。民族にしても国家にしても，他の民族や国家にどのように見られているかを常に意識し，自らの見映えに一喜一憂しているというわけである。

こうして，ソーシャルメディア（SNS）を駆使する現代人が自らが他者に対してどのように映じているかをひたすら気にしながら日々発信を行っているのも，また複雑な国際関係の網の目のなかでそれぞれの国家主体が大小さまざまな主導権争いに明け暮れているのも，いずれもクーリーによる鏡に映った自己という問題提起と密接に関連した現象ということができる。もちろんクーリーは21世紀のメディア環境のことも国際政治のことも全く知らない。しかし彼の社会学の透徹したまなざしは100年先をも優に見通せる鋭さを保持していた。

(2) 一般化された他者

そしてクーリーと同様，自己の社会性について古典的な探究を行ったアメリカの社会学者にG. H. ミードがいる。ミードというとミクロの社会学者として

第3章 アイデンティティと相互行為

高名で，そのため方法論的には社会よりも個人の優位を訴えたのではないかと勘違いされる可能性があるが，本当のところはその反対だ。ミードにおいては人間的精神も個人的自我も，単独で生成するものではなく，まずは社会のなかに生まれ落ち，そこにおける一般的・普遍的な態度を身につけることで成長を遂げていくものとされる。社会は個人に先行するのである。そしてミードは他者の有する普遍的で非個性的な態度のことを「**一般化された他者**」と呼んだ（Mead 1934＝2021: 97）。それは「組織された共同体とか社会集団がある個人に自我としてのまとまりを与える場合」，そうした共同体や集団のこと，といってもいい（Mead 1934＝2021: 165）。野球チームでプレイしているメンバーは，各々バラバラな行動をしているのではなく，あくまでも一般化された他者によって措定された諸々の役割に従って協働行為に勤しんでいる。彼らはチームである以上，初めから社会的人格を備え，それにふさわしい振る舞いをしている，というわけだ。

　そしてミードの社会学において頻繁に登場する概念 me とは，他者の態度の組織化されたセットのことである（Mead 1934＝2021: 186）。つまり me は社会の期待を一身に背負った自分といっていいだろう。これに対して I は，この me に対してリアクトする，その意味でいわば二次的な存在にすぎない。ミードにおいて me こそは社会性を反映した自己の中核であり，それに反応する I が主役の位置を占めることはない。ミードの方法論においては社会の方が個人よりもプライオリティが高く，また個我のなかでは社会的な me の方が個性的な I より優位に立っているのである。

　ただし I に社会的役割がほとんどないというわけではもちろんない。me が社会的な統制と深く関わるのに対して，I はそれをはねのける革新的な力を有している。また me は隣人たちと同じ因習的な姿しか見せないのが普通だが，それとは対照的に I は特異な人間性を発露し，ゆとりのある自己表現を可能にする（Mead 1934＝2021: 212ff.）。自我には me と I がともに必要だ。問題はそのバランスということになろう。

　学生たちが就職活動を行う際，まずは同じ国の同じ学年の人たちがどのような行動をとっているか精査し，訪問先の OG・OB や面接担当者にどのように見られるかを想定しながら，服装にしても髪型にしても振る舞い方にしても自

分だけが突出して見えないよう工夫する。これが me への配慮だ。しかしそれだけでは周りの人たちと何ら変わることなく、会社訪問や面接はうまくは運ばないだろう。そこでは同時に企業の役に立つ個性溢れた人物として自分を提示しなければならない。ここで顕わにすべきものとして登場するのが I である。就職活動一つとってみても me と I は微妙に、そして密接に絡まり合っている。

　ただし、どれほど個性的な自分を演出しようとしたとしても、そこには他者の影響が何ほどか混入している。ミードはいう。特異なファッションを強烈に誇示したとして「その場合でも、この人は自分に向けられる他者の態度を自分の行動のなかに取り入れているのである」（Mead 1934=2021: 206）。個性の顕示と周囲への随順は相対的なものにすぎず、実はひと続きになっているという点に気をつけておこう。

　他方、I ではなく me の方を前面に押し出して、社会的期待を十全に勘案しようとする場合は、その範囲がどの程度なのかということも問題となってくる（Mead 1934=2021: 280ff.）。単に仲間集団とうまくやっているということなのか、地域社会全体のことを考えているのか、国家のために尽くしているのか、国際社会のことを思って貢献しているのか……。これらはすべて me を構成することとなるわけだが、その大きさはそれぞれ随分と異なっていよう。社会性を誇ったとしても、その範囲が狭すぎればかなり問題含みのものとなり、単なる集団エゴに堕すということも大いにありえる。me が有する一般的な社会性に安住することなく、その質に関しては常に細心の注意を払っておくことが肝要だろう。

(3) 希求されるアイデンティティ

　自分がほかならぬ自分であること、自分が何ものかであること、自分を特徴づけるさまざまな特徴、こうした事柄を総称して**アイデンティティ**という。この言葉を広めたアメリカの心理学者 E. H. エリクソンは次のように説く。「子ども時代を通して身につけられる同一化群の中から有意義なものを選択的に強調し、自己像（複数）self-images を次第に一個の同一性 an identity に向かって統合してゆく課題を達成するものは、自我以外のどんな内的な働きでもない」（Erikson 1959=1973: 195-6）。自分というものを形作る性質には、生まれつ

第3章　アイデンティティと相互行為

いた属性的なものから，発達途上で獲得していったものまで，さまざまなものがあろう。女性的アイデンティティ，若者的アイデンティティ，趣味的アイデンティティ，職業的アイデンティティ，等々……。これら諸々の事柄を取りまとめ，そしてそれらの総体として成立するのが自我アイデンティティというものだ。それがある程度明確であることによって，個々人は存在論的な安心を得ることができる。アイデンティティの確立や統合といった過程は，心理学的に見てきわめて重要な発達課題にほかならない。

　ただし社会学的にやや俯瞰的な視点から見渡せば，アイデンティティというものが問題となったのは特殊な歴史的・社会的背景のもとで，ということがわかってくる。心理学においては，青年期の人たちは，成人期に行わざるをえない職業選択を前にして，いかなる人生行路を歩もうかと，アイデンティティをめぐるさまざまな葛藤に直面するという。自らの前途には希望に満ち，また不安もともなう多様な可能性があり，そのうちの一つを自分の手で選び取らなければならないからだ。

　しかしそうした悩みは，中世の農家に生まれた子どもだったら，また近代初期に親と同じ鉱山労働者になることを早くから決め込んでいた若者だったら，ほとんど感じなかったにちがいない。彼らは一生の多くをほぼ単一の共同体で過ごしていた。これに対して現代人は若い頃から多種多様なコミュニティに属し，将来の職業についてもたくさんの可能性を残している。彼らは無数のアイデンティティのなかから自ら一つを選択するという無上の特権を保持しており，また別言するならばそうせざるをえない重苦しい責務を負っているのである。

　ドイツ社会学の創始者の一人 G. ジンメルは，近代化にともなって諸個人が属する社会圏の数が増大し，またそれらの圏がさまざまに交錯するようになると説いた（Simmel 1908=1994: 6 章）。近代社会において人びとは社会との接点を数多くもち，それゆえ社会的な影響を非常に強く被ることとなる。しかしそのさまざまな社会圏への属し方や入れ込み方は人それぞれなので，誰一人，同じような形で社会と接している者はいない。つまり各人は，多様な社会圏と関わることでさまざまな色に染まりつつも，それらの色彩を混ぜ合わせながら，結果として自分独自の色合いを醸し出していくというわけである。それは，単一ないし少数のコミュニティが呈する単純な色に周りの人たちと一緒に染まり

きっていた前近代の人びととはきわめて対照的だ。ジンメルの説くように，現代人は豊かな社会性を備えつつ，同時にそれによって独自な個性化を遂げているのである。

　制度的に決められたルートにただ乗っているというのではなく，自分自身で人生を切り拓いていくというのは，楽しくもあり，また大変なことでもある。今日的なアイデンティティについて Z. バウマンは次のようにいう。「「個人化」の本質は，人間のアイデンティティが「所与」のものから「課題」へと変わるというところにある」(Bauman 2001a=2008: 197)。「「アイデンティティ」は，ほとんど自分で設定し，自分で自分に割り振るものとなった」(Bauman 2005=2008: 59)（バウマンについては第13章2節・5節も参照）。

　P. バーガーと T. ルックマンによれば，アイデンティティとは一定の世界のなかへの個人の位置づけのことだが（Berger and Luckmann 1966=2003: 201），ごく単純な前近代社会においてそれは客観的現実をそのまま反映しており，つまりは騎士や農民は本人から見ても誰から見ても騎士や農民以外の何ものでもなかった。したがってそこには「アイデンティティをめぐる問題は存在しない」(Berger and Luckmann 1966=2003: 248)。アイデンティティを希求するというのは，すぐれて近代社会に特有の課題なのである。

(4) アイデンティティの可塑性と流動性

　ただし近代化が急激に進行しても，その初期にあってはジェンダー・アイデンティティの一部を内面化したり，職業的アイデンティティに身を委ねたりなどして，自分らしさを主体的に構築し，それを安定的に保つということが，少なくとも今日から見れば比較的容易にできていたものと考えられる。近代社会を器用に生き抜いてきた人たちは，前近代的な縛りから脱し，自らの人生を自身で選択する自由をそれなりに謳歌することが可能だったにちがいない。

　ところが，その自由に選び取った独自のアイデンティティが，すぐさま大きな揺らぎをきたしてしまうとしたらどうだろう。そして，いつまでたっても安定的なアイデンティティが得られなかったとしたら……。そうなると存在論的安定が一気に失われてしまう。こうしたポストモダンのアイデンティティ状況についていち早く鋭い指摘を行ったのが，バーガーたちである。彼らによれば

第3章　アイデンティティと相互行為

昨今のアイデンティティは，①異様に未確定であり，②異様に細分化されていて，③異様に反省的であり，④異様に個人化されている（Berger et al. 1973=1977: 85-8）。その後の社会学は，こうしたアイデンティティの可塑性や流動性に大きな注目を払うようになってきた。バウマンは今や「常に消去と更新が可能なのがアイデンティティ」であり，アイデンティティ問題は「私化，脱規制化，脱中心化」されてしまった，と述べている（Bauman 2001a=2008: 125, 132）。アイデンティティの訳語は自己同一性であり，つまりは自分が今日も来年も数年後も変わらぬ自分であり続ける，ということを意味していたはずだ。しかし今の社会においてそれがひたすら揺らいでしまっているというのは，まことにもって皮肉な事態ということができよう。

A. ギデンズによれば「自己アイデンティティは，来歴という観点から自分自身によって再帰的に理解された自己である」（Giddens 1991=2021: 91）。ギデンズは再帰的アイデンティティについて繰り返し語っているが，近代社会になって問題となったアイデンティティとはすなわち，個々人が自らを反省的に振り返って自分らしさを不断に確認していく営みのことである以上，それがいつもある程度再帰的（反省的）であったというのは間違いない。ただし問題は，ポストモダンないしハイ・モダンの時代になってその反省性が際限もなく繰り返され，なかなか着地点を見出せないということにある。近代初期であれば，工場労働者として，あるいは家庭の妻や夫や親として，などといった比較的堅固なアイデンティティが可能だったわけだが，今や離職も離婚もごく日常的な世の中となった。そうしたなか，周りの人たちの生き方は全くといっていいほど参考にならない。今日では，人生行路は過度に個人化してしまったのである。

クーリー的にいうならば，他者という鏡に映せば自らのあるべき姿がそれなりに浮かんでくるはずなのだが，しかし各種ソーシャルメディア（SNS）での反応は多種多様で，自分の進みたい方向は一向に見つからない。またミード的にいうならば，社会的・制度的に共通の反応が結晶化したものが一般化された他者というものなのだが，どこを見てもそのような普遍的人物像は見当たらず，自分の取るべき態度はなかなか定まらない。現代人にはナルシストが多く，自分ばかりを見つめていると批判されたりもするが，実は参考になる周りが少なすぎるので，内側を見る頻度が自ずと多くなってしまうというのが本当のとこ

1. 私のありよう

コラム 3-1　個性を出すことのキツさ

　G. ジンメルは今から一世紀以上も前に，個人的な自由が重荷にもなりえる
ということを見抜いていた。たとえば近代社会では結婚相手の選択にあたり，
共同体などの定めに従う必要はないわけだが，その反面，自分自身による選択
の意味がとても重くなった。ジンメルはこの例をもとに，かつてとは異なり，
かけがえのない人格の一義性という観念による拘束が強まっている，と説いて
いる（Simmel 1908=1994: 下 325-6）。これはその後のギデンズやバウマンの
議論を先取りした，きわめて先進的な見方といっていい。
　今日の日本社会において若者たちは，中学でも高校でも大学でも職業的進路
について考えさせられるが，そこで強調されるのは自分らしさの堅持，自分に
合った仕事，自分が活かせる職場，自分らしさで貢献できる会社といった事柄
である。親のいいなりにならない，学校の進路指導任せにはしない，というの
はとてもいいことだ。しかし，何もかも自分で選んでいいといわれて放り出さ
れるつらさというものもある。しかもその際，普通に生きてきただけのつもり
なのに，個性を出しなさいとキツくいわれてしまったら……。ジンメルの指摘
するように，個人選択というものには，自由だけでなく拘束的な側面も見受け
られる。[山田真茂留]

ろなのではないだろうか。あるいは現代人はひたすらソーシャルメディア
（SNS）などでの評判ばかりを気にしていて，内面を磨くのを疎かにしている
などともいわれるが，これもまた内を見ても外を見てもアイデンティティの有
意な繋留ポイントが見当たらないため，あてどなく情報空間のなかを浮遊して
いるだけ，というのが実情のように思われる。
　伝統社会だったら制度的に決められた人間像の鋳型にはまり込むだけで，ほ
とんど何も問題はなかった。あるいは近代社会の初期であれば比較的自由にア
イデンティティを構築し，確固たる特異な自我を確立することができた。これ
に対し今日では社会的なモデルとなるべきものがあまりにも稀薄化してしまっ
ていて，老若男女誰に関してもアイデンティティは定まるところを知らない。

第3章　アイデンティティと相互行為

現代人は，伝統社会が押しつける集団的人格からも，近代社会の要請する自律的個我からも解放され，それなりに自由な存在となった。もちろんこの自由はひとまずは喜ぶべきことではあろう。しかしその分，アイデンティティの不確かさに由来する存在論的な不安というのは，それなりに高い対価というべきかもしれない。

　なお，上のような一般的な傾向とは別に，今日の社会では，望まない属性的・集合的アイデンティティが勝手に押しつけられるという問題も頻発している。各種マイノリティに共通したアイデンティティの押しつけ，ならびにその固定化はその典型だろう。もちろんそれを当事者として肯定的に受け取る場合もあるわけだが，そこから離れたくて仕方がないという人も少なくない。これは上記のアイデンティティの可塑性・流動性とはまた別種の大問題ということができよう。

2.　相互行為の諸相

（1）社会の原型

　他者の目に映じた自分の姿を想像すること，一般的な他者像を思い浮かべてそれに倣った振る舞いをしようと心がけること。そうしたことはもちろん社会との関わりの第一歩とはいえる。しかしそれだけではまだ社会ではない。一人で起床するのも，その後朝食を摂るのも，社会的行為としては不十分だ。しかし朝食の後，友だちに連絡してシネコンで映画を観る約束をしたとすれば，それは立派な相互行為であり，これこそが社会の原型をなすこととなる。

　「ある数の人びとが相互作用に入り，一時的ないしは持続的な統一体を形成するところにはどこにでも社会は存在する」（Simmel 1898=1986: 27）。ジンメルの言葉である。ジンメルは，社会というものが相互作用から成るということを，さまざまな論考で幾度となく強調している。ジンメルこそはミクロの相互行為や社会関係に細心の注意を払った社会学者にほかならない。彼は社会の最小単位にもこだわり，二者関係と三者関係に関しても詳細な検討を加えている。二者関係は相互作用の基本ではあるものの，そこにおいて各人は互いの人格を強く志向するだけであって，二人で会社を起こすといった例外的な事態を除け

2. 相互行為の諸相

ば，社会的な統一体を形成するまでには至らない場合がほとんどである。また
そこでは一人が足抜けしてしまったら，すぐさま当の関係は解消される。これ
に対して三者関係（あるいはそれ以上の関係）の場合は，独自の規範が生成する
可能性が高く，そうなると非人格性をまとった集合的イメージが形作られる。
また，そこにあっては一人が逸脱的な振る舞いをした際に，適切な制裁を加え
ることも可能だ。ジンメルが社会の存在の根幹とみなしていたのは，親密な人
格的関係ではなく，客観性をそれなりに備えた非人格的な構成物であった。彼
は単なる相互作用だけでは社会は存立しえず，個々の成員から独立した特異な
形象があって初めて社会の存在が確認される，ということを繰り返し強調して
いたのである（Simmel 1890=1980: 393; 1908=1994: 下 143）。本段落の冒頭に掲
げた短い文章においてジンメルが「相互作用」だけでなく「一時的ないしは持
続的な統一体」を重視していた点に，あらためて注意を払っておきたい。

　ただし，ジンメルがまずはミクロな意味世界を手がかりとして社会なるもの
を探究していった，というのは間違いない。それはジンメルと並ぶドイツ社会
学の創始者の一人 M. ヴェーバーの場合もほぼ同様だ。ヴェーバーにおいて社
会学はまずもって社会的行為の学であった。社会的行為とは，外的な行動とは
違って主観的な意味が含まれており，しかもそれが複数の人間の間で影響を及
ぼし合う振る舞いのことである（Weber 1922=1972: 8）。

(2) 社会的行為の諸類型

　ヴェーバーは社会的行為の類型として，①身についた習慣による伝統的行為，
②気分に従う感情的行為，③絶対的価値への意識的信奉に基づいた価値合理的
行為，④結果を重視し利便性の高い手段を選ぶ目的合理的行為の四つを挙げた
（Weber 1922=1972: 39-42）（→第 1 章 2 節）。どちらかといえば前二者が前近代
社会に目立った行為であるのに対して，後二者は近代社会に顕著な行為という
ことができる。ちなみに価値合理的行為と目的合理的行為の違いだが，結果を
度外視するのが前者，結果がすべてなのが後者と考えるとわかりやすい。成績
がどうであれひたすら真面目に講義に出席するのは価値合理的だが，これに対
して友だちのノートだけで勉強して満足のいく単位を揃えるのは目的合理的で
ある。

59

第3章 アイデンティティと相互行為

なお，すべての行為がこの四つのいずれかに分類されるというわけではもちろんない。ヴェーバーによるこの種の用語はいずれも純粋な概念，すなわち彼いうところの理念型として提示されている。理念型とは「「仮説」そのものではないが，仮説の構成に方向を指示し」，また「実在の叙述そのものではないが，叙述に一義的な表現手段を与えてくれる」ものである（Weber 1904=1998: 112）。つまり，たとえば友だちと映画を観に行くといったとき，それが互いにとってどのような意味があるのかを考えたりするにあたって，行為の四類型などの理念型はレーダーチャートのような役割を果たす，というわけである。

ヴェーバーに限らず社会学的な行為論が全般的に教えてくれているのは，人は利害的な条件にのみ従って自動的に行動するわけでも，また価値や規範だけに衝き動かされて果敢に活動するわけでもなく，各種の役割と状況を見ながら意志をもって主体的に行為している，ということである。T. パーソンズはこの種の行為観を主意主義的行為と呼んだ（Parsons 1937=1974-89）。経済学が主として措定する人間観は，私的利害を極大化する功利主義的なホモ・エコノミクスだが，社会学の場合，諸個人には非常に多岐にわたる行為のレパートリーが想定されている，ということに注意しておこう。

J. ハーバーマスもまた，社会的行為のさまざまな類型に関して深い探究を行った。彼が提起した行為類型は主として次の四つである。①効果的な手段を用いて目的の達成を狙う目的論的行為，②集団における共通の価値やルールに従う規範に規制される行為，③他者の前で自己を表現し一定の印象を植えつける演劇的行為，④互いの状況を理解し合い言語を通じて合意に達しようと試みるコミュニケーション的行為（Habermas, 1981=1985-87: 上 132-3）。これは学説史的・理論的な検討に基づいた広汎かつ厳密な類型化であり，現実の行為にはどのタイプの要素も見られるわけだが，ハーバーマスはこのうち特に四番目のコミュニケーション的行為を理想的なものとみなしていた。対等な者同士が言葉をもって冷静に話し合い，一定の了解へと達することができるとするならば，それ以上望ましいことはなく，もしこの世にその種の行為しかなければ，あらゆる争いは瞬時に消え去ってしまうにちがいない。ハーバーマスの社会学的なまなざしは現実主義的でもあり，また理想主義的でもある（→第11章2節）。

さらに今田高俊は，①構造次元でルーティーン化が重視される慣習的行為，

②機能次元で自己制御が中心となる合理的行為, ③意味次元で自省作用が働く自省的行為の三つの類型を提示した（今田 1986: 264-77）。①はヴェーバーの伝統的行為に, また②はヴェーバーの目的合理的行為やハーバーマスの目的論的行為に照応しているが, ③はポストモダンにおいて特に際立っている再帰性に注目したものであり, それがこの図式の特徴にほかならない。今田の行為論では, 既存の構造や機能にとらわれず, 自律的に意味を構成・再構成していくことの大切さが強調されている。

(3) さまざまな行為観

　ところで, 古典的な社会学には価値や規範を重視した行為論や秩序論が多いが, それは経済学的な功利主義へのアンチテーゼをなしている。私的な利害を全開にして競争をした際, それでもなお（あるいはそうであればこそ）市場的な機構はスムーズに回る可能性があるが, 社会的な秩序となるとそうはいかない。剝き出しの私利私欲や権力関係が激突すれば, いつ果てることもない悲惨な闘争がもたらされる可能性が高いのである。そこで望ましさについての観念としての価値を共有し, またそれに基づく非公式・公式の規範やルールを定めることによって, 人間関係や社会秩序の安定化が図られることになる。パーソンズがいうように「共通の価値パターンを分有することは, 義務の履行にたいする責任を伴い, 共通の価値へお互いに指向する人びとのあいだに連帯を生みだしている」のである（Parsons 1951=1974: 47）。

　なるほど, ヴェーバーでいえば価値合理的行為は目的合理的行為の, またハーバーマスでいえば規範に規制される行為は目的論的行為のはらむ打算的な冷たさを克服し, 社会に一定のまとまりをもたらすことが可能だ。しかしながらその一方, 当該の社会ないし集合体の価値や規範による縛りがきつすぎると, 個人の自由が厳しく抑制されてしまうという問題が生じる。また, そこでは逸脱や競争や闘争といったものがもっている革新的な潜在力が削がれてしまう危険性も認められよう。こうしたことに関しては, 共有価値を強調するパーソンズの見方に対していくつもの批判が投げかけられている。たとえば N. ルーマンは次のようにいう。パーソンズにとっては「予期の相互補完性とは, とりもなおさず行動の同調性ということになってしまう。……対立の源泉や亀裂に関

第3章　アイデンティティと相互行為

連してこそ規範が機能をもつのであるのに」（Luhmann 1972=1977: 45）。そして L. A. コーザーも同様に，次のような批判を行っている。「パーソンズの一般的志向は闘争を逆機能的で破壊的なものとみなし，闘争のもつポジティブな機能を無視するという方向へ」彼を導いた（Coser 1956=1978: 13-4）。

　また，価値や規範を重視しすぎると，道徳や倫理とはあまり関係のないごく普通の行動のほとんどが社会学的な記述・解釈・分析の埒外に追いやられてしまう，という問題も生じてくる。これについては，P. J. ディマジオと W. W. パウエルが「パーソンズは，感情的・評価的に中立なルーティーン行動の自明な側面の分析を放棄してしまった」と述べているのが示唆的だ（DiMaggio and Powell 1991: 17）。近代化を経てもなお，人びとの行為のかなりの部分をヴェーバーがいうところの伝統的行為が占めている，というのは否定しえない事実だろう。

　さらにこれとはまた別種の行為観として，社会的行為のほとんどすべてをヴェーバーのいう目的合理的な行為へと還元しようとする視角もある。この見方にあっては，熱い思いをはらむ価値・規範に基づいた行為の典型と見られる純粋に利他的な振る舞いですら，そこには私利的な要素が何ほどか混入しているとされる。P. M. ブラウは次のようにいう。「愛が人間を利他的にするようにみえるのは，彼らが愛するひとを喜ばせることに楽しみを感ずるからであるが，この無私の献身は普通，相手の愛をつなぎとめたいという関心に基づく」（Blau 1964=1974: 66）。他者に親切に振る舞うのも結局は自分のため，というわけだ。どれほどの篤志家であったとしても自らの名誉欲を全く欠いた人はまずいない，と見る向きも少なくないだろう。なお，こうした視角は今日，合理的選択理論として大きな発展を遂げている（たとえば Hechter 1987=2003）（→第 12 章）。

　そして，ハーバーマスが理想としたコミュニケーション的行為に関しては，立場の対等性という条件が厳しすぎるのではないか，また言語的なやり取りに過重な負担がかかっているのではないか，などといった疑義も浮かんでくる。そもそも対等な立場で冷静な話し合いができるくらいなら，了解に達するために多大な努力を要するような場面などほとんどないはずだ。反対に，大きなコンフリクトにはまり込んでいる際には，双方ともに不当な立場に立たされていると感得している場合が少なくないだろう。また言語的対話が重要だという基

本的な理念は十分に理解できるものの，実際話下手の人がいたらどうなるのだろうか。さらに，そもそも言語能力に深甚な問題を抱えている人についてはいったい誰が代弁する権利をもつのか，といった難しい問題もある。理想的な相互行為のパターンを想定するのは非常に大事なことだが，当たり前のことながら，現実社会でそれに近づくのはまことにもって困難を極めよう。

　以上見てきたように，社会的行為には多種多様な類型があり，それをもとにした理論化もさまざまになされてきた。ただし社会学理論というものは単なる机上の空論などではもちろんない。いま講義を欠席しようとしているのはどういう事情からなのか，何の見返りもなさそうなのになぜこの人にノートを見せてあげたのだろうか，どうしてここに自転車を置こうとしているのか，等々。こうした些細なことだけでなく，さらに重大な人生の転機などについていろいろと考えをめぐらせるに際しても，社会学的行為論は陰に陽にかなり有益なヒントを与えてくれるはずだ。

3.　現実の構成

(1) 世界の共同主観性

　いろいろな人の目に映った自分が，同じ一人の人物だということは，考えてみるとかなり不思議なことだ。自分が見ているこの世界のことを，皆も同じように一つの世界として認識できているというのも，また実は相当奇妙なことなのかもしれない。だがこのような掘り下げをすることの方がよほど変なのであって，通常，普通の人びとは自分が変わらぬ人格を備えた人間だと思っているし，また昨日も今日も明日も一つの世界が存在し続けていることを信じて疑わない。こうした見方のことを，現象学的社会学では**自然的態度**と呼ぶ（Schütz 1962=1983-85: II 37）。

　人はそれぞれ個別的に，科学の世界を生きたり夢の世界を生きたり趣味の世界を生きたりするから，いつも一つの世界を同じように生きているわけではない。しかしながら現象学的社会学の創始者 A. シュッツによれば，意識の覚醒度が相対的に高く，多くの人たちが共同して活動しているこの**日常生活世界**こそは，社会的な意味の共通性に最も富んだ領域にほかならない。それは，人び

第3章 アイデンティティと相互行為

とがさまざまに経験する多元的現実の一つでありながら，次のような独特の性質を帯びているとされる。①生活への十分な関心に基づく覚醒状態としての固有の意識の緊張度，②固有の「エポケー」，すなわち疑問の停止，③自発性の顕著な形態，すなわち活動（working），④全体性をもった固有の自己経験，⑤共通の間主観的世界，すなわち社会性の固有の形態，⑥標準時間をなす固有の時間的パースペクティヴ（Schütz 1962=1983-85: II 39）。シュッツは，この意思の疎通性が非常に高く，社会性にきわめて富んだ日常生活世界のことを至高現実と呼んだ（Schütz 1962=1983-85: II 34ff.）。

だが，この高度なコミュニケーションが可能な唯一無二の世界という自明の認識は，けっして当たり前のものではない。バーガーとルックマンがいうように，現象学的社会学が格闘してきたのは，人によってそれぞれ異なる「主観的意味が客観的事実性になるのはいかにして可能なのか」という問題である（Berger and Luckmann 1966=2003: 26）。人びとは各種の類型化を行い，主観的な意味世界の関連性・重要性（レリヴァンス）に共通点を見出し，諸々の正当化や制度化を行いながら，何とか意識的・無意識的に一つの共同主観的な世界を構築しようと試みている。しかしそれでもなお「日常的状況が帯びる社会的な性格は決して同じではない」ということ（Schütz and Luckmann 2003=2015: 491），そして「知識の完全な均等配分という構築が根拠のない想定に基づいていること」（訳 p. 588）などには十分な注意を払っておくべきであろう。

社会は人びとが日々織り成す意味的な相互作用から出来上がっている以上，それは不変で盤石な実在ではありえない。このことを強調した一人として，シンボリック相互作用論の創唱者 H. ブルーマーがいる。「ひとつの社会とは，お互いに相互作用している諸個人からなりたつもの」であり（Blumer 1969=1991: 8），その相互行為はその都度構成され組み上げられていく流動的なプロセスにほかならない（訳 p. 143）。もちろんその結果としての社会はそれなりの安定性を誇る場合が多いわけだが，社会の存立基盤を深く見極めるためには，さまざまに揺れ動く相互作用の過程をつぶさに押さえておく必要があろう。ブルーマーはシンボリック相互作用論の前提として，次の三つを挙げている。①「人間は，ものごとが自分に対してもつ意味にのっとって，そのものごとに対して行為する」。②「このようなものごとの意味は，個人がその仲間と一緒に参加す

る社会的相互作用から導き出され，発生する」。③「このような意味は，個人が自分が出会ったものごとに対処するなかで，その個人が用いる解釈の過程によって扱われたり，修正されたりする」（Blumer 1969=1991: 2）。ブルーマーによれば，社会とはあくまでも諸個人が象徴的な意味を交わし合うことによって多様な展開を遂げるダイナミックな過程なのである。

(2) 自己呈示の応酬

　では，われわれはいったいどのような相互行為をしながら社会的な意味世界を構築しているのであろうか。E. ゴフマンは，人びとのミクロな相互行為を深く見据える探究を多数敢行した。彼が見るところ，個人とは確固たる人格を備えた実体というよりは，むしろ演技を通して自らを他者に印象づける役者的な存在である。各人は社会という舞台の上で特定の役柄を演じるかのように，印象操作を多分に含んだ自己呈示をし合いながら，その都度自分たちが共在している状況を共同で構築し，また維持しているというわけである（Goffman 1959=1974）。

　この種の相互行為のあり方には書かれざるさまざまなルールがあるが，ゴフマンはそれらを詳細に読み解いた。たとえば彼が**儀礼的無関心**（civil inattention）と称するものがあるが，それはたまたま居合わせた人の社会的諸特徴をあえて無視し，視線を逸らすなどして，相手に対して何らの関心もないことを示す態度のことである（Goffman 1963a=1980: 93ff., 145-6）。そうした姿勢は，混んだエレベーターのなかや，人通りの多い歩道などにおいて頻繁に見られる光景だろう。ただしアメリカでは通りがかりの赤の他人が笑顔で会釈を交わし合ったり，といったこともよくなされる（Goffman 1963a=1980: 107, 141, 296）。このあたりの態度の使い分けは，人によって，役割によって，地域によって，状況によって微妙に違ってこよう。

　ところで社会的行為がこうした微細な配慮をもってなされるのは，自己は「他人たちから適切な儀礼的配慮によって扱われ，他人たちに適切な照明のもとにその姿を提示されなければならない神聖なもの」であり，そして「個人は他人たちと接触するさいに適切な品行で行為し，他人たちから敬意表現をもって扱われる」必要があるからである（Goffman 1967=2002: 92）。そうした近代

第3章 アイデンティティと相互行為

社会的な個人間尊重という背景があればこそ，人びとは相手が軽い粗相をした
ときに見て見ぬふりをしたり，部下の家族のことを心配する素ぶりをしたり，
上司のプライバシーに踏み込むことをあえて避けたりなど，さまざまな気遣い
（すなわちゴフマンいうところの相互行為儀礼）をしているわけである。

　ただしここで儀礼的無関心やプライバシーの回避を，単なる対人的無関心や
無視と同一視してはならない。たとえば電車に乗って自らのスマホ操作（電子
的なコミュニケーション）に没入するあまり，隣の人の手に腕がぶつかっても
気がつかなかったり，あるいは路上で友だちと横一列に歩いていて，前から来
る人とぶつかりそうになったり，などといったことは，ごく親しい人への志向
に集中するあまり，公共性や社会性が欠落してしまった典型ということができ
よう。これに対してゴフマン的な振る舞いはひたすら公共的・社会的配慮に満
ち溢れている。相手のことを気にしていないふりをするほど気を遣っている，
というのと，相手のことを最初から全く眼中に入れていないというのとでは，
対人的な態度としては正反対だ（草柳 2015: 215-6 を参照）。近年，ゴフマン
的な相互行為儀礼をそれほどしなくてもよくなった，というのはある種の解放と
考えられなくもない。しかし無配慮が過ぎて余計なコンフリクトが起こりやす
くなった，というのもまた事実で，これは新たな大問題というべきだろう。

(3) 秘められた行為前提

　雨のなか狭い歩道で傘をさしていて，その端が触れ合いそうになった際，ど
ちらからともなく相手の逆側に傘をよけようとすれば，いい人同士なのだろう
なあと感嘆するし，反対に相手側にあえて倒すような残念な人たちも意外なほ
ど数多く見られる。あるいは，そのようなことにはまるで無関心な人もいるだ
ろう。ただ，これはゴフマン的な書かれざる規範の一つとはいえ，比較的わか
りやすい相互行為儀礼にはちがいない。ところが，このようなことよりもはる
かに日常的で当たり前の相互行為でありながら，どのようにして習得したかわ
からないような，微細な行為前提の数々がある。それは破られて初めて，たし
かにそのような規範があったと気づかれるようなものだ。これについて探究を
続けているのが**エスノメソドロジー**という潮流にほかならない。この舌を噛み
そうな（th の発音で実際に二度ほど噛むのだが）名前について説明する前に，ま

ずはその創始者 H. ガーフィンケルが行った**違背実験**の実例をいくつか示すのがわかりやすいだろう。

　ガーフィンケルは学生たちに対して，普段の会話において相手の受け答えをしつこく問い返すよう課題を出す。すると次のような具合になった。「（被験者）やー，レイ，彼女元気かい？／（実験者）彼女が元気かってどういうことだ？肉体的にかい，それとも精神的にかい。／（被験者）彼女は元気かって言っただけだよ。お前どうかしたんじゃない？（彼はいらいらしたようだった）」（Garfinkel 1964=1989: 42）。さらに別の実験では，学生たちは家族のなかで 15 分から 1 時間ほど下宿人のように振る舞うよう指示された。冷蔵庫のお菓子を食べてもいいですか，と丁寧に尋ねられた母親の当惑は想像に難くない。学生たちからの「報告には，驚愕・困惑・ショック・不安・当惑・激怒が数多く記録されており，さらに，家族のさまざまな成員が，その学生のことを不愛想だ・分別がない・わがままだ・たちが悪い・無作法だと叱責したことが伝えられている」（Garfinkel 1964=1989: 49）。

　エスノメソドロジーとは，当該の社会ないし集団を生きる生活者たちが無意識のうちに身につけている振る舞い方のことである。ガーフィンケルによる違背実験は，それをあえて破るような行いをすることによって，日常生活世界の背後に潜んでいる秘められた行為前提の数々を明らかにした。またこの研究潮流は，日常会話を詳細に記述しつつ，そのトークが連鎖していく構造と過程について細密に検討する手法として会話分析というものを開発したが，その立役者の一人 H. サックスは暴走族に関する研究を行っている（Sacks 1979=1987）。サックスによれば暴走族たちは，改造されていない普通のクルマとはけっして公道レースをしようとはしない。また，ただ速く走ることに関心があるわけでは全くなく，社会規範を破って目立ちながら暴走することにこそ快感を覚えている。これこそが彼ら独特の流儀，すなわちエスノメソッドだ。

　従来型の社会学は，諸個人が文化規範や社会構造や心理性向などといった諸条件に従って淡々と役割行動をしている姿を想定することが少なくなかった。しかしエスノメソドロジー的な見方によれば，人びとはそのような機械的な存在では断じてない。彼らはダイナミックな相互行為を繰り広げながら，日常生活世界における彼ら独自の様式を日々共同で，生成，発展，更新，修正してい

第3章 アイデンティティと相互行為

るのである。エスノメソドロジーの歴史はそれなりに古いが、近年でも新たな展開がさまざまに見られ、今や社会学における一大潮流となっている（Francis and Hester 2004=2014；是永・富田編 2021）。

(4) まなざしの拡散

社会学とはある意味で、社会的に当たり前だとされているところを掘り下げ、その根拠を確認し、しかしときにそれをあらためて疑い、それらを通じて社会の成り立ちについての考えを常に刷新していくような、そうした不断の営みから成っている学問である。クーリーやミードは、われわれが当然視している社会がいかに個々人のまなざしの交わし合いとその安定化から構成されているかを明らかにした。それは社会というものが認識され始めた近代化の初期にあって、社会のミクロな礎を知りたいという強い意志があったからである。

これに対してシュッツやバーガーやルックマンやゴフマンやガーフィンケルは、諸個人それぞれに異なる主観が自動的なメカニズムを経て客観的な社会像を一義的に結ぶようなことはありえないとし、われわれが自明視しているこの社会には人びとの思いと態度と行為が交錯した複雑なメカニズムが効いているということに着目した。彼らが活躍した時代、すでに近代社会はそれなりに成熟していたわけだが、その一方戦争にせよ差別にせよ公害にせよさまざまな社会問題が矛盾として認識されつつあった。そうしたなか、支配的な産業社会のロジックだけで平板な世界が予定調和的に成り立っているわけではないという、ある種の対抗的な感覚や思潮がこれらの社会学の流行に反映されていた、というのは間違いない。

ただし現象学的社会学にせよ、あるいはゴフマンにせよガーフィンケルにせよ、旧来型の社会学ならびに社会観に異を唱えながらも、そのことがかえって価値の共有や秩序の安定性を所与のものとみなす主流の社会学や社会観の強さを裏打ちしてしまったという面もある。現実のその裏を掘り下げるといったアプローチの仕方は、結局のところ表向きの現実の呈する自明性を支持・補強することになりかねないのである。さらに、彼らが新たな社会の見方を提出したというのは確かではあるが、その頃つまりは20世紀中盤から後半にかけては、人種的・民族的・性的多様性に関する認識が少なくとも昨今よりは乏しく、ま

コラム 3-2　相互行為ルールを見極めることの大変さ

　H. ガーフィンケルはいう。「成員たちは，他ならぬこの行為をするといったことにより，まさに当の標準化を発見・生成・保持するのだという事実」，これこそが大事なのだと（Garfinkel 1964=1989: 76）。相互行為の仕方は制度化された価値や規範によって自動的に決まりはしない。それはわれわれ自身が個々の状況に応じて構築するものだ。こう聞けば，エスノメソドロジーによる社会の見方は，諸個人の自律性を重視した，ある意味でとても民主的な志向ということができる。

　しかし翻って，これは当の場への参加者たちにとって相互行為に関する当たり前のルールというものが存在し，誰しもそれに従わなければならないとする点で，実は従来型の社会学が説いてきたことと何も違わない。違うのは国家や社会ではなく，その場のみんなが決めるというところだけだ。みんなが決めた場の雰囲気……。つまりはそこでの"空気を読む"ということ。空気をつくるのも読むのもみんなであるならば，これほど素敵なことはない，とするのは単純に過ぎる。そこにはさまざまな理不尽な力も混入し，それがもとでイジメが頻発したりもしよう。その場その場で異なるルールをつくり，それに従う，というのはある意味で民主的ではありながら，とても労の多い営みでもある。

［山田真茂留］

た情報テクノロジーもまだ大した発展を遂げてはいなかったので，その時代の社会は今日ほどには可塑的でも流動的でもなかった。そのため，世界の構成の仕方を新奇な形で説いた現象学的社会学者たちも，その直接的・間接的な後継者たちも，彼らが結果的に描出した世界の姿は意外なほど常識的なところが少なくなかった，というのは注意されていい。

　なるほど先述のように，バーガーらによってポストモダンにおけるアイデンティティの揺らぎなどといった鋭い指摘もなされてはいたのだが，その揺らぎの度合いは近年のような激烈なものではもちろんなかった。また，革新的な社会の構想に勤しんだ実践的な社会科学者たちの場合も，彼らが理想とする社会

第3章 アイデンティティと相互行為

は主として常時変転するものではなく，変わりがたい確実なものとして捉えられていた。さらに，違背実験で妙なことばかりいってくる子どもたちを，親は普通に叱りつけることができた。そういった意味で20世紀後半の社会は，まだ自明性がかなり高いものだったのである。

しかしながらその後，社会の多様化や流動化がさらに劇的に進行し，たとえばもっぱらスマホのなかにしか社会関係を見ない人が増えてきたら，あるいはリモートでしか仕事をしない人が多くなってきたら，また国家間でも国家内でも民族・階級・階層などをめぐる対立が不規則・無定形に激越化したら，いったいどうなってしまうのだろう。そうなれば他者に対する，そして社会に対する人びとのまなざしは相当に拡散してしまうにちがいない。はたしてそこまで極端なことが常態になるのかどうか，時代の決着はまだついていない。しかし，従来型の社会学が見てこなかった光景が次々に現れ始めているというのは間違いないだろう。これからの社会学がこの新たな流れについていけるのかどうか，非常に注目されるところである。

要点の確認

・自我・自己・自分といったものは社会のなかで構成され，他者との対比において意識される。
・今日の社会において，個人的なアイデンティティは大きな揺らぎを見せている。
・社会は相互行為から成り立っているが，人びとが織りなす社会的行為には，伝統的な慣習に従うもの，価値や規範に基づくもの，目的・手段図式に貫かれたもの，対等なコミュニケーションを通じた了解を目指すもの，意味の捉え返しを重視するものなど，多様な類型が認められる。
・人びとは日々の相互行為を通じて共同で社会的な意味世界を構築している。その構築のプロセスは多様で複雑なため，社会の状態が機械的に確定するようなことはない。

文献ガイド

船津衛『社会的自我論の現代的展開』（東信堂）

▷これまでの社会学的な自我論の学説史・理論が概観でき，また今日的な自我のありようについて深い洞察を与えてくれる書。古典だけでなく最新の議論の紹介も多く，刺激的な内容となっている。

要点の確認／文献ガイド

小林多寿子・浅野智彦編『自己語りの社会学』（新曜社）
　　▷自己を語る，ということに着目した社会学的諸論考を集めた書。人生史を振り返る
　　　語り，医師による苦悩の語り，薬物依存からの回復の語りなど，さまざまな具体的
　　　テーマが取り上げられている。
P. バーガー，T. ルックマン著『現実の社会的構成——知識社会学論考』（新曜社）
　　▷現象学的社会学の代表的論者二人による共著。社会的現実がいかにして主観的・客
　　　観的に構成されていくかを探究した古典。制度化，正当化，社会化などが論じられ
　　　る。
E. ゴッフマン著『儀礼としての相互行為』（法政大学出版局）
　　▷日常社会における普通の人びとの相互作用を微細に解釈した代表的論者による数あ
　　　る著書のなかの一つで，既発表のいくつかの論文をまとめた書。具体的な事例が数
　　　多く出てきて読みやすい。
是永論『見ること・聞くことのデザイン——メディア理解の相互行為分析』（新曜
　　社）
　　▷トークの相互連鎖について細密に考究した書。トーク番組やスポーツ中継などを対
　　　象とし，具体的な言葉のやり取りや写真などを取り上げながら，それぞれにおける
　　　相互行為の進行の仕方を詳細に分析している。

71

第 4 章

人びとの関係
──つながりの展開──

　基本的な価値観が違う人同士が仲良くなるのは，そう簡単ではない。相互行為が繰り返されることで社会関係が生まれるが，それが秩序だったものになるためには最低限の価値の共有が必要だ。しかし，キツすぎる共有価値というのもまた問題で，逸脱や闘争などが社会に新しい息吹をもたらす場合もあるだろう。人びとが取り結ぶ関係性ないしネットワークにはさまざまなタイプのものがあるが，それらは近年，個人や社会が保有する財としても注目され，社会関係資本という名で呼ばれたりもしている。ただし，人びとのつながりや集まりは単に多ければいいというものでもない。異質な人の排除の問題や大衆的な暴走の問題などにも注意しておく必要があろう。

第**4**章　人びとの関係

1. 社会化・逸脱・闘争

（1）共有価値の内面化

いきなりイジワルをしてくるような人とは誰も付き合おうとは思わないし，暴力や略奪が横行する街に住みたいと思う人もまずいない。騙し合いが頻発するような地域では安定的なつながりの連鎖は望めないだろう。価値や規範がしっかりしていることは，人びとが中長期的な社会関係を取り結ぶための大事な条件となる。

自明視されている価値・規範的状態があったら，それを信奉するのが当然だし，当たり前だとされる振る舞いがあれば，それに従っているかぎりまず間違いはないだろう。小さな赤ん坊にはもちろん無理な話だが，多くの人びとは成長するにつれて上のようなことが自然にできるようになる。T. パーソンズは，制度的に確立している価値基準を諸個人が内面化していることを重視し，それこそが社会の存在を根本から支えていると主張した。各人が役割期待に添った行為をし続けていれば，基本的に社会秩序は問題ない形で維持されるというわけである。また，それに背いた行動が発生した場合には（たとえば窃盗などの犯罪が起こった際は），それに対して適切な制裁が加えられることが非常に重要になってくる。つまり，制度化された価値を内面化するプロセスとしての**社会化**と，それができていないことに発する逸脱行動を適切に罰するプロセスとしての社会統制の二つがしっかりしていれば，当の社会は安泰となる，というのがパーソンズを代表格とする古典的な社会学の基本的な見方にほかならない（Parsons 1951=1974）。これは，その逆の事態が常態化している学級崩壊の大変さや紛争地帯の惨状などを思い浮かべれば，それなりに納得のいくところであろう。

パーソンズとR. F. ベイルズは「人間のパーソナリティは「生まれる」ものではなくて，社会化過程を経て「つくられ」なければならない」とし，その主体を家族に見たうえで，家族が保持し続けている非常に重要な機能は「子どもが真に自分の生まれついた社会のメンバーとなれるよう行われる基礎的な社会化」と，そして「社会の人びとのうち成人のパーソナリティの安定化」の二つ

であると説いた（Parsons and Bales 1956=2001: 35）。ただし，ここで家族ない
しそれに類したものに課せられているのは，いわゆる第一次的社会化のことで
ある。P. バーガーと T. ルックマンによれば，人は社会の一員になるために，
幼年期のうちに第一次的社会化を経るとともに，新しい諸部門のなかへと参入
するにあたり，長じてから第二次的社会化も経験することになるという（Berger
and Luckmann 1966=2003: 199ff.）。人を傷つけてはいけない，などという一般
社会に普遍的な倫理観は第一次的社会化で身につけるわけだが，わが社ではド
レスダウンしないといけない，などといった組織ごとに個別的な振る舞い方は
第二次的社会化で習得していくこととなる。

　第二次的社会化には当の集合体に特定的なものが目立っており，なかには広
い社会的観点から見て問題含みのものも少なくない。法的に問題のある抑圧的
な校則や働き方を課してくることなどはその典型だろう。人が社会生活を送る
にあたって第二次的社会化は非常に重要で，そこに望ましいものがたくさんあ
るというのは間違いないが，他方，なかには気づかぬうちに危険で反社会的な
思考や行動を注入してくるものもある，ということに注意しておこう。

(2) アノミーの問題

　問題含みのものでないかぎり価値や規範が大事だという古典的な社会学の見
解は，世間の常識とも一致するところである。しかしながら，価値・規範に関
して人びとの考えが完全に一致することはまずありえない。また社会統制が完
璧に機能している社会もないだろう。

　どういった行為ならば望ましいものであって，何をしたら逸脱となってしま
うのか。それは多くの社会に共通するものから，社会ごとに相当に異なるもの
までさまざまだろう。殺人を逸脱の最たるものとするのはほぼすべての社会に
共通だが（しかし戦争や死刑などの例外もある），電車やバスのなかにいてスマ
ホで大声で話していいかどうかについては国や地域によって大きく違ってくる
（しかし全世界的にパンデミックが起こるとこれをタブー視する集合意識の共通性が
高まったりもする）。ただし一般的にいって，当の社会において価値ある物事な
いし当たり前とされる事柄を内面化し，それに従って振る舞うことを正常ない
し通常と考え，それに反した行動を取ることを逸脱と認める，というのはすべ

第4章 人びとの関係

表4-1 個人的適応様式の類型

〔適応様式〕	〔文化的目標〕	〔制度的手段〕
Ⅰ 同 調	＋	＋
Ⅱ 革 新	＋	−
Ⅲ 儀礼主義	−	＋
Ⅳ 逃避主義	−	−
Ⅴ 反 抗	±	±

出典：Merton（1957＝1961：129）
注：＋は承認，−は拒否，±は既存の目標・手段を拒否したう
えでの新しい目標・手段の提唱。同調以外にも各種の適応
パターンがあることに注意しておこう。同調以外は広い意
味での逸脱だが，逸脱にもそれなりの意味がある。

ての社会に共通していよう。

　社会の力が何ほどか衰弱してしまい，諸個人の欲望に規制がかかりにくくな
った状態のことを É. デュルケームはアノミーと呼んだ（Durkheim 1897＝1985）
（→第1章2節）。そしてこのアノミー論を発展させた R. K. マートンは，文化
的目標と制度的手段が乖離をきたし，制度的な規定が衰耗してしまうことを問
題視する（Merton 1957＝1961：124）。彼によれば「アノミーは，文化構造の崩
壊と考えられるのであって，とりわけ，文化的な規範や目標と集団成員がこれ
らに応じて行動する社会構造上の能力との間に甚だしい食い違いがある場合に
生ずる」（訳 p. 150）。マートンは，文化的な目標と制度的な手段の双方に対す
る人びとの態度をかけ合わせて，表4-1のような分析的な枠組みを構築した。

　マートンが主たる例として問題にしていたのは，20世紀中盤のアメリカに
おける拝金主義の高まりと，伝統的な労働倫理の衰退だったわけだが，ここで
は今日の日本の大学生の教養志向・専門志向を例にとって考えてみよう。大学
生たるもの，高度の知識を身につけて社会に出るべく精進するというのが同調
であり，これに対して名のある大学を出ていい就職先に入社することだけを考
え，単位修得の方は最低限で済まそうとするのが革新である。また将来のこと
は大して考えもせず，ひたすら家族や学校に決められたレールに乗って動いて
いるだけというのが儀礼主義，勉学にも就職にも興味を失ってしまったのが逃
避主義，大学とも会社とも違ったところ，たとえばボランティアの世界などに
夢を見出すのが反抗である。

　こうして見てみると，マートンの元の議論からしてそうなのだが，同調以外

の広い意味での逸脱的な様式も，それぞれ必ずしも眉をひそめるべき奇異なものなどではなく，ごく普通に見られる行動パターンということができる。もちろんたとえば 18 世紀や 19 世紀を生きた人たちから見れば 20 世紀・21 世紀に典型的な拝金主義や努力軽視は相当に逸脱的に映じるのかもしれない。しかしながら，それを抑えるべき社会的な圧力が緩んでいることそれ自体，近代化ならびに脱近代化にともなう大きな流れとなっている。個人化の進行は今のところとどまるところを知らない。その意味で，デュルケームの時代，マートンの時代を経て，社会のアノミー化は一方向的に進んでいるといって間違いないだろう。

(3) 逸脱の意味

社会化と社会統制が完璧な社会などあろうはずはなく，もしあったとしたら機械的な気持ち悪いシステムと映じるにちがいない。世界にはある程度の逸脱と闘争が存在しているのが普通である。また制度化された価値や規範といっても，それは権力層が彼らの都合次第で恣意的に設けた場合もあるし，社会的なサンクションといっても，それが特定の人びとに（特にマイノリティに）偏って厳しく適用されることも少なくない。こういったことに鋭い注意を向けた H. ベッカーは次のようにいう。「社会集団は，これを犯せば逸脱となるような規則をもうけ，それを特定の人びとに適用し，彼らにアウトサイダーのラベルを貼ることによって，逸脱を生みだすのである」（Becker［1963］1973=2011: 8）。犯歴のある人，常日頃から非行少年とみなされている若者，アフリカ系やヒスパニック系などの人種的・民族的なマイノリティ，こうした人びとが特に普段から白眼視され，警察や検察などにも眼をつけられやすいというのはよく知られたところだ。その意味で社会化も社会統制も，必ずしも公平・公正なものではないのである。

このようなベッカー流の逸脱論のことを**ラベリング論**と呼ぶ。①行為自体が逸脱なのではなく，逸脱ラベルがうまく貼られたときに逸脱となるということ，②逸脱ラベルは特定のマイノリティに貼られやすいということ，③ひとたび逸脱ラベルが貼られるとそのアイデンティティはかなりしつこく持続してしまうということ，④価値・規範に基づく規則群は絶対的な存在ではなく相対的に構

第 4 章　人びとの関係

コラム 4-1　人種差別をしないという価値・規範

　アメリカ合衆国という国においてアフリカ系アメリカ人への差別は長きにわたって当たり前のものであった。人種隔離が制度化されていた時代，アフリカ系の人たちは専用のバスの席に座り，専用の公衆トイレを利用しなければならなかった。そのルールを破ることは逸脱の典型だったわけである。しかし長年にわたる運動を経て，1964 年にようやく公民権法が制定されると，今度はアフリカ系を差別することの方が逸脱となった。……はずであった。

　だが，その後もアフリカ系に対する差別は執拗に続く。実質上，白人たち中心の地域に住みにくかったり，バスでは後ろの方の席に座るのが普通だったり……。そして犯罪関係では，警察・検察に眼をつけられやすく（逸脱ラベルが貼られる傾向が強く），その取り締まりもときに暴力的なものとなる。2020 年 5 月にミネアポリスで警官がアフリカ系男性を死に至らしめた事件は，世界中の人びとを震撼させ，これによってブラック・ライヴズ・マター運動の名が広く知られるようになった。価値・規範とはいったい何なのか。それはどうあるべきなのか。公民権運動のもととなったのは，バスの運転手の指示に従わず，つまりは当時の価値・規範に抗議した一人の勇気ある女性，ローザ・パークスの行動であった。［山田真茂留］

成されているということ，⑤規則をつくり執行する側と規則を破ったとされ罰を下される側との相互作用こそが重要だということ。これらがベッカーのラベリング論の要諦だ。もちろんベッカー自身認めるように，ラベルがすべてというわけではなく，たとえば強盗ラベルのために強盗になるなどということはないわけだが（Becker［1963］1973=2011: 174-5），しかし上のような命題群は，価値や規範を絶対視してしまう古典的な見方の堅さをほぐしてくれるのに相当に役に立つ。

　正当とされる価値・規範とそこからの逸脱が，いかに歴史的・社会的文脈に依存しており，実際どれほど相対的かを見るにあたり，イギリスからアメリカに渡ったピューリタンほどの好例はない。K. エリクソンが注目するのは，イ

ギリスで迫害されていたピューリタンがアメリカに到着したとたんに暴虐な権力をふるい始めたということだ (Erikson 1966=2014)。彼らは大西洋を横断したその一瞬で，逸脱者から支配者へと身を転じたのである。ピューリタンはマサチューセッツに入植した後すぐ，1600年代のうちに，反律法主義論争，クエーカー教徒迫害，魔女狩りといったさまざまな圧政を敷いた。そして彼らのうち支配的な層は，元々もっていたはずの教義的な信念を微妙に変えていき，似たような人たちに対して厳しい弾圧を加えるようになる。それはまともな宗教論争にもならず，単なる近親憎悪のような権力闘争にとどまる場合も少なくなかった。つまりここでは価値も規範も，また正当も逸脱も変幻自在に揺れ動いたのである。

　自由の象徴として知られるメイフラワー号に乗ったピューリタンたち。彼らはたしかに彼らなりの正義を貫いたのだろう。だが，その正義はひたすら頑強に権力的・暴力的でもあった。またその一方，彼らは呆れるほど柔軟に価値・規範的な変節を遂げたのである。

(4) 闘争の意義

　価値や規範は絶対ではなく，なかには不当で暴虐的なものもある。また正常対逸脱という対比も，固定的ではなく入れ替わる可能性がそれなりにある，ということもわかってきた。だとするなら，現行の状態に対抗することこそが大事になるケースも数多くあるにちがいない。もちろん皆が守るべきということでほぼ全員が一致できる価値・規範の場合であれば，それをあえて壊す必要など全くない。だが，そうでなければ反抗・抵抗・対抗が少なからぬ意味をもつ場面もそれなりにあるはずだ。それは大規模な革命ということに限りはしない。価値や規範が固定化し，社会構造が活気を失ってしまった時代には，小さな逸脱的・競争的・闘争的なうごめきの数々が社会に革新をもたらしていく，ということも大いにありえよう。

　闘争の重要性に関しては，G. ジンメルの議論ならびにそれを継承したL. A. コーザーの探究が大変洞察に富む。ジンメルは外集団との敵対関係が内集団の統合を高めるということを繰り返し強調している (Simmel 1908=1994: 上323-4; 下213 など)。コーザーもいうように「闘争は，社会や集団の一体性と境

第4章 人びとの関係

界線とを設立し維持するのに役立つ」のである（Coser 1956=1978: 37）。これ
に関しては，仲間集団間の対立関係，異なるサッカー・チーム・ファン同士の
いさかい，国同士の戦争など，いくらでも事例を思い浮かべることができよう。
　また複数の集団間の闘争だけでなく，集団内での個人間の対立も人びとをま
とめ上げる機能を果たす場合がある。当の集団のなかでの個人的な見解の差異
と，それに基づく争いは，もちろんそれが激越化した場合には人びとに分裂を
もたらす場合もあるわけだが，そうならないかぎり「反目しあう動きは，基本
となる共属感や関係の緊密さゆえにのみ起こるのであるから，この基本となる
共属感や関係の緊密さをよりいっそう高める作用を及ぼす」(Simmel 1898=1986:
103)。高校の文化祭での出し物をめぐって，違ったプランをもったリーダー格
同士が大きな声で批判をし合うとき，あるいは次の商品開発のコンセプトを詰
めるミーティングで，直属の上司との間で激しい意見のぶつかり合いを演じる
とき，その場での緊張感が高まるのは当然だろう。しかしその後，気づいたら，
そのクラスが，そしてその職場が以前よりもずっとまとまりのいいものとなっ
ていた，ということも大いにありえるのである。

(5) 社会化のゆくえ

　逸脱にしても闘争にしても，諸個人の間にある程度の社会関係が取り結ばれ
ているからこそ生じる。何のつながりもない者同士では，逸脱も闘争もありえ
ない。そして人は社会のなかで成長するにつれ，制度化された価値・規範を習
得するだけでなく，逸脱や闘争のありようをも学んでいく。バーガーとルック
マンのいうように「制度の正当化においては，〈知識〉は〈価値〉に先行する」
のである（Berger and Luckmann 1966=2003: 144）。われわれは社会化において，
価値・規範だけでなく，さまざまな知識を取り入れていく。
　こうした社会化をめぐる諸々のダイナミクスには，いい面も悪い面もある。
ここではわずかばかりの例を挙げるにとどめるが，古い支配的な価値に基づい
た制度を変革するにあたって，ある種の逸脱や闘争が効を奏する場合もあるだ
ろう。あるいは価値にせよ知識にせよ，暴力的な家族や集団や組織の"掟"を
学ぶことによって，身も心もそこから抜け出せなくなることもあるかもしれな
い。

制度化された価値・規範がそれなりに明確であった時代はすでに過ぎ去り，個人化・多様化が際立つようになったポストモダンとしての現代を生きるわれわれにとって，一見，社会化は相当に困難な営みのようにも思われる。たしかにそれは，もはや古典的な社会学が想定していたような単純なものではありえない。その点，今日の社会で子育てをしている人の大変さは計り知れない。しかし，だからこそ今，それぞれの個人がいかに社会化していくかが，その人の，そしてその社会の今後のありようを導く決め手として，かつてよりもいっそう大事になっている。

2. 関係の表出性と手段性

(1) 温かい関係と冷たい関係

協力も敵対もいずれも社会関係だが，それが関係といえるのは，一回限りの相互作用ではなく，ある種の規則性をもって繰り返される社会状態だからだ。道ですごくいい人に出会って親切にされても，それ以降会うことがなければ，単なる相互行為にとどまる。これに対し，それほど仲良しではなくても，部活で毎週一緒に活動していれば，それは立派な仲間関係ということになろう。

社会関係には分析的にいって，表出性が顕わになるものと手段性が際立つものとがある。この二つの極に関してはパーソンズによってきわめて複雑難解な解説が随所でなされているが（たとえば Parsons 1951=1974; Parsons and Bales 1956=2001），それを承けたその後の社会学では，表出性とは当の行為や関係や集団を志向することそれ自体で十分な状態，手段性とは当の行為や関係や集団への関わりが何らかの上位目標の達成のための手段として捉えられている状態，というふうに考えられている。なんだか気が合って週に幾度も一緒にランチに行っている，というのが表出的関係，普段はあまり話さないものの，アタマのよさそうな真面目なクラスメートに頻繁にノートを見せてもらいに行く，というのが手段的関係の典型といっていいだろう。

F. テンニースは関係や集団を，本質意志に基づいた実在的で有機的な生命体としてのゲマインシャフトと，選択意志に基づいた観念的で機械的な構成体としてのゲゼルシャフトの二つに分類した（Tönnies 1887=1957）（→第5章1節）。

第 4 章　人びとの関係

表 4-2　パーソンズによる価値指向の諸類型（パターン変数）

①	感情性 （情動の解放）	感情中立性 （情動の抑制）
②	集合体指向 （集合的な目標の重視）	自己指向 （私的な目標の重視）
③	個別主義 （特定の関係性の重視）	普遍主義 （一般的な規範の重視）
④	帰属性 （属性の重視）	業績性 （成果の重視）
⑤	無限定性 （関心領域の広汎性）	限定性 （関心領域の特定性）

注：Parsons and Shils（1951=1960: 122-40）および Parsons（1951=1974: 64-
　　73）をもとに作表。ただし彼らの挙げた順番等には変更を加えてある。

　約言するならば，自然に存在している（あるいはそのように見える）関係・集団
と，人工的にあえてつくった関係・集団という対比だが，前者では表出性が，
また後者では手段性が際立つことになる。そして M. ヴェーバーはこのテンニ
ースの枠組みを自らの行為の四類型（→第 1 章 2 節・第 3 章 2 節）に結びつけ，
主として伝統的行為・感情的行為と関わるのがゲマインシャフト関係であり，
他方もっぱら価値合理的行為・目的合理的行為に基づくのがゲゼルシャフト関
係だとしている（Weber 1922=1972: 66-8）。
　さらにパーソンズはテンニースの議論を分析的に精緻化し，五つの対から成
る価値指向のパターンを特定化した（→第 1 章 3 節）。表 4-2 に掲げるのがそれ
だが，概して（原則的にということだが）表の左側の列がゲマインシャフト的，
つまりは前近代的で表出的であり，右側の列がゲゼルシャフト的，つまりは近
代的で手段的と見ていいだろう。
　近代社会の幕開きとともに始まった社会学がまずもって注目したのは，温か
みをもった表出的な関係や集団が後景に退き，冷徹さに貫かれた手段的な関係
や集団が際立ってくるということであった。近代的な組織の数々に囲まれ，常
に目的合理性を意識して生きている現代人にとって，こういった事態はよく理
解できるところにちがいない。ただしその一方，今日の社会においても，家族

関係にせよ友人関係にせよ，温かい表出性がたくさん残っているというのも事実だ。また，ゲゼルシャフトの典型としての企業組織に関しても，たとえば同じセールス部門で競争を繰り広げている同僚との間に励まし合える仲間意識を育むことができたとすれば，当人たちは相当な安心を覚えることになろう。手段的な冷たさばかりが目立つような時代であればこそ，表出的な温もりはより貴重なものとして人びとに感得されることとなる。

(2) 純粋な関係性

ところで友だち関係をつくり，そして育む典型的な場は学校のクラスであったり会社の職場であったりするわけだが，そこには目的合理的な打算が何ほどか混入する可能性がある。授業のノートの融通とか，付き合い残業などはそれに当たるだろう。あるいはすごく親しい友だちだからといって，表4-2の左側の感情性や無限定性などを全開にしてしまったら——たとえば正直な気持ちを常に吐露し合ったり，すべてのことに関して相談し合ったりしたら——，それはウェットに過ぎるということになりはしないだろうか。こうしたことを考えるにあたり，**A. ギデンズ**による**純粋な関係性**という概念は非常に参考になる。

ギデンズによれば，純粋な関係性とは「外的な基準がそこでは解消してしまうような関係」のことであり，それは「当の関係自体が与える見返りのためだけに存在している」（Giddens 1991=2021: 17-8）。互いが互いのことを表出的な思いだけをもって見つめ合うような関係性，これをポストモダンの理想として賞揚する人も少なくあるまい。ギデンズはこのタイプの新しい関係性の特徴として，次の七つを提示した。①社会的・経済的生活の外的諸条件に依存しない，②関与者たちの関心のためにのみ維持される，③反省的でオープンな組織化がなされる，④外的な絆ではなくコミットメントが重要，⑤親密性に焦点が当てられる，⑥獲得的な相互の信頼が大切，⑦アイデンティティは親密性の発展のなかで彫琢される（Giddens 1991=2021: 151-68）。

前近代から近代へと移り，表出性よりも手段性の方が目立つようになった。古典的な社会学には，この変化に焦点を当てた探究が少なくない。ところが今度は，脱近代化によって表出性の相対的価値が上がり，その極致として純粋な関係性なるものに注目が集まっている。まことにもって興味深い時代の流れと

第4章　人びとの関係

いうことができよう。

　ただし，このギデンズによる純粋な関係性の議論には，以下に掲げるような
いくつかの問題が認められる。まず，純粋な関係性は，本人たちのうち片方か
らだけでも表出的な思いが消失してしまえば，すぐに崩壊してしまうような，
非常にもろい関係にとどまるということ。これはギデンズ自身認めているとこ
ろだ（Giddens 1991=2021: 311）。次に，外的諸条件に依存しないという性質を
厳密に解釈すると，定義上，学校や会社での友だち関係は純粋ではありえず，
不純ということになってしまう点。この見方は日常生活を生きる普通の人びと
の感覚から随分と乖離していよう（山田 2017: 39）。さらに，それほどまでに
表出的な純粋さにこだわるのが，今日でもなおトレンドであり続けているのか，
という疑問。今や仕事と遊びとの境界，オフィスでの仕事とリモートでのそれ
との隔たり，対面での付き合いとウェブでのやり取りとの違いなど，さまざま
な事柄が曖昧になっている。いったいそのどちらが純粋で真正だというのか。
仕事上であれ友だちとしてであれ，表出性と手段性は複雑に混淆し，個々の関
係ごとに表4-2の左側の列と右側の列はそれぞれ多様な組み合わせを呈してい
るというのが実状だろう。

　今や，伝統的か近代的か，非合理的か合理的か，インフォーマルかフォーマ
ルか，表出的か手段的かなどといった二分法それ自体が曖昧化しており，それ
もあって当の関係性の適切さを一義的に決められるような時代ではなくなって
しまった。またそれぞれの関係に応じて，純粋か不純かという解釈も随分と異
なってこよう。今日的な関係性は既存の制度への依存性を著しく減じ，関与す
る人たち自身が再帰的（反省的）に構成・再構成するようなものになってきた，
というギデンズの洞察はたしかに鋭い。しかし再帰的（反省的）な視線は，純
粋か不純かという見方に関しても同様に向けられるはずだ。特定の関係性のあ
りよう（たとえば既存の制度からの独立性の高いもの）のみを純粋と認めるのは，
あまりにも単純な見方といわざるをえない。

　現代人は自らが関与する関係性のありようを，ひたすら自律的に考える必要
性に迫られている。そこにより高い自由を見るのか，あるいはより強いプレッ
シャーを感じるのか……。それはその人次第，そのときの状況次第ということ
になろう。

3. ネットワークと社会関係資本

(1) ネットワークへの注目

　共同体というと古めかしい感じがするが，コミュニティといえば普通に聞こえる。関係というと堅苦しいイメージだが，ネットワークといえば素敵な雰囲気が漂う。なぜか。それはコミュニティにせよネットワークにせよ，堅固な境界や強力な上下関係を前提としない，どちらかといえば柔軟で水平的な性質のものが思い浮かべられることが多いからだろう。

　集団でも組織でもなくネットワークなるものに，しかもとりわけその緩やかな形態のものに，近年大きな注目が集まるようになってきた（→第12章4節）。人びとが構成するネットワークのなかには比較的閉鎖的なものから開放的なものまであるが，特に後者は既存の集団や組織の枠を超えて世界中へと拡がっていく。ただしそのネットワークの全体像を俯瞰的に見た際，密度の高いところとそうでないところがあるのは当然で，前者の仲間集団的な塊のことをクリークと呼ぶ。しかしクリークとはいえ，現代社会において完全に孤立して閉鎖性を保つことなどありえようはずもなく，それぞれの間にはさまざまなつながりが張り巡らされているのが通常だ。

　このクリーク間をつなぐ弱い絆に注目したのがM. グラノヴェターである（Granovetter 1973=2006）。自由度の高い柔軟なネットワークであったとしても，それへの関与者たちはそれなりの塊になる。そして，そのなかには中心あたりにいて身近な仲間と密な関係を数多くもっている者と，端の方にとどまり内部的な関係に比較的乏しい者とがいたりもする。グラノヴェターはこのうち後者，すなわち異なるネットワークの縁にいる者同士が緩やかにつながる様相に眼を向け，その効用について検討した。彼らは通常別の世界を生きているので，強い結びつきを呈することは滅多にない。しかし，もし彼らが弱いながらもそれなりのつながりを保持することができたなら，普段は接することの少ない貴重な情報を交換し合うことが可能となる。そうなると，ネットワークの真ん中にいても陳腐な情報にしか接していないような人よりも有利になって評価が高まる，といったことも大いにありえよう。グラノヴェターはこれを「弱い紐帯の

第4章　人びとの関係

強さ」と呼んだ。彼は，このような緩やかなつながりによって転職に関する情報がスムーズに伝わったり，自発的な社会運動が首尾よく展開したり，などといったケースについて言及している。

　弱い紐帯ということでいうと，友だちの友だちは友だちだという見方がある。ではこの考えを伝言ゲームのような形で実践に移したら，どのような様相を呈するだろうか。これに関してはS.ミルグラムによる「スモール・ワールド」問題という古典的な研究がよく知られるところだ（Milgram 1967＝2006）。彼は，ファースト・ネームで呼び合う以上の知人を介するという条件をつけたうえで，全く知らない人物にメッセージを届けてもらうという実験を行った。アメリカの相当に離れた州に住んでいる見ず知らずの特定の人に対して，スマホもない時代に，何人かを介することで何とか手紙を届けようと試みる，というわけである。すると途中で連鎖が切れてしまったケースの比率が相当に高かったものの，成功した連鎖では平均的に媒介者の数はわずか五人程度だったという。世界は意外と小さい。なお，この問題に関する研究はその後もさまざまになされている（是永 2017a）。

(2) 社会関係資本の働き

　関係と呼ぶにせよネットワークと呼ぶにせよ，人と人とのつながりは人生を，そして社会を実り多きものにしてくれる。それは質的にも量的にも豊かな方がいい。これについて社会科学的な探究を推進しているのが**社会関係資本**（ソーシャル・キャピタル）論だ。なおこれを社会資本論と訳さないのは，日本では社会資本というと通常，水道や道路や公園などのインフラストラクチャーを意味する場合がほとんどだからである。

　モノ・カネといった経済資本，学歴・資格といった人的資本，教養や振る舞い方といった文化資本の多寡だけでなく，助け合える知己・友人をどれだけもっているかというのは，その人の生き方にとって非常に重要な要素となる（→第10章4節・第12章4節）。大学のクラスのなかにも，勉学的に目立つことなく大した努力もしていないのに，友だちが多いがゆえに役に立つノートを見せてもらって必要な単位を揃え，就活関連の大事な情報をいろいろ教えてもらって早々と内定を獲得するような学生もいるだろう。経済資本・人的資本・文化

3. ネットワークと社会関係資本

資本等に関係する諸問題を社会関係資本が補ってくれる場面は，現実的に意外と多い。

　社会関係資本という概念を本格的に使い始めた社会学者はJ. S. コールマンである（Coleman 1988=2006; 1990=2004-06: 12章）。ある程度の凝集性があって，逸脱者に対して適切なサンクションを加えることができるコミュニティやネットワークでは，協調的な振る舞いが普通なこととなる。大した危険を感じずに夜間の外出ができること，親が始終見守っていなくても子ども同士だけで公園で遊べること，親たちが助け合ってPTAなどの自発的なアソシエーションに積極的に関わること，これらはいずれも社会関係資本の顕著な効用にほかならない。コールマンは「閉鎖性は社会構造への信頼性を生み出すといってよいであろう」と説く（Coleman 1988=2006: 221）。それなりに密度のある関係性が境界の内側に構築されており，それによって規範的統制が適正に働くからこそ上のようなことが可能となる，とコールマンは論じた。

　そしてその後，社会関係資本概念は，特に政治学者R. パットナムのなした一連の研究によって社会科学全体に広まることになる。たとえばそれは市場社会との関係性といった文脈などでも探究が進んでいる（小島 2022: 255-9）。パットナムは社会関係資本を「個人間のつながり，すなわち社会的ネットワーク，およびそこから生じる互酬性と信頼性の規範」というように規定した（Putnam 2000=2006: 14）。アメリカ社会における有意なつながりの長期的衰退を大いに憂える彼は，社会関係資本を以前のように，あるいはかつて以上に豊かにすべく，理論的・実証的研究を精力的に積み上げている。パットナムによれば，社会関係資本には結束型のものと橋渡し型のものとがあり，前者が社会の接着剤になるのに対して，後者は社会の潤滑剤となる（Putnam 2000=2006: 19-21）。上に掲げた論者でいうと，コールマンが強調していたのが結束型の方，グラノヴェターが注目していたのが橋渡し型の方ということになろう。そのうちどちらにも倫理的・効率的なよさが認められるのは間違いない。双方ともに現代社会における活性化が望まれるところである。

　さて，パットナムは社会関係資本を個人のものである以上にコミュニティのもの，社会のものとして議論しているが，より個人所有の側面を強調している社会学者がN. リンである。「人びとが何らかの行為を行うためにアクセスし活

第 4 章　人びとの関係

用する社会的ネットワークに埋め込まれた資源」というのが，彼による社会関係資本の定義だ（Lin 2001＝2008: 32）。そして市場や投資といった言葉にも触れながら，リンは社会関係資本の機能として，基本的に次の四つを挙げた。①入手しにくい情報の獲得，②重要な立場にいる人の意思決定への影響，③当人の信用の証明，④当人のアイデンティティと承認の強化（Lin 2001＝2008: 24-6）。こうして見てみると，彼は特に社会関係資本のコネ的な部分に焦点を当てていることがよくわかる。コネは経済資本・人的資本・文化資本と連動することが少なくない。しかしそれだけでなく，そうした諸々の資本が乏しい際も，その代替物となったりしながら，個々人に大きな便益をもたらしてくれる。コネというと聞こえが悪いかもしれないが，ネットワークにはそもそもそういう側面があるのである。

（3）つながりの功罪

　社会関係資本は，社会全体における人びとの信頼や互酬性に関わる公共的な財としても，また個々人が保有している友人関係という私的な財としても非常に重要で，今日，学術的だけでなく行政・社会的にも大変な注目を浴びるようになっている。ただしそれは，自己責任を強調し，小さな政府の手が届かないところに関しては——すなわち公助が貧弱な部分では——何とか自助や互助や共助で対応してほしいとするネオリベラリズムの思想・政策と連動している側面もあるので，その点注意が必要だ。たしかに地域の普通の人たちが協力し合う力は大きく，それを強調する意義はあろう。しかし財政問題を抱える行政が苦し紛れに地域的なネットワークに頼りすぎるのは，話が少し違うように思われる。

　また，社会性や公共性に眼が向きがちな社会関係資本概念だが，上述のようにそれは単なる私的なコネにとどまる場合も少なくない。そうなると豊かなコネをもつ内側の人たちと，そうでない外側の人たちとの間で分断が深刻化してしまう危険性がある。『孤独なボウリング』（Putnam 2000＝2006）でアメリカ社会におけるネットワークや信頼関係の衰退を嘆いていたパットナムは，『アメリカ人の祈り』（Putnam and Campbell 2010＝2019）では多様性への寛容などに着目し，橋渡し型の社会関係資本の復活に期待をかける明るい議論をしていた。

コラム 4-2　われわれという美名の裏で

　われわれ意識による連帯や，ネットワークの活用といったものは常にプラスの意味合いをはらんでいる。しかしわれわれというからには彼らというものがあり，またいかに柔軟なネットワークでもそれなりにウチとソトが分けられている，ということにも注意しておこう。人びとのつながりや絆は社会を統合する源であるとともに，人びとを分断する契機ともなりえるのである。

　たとえば，われわれ文明諸国の価値観と生活様式を守るために戦おう，と呼びかけている首相がいたとする。そして，それに呼応して，一国への攻撃はすべての国ならびに文明への攻撃だと憤っている同盟諸国があったとしたら……。これは実際，2005 年 7 月 7 日のロンドンでの同時爆破テロ事件に対する当時のイギリス首相トニー・ブレアの演説，ならびに G8 サミットの首脳たちの共同声明である。ブレアは当時，真の宗教的信念，真の正当的政治という言葉も用いていた。こうしたいい方を聴いて，自分たちははじめから排除されていると感じた人は，いわゆるテロリスト支援国家の国民以外にも，世界には数多くいたにちがいない。国際社会ではその後も似たようなことが度々起こっている。すべての国が等しく連帯できる日は本当にやってくるのだろうか。[山田真茂留]

　ところが『われらの子ども』（Putnam 2015=2017）ではまた一転して深刻な論調となり，豊かな層と貧しい層との断絶について論じながら，後者の人たちにとっては貧弱ないし劣悪な社会関係資本がよくない方向に作用する一方だということに眼を向ける。パットナムが特に問題視するのは，アメリカ社会においてコミュニティや社会関係資本がますます公共的でも集合的でもなくなってきている事態にほかならない（Putnam 2015=2017: 253）。コミュニティが閉じがちになり，それぞれの間の関係性が途絶えたり敵対的になったりすること，それは身近な近隣社会から大きな国際社会にまで共通する，今日的な大問題ということができよう。

　現代社会において関係性ないしネットワークの量それ自体が減っているわけではない。電子的なネットワークの伸長，サイバースペースの拡張によって，

第4章 人びとの関係

社会関係資本それ自体も大幅な発展を遂げていると見ることも可能だ（Lin 2001=2008: 268, 272；Urry 2007=2015）。そうしたなか，ネットワークに入れない人，入りにくい人，入っても楽しめない人のつらさはいっそう厳しいものとなる。社会関係資本の重要性が声高に叫ばれる今日の社会であればこそ，つながりや信頼をもちたくてももてないような人たちへの配慮はとても大事になってこよう。関係といいネットワークといい，ウチとソトがある以上，そこにある程度の分断が生じてしまうというのは原理的に否めない。しかしそれを認識したうえでなお，資本などという品位に乏しい言葉を多用するだけで満足するのではなく，質のいい関係性をすべての人がもてるような社会の実現に向けた現実的努力を地道に重ねていく必要があるのではなかろうか。

4. 集まりの光と翳

（1）群集・公衆・大衆

　見ず知らずの人たちが大勢集まり，一時的にであれ激しい行動を繰り出すこと，あるいは実際に集まりはしないにもかかわらず，数えきれない人たちの感情と振る舞いが一定の方向へと収斂し大きな力を発揮すること，これらは伝統的な村落共同体では起こりえなかった，すぐれて近代的な事態といえる。社会学が**群集・公衆・大衆**と呼んで分析してきたことがそれに当たる。それらは一時的・散発的・匿名的であったりするがゆえに，制度化された関係性とは認められないが，しかし諸個人の認知・情動・行為などに大きく関わる重要な社会現象であることに間違いはない。

　これまでの学的探究の蓄積に基づき，社会学では群集・公衆・大衆の三つをだいたい次のように捉えている。まず群集だが，これは特定の事柄への関心のために一時的に集った対面的な人びとの集合のことで，非合理的に情動を噴出しがちという特徴を有している。これに対して公衆は，メディアを介して間接的につながる非対面的で緩やかな人間集合であり，世論の形成を担う理性的な存在として捉えられる。最後に大衆とは，各種メディアの影響のもとに斉一的な意識と行動を非合理的に呈する傾向の高い匿名的な人びとの集積のことである。意味のあるつながりを失い，原子化されてしまった諸個人が，単純な情報

に一気に染まってしまう，というのが大衆の典型的な姿だ。

　さらにこの三つを図式化して捉えると，群集は対面的で非合理的，公衆は非対面的で合理的，大衆は非対面的で非合理的ということになる。例を挙げるなら，大規模なスポーツ・イベントで来場者が盛り上がっているのは群集的，新聞・TV・SNS などのメディアからの情報で世界の貧困地帯の子どもたちの存在に思いを馳せ行動を起こそうとするのは公衆的，各種メディアの情報に煽られ一気にとあるサブカルチャーが流行ったり，あるいは特定の民族のことを嫌いだしたりするのは大衆的である。

　さて，ここで学説史的な振り返りをしておこう。群集は 19 世紀末にフランスの社会学者 G. ル・ボンが集中的に考究した現象で，彼はその性質として衝動的，単純，偏狭，横暴といった事柄を挙げていた（Le Bon 1895=1993: 2 章）。その論述はやや扇情的だったわけだが，より分析的な議論を展開し，群集概念と公衆概念との違いを精査したのが，同じくフランスの社会学者 G. タルドである。彼は新聞を読む公衆の存在の理性的な側面に注目し，「すべての集団が公衆に変形するにつれて世界は知的になる」と述べている（Tarde 1901=1989: 46）。だが，彼が公衆の存在に大きな期待をかけながらも，その理性的な姿を完璧に信じきっていたわけではない，ということにも注意が必要だろう（池田 2009: 5 章）。タルドは公衆のネガティブな側面についても議論し，「憎悪公衆」という言い方もしていた（Tarde 1901=1989: 57-8）。また，諸個人が思索を深めるためには，群集からはもちろん公衆からも独立すべきだと説いているのである（訳 p. 68）。

(2) 問題としての大衆

　タルドが「群集の公衆化」というとき，それが社会の知的な団結という期待をもって語られていたというのは間違いない（Tarde 1901=1989: 32）。しかしそれから半世紀後，アメリカの社会学者 C. W. ミルズが「公衆の大衆化」というとき，そこにポジティブな意味合いは微塵も見当たらない（Mills 1956=2020: 13 章）。その間何があったのか。二つの世界大戦，とりわけナチズムのなした暴虐のかぎりである。ナチスは民主主義的な政治の土壌のなかから生まれて発展を遂げ，そして各種メディアを駆使しながら大衆を巧みに操作した。

第4章 人びとの関係

メディアを介した理性的な公衆的連帯というタルド的な理想は，ここで見事に
裏切られたのである。いや，上で触れたように，タルド自身，公衆の問題点に
ついては適切に論じていたので，こうした悪夢のような現実も想定のうちだっ
た可能性もあろう。

　ナチズムの台頭を許してしまった大衆の社会心理的な状況を**自由からの逃走**
として深く分析したのは，E. フロムである（→第11章2節）。彼は，せっかく
自由を手にしたはずの近代人が，その重みに耐えきれず，権威主義へと走って
しまうさまを活写した（Fromm 1941=1965）。近代化は，平和という観点にお
いて，単なる社会進化を意味してはいなかったのである。

　また20世紀半ば，近代化にともなう産業社会化や消費社会化や情報社会化
に関しても，大衆社会の病理的な問題はどんどん露わになってくる。大衆社会
論者の一人，D. リースマンが問題とするのは，現代人が人の目をひたすら気
にしているさまだ（Riesman 1950=2013）。彼は社会的性格を三つの類型に分け
たが，そのうち，人が思考し行動する際に慣習や伝統を大事にするのが伝統指
向であり，内的な価値や目標を重視するのが内部指向である。これに対して他
者の期待や好みに従うことばかりを気にするのが**他人指向**にほかならない。こ
の第三の他人指向こそが20世紀中盤の大衆に典型的な社会的性格だ，という
のがリースマンが下した社会診断であった。彼によれば「他人指向型に共通す
るのは，個人の方向づけを決定するのが同時代人であるということ」だが
（Riesman 1950=2013: 上 112），そのよりどころはきわめて不安定で，安住の地
はどこにも見つからず，そのため大衆は不安を覚える。リースマンの大衆を見
るまなざしはかなり厳しい。しかし彼は同時に，他人指向が優勢な現代とはい
え，それはあからさまな力による支配が顕著だった時代よりはずっとましだと
述べている。また周りを気にすることが可能なのは，社会が高次化したからこ
そだと指摘している点にも注意しておこう（Riesman 1950=2013: 上 353-4）。

　さてリースマンと同様，あるいはそれ以上に大衆に対して批判的なまなざし
を注いでいるのがミルズである（Mills 1956=2020: 13章）。彼は支配的なマスメ
ディアによって原子化された大衆が隷属的に同じような意識と行動を取ってし
まうことを鋭く問題視した。ミルズによれば，マスメディアが流すのは単純で
偏見に満ちた情報が少なくなく，それは真のコミュニケーションとは到底いえ

ない。コミュニティや公衆の存在が衰微し，人びとが互いに有意なやり取りを
あまりしていないにもかかわらず——あるいはそういう状況であればこそ——，
マスメディアの影響のため，大勢の人たちが似たような気分になり，同じよう
な振る舞いをするようになってしまった。各人はバラバラに個人化されている
のに，人びとの様相は非常に画一的に見える，というのが大衆社会の大きな特
徴となっている。

　大衆社会について論じる際の重要なキーワードの一つは諸個人の原子化だが，
その背景には中間集団の衰退という事態がある。大衆社会に関して，共同体的
社会，全体主義社会，多元的社会と対比させながら分析的に探究した W. コー
ンハウザーは，その構造的特徴として①中間的関係の弱さ，②第一次的関係の
孤立，③全国的関係の集中化の三つを挙げている（Kornhauser 1959=1961: 89ff.）。
中間集団の弱さは大衆社会と全体主義社会に共通する，非常に問題含みの状況
にほかならない。ちなみにこの問題に関しては，作田啓一も同様の議論をして
いる（作田 1967: 37-41; 1972: 309, 430-9）。孤立化してしまった人びとに対して
は，全体主義的な動員がいとも簡単になされてしまうため，その点危険極まり
ない。

　諸個人の孤立化・原子化は，その人にとっても社会全体にとっても全く望ま
しくない。とはいえ単に社会関係をもてばいいというわけではなく，身近すぎ
る関係・集団に閉じこもるのも，反対に大きすぎる制度的状況に飲み込まれて
しまうのも，個人と社会との関係に関し，相当に不健全といわざるをえない。
複数の開放的な中間集団に適度に参加していることこそ，過度の他人指向を呈
したり，権威主義や全体主義に陥ったりすることなく，自律的に思考・行動し，
しかも他の人びととの間に意味のあるつながりを構築・保持するための大切な
要となるにちがいない。

(3) インターネット時代のコミュニケーション問題

　近代化が進み，大量生産・大量消費の時代になって，機械に使われるような
形も含め，皆が同じような仕方で働き，そして情報に踊らされるような形も含
め，皆が同じようなものを買う。その機械が重厚長大なものではなくパソコン
になっても，またその情報が新聞・雑誌ではなく電子的なものになっても，大

第 4 章　人びとの関係

衆的な生産や消費のありようには変わらないところがたくさんある。仲のいい
対面的なグループでもないのに意識と行動が斉一化してしまう，という大衆社
会的な状況は今なお健在ということができよう。ファッションの流行にせよヘ
イト情報の流布にせよ，孤立化・原子化した人びとであったとしても（いや，
そうした人たちならなおさら）鋭い反応を示しがちだ。

　しかし，大衆社会論が勃興・流行した時代から優に半世紀以上が経ち，大き
く変わったのはインターネット社会の進展により，コミュニケーションのあり
方がきわめて多様化したことであろう。今や情報の発信源は大手のマスメディ
アにかぎられることはない。またその情報の流れも一方向的ではなく双方向的
になった。この種の情報コミュニケーション技術の発展と，それにともなう人
びとの電子的な交流の活性化は，社会の民主化に寄与するところが少なくない。
ここに，いい意味での公衆の復活を見ることもできよう。たとえば，2010 年
に発生したアラブの春と呼ばれる民主化運動にインターネットが果たした役割
は相当に大きかった。その後，同様の事例はいくつも起こっている。

　ところが，初期には民主的なツールとしての期待が絶大だったインターネッ
トにも，ネガティブな側面が多々あることが露呈してきた。誰もが悪意のある
デマを簡単に流すことができ，それが国内外に一瞬で広まることがある，とい
うのはその一例だろう。このインターネット社会において，極端な類のものも
含めて特定の情報が一気に膨大な量の人びとに拡散してしまうさまを，C. サ
ンスティーンはサイバーカスケードと呼んだ（Sunstein 2001＝2003: 3 章 ; 2017＝
2018: 3 章・4 章）。それは現代版の大衆社会の病理にほかならない。いわゆる
ネットでの“炎上”などはその好例ということができる。

　多様性の尊重が謳われるなか，誰もが自由に情報を発信できること，誰もが
自由にそれに応答できること，誰もが自由に情報を選択できること。これらは
マスメディア時代の大衆社会状況と今日的な状況との大きな違いだろう。しか
し今や，悪意のある情報を安直に発信したり，それに対して暴言で応答したり，
情報選択を人任せや機械任せにしたり，といったことも同時に可能となった。
また別に悪意などないところでも，われわれはスマホやパソコン上で AI が選
別して提示してくる個別的なおすすめ広告に日々晒され，その影響を陰に陽に
被っている。ちなみにミルズは「対立するメディアの中から反対意見を探し出

すような人はいない」と指摘しているが（Mills 1956=2020: 536），自分に都合のいい好みの情報にばかり接したがるというのは，マスメディア時代でもソーシャルメディア（SNS）時代でも全く変わりがない。

　もちろん画一性の時代から多様性の時代へ，という社会意識の全般的な変化が起こったというのは間違いない。そして実際，情報コミュニケーション技術の発展によって，人びとの集まり方もコミュニケーションのありようも，非常に多様なものとなった。しかし，それには上述のようにポジティブな面もネガティブな面も，双方ともに認められる。前者の方が後者よりもはるかに際立つ時代が早く到来することが強く望まれよう。

要点の確認

・社会において制度化された価値を内面化することで人びとの社会化は進んでいく。社会化には，幼年期に社会全般で通じる一般的な価値を身につける第一次的社会化と，成長してから個々の集団・組織に固有の価値を習得する第二次的社会化の二種がある。
・社会の存在を支えるのは諸個人による価値の共有である。だがその一方，逸脱や闘争にも，革新的な力をもたらしたり，新しく人びとをまとめ上げたりなどといった働きが認められる。
・社会関係には，何らかの目標のための手立てとなる手段的なものと，それ自体が大切とされる表出的なものとがある。近代化の進展によって手段性が際立つようになったが，近年ではかえって表出性の大切さが強調されたりもしている。
・人と人とをつなぐネットワーク，あるいは個人・集団・組織・地域などが保持する社会関係資本は，倫理的・効率的な観点から望ましいものとされ，近年注目が集まっている。
・匿名の人たちが織りなす集合性の様態として，群集・公衆・大衆といったものがある。これらはインターネット時代のコミュニケーション問題を検討するにあたっても有効な概念セットといえる。

文献ガイド

H. ベッカー著『完訳 アウトサイダーズ──ラベリング理論再考』（現代人文社）
　　▷逸脱研究におけるラベリング論の古典。逸脱現象を共有価値への違背という側面からではなく，逸脱ラベルの恣意的な貼り付けという側面から掘り下げる。著者のプロ級の趣味であるジャズの話も出てきて興味深い。

第4章 人びとの関係

野沢慎司編・監訳『リーディングス ネットワーク論──家族・コミュニティ・社
　会関係資本』（勁草書房）
　　▷ネットワーク論，社会関係資本論の重要論文を集めて翻訳した書。S. ミルグラム，
　　　M. グラノヴェター，J. コールマン，R. バートらの論文が一気に読めるのが最大の
　　　魅力となっている。
R. パットナム著『孤独なボウリング──米国コミュニティの崩壊と再生』（柏書房）
　　▷社会関係資本という考え方を世に広めるもととなった本の一つ。パットナムは政治
　　　学者だが，普通の人びとのつながりや，それをもとに構成される社会を経験的調査
　　　によって見極め，理論的なまなざしによって洞察する姿勢はひたすら社会学的であ
　　　る。
E. フロム著『自由からの逃走』（東京創元社）
　　▷伝統社会の拘束から解放された近代人は，自由を謳歌できる反面，旧来型の絆を失
　　　って孤独感や無力感に襲われ，その結果，せっかく手にしたはずの自由を放棄し，
　　　権威主義的な従属を選んでしまいがちになる。こうした社会心理的な傾向について
　　　鋭く分析した書。
D. リースマン著『孤独な群衆』（みすず書房）
　　▷20世紀半ばのアメリカの社会状況を見据えながら書かれた大衆社会論の古典。新
　　　たな人格類型として，他者の眼ばかりを気にする他人指向型が現れたことに注目し
　　　ている。今日の人びとの振る舞いを考えるにあたっても非常に示唆に富む。

第 5 章

集団と組織
——集まりの制度化——

　憧れの高校に入学できて半年が経った。そこは学力レベルが高く，よく名前の知られたところだ。しかし実際に入ってみると実力テストの頻度が高く，勉学ばかりに追われる毎日。成績も下の方にとどまっている。また部活にも入ったものの，しっくりせず，2か月でやめてしまった。あの数か月前の合格発表の喜びは何だったのだろう。あの頃は，ここに合格さえすれば，それだけでいいと思っていたのに……。この人に限らずおよそあらゆる人間は，属している集団や組織のありように大きな影響を受け，またそこにおける自分の位置づけをしきりに意識する。そこまで強い力を及ぼす集団や組織とは，いったいどのような存在なのだろうか。一緒に探ってみよう。

第5章　集団と組織

1. さまざまな集団

(1) 相互行為・関係・集団・組織

　集団とは何なのか。子ども時代，最初に集団を意識したのはどんなときだっただろう。保育園や幼稚園で友だち集団ができて，そこに誰かの出入りがあったり，あるいは別の集団と一緒になったり，また対立したり，といったことが想い起こされるかもしれない。集団という概念を考えるにあたっておそらく最も重要なのは，そこに比較的安定的な境界があり，そしてその枠組みがある程度持続している，ということにちがいない。どれほど多くの相互行為や関係が集積していても，成員と部外者とを区別する仕切りがなかったり，人びとの入れ替えが激しすぎたり，あるいは当の集まり自体が短期間で消滅してしまったりすれば，それは集団とはいえない。市場，階層，ネットワークや群集，公衆，大衆などが集団という言葉にそぐわないのは，そういうわけである。ちなみにネットワークを標榜するケースでも，境界意識が強く，また持続的な場合は，もはやネットワーク的ではなく集団的というべきであろう。

　保育園や幼稚園で何かの活動場面に「い〜れて」といって入っていく際，そこには集団の存在が暗示されている。逆に，そのような言葉が不必要なまま，単にみんなで遊んでいるという状態にとどまるのであれば，それは関係性，ネットワークの典型ということになる。R. K. マートンは，相互行為の頻度が高いというだけでは集団とはいえず，「道徳的に確立された持続的な相互作用の形式，集団成員としての自己規定，他の人びとによる同様の規定」の三つの基準が満たされて初めて集団は存立する，と説いた（Merton 1957＝1961: 260-1）。特定の人間集合の内部と外部を区切る成員性は，集団存在の要といっていいだろう。

　相互行為には散発的なものがあるが，それが繰り返され安定化すると関係が構成される。そして各種関係が積み重なって内外の区別が比較的明瞭になり，その集合性が実体的な重みをもつようになれば，それこそが集団だ。集団は単なる人びとの集まりや，相互作用の堆積ではなく，それらがかなりの程度構造化・制度化された存在にほかならない。ただし保育園や幼稚園における仲間集

団よりも，保育園や幼稚園そのものの方がさらに構造化・制度化の度合いが進んでいる，というのは間違いない。この場合，保育園・幼稚園は集団ではあるが，それだけでなく往々にして組織とも呼ばれることになる。

(2) ゲマインシャフトとゲゼルシャフト

　集団のなかには，（狭い意味での）集団と組織が，また未組織集団と組織集団が，あるいは基礎集団と機能集団がある。この三つの組の二分法はほぼ同じことを指していると見て間違いない。それぞれは構造化・制度化の程度が低いか高いか，また水平的・垂直的な役割が未分化なままか分化しているか，などによって分けられる。近代化という大きな社会変動は，特定の目的の達成を志向し，内部を複雑に分化させた高度な組織を数多く作り出した。そして近代化の幕開けにあたって社会学という学問を創始した初期の研究者たちは，社会の急激な組織化を体感しつつ，伝統的な基礎集団と近代的な機能集団との対照性に注目したのである。

　その代表的な論者の一人，ドイツの F. テンニースは，本質意志に基づき「実在的有機的な生命体と考えられる」結合体のことを**ゲマインシャフト**と呼び，これに対して選択意志に基づき「観念的機械的な形成物と考えられる」結合体のことを**ゲゼルシャフト**と呼んだ（Tönnies 1887＝1957: 上 34-5）（→第 4 章 2 節）。家族・近隣・村落・仲間などは，親密な共同生活の場としてのゲマインシャフトの方に含まれ，他方，企業・大都市・国家などは，見知らぬ人との公共生活の場としてのゲゼルシャフトの典型例とされる。テンニースによれば「人びとは，ゲマインシャフトではあらゆる分離にもかかわらず結合しつづけているが，ゲゼルシャフトではあらゆる結合にもかかわらず依然として分離しつづける」（Tönnies 1887＝1957: 上 91）。趣味関係で遊んでいる仲間集団と，会社のなかで競い合いを演じている同僚集団のことを想起すれば，この言葉の含意はより明瞭に理解できるだろう。

(3) 第一次集団と第二次集団／コミュニティとアソシエーション

　基礎集団と機能集団の対比に関する古典的な探究としては，他にアメリカの社会学者 C. H. クーリーならびに R. M. マッキーヴァーによるものがある。ク

第5章 集団と組織

ーリーは「顔と顔とをつきあわせている親しい結びつきと，協力とによって特徴づけられる集団」のことを**第一次集団**と呼び（Cooley 1909=1970: 24），それが人間にとって，そして社会にとっていかに重要かを示す議論を繰り広げた。クーリーにおける第一次集団の典型としては，家族・近隣・仲間などが挙げられる。彼は「親密な結びつきが，われわれの心を集団の他の成員の思考と感情について想像させずにはおかないから人間性は成長する」と説き（Cooley 1909=1970: 32），第一次集団においてこそ社会性や情緒的な連帯意識といったものが伸長することになると強調した。

クーリーが当時憂いていたのは，近代化によって冷徹な機能的組織の存在感が際立ち，またそれにともなって個人主義が過度のものになってしまう，ということであった。クーリー自身は**第二次集団**という言葉を用いなかったが，その後，近代組織を指す言葉として流通するようになる第二次集団は目的合理的な志向が強く，そのためそこではともすると個々人の利己的な性向が集団的な連帯をむしばんでしまう危険性が認められる。ただしクーリーは集団の個人に対する優越を訴えていたのではけっしてない。彼は個人の自律性や個性と人びととの連帯や統合は両立可能だと主張していた。近代的な個人主義は過剰なものでないかぎり問題含みにはならない，ということに注意しておこう。

同様の議論の運びはマッキーヴァーにも見受けられる。マッキーヴァーは**コミュニティ**と**アソシエーション**という二つの概念を対比させた。コミュニティは地理的に区分された共同生活の領域のことであり，対するアソシエーションは共同関心の追求のために人為的に設立された社会生活の組織体のことである（MacIver 1917=1975: 46-7）。アソシエーションはコミュニティ内につくられる諸々の機関であり，その意味でコミュニティの方が重要度の高い基盤的な存在ということができる。マッキーヴァーはまた，「アソシエーションは部分的であり，コミュニティは統合的である」とも述べた（MacIver 1917=1975: 47）。

さらにマッキーヴァーもクーリーと同様，近代化によって析出してくる個人性が社会性と融和することの大切さについて論じ，「個性が要求するのは自律性である」が，「しかし，自律性は社会の内でなければ空虚なものであり，自己実現も社会的諸関係を抜きにしては無意味である」と説いている（MacIver 1917=1975: 268-9）。テンニースもクーリーもマッキーヴァーもいずれも，近代

化の流れに乗って台頭しつつある機能集団としての近代組織の威容を前にし，その合理主義的で個人主義的な冷たい様相を直視するとともに，それに付随する負の側面を克服する方途を探ろうと格闘していた。それは今の時代にも通じる，非常に重要な社会学的課題ということができる。ゲゼルシャフトや第二次集団やアソシエーションが機械的に暴走しかけたとき，ゲマインシャフトや第一次集団やコミュニティがそれに歯止めをかける，というのは一つの答えになりえるだろう。ただし，それですべてが解決するわけではない。機能的な合理性と人間的な交わりとのバランスや，個人的な自律性と社会的な連帯とのバランスなどは，今なお大きな問題であり続けている。

　なお，ここで付言するならば，マッキーヴァーは結婚のアソシエーションについて語ったり，家族をコミュニティ的であるとともにアソシエーション的でもあると認めたり，継続的な家族をコミュニティとみなしたりしている（MacIver 1917=1975: 49-50, 159, 240-1）。既存の家族のなかに生まれ落ちること，新しく家族を始めること，また当の家族から離れていくことなど，家族の多様な様相について考えをめぐらせる際にも，このマッキーヴァーの複眼的な見方は相当に役に立つことであろう。

---

2. 近代的な組織

(1) 官僚制論

　保育園・幼稚園・小学校に入ったばかりのときは，仲間づくりのことがしきりに気になるかもしれないが，その一方で，さまざまなルールに従うべきことをも強く意識するにちがいない。誰もが随順すべきオフィシャルなルールの存在，それは近代的な組織を構成する重要な柱の一つだ。そして大学に進学すれば，友だちづくりのことを考える以前に，まずは履修関係の膨大な決まりごとを前にして身がすくんだりもしよう。大学を無事卒業するためには，そうした官僚制的な規程が指示してくることをすべてクリアしなければならない。

　官僚制とは，元々はもちろん行政組織の管理にまつわる制度のことだが，社会科学においてそれは，合理的な運営を志向するあらゆる種類の機能集団に適用される，近代組織の編成原理一般を意味している。役所・会社・学校・病院

第5章　集団と組織

などは，特定の目標を達成するために人為的につくられた組織であり，そこでは各種の公式的な役割関係の複雑な分化が確認される。これが，家族や仲間といった基礎集団との決定的な違いだ。

M. ヴェーバーは，支配の様式に関してカリスマ的支配，伝統的支配，合法的支配という三つの類型を挙げたが（→第11章3節），このうち非人格性が貫徹しているのは——つまり個々の人物の特性に依存しないのは——合法的支配のみである。そしてその合法的支配の純粋型とされるのが官僚制にほかならない。ヴェーバーによれば，形式的に最も合理的な管理の仕組みが官僚制であり，それは次のような諸特徴をもつという。①権限の原則（職務の規定・権力の規定・計画的な任命），②一元的で明確な上下関係，③文書による職務遂行ならびに公私の分離，④活動の専門性，⑤職務への専念，⑥一般的な規則に基づく職務遂行（Weber 1922=1960-62: Ⅰ 60-3）。この六つは組織の構造に関する非常に大事な諸点ということができる。そしてその後の理論的・実証的研究の展開により，これらは大きく①集権性，②公式性，③専門性の三つの変数にまとめられることとなった。

ここで，高校生のときに五人でバンドを結成したと想定してみよう。仲間内でなんでも相談して決められるうちであれば，それは基礎集団的な存在にとどまる。しかしその後，インディーズでデビューし，次の段階でメジャーなレーベルとも契約し，ついには自分たちの会社を起こしてある程度の数のスタッフを擁するまでに至ったら……。その場合は，指揮命令系統が明確で（集権性），諸々の決まりごとが文書化されており（公式性），それぞれの持ち場がはっきりしている（専門性），といったことがとても大事になってくる。役所でも会社でも学校でも病院でも，この種の官僚制型のルールは組織運営の効率性を左右する非常に重要な事柄だ。

またそこでは非人格的なルールがものをいうがゆえに，権力者の恣意がまかりとおることはなく，その意味で公平性が担保されているという点にも注意しておこう。フォーマルな決まりがしっかりしているところでは，誰か一人偉そうな人物が大声を発したとして，それですべてが決してしまうようなことはない。官僚制は，原理原則的には非常に効率的で，かつ倫理的なシステムということができるわけである。

2. 近代的な組織

(2) 協働システム論

M. ヴェーバーは組織論の祖の一人だが，もう一人の祖として C. I. バーナードがいる。有数の経営者にして組織論の研究も行った彼は，組織なるものを集団の一種というよりは，むしろ目標達成を志向する人びとの協働活動そのものとして捉えた。彼による組織の定義は「意識的に調整された人間の活動や諸力の体系」というものである（Barnard 1938＝1968: 75）。そして彼は，組織の重要な要素として①協働意欲，②目的，③コミュニケーションの三つを挙げ，そのうえで，組織の存続は①有効性（effectiveness：組織の目的の達成）と②能率（efficiency：参加者の協働意欲の充足）の二つにかかっているとした（Barnard 1938＝1968: 86-99）。

ヴェーバーが人びとの行動を統制するルールの静態的な構造に力点を置いたのに対して，バーナードは目的達成のために努力を傾注する諸個人の協働の動態的な過程に焦点を当てている。これは，近代組織には重要な二つの側面があることを指し示しているようで，非常に興味深い。組織とは"目的達成を志向する機能集団"のことだが，このうち特にバーナードは"目的達成を志向する"側面を，そしてヴェーバーは"機能集団"の側面を深く掘り下げたわけである。そして，バーナードにとっては組織は協働がすべてなので，たとえば街頭でいきなり数人がかりで人助けをするといった協力過程も，立派な組織ということになる（Barnard 1938＝1968: 107）。これなどはヴェーバー的な官僚制構造からは最も遠い現象ということができよう。同じく非人格的な近代組織を探究していながらも，二人のアプローチの仕方は相当に異なっている。

さて，バーナードの組織論に特徴的な概念として，無関心圏というものがある。これは組織への参与者であれば当然受け入れ可能な一群の命令のことを指す用語だ。「組織と関係をもったとき，すでに当初から一般に予期された範囲内にある」命令に関し，人びとはその内容が「なんであるかについて比較的無関心である」（Barnard 1938＝1968: 177）。通常なされる上司からの指示の多くはこのなかに収まるだろう。このとき，権力の差や，地位・権威・権限といったものはほとんど意識されず，服従はほぼ自動的になされることになる。ヴェーバーにおける合法的支配にせよ，バーナードにおける無関心圏にせよ，上下関係に関し合理的に定まった非人格的なルールがある以上，それに従うという

第5章 集団と組織

コラム 5-1　組織に従うということ・従わないということ

　強制収容所への移送の責任者であったナチスの A. アイヒマンは，潜伏先の
アルゼンチンで捕まり，1961 年にエルサレムで裁判にかけられる。その裁判
で彼は，組織の命に従っただけだと無罪を主張した。そこでのアイヒマンの普
通の役人風の風情は，人びとを驚かせている。これに関しては，S. ミルグラム
による社会心理学の実験が有名だ。その実験では，組織的な正当性が強調され
た状況に入ってしまうと，かなりの比率の人たちが指示に従って，人に対して
残虐な行為をなしうる，ということが判明している（Milgram 1974=2012）。

　翻って 2011 年 3 月 11 日，東日本大震災が起こった直後，茨城県大洗町の当
時の町長はすぐに「緊急避難命令」という言葉を発するよう指示し，実際それ
が町民たちに流された。そのような言葉は法的に存在していなかったにもかか
わらず，である。町長の決断は明らかに組織的な手続きに反していた。しかし
これで住民たちの危機意識が高まったというのは間違いない（井上 2011）。

　そこから 12 年ほど遡り，1999 年 9 月 30 日のこと。茨城県東海村 JCO の核
燃料加工施設で悲惨な臨界事故が起こった。原因は裏マニュアルの存在と，そ
の裏マニュアルにすら背いた作業工程にあった。効率のために管理が杜撰にな
っていたのだ。

　組織に従うということ，従わないということ。それぞれの意味を，さまざま
な具体的状況に即して深く見つめ直してみたい。[山田真茂留]

のは当たり前のことだ。彼らの組織論は，そうした服従行動が機能集団におけ
る人びとの振る舞いの真髄であることを教えてくれる。

　ただし問題は，その当たり前の服従が自動的になりすぎて——つまりは無関
心が過ぎ——，指示や命令の内容が非倫理的ないし不法であった場合でも，そ
れに自然に従ってしまう場合があるということだ。さらにリーダーが有能で信
頼に篤い場合は，その人物の発する無関心圏以外の命令も受け入れやすくなる
という（Barnard 1938=1968: 182）。近代的な組織は，形式的には非常に効率的
かつ倫理的にできているはずなのだが，実際にその内実が病理的になる危険性

はいくらでもある。組織を生きるわれわれ現代人は，こうした問題が発生した際，すぐに適切な反応ができる敏感さを持ち合わせておく必要があろう。

3. 官僚制を超えて

(1) 官僚制の逆機能論

　非人格的な組織構造が正当なものであると信じていればこそ，人びとはスムーズな形で組織行動に勤しむことができる。それはひとまずは望ましいことといっていいだろう。しかし官僚制構造それ自体を絶対視・神聖視する態度が現れたとき，問題が生じる。基礎集団とは異なり機能集団の場合，あくまでも大事なのは特定の機能を果たすこと，所期の目的を達成することであって，組織体はそのための手段的な存在にすぎない。しかし組織が巨大化し複雑化すると，その維持や発展が大事に思えてきたりもする。R. ミヘルスは早くも 20 世紀初頭に「〈組織〉は，目的に対する手段から自己目的となる」と説いて（Michels 1910=1975: 417），この組織病理について問題にしていた。彼は，いかなる民主主義的な組織も，規模が大きくなり，官僚制化し，集権的になり，トップ層の支配欲が肥大化してくると，結果的に権力者たちの用具と化してしまう，と論じたのである。これが「寡頭制の鉄則」の名で知られた事態にほかならない。

　ミヘルスのこの議論には，本来的には非人格的なルールが貫徹しているはずの近代組織に，支配者たちの人格的な恣意性が混入してくることの問題点が多く含まれているが，しかし非人格性で満たされたままで当の組織が自己目的と化す場合もある。いや，非人格的な性質が際立つからこそ，官僚制構造それ自体が守るべき素晴らしいものとして過度に賞揚される，ということも大いにありえよう。本来は手段であったはずの官僚制型組織がそれ自体目的となり，元々の組織目標が閑却されてしまう病理のことを**官僚制の逆機能**と呼ぶが，R. K. マートンによれば，それは一般的に次のようなプロセスを経て進行する。①官僚制が効果を発揮するために，反応の信頼性と規則の厳守が求められる，②規則を遵守するうちにそれが絶対化し，次第に一連の組織目標とは関係のないものとなっていく，③予測していなかったような出来事が起こった際，臨機応変な処置が取れなくなる，④その結果，非能率的な事態に陥るが，成員の多

第 5 章　集団と組織

くはそれを自覚しないままにとどまる（Merton 1957=1961: 184）。

　規則を盾にお役所の窓口をたらい回しにされてしまう住民，履修関係での相談に際し横柄な態度で応じられてしまう学生。そうしたケースは至るところに見受けられよう。行政組織の目的は市民へのサービスの提供にあり，学校組織の目的は学生の教育にある。けっして声高に規則集を読み上げること自体が，これらの組織の目的なのではない。公務員も，また学校の教職員もそのあたりをよく心しておかなければなるまい。

　ただし官僚制型のルールには，絶対に守るべきものもある。原発稼働関係の手順，食品衛生関係の決まりなどはその典型だろう。ルールを柔軟に運用し，個別具体的な対応を心掛けるのが適切な場面と，けっしてルールを曲げることなく，頑として決まりどおりのプロセスを遵守するのが大事になってくる場面……。この二つの見極めは，状況によってさまざまに異なってくる。そこでは当の場面に関わる人びとの，そして社会全体の智慧が鋭く問われているということができよう。

(2) ホーソン実験と人間関係論

　形式的には最も合理的であったはずの近代組織の構造それ自体が，実質的に非合理的になる可能性について論じたのが官僚制の逆機能論だったわけだが，組織には合理的とされる公式的な構造の他に，非合理性を多分にはらんだ非公式的な部分もあるということを探ったのが人間関係論である。人間関係論のもととなったのは，1924 年から 1933 年までシカゴ郊外にあるウェスタン・エレクトリック社ホーソン工場で数次にわたって実施された大規模な調査研究，いわゆる**ホーソン実験**である（Mayo 1933=1967; Roethlisberger and Dickson 1939）。この一連の実験は方法論上さまざまな問題を抱えてはいるものの（Tourish 2019=2022: 26-38），今日でもなお大きな示唆を与え続けている研究であることに間違いはない。その実験の一つでは，労働条件をさまざまに変えても，また元に戻しても，能率が一様に向上していった。それは実は，この研究が重要なものとして人びとの注目を集めていることを工員たちが意識し，士気が上がったからであった。また別の研究では，作業現場にはインフォーマルな組織があり，座る席なども決まっていて，働きすぎもよくないし，さぼりすぎも許され

106

ないなどといった職場特有の道徳律が効いていることも発見されている。

　企業などで働くにあたっては，それが肉体労働であっても事務作業であっても，経済的条件や物理的環境が大事なだけでなく，職場の雰囲気や同僚集団の関係性も非常に重要になってくる。人間関係がうまくいかない職場ほどつらいものはなく，反対にそれが良好であれば働き甲斐は一気に増進するにちがいない。ホーソン実験をもとにした人間関係論は，物質的な環境やフォーマルな組織構造とは別のところで，インフォーマルな集団や関係といったものが組織の目標達成や成員の満足度に多大な影響を与えることを教えてくれた。

　ただし，その影響にはもちろんマイナスのものもある。F. レスリスバーガーと W. ディクソンは次のようにいう。インフォーマルな組織は「効果的な協力にとって大事な要件だと言われる」が，他方それは「ときとしてフォーマルな組織とは真逆の方向に展開していく」(Roethlisberger and Dickson 1939: 559)。人間関係論絡みの実践といえば，職場でのボトムアップ型の小集団活動の効用を説くものばかりが目立つが，インフォーマルな関係性が作業の効率性を削いでしまうケースの存在も否定できない。また職場の雰囲気や人間関係が濃密になりすぎることで，長時間労働が常態化したり，心身に問題をきたしたり，といった問題も起こりえよう。フォーマルな官僚制型の組織において，インフォーマルな集団や関係は非常に重要な存在であり，さまざまな影響を及ぼしているわけだが，そうであればこそ，それらを良質なものに仕上げるべく不断の努力を重ねていかなければなるまい。

(3) 新制度派組織論

　ここまで官僚制構造の合理性を説く理論に対して別の見方を示した研究群として，逆機能論，人間関係論を見てきたが，もう一つ新制度派組織論という潮流がある (Powell and DiMaggio eds. 1991; 佐藤・山田 2004)。その代表的な主張は，近代的な組織は実際にはそれほど合理的ではなく，しかし合理的に見えるその信憑性こそが重要だということ，価値や目標なども思われているほど不可欠ではなく，当の事態を自明視する認知の方が肝要だということ，諸々の組織は似たような制度的環境に置かれることによって同型化しやすいということ，などである。J. マイヤーと B. ロウワンによれば，組織の公式構造が合理的に

107

第 5 章　集団と組織

作動しているというのは神話にすぎず，成員たちは非効率的なことも指示してきがちな構造に対し，これに背いた行為を少なからず行っている。しかし，それとともに公式構造は合理的なものだと彼らが信じている（あるいは信じたふりをしている）ことによって，近代組織の正当性は保持される（Meyer and Rowan 1977）。たとえば会社はコンサルタントやエコノミストをわざわざ雇い，彼らの提言を受け入れるが，それが本当に合理的か，適切かなど判断できている役員は必ずしも多くはない。しかしここで大事なのは，彼らを雇い，その言を信じるというのが世の会社にとって普通の事態になっている——つまりは制度化・正当化されている——ということである。

　皆がしているのであれば自分たちがしてもおかしくはない，いや，同じようなことをした方がいい，その方が正当に見える。こうした志向に，目的や価値に関わる強い動機づけは見受けられない。L. ズッカーが指摘するように，「社会的知識がいったん客観的な現実の一部たる事実として制度的に確立したならば，それを基礎とした直接的な伝達が可能なため，文化的な持続性を保証するのに，内面化や自己報酬や他の介入の現前など必要とはならない」のである（Zucker 1977: 726）。

　こうして同じような制度的環境に囲まれた複数の組織は，大した合理的理由もないまま，似たような構造や過程を採用するに至る。P. J. ディマジオと W. パウェルは，そのような事態を同型化と呼び，それを次のような三つのタイプに分類した。①正当性の調達のために全体社会の政治的・文化的要請に否応もなく従う強制的同型化，②不確実性への対処のために他の組織が採用している標準的なモデルを真似る模倣的同型化，③専門職や似たような人員が多くの組織に散らばることによって自然に進行する規範的同型化（DiMaggio and Powell 1983）。

　たとえば，大学において半期何回といった授業回数を形式的に守ることがどれだけ意義深いことなのか，オープン・キャンパスの効果は実際にどの程度あるのか，ゼミ合宿の実施は単なるレクレーション以上の意義を本当にもっているのかなど，合理性の面からして疑わしいことはいくらでも挙げられる。これは大学の例だが，会社でも同様だろう。しかし，それでも当の活動は多くの組織で変わらず続いていく。それは，制度化の程度が高く，皆が当たり前のよう

コラム 5-2　神道儀礼の新しい制度化

おみくじって神社が本来なのか，お寺がそうなのか。そう訊かれると，ちょっと悩む。原型は 10 世紀の高僧がつくったという説があり，だとすれば元々は仏教ということになる。では，あの折り畳まれた薄い紙のおみくじは誰がつくったのか。山口県の二所山田神社の宮司，宮本重胤は女性自立のための組織をつくり，1906 年に機関誌を刊行し始めたが，その資金源調達のために実施したのが，おみくじの製造である。神社の隣にある女子道社がつくり，全国の社寺で使われるおみくじのシェアは 6 割以上ともいわれている。

これと同様，普通の人びとの神道式の結婚式の伝統も意外に浅い。東京大神宮は，1900 年の皇太子（後の大正天皇）の結婚を記念して，民間人の神前結婚式を創始したことを誇らしげに謳っている。

これらを開始し世に広めた人たちは，新しい制度フィールドをつくったということで，そのときまぎれもなく制度の起業家と呼ぶべき存在であった。［山田真茂留］

に繰り返し行っていることだからだ。自分たちが日常的に遂行している自明視された振る舞いを，すなわち合理的で正しいとみなすのには，それこそ心理学的な合理化作用が強く効いているにちがいない。

4.　集合体の魔力

(1) 自集団中心主義

正しいことを行っている人たちがまとまった集団をつくれば，それは頼もしい存在となろう。たとえば政治運動にせよ，環境運動にせよ，反差別運動にせよ，それぞれ正義のための組織体をもつ。そして，その正しさの感覚は，集団的・組織的文脈において非常に強力なものとなっていく。ただし，正しいことを志し，それに基づいた行動をしている人たちが集まっているという初発の状態が反転し，自分たちのしていることはすべて正しいとする雰囲気が支配的に

第 5 章　集団と組織

なれば，それは集団的・組織的傲岸以外の何ものでもない。集合体にはそうした怖さが常に伏在している。

アメリカの初期の社会学者の一人 W. サムナーは「われわれ集団内における同志の交わりや平和の関係と，他者の集団にたいする敵意と闘争との関係は，相互に関係しあっている」と説いた後，エスノセントリズム（自集団中心主義・自民族中心主義）について触れ，「おのおのの集団は，自分自身の自尊心や自負をいだき，自己をすぐれたものとして誇り，それ自身の神性を賞揚し，よそものを軽蔑のまなこでもってながめる」と述べている（Sumner 1906=1975: 21）。人びとには一般的に内集団を絶対視し外集団を敵視する性向がある，というわけだ。

サムナーによれば，それぞれの社会単位には独自のフォークウェイズとモーレスが存在している。「フォークウェイズは，欲求を充足しようとする努力からおこってくる個人の習慣であり，社会の慣習」でもあるが（Sumner 1906=1975: 4），モーレスは，それに真理と正しさという要素が付加され，社会性がさらに増強されたものを意味している（訳 p. 43）。ここで興味深いのは，この社会的・道徳的な正しさの観念が過剰となり，外集団の方が実際に優れて見える場合ですら，いやそうであればなおさら，自分たちの方がすごいという意識が増進しがちになる，ということだ。たとえば 14 世紀のカトリック教徒たちには強烈なモーレスが染みついていたため，「異教徒がカトリック教徒よりもよい点があったばあいには，かれらは異教徒をいっそう憎んだ」のであった（Sumner 1906=1975: 124）。

(2) 自発的随順

近代的な組織であったとしても，そこには官僚制型組織に共通の，あるいは各々の組織に固有のフォークウェイズやモーレスがある。官僚制の逆機能過程において，冷淡な態度がはびこってしまうのも，また組織的な指示や命令に非倫理的な内容が含まれているのに，無関心なままそれに従ってしまう場合があるのも，あるいは本当に合理的かどうか確認ができていないまま，他の組織でも実施しているというだけの理由で当の実践を続けてしまうのも，いずれに関しても組織的なフォークウェイズやモーレスが強く効いていると解釈すること

4. 集合体の魔力

ができよう。

　ここで重要なのは，人びとはこうした組織行動をとるにあたって，多くの場合，疑念を抱いたり，抵抗したりせず，むしろ自発的な形で価値・規範・ルール・指令などに随順している，ということである。そしてこの自発的な随順は，組織が素敵な人間関係を育んでいるほど，また独自のポジティブな文化を誇っているほど生起しやすくなる。L. A. コーザーは，現代的な組織は伝統的な集団と同様，メンバーに対して全面的な要求をする傾向があると説く。そして，全人格を傾けるよう要請し，排他的な忠誠を求めてくるそうした集団や組織のことを，貪欲な制度と呼んだ（Coser 1974: 4）。彼によれば「貪欲な制度は自発的な服従に頼りながら，忠誠やコミットメントを活性化する術を展開すべく努めがちである」。またそれは「参加者たちにとってきわめて望ましい装いを凝らすことで彼らの同意を極大化することを目指している」（Coser 1974: 6）。恐怖政治的な圧制よりも文化的な魅力に溢れた誘導の方が，成員たちの服従を引き出すにあたって，より効果的というわけである。

　コーザーは貪欲な制度において自発的な随順を示している主体として，主婦，客室乗務員，ウェイターなどさまざまな人たちを挙げているが，このうち客室乗務員の実態についてフィールドワークに基づき深い探索を行ったのが，A. ホックシールドである。彼女が対象としたエアラインの「訓練プログラムの中に最も浸透した訓戒は，訓練生が（彼女が働いている）飛行機の客席にありながら，あたかもそこが（彼女が働く必要のない）自宅であるかのように振る舞う能力に対するものだった」（Hochschild 1983=2000: 120-1）。このエアラインは当時，丁寧な採用活動を行い，レイオフ（一時解雇）を極力回避しており，家族的な強い文化をもつ企業としてよく知られていた。そして会社はその温かい一体感を全成員が抱くよう求め，本気の笑顔で乗客に接するよう客室乗務員たちをひたすら鼓舞していたのである。この文化に馴染めた人たちにとって，そこは最高の職場だったにちがいない。しかしホックシールドが感情労働と呼ぶ，この種の仕事の過剰さに疲れ切り，燃え尽きてしまう社員が出てくるという問題ももちろんあった。

　ホックシールドが研究したこのエアラインでは，そのまま自然に楽しく状況に適応したり，役割距離をとって会社の雰囲気に呑まれるのを上手に避けたり，

111

第 5 章　集団と組織

その場で頑張りすぎて燃え尽きてしまったりと，さまざまな反応が見られたわけだが，同じようなことは G. クンダが実施したあるハイテク企業のフィールドワークでも確認されている（Kunda 1992=2005）。自主性，ボトムアップ，一体感などを謳うこの会社は，強い文化と高い業績で非常に有名だったが，ここでも役割距離や燃え尽きといったケースが少なからず見受けられたという。経営側は社員たちの主体性や社風の素晴らしさをひたすら強調してくるわけだが，実際には文化的なコントロールが強すぎるという問題もあり，その犠牲となる社員も少なくなかったのである。

　機械的な官僚制組織ではなく，自律性を重んじ，開放的で自由な雰囲気の会社だ，ということを売りにして，人材獲得を行っているところは少なくない。実際，そのような理想を相当程度実現している企業もたくさんあるだろう。しかしその一方，規範的統制が強いだけで，いわれているほどの自由度はなく，それゆえ過剰労働が常態化してしまうケースもあり，その点注意が必要だ。機械的なルールではなく，人間性や関係性や文化を重んじる，というのは聞こえはいいが，しかしそれによって結果的にいくらでも働かされてしまう，という危険性も認められるのである。ちなみに，そうした問題を念頭に置いたうえで，P. デュ・ゲイは官僚制なる原理の再評価を行っている（Du Gay 2000）。彼が注目したのは，労働条件等を定めた機械的なルールによって曖昧な価値や規範の暴走から労働者たちが守られる，という側面にほかならない。

　ただし，単に文書で定められた仕事を淡々とこなすだけではあまりにも味気ない。就活をしている学生たちや，転職先を探している会社員たちは，候補として考えているところが官僚制型なのか文化重視型なのか，またそのバランスはどうなっているのか，といったことに関して十分注意を払っておく必要があろう。そして，官僚制型にせよ文化重視型にせよ，それに基づくコントロールが強すぎるところは避けるに越したことはない。

5. 集合的アイデンティティの動態

(1) 準拠集団論

官僚制型の組織で，指示内容に無関心なまま，機械的に法に触れる行為をし

5. 集合的アイデンティティの動態

てしまう場合がある。また組織文化の強い企業で，ノリのいい雰囲気に囲まれて働きすぎ，疲れ切ってしまうこともある。これらはネガティブな例だが，ポジティブには官僚制型の組織で，分業体制がうまく機能し，仕事がどんどんはかどったり，組織文化の強い企業で，同僚と一緒に働くのが楽しくて仕方なく，それが生き甲斐の一つになったりするケースもありえよう。こうした事態は自分が個人事業主だったら，あるいは別の組織に移っていたら起こっていなかった可能性も高い。集団的な磁場の力は，一般的に非常に強いということができる。それは基礎集団にも機能集団にも共通して当てはまることだ。

集合体へのコミットメントの強さが諸個人の意識や行動に及ぼす影響力について考えを深めた古典的研究に，準拠集団論がある。**準拠集団**とは，人びとが自らの社会的な位置づけを見極めたり，また判断や振る舞いの指針としたりする際に依拠する重要な集団のことである。マートンは準拠集団の理論を展開するにあたって，第二次世界大戦中にアメリカ軍が社会科学者たちに協力を要請して実施した，兵士たちの意識と行動に関する大規模な社会調査（S. **スタウファー**〔S. Stouffer〕らの研究）の結果を，数多く参照している。

たとえば，黒人兵は人種差別が強いはずの南部への駐留を嫌がらなかった，というデータがある。それはなぜか。彼らは南部在住の黒人民間人たちと自分たちの生活水準を比較し，兵士であることによる利得にそれなりの満足感を覚えたのである。その相対的な利得は北部に駐留した際よりも大きかった。この場合，同じ黒人ということが，南部の黒人兵たちにとっての準拠集団となる（Merton 1957=1961: 211）。

また，一般的に昇進のチャンスが高い航空隊の兵士たちは，それが一番低い憲兵隊の兵士たちよりも，昇進関係の不満をずっと多く表明していた。それは昇進率が良好な部署にいると，自らが抱く期待水準の方も自然に上がっていってしまうからだ。昇進への期待が高い場合，今ついている地位への満足度は相対的に低いものにとどまりがちなのである。このとき，彼ら航空隊の兵士たちにとっての準拠集団は，同じ部隊の仲間たちというふうに解釈されよう（Merton 1957=1961: 217-8）。

なお，古典的な準拠集団論関係には，相対的不満（相対的剥奪）や予期的社会化（社会化の先取り）といった重要概念があるが（Merton 1957=1961: 209-

第 5 章　集団と組織

217, 242-3)，前者はすぐ上で示したケースに典型的に見られるように，自らが重視する集団内の他者と自分とを見比べて，本人のポジションに関して覚える不満のことを意味している。せっかく皆が憧れる会社に入社できたのだから，それだけで満足だろうと客観的には見える場合でも，当人は同僚たちと自分を比較して，業績やボーナスの低さに落ち込んだりすることも少なくない。相対的不満はきわめて日常的な現象だ。

　また予期的社会化とは，まだ所属していない集団の価値や規範を事前に内面化し，その人たちと似たような振る舞いをすることを意味するが，この場合，準拠集団は現在の所属集団ではなく将来所属したいと憧れている集団ということになる。たとえばここに，ひたすらキー局か地方局のアナウンサーになりたいと願い，大学時代もその種の専門学校での活動ばかりを大事にして，普段から業界人のような挙措を示しがちな人がいたとしよう。そうした場合には，予期的社会化が顕著になっているといっていい。

　準拠集団は人を幸せにもするし不幸にもする。集団準拠がなければ，あるいはそれが異なっていれば，これまでの生き方はどうなっていただろうか。もしあの学校に入学せず，他の学校に行っていたなら，またこの会社に入社せず，別の会社に入っていたとしたら，物質的・経済的にだけでなく，考え方や振る舞い方も今とは全く違ったものとなっていたかもしれない。準拠集団の力はそれほどに大きい。

(2) 社会的アイデンティティ論

　人は一般に所属している集団に愛着を感じ，そこに自らをアイデンティファイ（同一化）する。もしそれがなければ，その人にとって集団所属は形式上のものにすぎず，また大半がそうした人だとしたら当の人間集合は集団としては形骸化しているといわざるをえまい。したがって所属意識を有意にもつ人びとから成る集団は，ほぼ定義上，成員たちからポジティブに評価されることになるわけだが，それが外集団との差異化ないし外集団の蔑視と関連している，ということについては先にサムナーの紹介のところで見たとおりだ。なお同様の議論の展開は，G. ジンメルやコーザーにも見られる（→第4章1節）。

　そして，そのサムナー的・ジンメル的・コーザー的な関心や準拠集団論的な

114

5. 集合的アイデンティティの動態

志向をさらに発展させてきた社会心理学の潮流に，社会的アイデンティティ論というものがある。その認知的な側面を強調する際には，自己カテゴリゼーション論の名が用いられたりもするが，いずれにせよこの潮流が探究しているのは，集団的アイデンティティのありようや，諸個人の集団へのアイデンティフィケーションの動態だ。代表的な研究者としては，創始者としての H. タイフェルや，それに続く J. C. ターナー，M. ホッグ，D. エイブラムズらが挙げられる（Tajfel et al. 1971; Turner 1987=1995; Hogg and Abrams 1988=1995)。

　社会的アイデンティティ論が実験室的な手法によって明らかにしてきたのは，次のような事柄である。①内集団と外集団の差異化によって集団は成立する，②内集団は望ましいものとして捉えられ，一般的に内集団ひいきが見られる，③集団内の成員たちの同質性は実際以上に強調される，④集団間の成員たちの差異性も実際以上に強調される，⑤集団内の同質性にせよ集団間の差異性にせよ，共通の目標，共有された価値，利害の一致，相互の情愛などとは無関係に誇張されうる，⑥目標・価値・利害・情愛に欠けたところでも，関与者たちが集合的カテゴリーを有意に意識し，互いに成員であることを認め合えば，それだけで集団は十分に成立しうる，⑦成員性の認知がなければ，目標・価値・利害・情愛の水準がいかに高く，また相互行為がどれほど盛んになされていたとしても，集団は存立しえない。

　ランダムにクラス分けがなされているのに，クラス対抗試合などで所属意識が高まり，なんだかあのクラスってヘンと思うとき。また，生まれ落ちた国を選べたわけでもないのに，隣の国との違いを強烈に意識し，愛国心を燃やして戦争に従事するとき。この二つのケースは実によく似ている。実際にその二つのクラスないし国の全員のことを精査すれば，クラス内・国内には諸々の多様性が看取され，またクラス間・国家間には相当な共通性があることもわかってこよう。だが人は往々にして，自らが強い帰属感を覚えている集団については，内的な等質性が高く，そして他の集団とは決定的に違っていると思いがちなのである。

　集団への所属ないし帰属は人びとの見方を相当に変えるが，それを支えている基盤は実は価値・規範・文化などではない。考えてみれば，古き良き日本の伝統文化に通暁した人が，今の日本にどれくらいいるだろう。その人たちだけ

第5章 集団と組織

表5-1 プロトタイプのズレ

I	−3	−2	−1	0	+1	+2	+3
	O	O	A	B	C	O	O
II	−3	−2	−1	0	+1	+2	+3
	O	O	O	O	A	B	C

出典：Turner（1987=1995: 206）

　が日本人というわけではないし，またナショナリズムを強く表明する人びとが日本文化をよく知っているとはかぎらない。つまり，極端ないい方をすれば，日本人は他国人ではなく日本人カテゴリーを共有しているという，ただそれだけの理由で日本人なのである。

　そして，内集団対外集団という意識がとりわけ強い社会状況では，両集団はますます極端な方向へと動いていく可能性がある。これがリスキー・シフトとか集団分極化と呼ばれる現象だ（Turner 1987=1995: 7章）。このとき集団内では，外集団に近い人はもちろんのこと，平均的な人ですら，逸脱的とみなされかねない。表5-1を見てみよう。ＡＢＣの三人は内集団の成員，残りは外集団の成員である。内集団の特徴を強く体現するプロトタイプは外集団から一番隔たった人ということになるが，Ｉの場合，すなわち両側に外集団をもつ中庸な集団の場合は，真ん中のＢがそれに当たる。ところがⅡの場合，すなわち左側にしか外集団をもたない極端な集団の場合だと，右端のＣこそが当の集団のプロトタイプと認められる。Ⅱのタイプの集団を牽引していくのはＣのような人だろう。

　Ⅱのような状況がどんどん昂進すると，上位の目標や価値や利害や情愛に訴え，それによって集団間調整を図るという試みも徒労に終わりやすい。そして現代社会では，目標・価値・利害・情愛に基づかず（つまりは大した理由もなく），もっぱら集団カテゴリーのラベルだけに依拠して他集団と睨み合い，そして戦いを繰り広げるようなケースが，教室内のいじめ，ネットでの炎上，外国人に対する差別，国際的なテロ，隣国との諍いなど，至るところに見受けられる。そうした際，人類皆きょうだいとか，話せばわかるといった言辞はあまり役に立たない。

　したがって，こうしたいわば集合的なメンツだけがかかっているような集団

要点の確認／文献ガイド

間闘争には，足を踏み入れるその前になんとか踏みとどまることが肝要だろう。
いったん上のような状況に陥ってしまうと，事態は悪化の一途をたどることが
少なくないからだ。無益かつ有害な争いをともなわないで済むような形で集団
内の統合や集団間の協調を模索するというのは，けっして易しいことではない。
しかしその必要性は，学校でも会社でも街中でもネット上でも国際関係でもま
すます高まっている。

要点の確認

・集団とは，単に相互行為が集積した場ではなく，成員性に基づいた比較的安定的な
境界があり，その枠組みがある程度持続しているもののことをいう。集団には自然
生成的なものと観念される基礎集団と，特定の目的のために人為的に構成された機
能集団とがある。
・官僚制とは，機能集団としての近代組織の編成原理のことを意味する。それは非人
格的なシステムであり，そこでは集権性・公式性・専門性が際立っている。
・近代組織はそもそもは目標達成のための手段的な存在だが，ここで目的‐手段関係
が転倒し，ルールの遵守や組織の維持ばかりが謳われて，もとの目標が閑却される
場合がある。これが官僚制の逆機能と呼ばれる事態である。
・官僚制型のフォーマルな組織のなかには，さまざまなインフォーマルな集団や関係
がうごめいていて，これが組織の効率性や成員の満足度に大きく影響している。
・人は，自らの社会的な位置づけを見極めたり，また判断や振る舞いの指針とするた
めに，しばしば自身が大事にしている集団に依拠するが，そうした集団のことを準
拠集団という。

文献ガイド

R. M. マッキーヴァー著『コミュニティ——社会学的研究：社会生活の性質と基本
法則に関する一試論』（ミネルヴァ書房）
　　▷コミュニティ概念とアソシエーション概念とを対比させた社会学の古典。個人と社
　　会の関係のあるべき姿についても考えさせられる。
M. ウェーバー著『官僚制』（恒星社厚生閣）
　　▷ヴェーバーの官僚制の議論は膨大な研究の一部にあたり，また訳書としては別のも
　　のもあるが，官僚制論の核心部分だけを読むにはこの版が便利。
佐藤郁哉・芳賀学・山田真茂留『本を生みだす力——学術出版の組織アイデンティ
ティ』（新曜社）
　　▷四つの出版社を対象としたフィールドワークに基づく研究書。分析にあたっては新

第5章　集団と組織

制度派組織論や組織アイデンティティ論からのアプローチがなされる。

高橋正泰監修「経営組織論シリーズ」1～3巻（学文社）

▷『マクロ組織論』『ミクロ組織論』『組織のメソドロジー』の3巻から成る。新しい議論や社会学的な観点もたくさん入っている刺激的なシリーズ。

R.ブラウン著『グループ・プロセス──集団内行動と集団間行動』（北大路書房）

▷社会的アイデンティティ論の立場から，集団現象，集団間関係，偏見問題などにアプローチした社会心理学のテキスト。初学者にもわかりやすく書かれている。

第 **III** 部

生，差異，そして親密性
──私的領域を問う──

第 6 章

家族と親密性
──私的領域としての家族の発見──

　家族はおおよそ誰にとっても身近な集団であり，私たちは自分にとって身近な
家族を当たり前だと思ってしまう。そのため，かえって家族の「常識」にとらわ
れてしまう。本章では，社会学がいかに家族の「常識破り」をしてきたのかを解
説し，家族における生活とりわけ家族介護を事例にしたうえで，「近代家族」と
いう視点から今日における家族介護の困難をいかに捉えることができるかを示す。
加えて，「私的領域」と「公共領域」の関係の歴史的変容を解説しつつ，「私的領
域」が人びとの生存・生活を守る場でありながら，親密性の領域として創出され
ていることを見ていこう。最後に，家族は個人と国家をつなぐ媒介であることを
説明し，「家族」はいまだ社会学における重要な争点であることを学習する。

第 6 章　家族と親密性

1. 家族の捉え方の変容

(1) 「近代家族」の発見

　私たちにとって家族はとても身近な存在であるし，誰もがイメージしやすい社会集団である。したがって，私たちは自分にとって馴染みのある「家族」をついつい前提に家族を考えてしまう。

　19 世紀に至るまでヨーロッパにおいては一夫一妻制的家父長制家族が普遍的な家族形態であると考えられてきたが，19 世紀後半になると，家族形態の変容について盛んに議論されるようになった。J. J. バハオーフェンは，女性が子どもを産むことから，原始には母権制社会が成立するが，その後，父権制的・家父長的な家族形態に移行すると論じた。この影響を受けた人類学者のL. H. モーガンらの議論を継承・発展させた F. エンゲルスは，性関係の相手が特定されない群婚状況から，段階的に家父長的大家族に移行し，近代になると小家族に変容したと指摘した（Engels 1884=1990）。その後，多くの人びとに近代化論が知られるようになると，近代化によって小家族化・核家族化・家族の民主化がもたらされるという「常識」が形成されるに至った。当時，こうした社会進化論的な視点から家族の起源は説明されていた。

　しかしながら，20 世紀に入ると，人類学者の G. P. マードックが，一組の夫婦とそこから生まれた未婚の子どもからなる**核家族**は「進化」によってもたらされた家族形態ではなく，ほぼ人類に「普遍的な社会集団」であることを指摘した。加えて，T. パーソンズらが，核家族における**子どもの社会化**とそれを通じた成人のパーソナリティの安定を家族の機能であると論じ，父が道具的役割を，母が表出的役割を果たす核家族こそが社会において安定した単位であると論じた（Parsons and Bales 1956=2001）。こうしてかつての社会進化論的な家族の見方（自然状態から文明社会への進化の中での家族形態の変化が生じたという見方）は批判されたのだ。

　ところが，後述するように，1960 年代以降の歴史人口学や社会史・家族史の知見によって，歴史的には北西ヨーロッパの世帯は近代化以前から小家族・核家族であったこと，私たちが当たり前と考えている家族の情緒性や親密性と

いう家族感情は近代においてこそつくられたことが示されるようになった。近代化による大きな社会変動の中で，子どもが家族生活の中心となり，家族の生存・生活のために稼ぎ働くことが父親に，子どもの世話や家事をすることが母親に強く求められるようになり，家族は奉公人などの非血縁者を排除し，社交を切り捨てて閉鎖的集団になったことが指摘されたのだ。こうした家族は決して歴史的にも文化的にも「普遍的なもの」ではなく，「近代における産物」にすぎない。家族社会学ではこうした家族を「**近代家族**」と呼ぶ。

(2) 家族研究における「家族」の常識破り

先述したように，19世紀後半においては家族の起源や家族形態の変化を論じる制度論的研究が中心であったが，20世紀には社会学や人類学などの科学的な立場から家族の集団論的研究が主流となってきた。特に，1950年代に集団論的研究が家族社会学において主流になった歴史的背景として，欧米諸国において「近代家族」が圧倒的に優位になったことが大きく関係している。言い換えれば，かつての制度論的研究があくまで家族類型の一つとして小家族や近代家族を捉えていたのに対し，集団論的研究は近代家族の特性こそ家族なる「本質」であると定式化することで人びとに広く受け入れられるようになった。当時はまさに人びとが近代家族こそが「家族の本質」と信じられる時代状況であったのだろう。しかし，その後の1960年代以降における近代家族の自明性の揺らぎが生じる中で，家族研究でも家族成員「個人」に照準したアプローチが採られることが多くなった。

平たくいえば，制度論的研究によって「近代化によって小家族化・核家族化・家族の民主化がもたらされる」という「常識」が形成されたのに対して，集団論的研究はそれを批判しつつ，「核家族とは進化によってもたらされた家族形態ではなく普遍的な社会集団である」「核家族は社会を安定させる社会単位である」という「別の常識」を提示した。これによって，「性別役割分業に基づく核家族での子育てと情緒こそが社会を安定させる」という通念が形成されるようになった。

ところが，1960年代以降になると，先述した歴史人口学や社会史・家族史による「近代家族」の発見によって，さらにはフェミニズム理論（→第7章）

第6章 家族と親密性

による痛烈な批判によって，それまでの家族に関する「常識」を覆すような「発見」がいくつもなされていく（坂本 1997: 15）。

先述したように，第一の家族に関する「常識」は，拡大家族から核家族・小規模家族制度へと家族の形態が変化してきたというものだ。M. アンダーソンは欧米の家族史研究を人口動態研究，感情研究，世帯経済研究の三つに区分する（Anderson 1980=1988）。人口動態研究としては，P. ラスレットを中心とするイギリスのケンブリッジ・グループによる研究が挙げられる。ラスレットらは近代以前の北西ヨーロッパでは結婚は考えられているよりも遅く，世帯規模も小家族が支配的であったという発見をし，従来の家族の変遷史を打ち壊し，新たな家族史観を切り拓いた。また，1950 年代半ばのフランスの人口動態研究によってもこのことは確認され，晩婚・堕胎・避妊・非婚などによって子どもの数を制限することを通して，近代以前の家族が小規模家族であったことが明らかになっていった（坂本 1997: 15）。

こうした研究によって，私たちの「常識」とは異なり，近代以前と近代以降の家族の形態は驚くほど「連続したもの」であることが示された。

第二の家族に関する「常識」は，情緒的結合や愛情などを基盤とした関係が家族の普遍的・本質的機能であるという考えである。アンダーソンが分類する感情研究によってこうした常識は大きく覆されることになった。特に，P. アリエスは『子どもの誕生』を通じて，近代の成立によって子ども期は成人期とは分離されたある特有の期間として認識された結果，「子ども」が「発見」されたこと，その子どもは親の愛情が注がれるべき対象として観念化されるようになったことを示した（Ariès 1960=1980）。

また，社会史家 E. ショーターは，近代家族の特徴として，①男女関係におけるロマンティック・ラブ，②母子関係における母性愛，③周囲の共同体と一線を画する家族愛の三つを指摘し，こうした感情革命を通じて近代家族イデオロギーが生じたと論じた（Shorter 1975=1987）。

坂本佳鶴恵が的確に指摘するように，家族に関する事象について，近代的なものと考えられてきたことが過去に存在してきたことを指摘すると同時に，「普遍的なもの」と考えられてきた事柄が近代に成立してきたことを明らかにし（坂本 1997: 16），そうした知見が現在の近代家族論へ継承されたのだ。

2. 近代家族の問い直し

　第三に，アンダーソンが世帯経済研究として位置づけた M. ミッテラウアーらのウィーン・グループの知見は，大家族から小家族へといった単純な変化でないことに加え，社会経済的史料や自伝的史料を丹念に読み解くことで「近代以前＝伝統家族」「近代以降＝近代家族」という二項対立的に捉えることができないことを述べたのだ。

　このように，近代以前／近代以降という構図において見出された「家族変動の見取り図」が正しくはないこと，歴史的に共通する「家族の本質的機能」は事実ではないという家族研究による「家族」の常識破りが行われたのだ（ちなみに，アリエスやショーター，ラスレットらの知見に対して，異なる地域や時代では別の知見が見出せること，あるいは異なる資料を用いた研究からでは別様な結論が導き出せるなど，その後も多くの議論がなされているように，歴史人口学や社会史・家族史研究では絶えざる批判的検討が行われている）。いずれにしても，こうした「家族」の常識破りが展開される中で，家族社会学においても家族の問い直しが行われるようになっていった。

2. 近代家族の問い直し

(1) 多様化する家族への問い

　日本の家族研究でも海外の知見を踏まえてさまざまな問い直しが行われるようになり，1960 年代まで主流であった集団論的研究とは異なるアプローチが試みられるようになった。

　もともと日本の家族研究は 20 世紀前半に開始したのだが，戦後，家族研究は戦前からの家族研究の流れを継承する農村家族の解明を中心とする「家」制度の研究と，アメリカの集団論的研究の影響下に発展した都市家族を対象とする研究の二つの流れに分かれていた。戦前の家族研究との連続性は農村社会学に実質的に担われていくが，他方，戦後における家制度の廃止による近代的夫婦家族制への政策的転換のもと，集団論的研究が優勢になり，1970 年代まで家族社会学は展開されていった。こうして 1960 年代には「集団論的研究」によって日本の家族社会学は確立し，1970 年代には定着していくことになる。

　しかしながら，日本の家族社会学において集団論的研究が広く受容されたま

125

第6章 家族と親密性

さに 1960 年代以降において，次第に，歴史人口学，社会史・家族史研究やフェミニズム理論からの圧倒的な批判的知見に晒されることになった。さらには，1980 年代にはシングル志向，離婚率の上昇，ひとり親家庭，コハビテーション（婚姻関係にないカップルの同居・同棲），別居結婚，婚外子など多様な家族のあり方が見られるようになると，近代家族のあり方に揺らぎが認められるようになり，家族の集団性に対する異議申し立てが行われるようになる。

　こうした多様な現象はかつての近代家族モデルの枠組みで把握することが困難であったため，近代家族を「自明」な「自然」で「普遍的」なものとしたまなざしそれ自体が相対化されるようになり，家族社会学の新しい方法論が模索されるようになったのだ。こうして 1980 年代以降には近代家族論などの登場によってそれまで圧倒的に支配的であった家族観・家族理論は大きく問い直され，1990 年代にはさまざまな実証研究が展開されていくことになる。たとえば，「家」をめぐる議論においても，近代以前の「家」と近代以降の「近代家族」を二項対立的に理解するのではなく，「家」を近代家族に解消することはできないものの，明治以降の「家」においてさえも近代家族としての性質を見出すことができるなどが指摘されるようになった。また，従来の家族観・家族理論をその根底から問い直すため，家族を無定義概念として位置づける立場も出てきた。このように「家族とは何か」ではなく，「家族なるものは人びとにいかにみなされているのか」を問う研究も登場するようになったのだ。

(2) 個人の人生行路から家族プロセスを理解する——ライフコース論

　1980 年代以降になると，「個電」「個食」などがメディアで紹介されるようになり，「家族の個人化」が指摘された（目黒 1987）。あるいは，「家族の私事化」（森岡・望月 1997）や「ライフスタイルとしての家族」（野々山 1996）などが論じられた——2000 年代以降になると，こうした家族の多様化はむしろ家族のリスク化や階層化として理解されるようになる（山田 2001）。主婦の憂鬱や葛藤，育児不安，子どもの不登校や引きこもり，単身赴任，アルコール依存症や精神疾患や認知症などが問題として浮上すると，家族においては完結しない社会問題として認識されるようになった。また，こうした社会問題はかつて「問題家族」「機能不全家族」と呼ばれ，家族の逸脱や機能不全として理解され

ていたが，そのような価値評価をくだすのではなく，そこでの家族にいかなる現実が生じているのかを描き出すようになった。こうして家族社会学のアプローチでも家族を「集団」として照準するのではなく，「個人」を中心とするものへと転換していくことになった。このような中で，欧米で展開されていたライフコース論やネットワーク論など多様なアプローチで家族を分析することが試みられるようになったのだ。

　1960年代において家族の多様化が進んでいたアメリカにおいて，当時主流であった**ライフサイクル**論に対する批判から生まれたのが**ライフコース**論である。ライフサイクル論は，人間の一生における「標準的な道筋」を想定し，「結婚→子どもの誕生→子どもの発達→巣立ち→高齢夫婦の生活→夫婦の死別」という**家族周期**（family life cycle）のライフステージ（life stage）を段階的に経て，個人は人生を歩んでいくことを前提にした理論である。しかしながら，現実の家族は多様な道筋をたどり，シングルや子どもをもたない人生を歩む人もいるし，離婚や再婚やコハビテーションなどの選択をする人もいる。ライフコース論は，こうした現実を観察するために，夫婦や家族単位ではなく，家族成員それぞれの個人の生涯に着目し，個人のライフコースの束として家族プロセスを理解するものである。このように多くの家族の共通性に着目するのではなく，個々の家族と個人の個別性や固有性に照準するためにこそライフコース論は提唱されたのだ。

　その意味で，ライフコースとは「個人が年齢別の役割や出来事を経つつたどる人生行路（path ways）」を指す（Elder 1977: 282）。より詳細に定義するのであれば，「生涯にわたる社会的役割ならびに役割移行からなる人生軌道に関する社会的・文化的なパターン」（嶋﨑 2019: 28）を意味する。たとえば，成人期への役割移行は，大学を卒業したのち，就職し，パートナーと結婚し，親になるなどのライフイベントによって達成されるが，大学卒業後に就職し，結婚や出産を経ていくという経験は，大学の大衆化によって少なくない同世代が大学進学し，新規一括採用で就職した後に，結婚・出産を経験していくというように「制度化」されている。また，マクロな社会変動や歴史的出来事にも大きな影響を受ける。具体的には，就職氷河期と呼ばれた時代に就職活動をしていた世代は，大学在学中の就職活動がうまくいかず，親も経済的に厳しく，その

後も非正規雇用の仕事を転々とした人びとが少なくないがために，成人期の役割移行が難しい状況にあるなど，個人の人生行路は家族を介して社会変動・歴史的出来事に遭遇するのである。G. H. エルダーは大恐慌で父親が失業した家族の男子が，アルバイトを余儀なくされる中で，かえって職業的関心を早期に抱くようになり，成人期の役割移行が促されたと指摘する（Elder 1974＝［1997］2023）。このように，ライフコース論では，加齢（aging）を年齢別の社会的役割と出来事を経験する過程として捉えたうえで，人生行路をなす学歴や職歴などの経歴（career）の束を丹念に観察し，それらを分析することで社会変動による影響下にある人びととして，また社会変動の担い手となりうる者として個人を位置づける。

　ライフコース論において，多彩な生き方や社会変動の歴史的影響，個人としての多様性を記述するために（とはいえ，無限の多様性の中に埋没することなく，対象を組織的に把握するために）選択したのが**コーホート**である。

　個人の人生行路を **APC 効果**（加齢にともなう身体・生活・意識の変化への効果を意味する年齢効果（age），特定の時代状況が及ぼす影響を示す時代効果（period），同一時期に同一経験をした人たちにその後ももたらされる類似の効果であるコーホート効果（cohort）のそれぞれの要因）から分析することにこそライフコース論の独自性があったのだが，その後，ライフコース論もまた課題が指摘されるようになった。

　第一には，ライフコース論の功績はコーホート概念の提示にあるが，逆に「世代間の差異」を強調するものの，同一世代内の「個人間の差異」を的確に示せていないと指摘された。

　第二には，ライフコースそれ自体を所与の実在するものとしてみなすのではなく，さまざまな解釈資源を用いた言説実践を通じて解釈されるものとして，つまり再帰的な対象物として分析することで，当事者にとってのライフコースの「意味」に接近する必要性が強調されるようになった（Gubrium et al. 1994）。

(3) 家族への多様なアプローチ

　もちろん，個人の生きられた経験に照準したライフコース研究も登場した。D. プラースは，個々人は，それぞれの歴史的・時代的状況における人生行路

コラム 6-1　シングル化する社会

　一人暮らしでのコロナ罹患。2020年当時，独居する人，独居する家族をもつ人，誰もが心配したはずだ。コロナ禍では，シングル化のリスクに多くの人が直面した。

　若者にとって，初めての一人暮らしは，特別ワクワクする経験だろう。そう，一人で暮らすこと自体は，特段，問題となる行為ではない。しかし，孤独死が最たるものであるが，シングル化は，命に関わるとき，また，高齢になり命に関わるリスクが上がるとき，問題として顕在化しやすい。

　シングル化の背景要因としては，婚姻状態，とりわけ未婚化と無子化が着目されてきた。日本では，生涯未婚率は増加しているのに対し，結婚する意思をもつ未婚者の割合は，18～34歳の男性81.4%・女性84.3%（国立社会保障・人口問題研究所 2023）と低くない。結婚したいができない人の増加が指摘されてきた（筒井 2015）。

　国際比較の手法から，未婚化，さらに無子化を抑止する手段としては，男性的な従来の働き方を見直し，誰にとっても，子育てをしながら働きやすい環境を整えることが有効であるという結果が得られている（Esping-Anderson 2008=2008）。さらに，スウェーデンやフランス等では，婚外子の割合が過半数を超える（内閣府 2023）。これらの国々では，たとえば共同生活によって，パートナーとの関係が証明できる。今後は，異性を前提とした婚姻関係にかかわらず同等の権利が与えられる法整備など，家族の定義を柔軟に問い直す必要もあるだろう。このように，家族社会学は，さまざまな議論の可能性に開かれている。[染谷莉奈子]

の中にありながら，家族や友人や職場仲間などの「同行集団（convoy）」と連れ添いながら，それまでの自己イメージを保ちつつ生涯を生き抜いていくものとしてライフコースを描出した（Plath 1980=1985）。その後，「家族の多様化」「ライフコースの多様化」の指摘を受けて，自らの人生を当事者である個人がどのように意味づけ・解釈しているのかに着目するライフヒストリーやライフ

第 **6** 章 家族と親密性

ストーリーなどのアプローチなども採られるようになった。

また,「家族とは何か」を問うのではなく,日常生活において人びとが行っている「主観的」な家族の捉え方に着目する「主観的家族論」などが提唱されるようになった(田渕 1996)。要するに,研究者が家族をどのようなものとして定義・理解するかよりも,人びとが何をどのように家族としてみなしているのか,そこでの人びとの意味づけや解釈に照準する研究も登場するようになったのだ。とりわけ 1990 年代以降になると,非婚化・晩婚化,少子化・高齢化,シングル志向,DEWKs(子どもをもつ共働き夫婦 Double Employed With Kids の略),DINKs(子どもをもたない共働き夫婦 Double Income No Kids の略),離婚や再婚の増加,ひとり親家庭の増加,共働き世帯の増加,コハビテーション,別居結婚,婚外子,子どもの貧困,DV 問題の顕在化など,近代家族の前提が大きく揺らぎ,「子どもを中心に夫と妻が温かい家庭を営む家族像」は全く自明なものではなくなったことを背景に,それぞれの家族成員の個人に照準した主観的家族を描出するようになったのだ。

加えて,1990 年代以降において構築主義的アプローチからの家族研究が行われるようになると,人びとは他者との相互行為においていかなる言説実践を通じて「家族」を意味づけ・解釈していくのかに照準していく研究が進められるようになった。

一例を挙げよう。構築主義の視座から J. グブリウムは,人びとが「アルツハイマー病」を解釈する場と文脈に着目したうえで,「アルツハイマー病」とは諸々の言説に媒介された相互作用を通して行為遂行的に作り出されていくことを鮮やかに描き出した。つまり,「アルツハイマー病」とは,生物学的・医学的定義に代表されるような所与の実体的なものではなく,諸々の言説を資源とした人びとの解釈によって「アルツハイマー病」という現実が作り出されていくプロセスを指摘したのである (Gubrium 1986; 1991)。こうした知見を踏まえて,グブリウムらは,家族とはさまざまに語られているからこそ,家族に関わる日常的な現実は言説を通じて作り出されることを指摘するのだ (Gubrium and Holstein 1990=1997: ii)。そのため,「家族を記述する日常行為の研究者」である私たちの課題とは,「数多くのバージョンをもつ家庭の現実を,その記述に使われるさまざまな言語と,それによって世帯の真実が産出される過程へ

と「脱－構築」すること」であると述べる。そのうえで,「脱構築」とは「現実が構築される過程を明らかにしながら,自明視されている日常生活の社会的現実から,それを作り出す記述という行為へとさかのぼる」(Gubrium and Holstein 1990=1997: 59) ものであり,まさにそのような「現実を作り出す記述という行為へとさかのぼる」視点から,私たちの日常における家族という空間でのさまざまな現実が,いかにして人びとにおいてまさに「家族における現実」として理解されていってしまうのかを明らかにしたのである。

家族を「集団」としてではなく,「個人」の集まりや「ネットワーク」として捉えるようになったのは研究視点の大きな変化であり,構築主義的アプローチもまさにそうした視点の大きな変化であった。とはいえ,家族社会学における構築主義的アプローチは,「核家族論的な研究枠組みが刷新を求められるという近代家族論以降の学的状況の中で,家族定義に対して異なる視点に立つということに焦点を当てる形で受容された」(松木 2017: 27) ものであった。そのため,現在においても構築主義的アプローチからの家族研究において十分な経験研究が蓄積されているわけではない(松木 2017: 29)。その意味では,構築主義的アプローチの成果の一つとして木戸(2010)などの研究があるものの,ポスト近代家族論の家族社会学研究において構築主義的アプローチは必ずしも進展しているとはいいがたい。

だからこそ,松木洋人が指摘するように,「家族をめぐる経験はどのようなものであるのかの理解可能性は,概念と対象の相互作用のなかで産出され,変容するものであり,近代家族の成立と変容は,概念と対象が相互作用のなかで,この理解可能性が変化するプロセスを伴う」ものである。それゆえ,この相互作用の中にある近代家族の成立と変容を理解するためには「人びとが近代家族の規範をめぐる概念をどのように用いているのか,あるいは用いていないのかという実践に目を向けながら,概念の結びつきかたの変化を跡づけていく必要がある」(松木 2017: 32) といえる。こうした理論的・方法論的立脚点からの家族研究の展開も望まれるであろう。

なお,本章では詳しく取り上げることはできないが,1990 年代後半から上記のような主観的家族論や構築主義的アプローチなどの研究展開と同時に,家族社会学において計量研究が飛躍的に進展したことはきわめて興味深い。アメ

第6章　家族と親密性

リカの全米家族・世帯調査（National Survey of Families and Households: NSFH）などをモデルとした，日本家族社会学会が主体となって1999年に行われた全国家族調査（NFRJ）によって日本の家族社会学における定量的研究は飛躍的に発展した。同調査は反復横断調査のデザインを基本とし，1999年に第1回調査（NFRJ98），第2回調査（NFRJ03），第3回調査（NFRJ08），第4回調査（NFRJ18）など，各種の研究者が利用可能な公共利用データを用いた家族研究が展開されており，上述の多様なアプローチによる分析が試みられていると同時に，多様な調査方法や方法論的設計から家族研究が展開されるようになっている。

3.　親密性の現在──「家族介護」の発見／創出

(1) 私的領域とされた近代家族における家族介護の困難

先述したように，1990年代以降の家族社会学においては「近代家族論」が中心的主題の一つとなった。「近代家族」の諸特徴のうちいずれに力点を置くかは議論が分かれるところであるが（落合恵美子は近代家族の特徴を①私的領域と公共領域との分離，②家族構成員相互の強い情緒的絆，③子ども中心主義，④男性は公共領域，女性は私的領域という性別分業，⑤家族の集団性の強化，⑥社交の衰退とプライバシーの成立，⑦非親族の排除，⑧核家族の八項目を挙げる（落合 [1994] 2019）），大別すると，「再生産と感情に照準する立場」と，「近代国民国家の基礎単位とする立場」がある。以下では「再生産と感情に照準する立場」を見ていこう（近代国民国家の基礎単位とする立場については本章5節を参照）。

山田昌弘は近代家族の特性として，①私的領域性，②性別役割分業に基づく家族成員の再生産，③家族成員による感情管理の三点を指摘した（山田 1994）。以下では，山田の指摘を踏まえ，「家族介護」を事例に今日において家族はいかなる家族介護をめぐる現実に晒されざるをえないのかを検討してみよう。

第一に，近代家族の特性としての「私的領域性（privacy）」の視点から家族介護を考えてみよう。前述したように，かつての家族は親族や共同体に開かれた存在で，「血縁／非血縁」という線引きは実に緩やかなものであった（Ariès 1960=1980）。家族の中に社交の空間が組み込まれているか，個人や家族だけで

生活する空間が存在しなかったため，個人や家族のプライバシーという観念自体が確立していなかった。ところが，近代においては，家族成員がともに過ごす場所（n-LDK に象徴されるような家族の集まる場所）をもつ家屋の間取りへと空間の変容が起こり，住み込みや使用人との関係が変化するにつれて，家族は親族関係や共同体から分離されたものとなっていく。また同時に，携帯電話などの各家族成員が所有するモノがあふれだし，個人のプライバシーが形成されるようになった。

　こうした視点に立つと，現代社会における家族介護とは「近代における家族のプライベート化」を前提に成立した行為であることがわかる。もちろん，近代以前にも「家族介護」と今日呼ばれるような行為は存在したが，その行為が「私的領域」という空間においてなされるものであり，家族以外の他者を排除した「私的領域」の家族成員によって担われるべきものであると理解されるようになったのは近代になってからだ。このように「家族介護」は近代において新たに発見／創出された。実際，家族介護が多くの場合で家族とりわけ「妻」「娘」「息子の妻（嫁）」などの女性によって担われていることを考慮すれば，今日の家族介護がいかに「私的領域」における家族成員に社会的に割り当てられた行為であるのか，また，その成員が不可避に当該行為へと強いられる社会的仕組みが存在していることがうかがえるだろう。

　もちろん，今日においてはプライベート化された家族は家事や育児や介護のアウトソーシングによって「脱プライベート化」されている（Gubrium and Holstein 1990=1997）。とはいえ，脱プライベート化したとて，つまり介護保険制度のもとでケアサービスを積極的に利用したとしても，ケアをめぐる責任とコストはもっぱら私的領域たる家族に委ねられている（上野 2011；天田 2023）。加えて，介護保険制度のもとでも介護の「再家族化」（藤崎 2009）によって家族はきわめて大きな負担を余儀なくされている。

(2) 再生産労働としての近代家族における家族介護をめぐる困難

　第二には，「家族成員の再生産」，つまり家事・出産・育児・介護など再生産労働の観点から家族介護の困難を確認してみよう。もともと近代家族が「家族成員の再生産」として想定してきた成員とは，相互の選択のもとに婚姻した男

第6章　家族と親密性

コラム 6-2　ケアの社会化時代における家族ケア

　公的な福祉サービスを利用しそれまで家族によって担われてきたケアを外部化することを，ケアの社会化と呼ぶ。どんなに大切な家族であっても，家庭という閉鎖的な空間の中で，一対一でのケアが強いられるとときに行き詰まることはあるだろう。そのケアを外部化することで，家族は，リフレッシュする時間をもつことができるかもしれない。新たな気持ちで，また，家族に向き合うことができるという効果も期待される。

　他方で，ケアを社会化するという行為は，それまで特定の家族が携わってきたケアに他者が介在することを意味する。ケアの受け手である当人が，自分で生活を組み立て，どのようにケアをしてほしいかを介護従事者や支援者に伝えることができれば，福祉資源の利用とともに家族はお役御免となるかもしれない。しかし，たとえば認知症患者や知的障害者のように，当人がうまく伝えることができない場合にはそのようにならない。ケアに関わる人が増えるほど，どのようにケアをすることが望ましいか，当人にとって心地が良い生活とは何かが問われ，家族ははじめて，そのことを一番知っている存在であると認識させられる。さらに，他者のケアの仕方とわたしのケアの仕方の違いに気づくことで，家族でケアをすべきか，天秤に掛けるようになる。

　現代の家族にとっても，ケアの受け手の権利という視点に立っても，ケアの社会化は必要である。しかし，当の家族は，手放しに負担から解放されたという思いに満ちているとも限らない。こうした人びとが向き合う新しい葛藤に目を向け，考えることは社会学の役割である。［染谷莉奈子］

女の夫婦と未婚子である。いうなれば，近代家族が紡ぎ出す家族像は"パパ・ママ・ボク／ワタシ"という若い家族であった。したがって，「老いたる人間の居るべき席はその家族像には用意すらされていなかった」（木下 1997: 232-3）。実際，1960 年代までのライフサイクル研究では，結婚し子どもを産み，夫婦がともに生きるものとした成人期までのライフステージが中心に想定されており，高齢者（老親）への家族介護は前提にされていなかった。

3. 親密性の現在

　このように，もともと近代家族において老親は家族成員として想定されていなかったため，「老親介護」というケア労働は理念的には存在しなかった。にもかかわらず，家庭内の女性が老親介護を課せられ，不可避に選択せざるをえない状況が作り上げられてきたのは，まさに明治以降における「家」に近代家族としての性質が内在しているがゆえである。すなわち，女性が老親の家族介護へと選択の余地もなく，あるいは主体的に選択するかのようにして巻き込まれてゆくのは，もともと近代家族では前提にされていなかった老親への介護を，「家」の家族観へと接合することによって家族による老親への介護責任が課せられてきたからだ。具体的には，女性たちは老親介護を「息子の妻」として遂行する場合でも，近代家族的な「家族の愛情」の名のもとに「娘」として自己選択する場合でも，「夫のため」「子どものため」「家族のため」という愛情という近代家族の原理に則して行っているのである。こうして，近代家族においては想定されてこなかった老親への介護を「家族への愛情」の名のもとに女性たちは引き受けざるをえない状況にあった（春日 1997）。

　他方，今日では，こうした近代家族の性別役割分業に基づく「家族成員の再生産」という前提は社会変動によって大きくゆるぎつつあるものの，いまだ圧倒的にジェンダー非対称である。資本主義経済の発展によって生産と消費が分離し，生命・生存を担う再生産労働の領域が市場の外部の家族へと社会的に割り当てられた帰結として，市場労働が有償労働として男性の手に，家事労働が無償労働として女性によって担われるようになり，その結果，女性が従属的地位へと抑圧された。この仕組みが資本主義のもとでの家父長制によるものと説明したのがマルクス主義フェミニズムである（上野 1990）。その意味での「主婦」とは近代によって生み出された存在であり，近代社会が産出した新たな労働力再生産システムであった。こうした再生産労働は変容しつつも，その実，今日において新たな再生産システムへの編成を通じて維持されている。

　また，戦後の経済成長に伴う家事労働のアウトソーシングの帰結として，家電製品の普及や外食産業の発展などの要因によってそれまで主婦の手作業に依存してきた家事が金銭の支払いによって何らかの形で代行されるようになり，さらには少子化による子育て期間の減少の結果，家事労働の負担は省力化・軽減されるようになった。しかし，その一方で，家事・育児・教育・介護などの

135

第6章　家族と親密性

家事労働は，両親や義父母，きょうだいなどの家族成員から分離化ないしプライベート化したことで一人の女性のみに課せられるようになったうえ，家事・育児・教育・介護がかつてないほど高度化したことによって省力化・軽減された時間と負担が今度は逆にそちらに割り当てられるようになった。その意味で，一方では女性たちは「家事労働の外部化」をしつつも「家事労働の高度化」によってその負担を一層余儀なくされているともいえる。

　いまだ再生産労働は圧倒的にジェンダー非対称であるがゆえに，女性たちは「ワンオペ育児」「ワンオペ介護」へと追い込まれる。また，一見すると，再生産労働を男性パートナーと平等に分業しているかのようにみえる場合であっても，家族成員の性格や好みやこだわりや癖を考え，体調や健康面や精神面でどんな注意が必要かを予測し，どのような声かけや働きかけや段取りが必要かを思慮し，全体を整え，実行していくといった「見えないケア」「可視化されないケアコスト」はいまだ圧倒的に女性が担わざるをえないという，ジェンダーにおいてきわめて非対称的な状況にある（天田 2023）。

(3) 感情管理のもとでの近代家族における家族介護をめぐる困難

　第三には，近代家族における「感情管理」から家族介護の困難を見ていこう。**親密性**とは特定の他者との関係性，あるいはそのような他者との心理的・社会的な距離の近さを意味する多義的な概念である（A. ギデンズによる再帰性と親密性の議論については第4章2節を参照）。近代以前の社会において，今日でいう「親密性」は地縁や血縁などの親族や共同体といった伝統的な社会関係の中に埋め込まれていたために，「親密性」それ自体が発見されることはなかった。つまり，こうした近代家族の親密性はプライベート化や個人の成立と密接に関連して構成されてきたものである。

　こうして近代家族において異性愛主義（ヘテロセクシズム）やジェンダーという性別規範が生まれ，「母性愛」の名のもとに女性は家事労働へと追いやられ，感情を中心的にマネージする役割が担わされるようになり，そして「家族愛」という観念によって家族以外の成員と自らの家族が明確に境界づけられるようになった結果，私的領域としての「家族」という観念が生まれたのである。

　「家族とは特別な感情を抱くべきである」という感情ルールのもと，私たち

は，家族に対して特別な感情を抱いているかのように感情をコントロールしているが，逆にそのような感情を抱くことができないと幾重にも深い苦悩や葛藤を経験する。たとえば，家族介護を担わされる中で「どうしても父を好きになれない」「過去の関係から母をケアできない」「家族介護から逃げたくて仕方がない」という感情を抱いてしまうと，「娘なのに私って冷たいのかな」「私の家族は普通ではない」といった深い葛藤を引き起こしてしまう（春日 2003）。他方で，家族は日々感情をコントロールする中で「これまでの父の生き方を知っている私にしかわからないことがある」「他人に母の好みなどをわかってもらうのは無理」というように結果として家族介護を自ら引き受けてしまうことも生じてしまう。

4. 家族と政治

(1) 古代ギリシアにおけるオイコスとポリス

ところで，このように人びとに実に多くの困難をもたらす「家族」が「親密性」の領域とみなされるようになったのはなぜか。以下では，H. アーレント（→コラム 11-1）の議論から「家族なるもの」と「政治的なもの」の関係を考え，「親密性」と「公共性」をめぐる問題を論考してみよう。

アーレントは，古代ギリシアのオイコスとポリスの関係を踏まえ，「家族」とは「前政治的な領域」であり，言語を媒介とした開かれた自由な空間であるポリスに比べて「言語のない共同体」であり，「暴力が支配する領域」として位置づけた。アーレントによれば，「政治的なもの（the political）」あるいは「公共性（publicness）」は，かつての古代ギリシアのポリス（都市国家）のように，人間が日々の生存・生活にとらわれることなく，自らの複数性を純粋に開示できる場所である。古代ギリシアではこのポリスと，人びとの生存・生活の維持に必要なものを調達するオイコス（家族）は相互に明確に区別されており，それゆえに，ポリスとはこのオイコスにおいて日々の生存・生活に可能となっている自由民の成人男子が集う，つまり人びとが毎日の生活・生存に呪縛されることなく，そうした生存・生活を超えて達成されるべき「自由」が可能となる政治的空間としてみなされていた。

第6章　家族と親密性

　言い換えれば，かつてのギリシアにおける「政治的なもの」とは，オイコスとポリスの明確な峻別によって可能となっていたのだ。オイコスにおいて生存・生活の維持に関わる事柄がきちんと営まれているがゆえに，オイコスの支配者である家長は生存・生活の維持に関わる一切の事柄とは離れて，あるいはそれぞれのオイコス内部の生存・生活の維持に関わる利害関係を超えて，ポリスでは他者と自由にコミュニケーションができたのだ。そのためにポリスとは自由に討議できる空間であったとアーレントは指摘する。両者が明確に切り分けられていたため，公共領域たるポリスはそこにアクセスする人間の複数性を相互に承認し合い，全く別の価値観をもつ異質な他者との自由なやりとりが現れる空間であった。

　ところが，次第に明確に峻別されていたオイコスとポリスが，近代における「社会的なもの」の勃興によって，すなわちこれらの二つが結びつくことによって，「福祉国家」に象徴されるように，社会によってこそ人びとの生存・生活が維持されるようになる。これによって人びとは自分たちの私的領域における生存・生活の維持に関わる利害や関心をもとに政治に働きかけるようになり，全く異質な他者に開かれた自由なコミュニケーションを可能とする公的領域は失われてしまい，「社会的なもの」による権力が強化されるという事態をアーレントは批判した（天田 2003）。

　アーレントが「ギリシア人は，「自分自身の」（idion）私生活の中で送る生活，逆にいえば，共通なものの世界の外部で送る生活は，本性上，「愚かしいidiotic」と考えていたし，ローマ人は，私生活は公的なものの仕事から一時的に逃れる避難場所を提供するにすぎないと考えていた。しかし，私たちはもはや，このようなギリシア人やローマ人の考えに賛同することはできないだろう。私たちは今日，私的なものを親密さ<ruby>領域<rt>インティマシー</rt></ruby>と呼んでいる」（Arendt 1958＝1994: 59-60）と記すように，私的領域＝「愚かしい」あるいは「一時的な避難場所」というギリシア－ローマの観念は，近代においては私的領域＝「親密性の空間」という観念へと大きく変容してきたのだ。

（2）「社会的なもの」による「私的領域／公的領域」の発見・創出

　アーレントの近代社会に対する批判のエッセンスは，かつて明確に切り分け

られていた「私的領域（オイコス）」と「公的領域（ポリス）」は，「社会的なもの」によって両者が結びつけられるようになり，そのことによって人びとの生存・生活は「福祉国家」あるいは「生存権の保障」の名のもとに可能となっていくようになり，これによって自らの「生存・生活の維持」の利害を超えて達成されるべき公共領域における異質な他者との自由な政治性が失われてしまったというものだ。

　ちなみに，J. ハーバーマスは『公共性の構造転換』において福祉国家による「豊かさ」という名のもとに行使されるさまざまな介入を通じて，公共性の失墜と同時に，国家による私的領域の管理や統制が増大する結果，私的領域も消失すると批判する（Habermas [1962] 1990=[1973] 1994）（→第11章2節）。

　ここで，近代社会において「親密的なもの」を保護する私的領域が「政治的なもの」を可能とする公的領域と対立するだけではなく，あるいはそれ以上に「社会的なもの」と対立しているというアーレントの指摘の含意を読み解いてみよう。

　社会的なものは，親密性を保護する「私的領域」と，他者との自由な討議を通じた政治を可能としていた「公共領域」を単に結合したのではない。むしろ生存・生活を可能としていた「私的領域」が社会的なものを媒介にして「公共領域」へと接続されたことで，「私的領域」の親密性は「発見」された。つまり，「私的領域」は親密性を保護する空間として，さらには社会的なものの「画一主義」へ「抵抗」する空間として新たに創出されたものである（Arendt 1958=1994: 61）。たとえば，児童手当を子育て中の家族が受け取るようになることは，家族とは「親密な関係のもとで子育てをするもの」として位置づけられるようになることを意味する。そして「家族＝親密性を保護する空間」のもとで家族生活が営まれるようになると，保育園での画一的保育の仕方に対して憤りを感じるようになるのだ。

　要約すると，かつて単に生存・生活の維持の場であった「私的領域（家族）」は，「福祉国家」の名のもとで社会によって人びとの生存・生活を保障するようになると，むしろ私的領域は，「親密なるもの」を守る最後の砦として，さらには社会が押し付けてくる画一主義への抵抗の場として創出されるようになったのだ。こうして家族は，「生存・生活の維持」の領域でありながら，「親密

第6章　家族と親密性

性」の領域でもあり，互いに「代替不可能な存在」として承認する場として位置づけられるようになったのだ。こうして国家は「社会的なもの」を通じて家族に介入する。

5. 近代国家と個人の結節点（エージェント）としての家族

　このように，「社会的なもの」がせり出したことによって，「私的領域」は親密性の支配する世界となり，「公共空間」は異質な他者との討議を通じた自由な政治性を失った。そして，私たちの日常を振り返ってみても，医療・司法・教育・福祉などの政策を通じて社会的なものは常に私たちに介入している。それは，アーレントの表現を借りれば，「それまで特別の保護を必要としなかった人間の内奥の地帯にたいする社会的侵入」であり，「社会的なるものが押しつける一様化の要求」（Arendt 1958=1994: 61）である。

　たとえば，学校の教員やスクールカウンセラーとの面談の中で，子どもの保護者が「うちの子どもはどうしても学校に通うことができません。朝になると，急激に体調が悪くなり，通うことができないんです」と伝え，学校の教員やスクールカウンセラーが「お子さんは不登校というサインを発しているのだと思いますので，あせらずまずはサインに気を配りながら見守っていきましょう」と声をかけるなどは私たちの日常の風景である。このようにメンタルヘルスへの配慮や，自宅にひきこもる子どもへの対応を通じて，家族は「不登校の子どものサインは親が気を配り，見守っていくべきである」という規範を参照しつつ日々の生活を営んでいくようになっていく。その意味では，まさに福祉国家化とは家族への介入がより強化される事態かもしれない。

　J. ドンズロは『家族に介入する社会』において，近代社会において近代家族と国民国家は相互に補完しあいながら成立していることを指摘する。そのうえで，「家族」という領域は個人と国民国家とを接続する結節点（エージェント）としてみなされるがゆえに，国家にとって「家族」は医療・司法・教育・福祉などのさまざまな政策を通じて介入してゆく戦略的拠点であること，「社会的なもの」によって人びとを管理・統制する装置が遍在的に配備されてきた歴史を見事に描出した（Donzelot 1977=1991）。

5. 近代国家と個人の結節点としての家族

この「社会的なもの」の勃興によって「私的領域／公共領域」の間には見えざる微細な権力が遍在することになり，その結果，M. フーコーがパノプティコン（→第11章3節）やセクシュアリティの装置を通じて描出したような，身体を監視・統制してゆくさまざまな装置が配備され，「**主体化＝従属化**（subjection）」として秩序化されてゆく（Foucault 2004=2008）。前例でいえば，不登校の子どもをもつ保護者は，近代国家の不登校対応やメンタルヘルスという政策を通じて，具体的にはその一部を担う教員やスクールカウンセラーとのやりとりを通じて，「サインに気を配り，見守る親」を保護者自らが主体的に担うと同時に，いつのまにかその装置に組み込まれていくのだ。「サインに気を配り，見守る親」でありながら，「なかなか子どものサインが読み取れない」ことに苦悩・葛藤し，さらに，「子供が発するちょっとしたサインに気を配るようにする」など自己管理をするようになっていくのだ。こうして私たちは「家族」を媒介として，自らを規律化し自己を監視するまなざしに自発的に服従する成員として産出されていくのだ。

前述の通り，近代家族を再生産と感情に照準して分析する研究は積み重ねられてきたが，近代国民国家の基礎単位とする視点からは必ずしも十分な研究が蓄積されてこなかった。

西川祐子が指摘するように，近代家族論において論じられてきた特徴に加え，近代家族は「この家族を統括するのは夫であり，この家族は近代国家の単位とされる」ことをきわめて重要な特徴としており，近代家族とは近代国家の基礎単位とみなされた家族と定義した（西川 2000）。牟田和恵は，家族と生権力の関係を論じたドンズロを参照しながら，「伝統的」「封建的」と理解されてきた明治民法下における家族はむしろ小家族の核的融合を促進し，近代国民国家をまさに形成・強化した結節点であったことを論じた（牟田 1996）。

家族社会学においては，私たちにとって身近で当たり前の家族を絶えず問い直し続けることは重要である。加えて，家族における私的領域性や再生産や感情がいかにして私たちを方向づけ，私たちの日常を拘束しているのか，さらに，どのように家族が近代国民国家と個人を接続する結節点であるのかについても批判的に考えていくことが大事なのである。

第6章　家族と親密性

⚠ 要点の確認

- ・「拡大家族から核家族・小規模家族制度へと家族形態は変化した」という家族の常識は必ずしも正しくない。
- ・「情緒的結合や愛情などを基盤とした関係が家族の普遍的・本質的機能である」という家族の常識も正しくない。
- ・このように家族の当たり前を疑うことで家族研究では多様なアプローチがとられてきた。
- ・いまだに家族成員とりわけ女性たちによってケアに関わる負担やコストが担われており，そのことで生じる幾重にも深い苦悩・葛藤がある。
- ・今日においては，「私的領域」たる家族は人びとの生存・生活を守る場でありながら，親密な領域として位置づけられているがゆえに，家族は国民国家と個人の結び目として位置づけられている。そうであるがゆえに，家族は社会からの強い介入を受ける空間である。

📖 文献ガイド

H. アーレント著『人間の条件』（ちくま学芸文庫）
　　▷「人間」には「労働」「仕事」「活動」の三つがあるが，人間が人間である条件は，自分や家族の生存・生活のための「労働」ではなく，自らが異質な他者とのコミュニケーションを通じて開かれる自由を保障する「仕事」や「活動」である。その意味で，私たちは人間であることの危機の時代を生きている。アーレントの自由を生きようとする意志に触れてほしい。

P. アリエス著『〈子供〉の誕生——アンシャン・レジーム期の子供と家庭生活』（みすず書房）
　　▷本書は，近代の成立によって「子ども期」は成人期とは分離されたある特有の期間として認識された結果，「子ども」が「発見」されたこと，その子どもは「親の愛情が注がれるべき対象」として観念化されるようになった歴史を描き出したが，その具体的事実の解明のみならず，私たちの自明性がいかにいい加減で危ういものであるかを示した名著。

落合恵美子『21世紀家族へ——家族の戦後体制の見かた・超えかた 第4版』（有斐閣）
　　▷欧米型の家族変動論を参照に，戦後日本家族変動論を見事に分析した初版の論考に加え，日本の戦後体制が縮小しながらも維持されていること，いかに「家族の戦後体制」に終わりを告げ，新たな時代に適した社会を設計・構想するかを提示した高著。初版から四半世紀経つ今だからこそ必読。

142

要点の確認／文献ガイド

J. F. グブリアム，J. A. ホルスタイン著『家族とは何か——その言説と現実』（新曜社）

▷本書は社会構築主義に立脚したうえで，たとえば，ケア場面においてこそ繰り返しなされる「家族」をめぐる「問いかけ」とそれに対する応答を通じて，換言すれば，ケア場面における言説を媒介にした相互行為を通じて「家族」が行為遂行的に常に作り出されていることを明快に剔出した優れた良書である。

春日キスヨ『介護とジェンダー』（家族社）

▷本書は，介護に内在するジェンダーやセクシュアリティの諸問題を論考しつつ，ケアという行為にはらむメカニズムをジェンダーの視点から鮮やかに叙述した良書。特に見事なのは，ケアという行為が，それ自体に内在する性質——自己が完全に理解することが不可能な他者の意思や思いを汲み取るワークであること——によって自己の感覚を他者の感覚と一体視させ，相手との距離を極小化することが求められる作業であることに着目し，介護を余儀なくされる女性が不可避に巻き込まれることを論じた点にこそある。

第7章

ジェンダー・セクシュアリティ
──日常生活に埋め込まれた規範と権力──

　ジェンダーは，社会的・文化的につくられた男性性・女性性を意味する概念として広く使われている。「社会的・文化的につくられる」とはどのようなことかを適切に説明しようとするなら，社会学の規範や行為の理論が必要不可欠となる。ジェンダーとは，人びとが相互行為において暗黙のうちに使っている「規範」であり，そのような規範を使った相互行為をとおして，男女間の選択肢や機会，資源の格差が生まれ，性別分業や男女賃金格差などのマクロな社会構造がつくられている。その意味で個人のミクロな行為とマクロな社会の双方のレベルで「構造」を考察する社会学の視点によって，ジェンダーはよりよく理解できる。セクシュアリティについても同様に，「異性愛」が規範化され，同性愛は逸脱としてスティグマ化されてきた。日常生活に埋め込まれた規範と権力を明らかにし，それらから自由な行為の可能性について考察しているのが，ジェンダー・セクシュアリティ研究である。

第7章　ジェンダー・セクシュアリティ

1. ジェンダーとは

(1) 社会の中で「女」「男」になる

　私たちは，街中で，学校で，公園で，通りすがる人が女であるか，男であるか，という「性別」を無意識のうちに識別している。また電車の中，教室，会食で，一定時間一緒に過ごしその人の行動を観察する場合には，「女」とみえる人は「女らしく振る舞い」，「男」とみえる人は「男らしく振る舞う」だろうとも無意識に期待する。自分の席の前に座っているのが女性であれば，黙っていてもサラダを取り分けてくれるのではないか，と期待するが，男性だった場合，そうした期待はもたない，ということもあるだろう。私たちは，社会的行為者として他者からの期待をわかっているため，サラダを取り分けようとしたり，取り分けようとしなかったりする。結果として，この社会で，男性と女性は，異なる行動をとっているようにみえている。

　こうした相互行為における期待の背景には「女性は気が利くはずだ」などといった規範がある。ジェンダーとは，日常生活において私たちが参照している性別規範であり，逆にジェンダーを通して相互行為をみていくと，私たちが他者との相互行為を通して自己を作り上げていく「社会的存在」であることがよくわかる。ジェンダーという「性別規範」とは，知らず知らずのうち私たちが相互行為において参照しているという意味で，個人のコントロールを超えて作動している「構造」といえる。

　このように「男性」「女性」にかかわる性別規範は，女性，男性双方の相互行為やアイデンティティに影響を与えている。男性と女性は異なる役割を担っているが，平等な関係にあるとする考え方を「異質平等論」と呼ぶ。異質平等論の立場にたてばジェンダーという性別規範と男女間の不平等とは関係がない，ということになる。

　しかし実際には，男性の優越や男女間の不平等を正当化するために，「女性とはこのようなもの」というイメージが使われてきた。たとえば，すべての男性が平等な市民として参政権を獲得したとき，女性の参政権が否定された背景には「女性は能力や教育の欠如，興奮しやすい」という性質のため，生まれつ

146

き家庭外の政治的・経済的活動には向いていない，という性別規範があった。また，哲学者のJ. J. ルソーは「女性の教育はすべて男性に関連させて考えられなければならない」（Rousseau 1762=1964: 20）とし，女性に男性と同様の教育を受けさせる必要はないと論じた。このように「女性は感情的」「男性は理性的」といったジェンダーは，長らく女性の権利を否定する根拠としても用いられてきた。こうした性別規範に抵抗して女性参政権を求める運動も展開され，ようやく女性の参政権が認められるにいたったのである（これらの運動は第一波フェミニズムと呼ばれている）。

　男女の不平等が自然なものと受け入れられてきた背景には，女性・男性は生まれつき異なる性質や能力をもっており，社会における男女の違いとは生物学的な性差に起因する，という考え方がある。こうした考え方は「生物学的決定論」と呼ばれてきた。これを批判したのが，フランスの哲学者 S. de ボーヴォワールの「人は女に生まれるのではない，女になるのだ」という有名なフレーズである（Beauvoir 1949=2023）。女性，男性の特性とされているものは，生まれもったものではなく，社会の中でつくられた性差である。この考え方を表現する便利な概念として「ジェンダー」概念は用いられるようになったのである。

(2)「社会的性別」としてのジェンダー

　社会的性別を意味するものとして「ジェンダー」概念が登場するのは，1960年代になってからである。もともとジェンダーは，言語学において文法上の性別（フランス語やドイツ語には異なる冠詞を使う女性名詞，男性名詞がある）を表す概念であった。「セックス＝生物学的身体」と区別された概念として「ジェンダー」を使い始めたのは，心理学や性科学の研究である。J. マネーとタッカーは，半陰陽や身体的なインターセックスの状態をもって生まれた人びとの研究を通して，ジェンダー・アイデンティティを決めているのは，（身体的な性別ではなく）社会的なプロセスであると論じた（Money and Tacker 1975=1979）。R. ストーラー（Stoller 1968=1973）は，性別違和を抱く人びとのアイデンティティの発達に関する研究において，ジェンダー・アイデンティティ概念を用い，セックスに対応する male/female とジェンダーに対応する masculine/feminine の区別を導入した。

第7章 ジェンダー・セクシュアリティ

このような区分から，社会的につくられた性を指して，「男性性（masculinities）」「女性性（femininities）」概念が使われるようになる。また生物学的身体＝セックスと区別された社会的性ジェンダー概念の登場によって，セックスと異なるジェンダーを生きる人びとを指してトランスジェンダーという言葉が用いられるようになった（それ以前は性の転換を希望する人はトランスセクシュアルと呼ばれてきた）。

その後，1970年代の**フェミニズム**はジェンダー概念を，生物学的決定論を批判する概念として使用するようになる。家事や子育てをする主婦役割を女性，賃労働や稼得役割を男性に期待するのが典型的な**性役割**（gender role）である。性役割が「どのようにつくられるのか」をめぐっては，社会学においても議論がされてきた。T. パーソンズは，近代において核家族に残された機能を「子どもの第一次社会化」と「成人のパーソナリティ安定」に求め，男女はこの機能を遂行するために異なる役割を担っているとした（→第4章1節，第6章1節）。夫は，公的領域で道具的役割，外部への適応と課題遂行を担い，妻は私的領域で表出的役割，すなわち集団の維持と成員の統合を担う。こうした核家族において娘は母親役割に同一化し，息子は父親役割に同一化していくことで，それぞれ社会の性役割を身につける＝社会化を達成する。パーソンズによれば，このような性役割は，「生物学的な性別に従って配分されている」（Parsons and Bales 1956＝2001: 44）のであり，生物学的セックスが性役割を決めるとした。これに対し A. オークレーは，生物学的・解剖学的性としてのセックスと，社会的性別としてのジェンダー概念を区別し，性役割は社会的性＝ジェンダーによってつくられるとした（Oakley 1972）。女性が「主婦役割」を担うようになったのは，近代の産業化の過程で職場と家庭が分離し，男性が労働市場で働き，女性が家庭で子育てと家事に専念するようになってからである（Oakley 1974＝1986）。この見方によれば女性の役割は，歴史的・文化的文脈の中でつくられており，時代や場所が変われば変化する。

このように「性差（ジェンダー）は社会的につくられている」と捉える一連の研究は，**「社会構築主義」**と呼ばれている。社会構築主義の考え方に立てば，女性と男性は異なる性質を有しており，異なる行動をとっている＝「性差」としてみえているものは人びとが作り出したものであり，よって変容させること

もできる。フェミニズム運動は、社会構築主義の視点を用いることで、女性を政治や労働市場から排除し、妻や母親として生きることを強いる社会を変えていこうとしたのである。

2. 権力と家父長制

(1) ラディカル・フェミニズムの家父長制概念

　ジェンダーと並んでフェミニズムで使われてきた概念は、男性の権力を説明する「家父長制」概念である。家父長制は、もともと人類学や社会学において、家長が権威をもつ家族のあり方や家族内部の支配の形態を指して使われてきた概念である。家父長制は、ギリシャ時代、ローマ時代の家長が生殺与奪の権利を所有している家族や、日本の封建社会における家族など、近代化以前の家族の特徴と捉えられてきた。M. ヴェーバーは家父長制を、合法的支配、カリスマ的支配と並ぶ、伝統的支配の形態の一つとして位置づけた（Weber 1956=2024）（→第11章3節）。また日本の家族社会学では、家父長制は日本の伝統的な家族形態であり、明治民法のもとの「家（イエ）」制度として法的に確立され、戦後の家制度の解体とともに消失したと考えられてきた。

　ところが1960年代後半から興隆した第二波フェミニズムは、家父長制を、現代の女性の抑圧をもたらしている社会全体における男性支配として再定義した。K. ミレットは家父長制を、「我々の文化の中で最も浸透したイデオロギーであり、権力の最も根本的な概念」（Millet 1970=1973: 25）と定義し、家族、政治、経済など社会のあらゆる場に備わっているとした。生殖から政治まであらゆる社会に男性支配を見出し、そこからの解放を訴えるフェミニズムをラディカル・フェミニズムと呼ぶ。

　ラディカル・フェミニズムによれば、家父長制は社会全体を覆う男性支配システムであり、男性と女性の個人的な関係も、一般的な政治における支配と従属と同様に政治的な問題である。ラディカル・フェミニズムは、「個人的なことは政治的なこと」というスローガンによって、政治的な問題は個人的な生活の中に遍在しているという考えを広めた。女性を性的対象とするポルノグラフィやレイプ、男女間の性行為も男性による家父長制の権力行使の形態だとする

第 7 章　ジェンダー・セクシュアリティ

議論も登場した（Brownmiller 1975; MacKinnon 1989）。

　このようにラディカル・フェミニズムは，家父長制は通歴史的・通文化的な制度であり，男性支配はどのような文化や場所においても，過去から今日まで繰り返し再生産されてきたと論じる。その意味で，家父長制概念は女性の経験や抑圧を，たまたま起こった「個人の問題」として我慢するのではなく，「構造的な問題」として変えていこうという問題提起を含んでいたのである。

(2) 生産・再生産と家父長制

　一方，家事労働に注目したフェミニストは，「家父長制」と「資本制」を女性に家事労働を強いる構造として位置づけた。「資本制」の中での女性の労働の問題について，経済学者 K. マルクスの理論の批判的検討から考察した一連の研究をマルクス主義フェミニズムと呼ぶ。マルクスは，階級関係における労働者の抑圧と解放について論じたが，家庭の中の女性の抑圧を解放する理論ではなかった。これに対し，マルクス主義フェミニズムは，マルクス主義理論の「唯物論」を受容することで，生産関係の理論に，性別分業と家事労働を組み込もうとした。

　初期のマルクス主義フェミニズム論者は，〈家庭〉と〈労働市場〉を分離し，女性の家事労働から利益を得ているのは資本（家）だとして，性別分業の根拠を「資本制」という物質的基盤に求めた。家庭内の家事労働は，市場で働く夫や子どもという労働力を再生産し，資本家は賃労働のほかに何もしない労働者の労働から利益を得ることができる。これらの理論によれば，資本が，賃労働と家事労働の二重の生産様式を作り出したのであり，資本制は「家族のなかの男性を，女性の搾取という特殊な搾取の道具とした」（Dalla Costa and James 1972: 14）。女性は家事と育児によって，労働力の生産と再生産をおこなっているが，その労働の価値は夫の賃金を通じては完全には支払われていない。

　その後のフェミニストは，資本制の階級関係とは独立した男性と女性の支配関係を家父長制と呼び，性別分業を家父長制と資本制の相互作用から理解しようとする（Eisenstein 1979）。この理論によれば，女性の家事労働から利益を得ているのは，資本だけではなく男性でもある。夫は家庭の中で生産手段の所有者であり，妻は労働力を夫に無償で売っているという関係にある（Delphy

1984=1996)。また労働市場では男性を熟練とみなし，女性を非熟練の低賃金労働者として支配している。女性の抑圧は「家庭における育児だけでなく，男性に女性の労働力を支配することを可能にするあらゆる社会構造に依拠している」（Hartmann 1979=1991: 49)。

このようにマルクス主義フェミニズムは，男性が労働市場で働き，女性が無償の家事労働を担う社会の構造に女性抑圧の原因を求める。ここで家父長制とは，「男性の支配は生産手段や経済的資源の所有などの物質的な基盤によって強固に支えられている」という意味で使われている。時にこれらの論者は女性の労働は「雇用主である夫の意思に左右される」（Delphy 1984=1996: 11) など，男性の個人主義的な権力（→第11章1節）を強調する。しかしそのような個人主義的権力を挟まなくとも，いったん家庭の性別分業が成立してしまえば，女性は家事育児のために労働市場で男性並みに働くことができず，それゆえ家庭の労働の責任を担う，という「労働力の支配」関係は再生産される（山根 2010)。すなわち男女間の経済的な資源や労働の配分が，女性の自由な選択を制約している。上野千鶴子によれば「ブルジョア単婚小家族の中の「家父長制」は，「封建的」な家父長制の残滓などではなく，市場によって，かつ市場にふさわしく編成された近代的な制度」（上野 1990: 179) といえる。

(3) 家父長制概念の限界

以上のように家父長制は，男性による性支配を構造的に把握する概念として，便利に使われてきた。一方で，家父長制概念に対しては以下の点で批判もされている。

第一に「男性＝支配者」「女性＝被支配者」という二元論は，男性カテゴリー，女性カテゴリーを一枚岩的なものと想定するが，すべての男性が同じように家父長制から利益を得ているわけではない。またすべての女性が一枚岩的に抑圧されているわけではない。男性も女性も，階級，人種，セクシュアリティ，障害の有無などによって労働市場における地位や経験は異なる。たとえば，黒人女性は白人女性のように主婦であるわけではなく，過去には白人の奴隷として働き続け，現在も低賃金で働き続けている（Collins 1991=1993)。女性の抑圧を家庭の性別分業に見出すことは，黒人や労働者階級の女性の境遇を白人中産

第 7 章　ジェンダー・セクシュアリティ

階級の女性の境遇といっしょくたにする「誤った普遍主義」(Connell 1987=
1993: 376) といえる。

　また家父長制概念では異性愛の家族が想定されているが，婚姻制度の外にい
る同性愛の男性は，異性愛の男性のように家父長制から利益を得ていない。こ
のように，誰が，どの程度家父長制から利益を得ているかは，ジェンダー・人
種・セクシュアリティなどによる支配や抑圧がどのように組織化されているか
によって異なる。支配や抑圧を論じる際に，男性／女性カテゴリーだけを用い
て，女性の中の人種的マイノリティの経験，性的マイノリティの経験を不可視
化する議論の権力性は，**インターセクショナリティ**（交差性）概念によって明
らかにされてきた (Crenshaw 1989)。性的マイノリティの経験を問題化してき
たセクシュアリティ研究については，4 節で取り上げる。

　第二に，家父長制に経済的資源の配分や家事労働の無償性といった「物質的
基盤」があるとしても，人びとがその性別分業をどう評価し，どのように行為
しようとしているのかを理解しなければ，社会的行為の解明にはつながらない。
家父長制概念では，男性は常に家父長制を維持するエージェントとして権力を
行使する主体であり，女性は家事労働を強いられている無力な存在である。し
かし，女性が家事労働を担うという行為は，必ずしも，男女間の経済的資源の
配分によって決定されていたり，男性の意図的な権力によって強いられていた
りするわけではない。女性が性別分業を選ぶのは，「女性は家庭的存在である」
「母親は子どものそばにいるものだ」という周囲の期待に応えているからかも
しれない。また「男性も女性と同じくらい家事をすべき」という性別規範が広
まれば，育児休業取得する男性は増えるだろう。このように社会で広まってい
る男性性（masculinity），女性性（femininity）の変化によって，行為者にとっ
ての行為の選択肢は変わりうる。社会の再生産プロセスを解明するには性別規
範との関連で行為の意味や価値を理解する必要がある。こうした視点から，人
びとが生きている具体的な社会関係の中でのジェンダーを用いた「実践
（practice）」に注目する研究の流れが広がっていく (Connell 1987=1993)。

3. 「実践」としてのジェンダー

(1) 差異化の実践

　1980年代以降ジェンダー概念を用いた研究は，歴史学，文化人類学，社会学などさまざまな学問領域で展開されるようになる。主婦が近代の産物であるように，男性性や女性性の「内容」は，歴史的に多様であり，可変的である。ここからジェンダーを，構築された「男性性」「女性性」という二つの項ではなく，「差異化」という実践として捉える視点が登場する。すなわちジェンダーを「構築された何か」ではなく「構築すること」そのものと捉えるのである。

　社会学の役割理論では，ジェンダーは，社会化のプロセスをとおして個人に内面化された特性であった。行為者は社会の「男性性」「女性性」の規範を疑うことなく，それに従う「ジェンダー化された個人」として行為する。これに対し，エスノメソドロジーの視点（→第3章3節）を用いると，ジェンダーは（あらかじめ決められた役割ではなく），具体的な他者との相互行為の中で創発的に作り上げていくもの，と捉えられる。H. ガーフィンケルは，解剖学的には男として生まれながら「女」として社会生活を送り，アメリカで最初の性別適合手術を受けた一人でもある「アグネス」に関する研究において，この点を明らかにした（Garfinkel 1967=[1987] 2004）。ガーフィンケルによれば，「女として振る舞うとはどのようなことか」という知識をもっていなかったアグネスは，友人や婚約者とのその場その場のやり取りの中で「女らしく」振る舞うことを学びつつ実現していった。

　このガーフィンケルの説明に依拠しながらC. ウエストとD. ジンマーマン（West and Zinmmerman 1987）は，ジェンダーを，相互行為の中で「自分の性カテゴリーにふさわしい態度や活動に関する規範的概念に照らして，状況に応じた行動を管理する活動」を「すること（doing）」として定義する。社会のメンバーは自らの行為を説明可能にするために，当該の文脈でその行為が他者にどのように理解されるかを考慮したうえで自分の行為を構築（frame）している。たとえば，周囲に「女性」と認識されている行為者が「空いている時間があれば家事をする」ことで「きちんと家事する女性像」を作り上げる，などが挙げ

第7章 ジェンダー・セクシュアリティ

コラム 7-1　男性性研究

　ジェンダー・セクシュアリティ研究では「男性性」も重要なテーマである。男性性をめぐる理論として最も参照されているのが，R. コンネルの研究である。コンネルは，グラムシのヘゲモニー概念を用いて，男性支配と女性の従属を正当化させる男性性の実践を「ヘゲモニックな男性性（hegemonic masculinity）」と呼び，ヘゲモニックな男性性をトップとした男性性の複数性と階層性を論じる（Connell［1995］2005＝2022）。「共犯的男性性」は，ヘゲモニックな男性性そのものを体現しているわけではないが，不平等なジェンダー関係から利益を得ている男性性である。これに対し，「従属的男性性」はヘゲモニックな男性性から逸脱した同性愛の男性が典型とされる。「周縁的男性性」は，階級や人種，エスニシティや年齢といったジェンダー以外の不平等な関係を原因として差別されている男性性であり，白人男性のヘゲモニーにおける黒人男性が挙げられる。コンネルの理論は，「男性性」を「実践」として捉え，フェミニズムが家父長制と呼んだ男性支配が，人種やセクシュアリティの差異を含みながらつくられていく仕組みを分析している。［山根純佳］

られる。一方で，「男女とも個人の生活を自由にすべきだ」という考え方が広がれば，「家事が終わってなくても趣味をする」ことができる。このように女性性，男性性の歴史的変化は，ジェンダーの説明可能性の変化を後押しするし，男性支配を前提としたジェンダーの使用を弱体化させる（Zimmerman and West 2009: 117）。「女性性」「男性性」は，相手の期待や文脈に応じてその場その場でアドホックに遂行されているものであり，流動的で変化するものとなる。

(2)　「主体」批判とエージェンシー

　このような視点を徹底し，ジェンダーを言語行為の「遂行（performativity）」として理論化したのが J. バトラーである。バトラーは，男・女という二元的な「ジェンダー・カテゴリー」「身体」「セックス」など実体とみなされているものは，強制的異性愛の制度のもとでの規範的な言説実践による構築物だとす

3. 「実践」としてのジェンダー

る。バトラーもウエストらと同様にジェンダーを「構築された何か」ではなく「構築すること」そのものと捉える。「女という主体」とは，言説（「産む性である女性」など）の呼びかけに応えること，すなわち「従属化＝主体化」の結果として，言説的に構築される。バトラーによれば，ジェンダーはつねに「おこなうことであるが，しかしその行為は，行為のまえに存在すると考えられる主体によっておこなわれるものではない」（Butler 1990=1999: 58）。

　ここで「言説」とは，私たちが語ったり，物事を考えたりするうえでの枠組みのことであり，行為者が「していいこと，いけないこと」を規定するという意味で，本章で扱ってきた規範と捉えてよい。バトラーの議論は，ジェンダーとは「性差を構築する知」であるとする，社会構築主義の延長にある。しかしバトラーによれば，ジェンダーとは，生物学的身体（セックス）の上に構築される「社会的・文化的性」のことではない。生物学的身体を「女」「男」に分類しているのは言説であるという意味で，「ジェンダー」こそがセックスそのものを確立していく（Butler 1990=1999: 29）。

　一方で，実践は言説によって決定されているわけではない（Butler 1990=1999: 251）。「身体」や「女」というアイデンティティが実体としてみえるのは，言説実践が「反復」されるからであるが，この反復は再意味づけや再文脈化に開かれている。バトラーは，反復的な言説実践のうち，再文脈化に開かれている「変種」を「エージェンシー（agency）」（Butler 1990=1999: 255）と呼び，そこに権力の「攪乱」の可能性をみる。バトラーは，人びとの行為は，その背後にある言語という構造に決定されているとする「**構造主義**」に対して，言語の意味の非決定性を強調する「**ポスト構造主義**」の立場にたつ。こうした理論的前提から「女」という主体を所与の前提としないフェミニズム思想はポスト構造主義フェミニズムと呼ばれている。

　バトラーのポスト構造主義フェミニズムは，二つの点でフェミニズム理論を展開させた。第一に「セックス」と「ジェンダー」の二元論を解体したことである。社会文化的性としての「ジェンダー」の定義は，「セックス＝解剖学的身体」を前提にしたうえで，そこに付与された男性性・女性性のことを指していた。これに対しバトラーは，身体に差異を発見し，女性的身体・男性的身体という性別があるという「二元的な見方」そのものを，人間が作り出した「言

説」として位置づける。異性愛主義の言説は，異性愛であることを求め，同性愛やトランスジェンダーを排除する「権力」といえる。

第二にこの社会構築主義の視点を，**ヘテロセクシズム**（異性愛主義）の権力批判として展開したことである。バトラーによれば異性愛主義のもとで理解可能なジェンダー・アイデンティティとは，セックスとジェンダーと性的実践および性的欲望のあいだに首尾一貫した連続性をもつものである（Butler 1990=1999: 46）。つまりジェンダーがセックスの当然の帰結でないようなアイデンティティ（トランスジェンダー）や，欲望の実践がセックスやジェンダーに当然の帰結でないようなアイデンティティ（同性愛）は存在できない（Butler 1990=1999: 47）。

一方でバトラーは，人びとは権力に決定された存在ではないことも強調する。たとえば既存の言説においては「同性愛」は異常なものと意味づけられている。しかし，他者からの「レズビアン」という侮蔑的な呼びかけに対して，人は必ずしも振り向く必要はない。もしくは「レズビアン」という言葉を肯定的な意味を帯びるように作り変えることもできる。このようにバトラーは，言語の意味は非決定であることを強調し，人びとは言説構造に「従属化＝主体化（subjection）」しているのではないと主張する。どのような「主体」「アイデンティティ」も，実践の中で絶え間ない構築の過程にあり，それゆえ変革も可能であるのだと。

ただし，ジェンダーをパフォーマティブ＝遂行的なものと捉えると，既存の言説としてのジェンダーと，行為者によって遂行されるジェンダー（実践）を区別することが困難である。バトラーの理論は，エージェンシーを言語の性質として捉えているため，行為や相互行為における意図と反省性というエージェンシーの主要な要素について論じていないと批判される（McNay 2004: 182）。バトラーが想定する他者からの「名指し」への抵抗，慣習のずらしは，既存の言説を疑問視する行為者の批判力や反省性がなければ起こりえない。また言説を再生産している実践の中には，行為者が「変えようと思っても変えられなかった」抵抗もあるはずである（たとえば同性同士の婚姻届が受理されなかった場合など）。批判的な実践や行為者にとって「変えられなさ」を説明するには，構造と区別された行為者の実践を理論に組み込む必要がある。

(3) 構造化する構造としてのジェンダー秩序

社会構築主義によるジェンダーの説明を，社会学の構造化理論に依拠して「構造」に結びつけたのが江原由美子のジェンダー秩序論である。江原は，A. ギデンズの「規則」や，P. ブルデューの「ハビトゥス」をジェンダー構造と捉え，この構造が人びとのミクロな実践を規定し，さらにマクロなジェンダー支配を再生産していく仕組みを説明する（江原 [2001] 2021: 79）。

ギデンズは，主体を構造に決定された存在とみなす構造決定論の乗り越えを「構造の二重性（duality）」テーゼによって説明する。ギデンズによれば「構造の二重性」とは，一方で行為主体（実践）が，構造（規則・資源）に依存的であり，他方で社会システムの構造特性が，規則的な社会的実践によって生み出されていることを指す。社会システムとは規則的な社会的実践として組織化された「可視的パターン」であり，構造とは，社会システムを再生産する際に用いられる「規則（rule）」および「資源（resources）」である（Giddens 1979=1989: 71）（→第1章4節）。「実践（practice）」とは，行為者の意図的な「行為（action）」を指すのではなく，行為者が状況に対する「知識（暗黙知）」によりながら，「変更可能な対象世界に介入」していくことを意味する。構造的に決定された限界のなかで，行為者はある程度自律性をもっており，「別様に行為できる」可能性をもっている。こうした行為者のあり方をギデンズは「エージェンシー（agency）」と呼ぶ。

ブルデューも，構造主義的な構造概念からの脱却を試みるが，ブルデューの構造の特徴は，社会構造だけでなく，ハビトゥスという主体（行為者）の「構造」を導入したことにある。ブルデューによれば，「ハビトゥス」とは，構造との関係の中で獲得された「持続性をもち移調が可能な心的諸傾向のシステム」（Bourdieu 1980=1988: 83）である。そして「実践（プラティーク）」とは，客観的構造に対するハビトゥスの反応である。ここで「実践」概念は，行為者は主観主義が想定するように自由なものでもなく，客観主義が想定するように構造に従属しているわけでもないことを示している（→第10章4節）。

江原は，以上の構造化理論の構造概念に依拠して，性支配を再生産する規則やハビトゥスという構造を，「性別分業」と「異性愛」と捉える。「異性愛」は男に「性的欲望の主体」，女に「性的欲望の対象」を結びつけるパターン，「性

第7章 ジェンダー・セクシュアリティ

別分業」は「男は活動の主体，女は他者の活動を手助けする存在」（江原［2001］2021: 126-30）とみなすパターンを指す。この構造は，〈家族〉〈職場〉〈学校〉〈諸制度〉〈儀式〉〈メディア〉〈社会的活動〉などの〈ジェンダー体制〉における実践を構造化している。たとえば，性別分業という「ジェンダー秩序」は，女性が無償のケア労働に，また男性が賃労働につくという〈家族〉の〈ジェンダー体制〉を構造化する構造である。その意味でマルクス主義フェミニズムが家父長制と呼んだものが，ここでは〈ジェンダー体制〉と定義されている。また性別分業というジェンダー構造概念から〈家族〉という〈ジェンダー体制〉以外の職業の世界においても，なぜ「家事」あるいは「幼い子や病人の世話をする」ような仕事が「女性向け職業」とされるのかといった過程もみえてくる（江原［2001］2021: 127）。たとえば「町内会で男性が会長になる」「クラブ活動で男子が部長で女子が副部長になる」といった現象も，「ジェンダー秩序」という構造として理解することができる。

　江原によればこのジェンダー化された実践と構造は，相互行為における「他者を動員しうる力」（江原［2001］2021: 107）である「権力」を内包している。他者を動員しうる力は，ジェンダー秩序（構造）によって男女間に非対称に配分されているからだ。「女は他者の活動を手助けする存在」というジェンダー構造はそれ自体，男女間の権力関係を規定している。たとえば，自己と他者に対する注意配分において，他者に対する注意配分が大きい者は，そうでない者よりも，他者の欲求や必要をより強く知覚し「自分が望むこと」よりも「他者がしてほしいと望むこと」をより多く選択しがちになる（江原［2001］2021: 134-5）。男性（女性）とみなされることはそれだけで「社会的行為能力の相違を帰結する」可能性がある（江原［2001］2021: 25）。

　江原の理論は，ジェンダー秩序という社会構造が実践を規定し，〈ジェンダー体制〉という具体的な社会制度においてジェンダー秩序が再生産されていくメカニズムを説明する。再生産プロセスの説明をとおして，人びとの構造的な条件のもとでの実践と，そこに含まれる権力関係，さらには実践をとおしてつくられる性支配の体制を明らかにすることができる。

(4) 社会変動と構造

　以上のようなジェンダーの実践と構造の理論によって，異性愛を前提とした家族，性別分業や労働市場における性別分業という〈ジェンダー体制〉が，構造に規定された実践によって作り出されていることが明確になる。一方で，女性が首相を務める国や，また欧米を中心に同性婚を合法化する国は年々増加していることはどのように理解できるだろうか。ジェンダー秩序論では，構造が再生産される仕組みは理解できても，ジェンダー体制の変化，ジェンダー・ハビトゥスや規則を批判的に捉える行為者の実践をうまく把握することができない。ジェンダー平等が推進されている近年の社会変化を説明するには，従来の「ジェンダー秩序」から自由な実践の背景にある構造を捉える必要がある。変化している実践と変化していない実践＝不平等な実践を峻別し，その要因を分析することも重要である。そのためには，ジェンダーに加え，国家，階級，人種，セクシュアリティなど多様な権力構造の交差を分析するインターセクショナリティの視点が重要である。

4. セクシュアリティ

(1) ジェンダーとセクシュアリティ

　以上見てきたように「ジェンダー」という性別規範は，男性が女性を性的に欲望し，女性が男性を性的に欲望するという異性愛（ヘテロセクシュアリティ）を前提にしている。そこでは「女」「男」とは生物学的に女であること・男であること，が前提とされ，異性愛者の婚姻内で性と生殖がおこなわれることが規範となっている。生殖をとおして労働力の再生産がおこなわれなければ，社会は再生産されない。その意味で人びとの性の管理は国家の人口政策の関心であり続けてきた。

　では，セクシュアリティとは何だろうか。セクシュアリティは，性的欲望，もしくは性現象（Foucault 1976=1986）と訳される。生殖や性行為そのものは，生物学的にも説明可能である。つまり，動物はメスの身体（セックス）をもつ個体が，オスの身体をもつ個体と性交し生殖する。これに対して人間は，生殖以外の性的欲望をもち，性的行動をおこなうと考えられている。その意味で，

第7章　ジェンダー・セクシュアリティ

セクシュアリティとは，生物学的な意味での何か（セックス）ではなく，人間に特有の何かと考えられている。

　セクシュアリティをめぐる規範も，男女間で異なって配分される。たとえば，男性には婚姻外の性行為を許容する一方で，女性には許容せず「貞淑」を求めるダブルスタンダードもある。さらには，男性が婚姻外で性行為する相手となる女性は，「逸脱者」としてレッテルが貼られてきた。戦時下の性暴力は，男性のセクシュアリティによる「やむをえない」ものと考えられてきた一方で，敵軍から性暴力を受けた女性は，「自国の恥」として差別され，貶められてきた。戦時中に慰安所があったという事実が認識されていても，慰安婦女性たちが「被害」として声を上げられなかったのは，彼女たちがセクシュアリティをめぐる規範を「逸脱した存在」とされてきたからだ。戦時性暴力が国家による組織的犯罪であり，かつ「処罰されるべき」犯罪とみなされるようになったのは近年のことである。このようにセクシュアリティはジェンダー化されており（ジェンダーとは社会文化的規範なのだから），社会文化的につくられたもの，といえる。

(2) 言説装置としてのセクシュアリティ

　セクシュアリティを，近代の西欧社会に登場した「言説」と位置づけたのが，哲学者 M. フーコーの研究である。フーコーによればセクシュアリティとは，私たち個々人がそれぞれ性的欲望をもっているという「知＝考え方」そのものである。この「知」は，近代におけるセクシュアリティをめぐる言説の増大プロセスによって確立された。17 世紀以降のキリスト教社会は性を語ることをタブーとして性を抑圧したとする「性の抑圧の仮説」に反して，実際には人びとは「抑圧された」自らの快楽や性的欲望をすべて告白し語ることを求められてきた（Foucault 1976＝1986: 33）。18 世紀にはセクシュアリティは科学的研究，行政による管理，人口統計調査の対象となる。出生率や結婚年齢，正当なあるいは不倫に基づく出生，性的交渉の開始年齢や頻度，避妊あるいは逆に妊娠を促すための手段，独身や禁忌の作用，避妊法の影響（Foucault 1976＝1986: 35）が分析され，行政は性をめぐる指導を，教育現場では教育者，親，医者が子どもの性を語るようになる。19 世紀には精神医学においてセクシュ

160

4. セクシュアリティ

アリティは「語られるべき何物か」（Foucault 1976=1986: 43）となり，さまざまな性的逸脱（＝ソドミー）のうちの一つであった「同性愛」は，医師たちによって「同性愛者」という種族としてカテゴライズされることになった。語ることをとおしてセクシュアリティは，隠され抑圧された個人の「内面」「真実」と理解されるようになったのである。

　ここでいうセクシュアリティとは（一つの言説ではなく）多様でかつ特殊で強制的な言説の大きな網の目と捉えられる。フーコーは，性をめぐる知と権力の特殊な装置を発展させる四つの「重大な戦略的集合」として，①女性の身体をセクシュアリティが充溢した存在として捉える「女性の身体のヒステリー化」，②自慰を禁止指導する「子どもの性の教育化」，③国家にとって望ましい生殖を夫婦に求める「生殖行為の社会的管理化」，④生物学的な性的本能から逸脱する「異常」を矯正する「倒錯的快楽の精神医学化」（Foucault 1976=1986: 135）を挙げる。人びとは正常・異常を分ける規範に沿って自らの身体や性的欲望をコントロールすることを求められるようになったのである。

　このように言説装置としてのセクシュアリティとは，人びとの身体をコントロールする権力でもある。フーコーはこのような権力を「生‐権力（bio-pouvoir）」と呼ぶ。「生‐権力」とは「生命に対して積極的に行使される権力，生命を管理し，増大させ，増殖させ，生命に対して厳密な管理統制と総体的な調整を行使しようと企てる権力」（Foucault 1976=1986: 180）である。ここで権力とは，不可視かつ非主観的なものとして定義されている。

> 権力とは，一つの制度でもなく，一つの構造でもない，ある種の人びとがもっているある種の力でもない。それは特定の社会において，錯綜した戦略的状況に与えられる名称なのである。（Foucault 1976=1986: 120-1）

(3) 性的マイノリティの政治運動とクィア

　以上のフーコーのセクシュアリティ論は，同性愛者の解放運動，そしてそこから発展したセクシュアリティ研究に影響を与えた。近代社会において同性愛者は病理化され精神病院に収容され，また同性愛行為を禁止するソドミー法によって処罰の対象となってきた。フーコーの理論は，こうした同性愛者が被っ

第7章　ジェンダー・セクシュアリティ

てきた抑圧・差別を，同性愛を逸脱者とみなす「権力」の問題として捉えることを可能にした。同性愛をめぐる解放運動は，異性愛規範そのものに対抗することを通して，同性愛に対する偏見や差別の解消を目指してきた。

同性愛の解放運動が最も盛んに展開されたのがアメリカである。1950年代の「ホモファイル運動」は，異性愛規範に従った「女らしさ」「男らしさ」を身につけることで，同性愛者への寛容を求める同化主義的なものだったのに対し，1960年代以降の「ゲイ解放運動（gay liberation）」では，自分たちの育んできた文化をそのまま認めさせることが目標となった（森山2017: 72-3）。ゲイ解放運動では同性愛行為や同性愛者を差別する言葉である「ホモセクシュアル」ではなく，「ゲイ」や「レズビアン」という自己執行カテゴリー（→第3章3節）（Sacks 1979=1987）を用いた。同性愛者であることを隠す（クローゼット）の状態から，公にする（カミングアウトする）ことによって，「ゲイ」として社会的に承認されることが目指されてきた。

このように差異や経験を共有するマイノリティの政治運動をアイデンティティ・ポリティクスと呼ぶ。ゲイ解放運動には，男性同性愛者＝ゲイだけでなく，レズビアンやトランスジェンダー，トランスヴェスタイト（異性装）など多様な人びとが参加していたが，すべての人びとが同じ経験を共有しているわけではない。特にレズビアンは，ゲイ解放運動ではレズビアンの経験が軽視されているとして，レズビアンに特有の抑圧について訴えてきた。「レズビアン」「ゲイ」というアイデンティティ・カテゴリーを用いた運動によって，それぞれに固有の差別や抑圧からの解放を目指してきたのである。近年ではLesbian, Gayに加え，両性を性的に指向するBisexual，出生時に割り当てられた男・女という性別と異なるジェンダー・アイデンティティ（gender identity）をもつTransgenderのほか，性的指向や性自認を定め（られ）ないQuestioningと，Queerの頭文字をとったLGBTQが，性的マイノリティを総称する概念として用いられている（インターセックスのI，アセクシュアルのA，XジェンダーのX，さまざまなジェンダー・セクシュアリティを示す＋等が加えられることもある）。

「トランスジェンダー」が体と性自認が一致しない人びとを指して使われるようになったのは1980年代からで，それ以前は同性愛として理解されていたり，ゲイ解放運動にもトランスジェンダーの人びとがかかわっていたと指摘さ

4. セクシュアリティ

れている。また1980年代には，医療において「性同一性障害（gender identity disorder）」が使われるようになり，病気，障害として「医療化」（→第8章3節）された。病気としてカテゴリー化されることで，性別適合手術や，日本では戸籍の変更が許可されてきた経緯がある。しかし「性同一性障害」は2019年に国際疾病分類の病気のリストから削除され，「性別不合（gender incongruence）」「性別違和（gender dysphoria）」が使われるようになっている。これらの概念はあくまで医学用語であり，また必ずしもすべてのトランスジェンダーが医学的な性別適合手術や治療を望むわけではない。そのような人びとも含め，広義の「トランスジェンダー」概念が使われている。

　では「クィア（queer）」とは何であろうか。英語のqueerはもともとは「変態」「風変わりな」を意味する言葉であり，性的マイノリティを侮蔑する表現であったものを，肯定的な意味に置き換えた概念である。クィア理論を提唱したT.デ・ラウレティスは，従来のアイデンティティ・ポリティクスでは性的マイノリティ内部の差異が抹消されてしまうことを懸念し，ヘテロセクシュアル規範（ヘテロノーマティビティ）が作り上げた社会に対抗的な立場として「クィア」を使っている（de Lauretis 1991）。異性愛のジェンダーとセクシュアリティを「本質」とする社会を攪乱しようとするバトラーの理論もクィア理論の系譜に位置づけられている。

　クィア理論の立場から，同性愛嫌悪と女性嫌悪，すなわちセクシュアリティとジェンダーとの結びつきを紐解いているのが，E.セジウィックの議論である（Sedgwick 1985=2001）。セジウィックによれば，公的な領域における男性同士の親密な絆＝「ホモソーシャル」と，男性の同性愛＝「ホモセクシュアル」は連続している，もしくは違いは曖昧である。それゆえ，軍隊のような男性同士の関係においてホモセクシュアルを禁止することで，また異性愛の女性と私的領域において婚姻することで，男たちは「男であること」を証明しようとする。男性たちの絆とは，同性愛を嫌悪したり攻撃するホモフォビアと，女を「男性たちだけの精神的で制度的な絆を強め深めるための私的で身体的な「客体」」（竹村 2000: 76）とするミソジニーによって強固なものとなる。性的マイノリティへの差別と女性差別は，同じ権力構造から把握することができるのであり，その意味で，セクシュアリティとジェンダーはどちらともフェミニズムの問題

第7章　ジェンダー・セクシュアリティ

である。

　さらに，「マジョリティ」と「性的マイノリティ」という分離の仕方についても再考する必要がある。異性愛者と同性愛者を異なる人格として扱うのではなく，性的指向（sexual orientation）の問題と捉え直せば，たまたま同性を性的に指向する人，異性を性的に指向する人，どちらも性的に指向する人，誰にも性的欲望を抱かない人（アセクシュアル）という多様性を把握できる。また同様に「**性自認**（gender identity）」についても，生得時に割り当てられた性別と同じ性を自認する人，異なる性を自認する人，どちらの性でも生きたくない人と考えれば，トランスジェンダーはさまざまな性自認のバージョンの一つとして理解される。**性的指向**（sexual orientation）の頭文字と，性自認（gender identity）の頭文字をとって**SOGI**（ソジ，もしくはソギと発音）概念を用いると，セクシュアリティとジェンダーにかかわる事柄は，すべての人にかかわる問題として再定義することができる。セックスとジェンダーと性的指向の一貫性（女の身体と定義された人が女として振る舞い，男を性的に指向すること）を解体し，「男」「女」の意味を多様化させることは，ジェンダー構造を生きる女性にとっても，今現在「性的マイノリティ」である人びとにとっても生きやすい社会をもたらすものとなる。

要点の確認

- ジェンダー・セクシュアリティ研究は，日常生活の中に埋め込まれた権力構造を明らかにするべく理論を発展させてきた。
- 「ジェンダー」とは，男性と女性という二元的カテゴリーを前提に男女のあいだに差異を作り出す性別規範である。「ジェンダー」は，差異を作り出す実践レベルにも，その実践を規定する構造レベルにも見出すことができる。
- 家父長制やジェンダー秩序は，男性の意図的な権力行使がなくとも，男性が女性をコントロールする力をもちうる構造を説明する概念として発展してきた。
- 性別規範としての「ジェンダー」は，「セックス－ジェンダー－（異性愛の）性的指向」の一貫性を求める異性愛規範とセットであり，同性愛やトランスジェンダーを，規範から逸脱した存在と位置づけてきた。二元的性別規範と異性愛規範から自由なセクシュアリティの可能性を考察する必要がある。

文献ガイド

江原由美子『ジェンダー秩序』(勁草書房)
　　▷「異性愛」と「性別分業」というジェンダー秩序を社会構造と位置づけることで,
　　人びとの実践を介して〈家族〉や〈労働市場〉などさまざまな制度において「ジェ
　　ンダー体制」が再生産される仕組みを分析した理論書。

平山亮『介護する息子たち――男性性の死角とケアのジェンダー分析』(勁草書房)
　　▷「主介護者」として介護する息子介護者への調査をとおして,ケア関係の中での男
　　性性について分析している。「女性＝ケアする性」という規範のなかで,息子介護
　　者であるがゆえに免責されるジェンダー構造を読み解く。

三部倫子『カムアウトする親子――同性愛と家族の社会学』(御茶の水書房)
　　▷レズビアン,ゲイ,バイセクシュアルのセクシュアルマイノリティと,またカムア
　　ウトされた異性愛の親たちへのインタビューを通して,親子双方が直面するスティ
　　グマや葛藤について考察している。

M. フーコー著『性の歴史 I 知への意志』(新潮社)
　　▷『性の歴史』3巻のうちの最初の1巻。近代社会における性をめぐる言説の増大と,
　　抑圧された個人の真実としての「セクシュアリティ」の誕生について論じている。
　　同性愛が人格と結びつけられ,逸脱した人格としての「同性愛者」というカテゴリ
　　ーが生み出された。

第 8 章
障害・病い・老い
──生の社会学──

　私たちは誰もが自らの「生 (life)」を生きており，他者の「生」とともに暮らしている。他方で，英語の "life" とは「生命」「生活」「生涯」「人生」などと訳されるように，多義的な言葉である。その意味で，私たちにとって「生」とは多義的でありながら，根源的なものでもある。この多義的で根源的な「生」こそ今日の社会学において最も問い直されてきた主題の一つであり，特に「障害」「病い」「老い」などの視点から「生」それ自体が大きく捉え直されてきている。本章では，そのように問い直された「生」という視座に立つと，一見すると「個人的なこと」に見える「生」こそが「社会」という問いを立ち上げるものであることを示す。また，近年では「当事者」の視点・立場から障害・病い・老いをめぐる現実が描出されてきているが，そこでの社会学的課題を考える。

第8章 障害・病い・老い

1. 障害・病い・老いを生きることの問い直し

(1) 超高齢社会／人口減少社会において問い直される「生」

人は生まれ，成長し，年老いていく中で，障害や病いを抱えながら，いつか
は死にゆく。私たちは漠然とこんな「人生」を想像しているが，こうして「人
生」を想定できるようになったのは近代以降であるといって間違いない。その
意味で，現代社会を生きる私たちが前提にしている「生」とは歴史的・社会的
文脈のもとで形作られたものである。

他方，このように私たちは「人生」を想定しながらも，絶えず自らの「生」
を問い直し続けている。むしろ私たちは不断に自らの生を問い直さざるをえな
いといってよい。

ここで決定的に重要な点は，超高齢社会／人口減少社会を生きる個人にとっ
ての生の意味と，近代社会における生の意味が同時に問われる結節点において，
私たちの「生」は常に新たな知識や情報によって問い直されていくものである
ということである。A. ギデンズはこうした現象／過程を「**再帰性**（reflexivity）」
として説明する。再帰性とは，「社会の実際の営みが，まさしくその営みに関
して新たに得た情報によってつねに吟味，改善され，その結果，その営み自体
の特性を本質的に変えていく」（Giddens 1990＝1993:55）現象／過程を意味し，
近代／モダニティの作動原理である（→第13章5節）。その意味で，現代社会
における私たちは，新たなる知識や情報によってかつての自明視された規範や
制度を吟味・改編の対象としつつ，自らの生を絶えず問い直さざるをえない
「再帰的生（reflexive life）」を生きているのだ。

実際，たとえば，超高齢社会／人口減少社会における高齢者がかつての規範
や制度に従って自らの「生」の意味を求めることは，ますます困難になってい
る。第一に，「人生100年時代」と呼ばれるような長寿化によって老年期が広
範な年齢幅のステージとなったため，人びとはきわめて多様な生を生きるよう
になったこと，第二に，近代医療や福祉国家が整備されたことで，私たちは長
期に自立して生活するようになる一方，障害・病い・老いとともに生きること
になったこと，第三に，シングルで暮らすか他者と暮らすかを含め，長期化し

た人生においてさまざまなライフスタイルが選択可能となったこと，第四に，老年人口の増加と表裏の関係である出生率の低下やそれにともなう家族の変容に見られるように，これまで自明視してきた家族における**ケア・支援**を前提とすることが困難となっていること，以上が示すように，私たちは自らによってこそ「生」の意味づけを行わなければならない。

　現代社会を生きる高齢者は「老後の余生」といったかつての価値観や規範にとらわれることなく，「長寿化した老後を自分で設計すること」が求められている中で自らの「老い」の意味を問い直していかざるをえない（天田［2003］2010）。

　要するに，現代社会においては，かつての自明視された規範や制度を問い直しながら（その意味でかつての規範や制度を前提に生きることは困難となっており），自らで「生」を意味づけ直し，解釈し直していかざるをえないのである。

(2) 障害・病い・老いを生きることへの問い

　もちろん，現代社会においては誰もが自らの「生」を問い直していく社会を生きており，特定の人びとのみが行うものではない。たとえば，かつて少なくない人びとは「恋愛相手の異性と結婚し，子どもを産んで家族を形成する」という規範や家族制度や性愛を前提に自らの人生を位置づけていたが，そうした規範や家族制度や性愛への捉え直しが起こり，今日においては「恋愛はしても結婚は望まない」「同棲するが子どもは望まない」という選択をする人もいれば，「同性パートナーと暮らす」「複数パートナーとの関係を形成する」「性的関係を前提としないパートナーと暮らす」という選択をする人もいて，自らの「生」を捉え直していく人びとも少なくない。その意味では，現代社会では誰もが再帰的生を生きている。

　他方で，「能率，効率がもっとも尊ばれる社会のなかにあって，もっとも適応しなかった人たちの集団，庇護と管理の下に置かれたマイノリティと言われた人たち」（中西・上野 2003: 2）である障害者，女性，高齢者，患者，不登校やひきこもりと呼ばれる人たち，精神障害者などの自立生活運動，フェミニズム，性的マイノリティ運動，患者運動，消費者運動など，当事者によるさまざまな活動や実践が生まれており，それらが社会にきわめて大きな影響を与えて

いる。その意味で，現代社会においてまさにかつての規範や制度を痛烈に問い直し，作り変えていく中で，「マイノリティ」と呼ばれる人びとが自らの生のあり方を意味づけ直してきたのである。

くわえて，K. プラマーが指摘するように，「1968 年は分水嶺を告げる象徴的な年」であり，おおよそその前後の 1950 年代後半から 1980 年代初頭において生じた社会的変化によって社会学は決定的に大きな変容を遂げた。そうした「社会学に顕著な特徴の一つは，知的基盤の緩やかな拡大と従来の前提の問い直し」であり，カルチュラル・スタディーズやフェミニズム，ジェンダー研究，メディア・コミュニケーション研究，ポストコロニアル研究，多文化主義，人種・反レイシズム研究，クィア・LGBT（レズビアン・ゲイ・バイセクシュアル・トランスジェンダー）研究，グローバル・スタディーズ，デジタル・スタディーズ，人権研究などによって社会学はきわめて多くの異議申し立てに直面することになった（Plummer 2016=2021: 200-3）。

したがって，本章では，「障害」「病い」「老い」をそれぞれ社会的文脈に位置づけたうえで，それらが社会学の中でいかに展開されてきたのか，どのような常識破りを行ってきたのかを記す。

2. 障害の認識論的転回

(1) 障害を社会的な文脈のもとに位置づける

現代社会において大きく捉え直されてきたことの一つが「障害」であることは間違いない。

1970 年 5 月 29 日，横浜市で脳性マヒの子どもが母親に殺される事件が起こるが，近隣地域で「施設がないがゆえの悲劇」「かわいそうな母親を救え」と主張する母親の減刑嘆願運動が生じた。これに対して，脳性マヒ者による団体である青い芝の会は，この減刑嘆願運動に「殺される側」から反対する運動を展開した。青い芝の会はこの要求以後も，全国各地において脳性マヒ者たちの運動を克明に描いたドキュメンタリー映画『さようならCP』の上映や 1972 年の優生保護法改悪反対（阻止）運動，1977 年の川崎バス闘争などを行った。また，1972 年には府中療育センターでの移転反対と待遇改善を求め，都庁前

2. 障害の認識論的転回

にテントを張り，1年あまりの座り込みを行った府中療育センター闘争によって，各地において障害者による異議申し立てが起こるようになった。その後，さまざまな運動が展開される中で，「どんな重度の障害をもっていても，介助などの支援を得たうえで，自己選択，自己決定にもとづいて地域で生活する」（中西・上野 2003: 29）自立生活が目指され，次第に障害者たちの声によってそれを可能とする制度が実現されていった。

しかしながら，1970年代以降の日本ではこうした障害者運動は展開されながら，それが必ずしもアカデミズムと有機的に結びつくことはなかった（田中 2005）。それに対して，イギリスでは障害者運動において「**障害の社会モデル**」（以下，社会モデルと略記）が提唱されると，イギリス障害学では「障害を社会的な文脈のもとにおいて分析」するようになった（後藤 2010: 79-80）。とりわけ，M. オリバーら自らも障害をもち，運動に参加していた社会学者たちが社会モデルを理論的に展開した（Oliver 1990=2006）。社会モデルとは障害を，個人的な属性としてのインペアメント（身体的・精神的・知的な欠損）と，社会の中で生み出されるディスアビリティ（不利益や制約）に区別し，後者によってこそ障害者が経験する困難は生じると主張するものである。加えて，障害者の排除を資本主義社会における排除や抑圧の問題として分析し，社会によってこそディスアビリティが形成されることを論じ，イギリス障害学が立ち上げられた。ただし，イギリスの障害学は一枚岩ではないし（Barnes et al. 1999=2004），アメリカ障害学でも1980年代においてさえ複数の論点や立脚点が提示されている（Zola 1982=2020）。

上記の影響も受けつつ，1990年代以降，日本でも『障害学の招待』（石川・長瀬編 1999），『障害学の主張』（石川・倉本編 2002）などによって社会モデルが紹介され，私たちの「障害」の捉え方も大きく変化してきた。こうした異議申し立てにより，障害は「本人のもつ障害ゆえに生じる不利益である」という「**個人モデル**」から，「社会の障壁によって引き起こされる機会の喪失や排除である」という「**社会モデル**」へと認識論的転回が起こったのだ。

障害学とは，障害を分析視点として形成されてきた学問・思想・知の運動である。これまでの学問は，医学やリハビリテーション学あるいは社会福祉学などに象徴されるように，専門家が個人のインペアメント（損傷）を治療・回復

171

第8章 障害・病い・老い

コラム 8-1　ディスアビリティ・スタディーズ

　ディスアビリティ・スタディーズ。日本語でいう障害学は，既存の病理学的または社会福祉的な視点で障害を捉えるのではない障害当事者による知の運動として立ち上がり，M. オリバーの**障害の社会モデル**の提唱とともに，当事者自らが政治へ訴える母体と成してきた。

　ディスアビリティという概念は「社会活動から排除されることによって生じる不利益や活動の制約」(UPIAS 1976) のことを指し，イギリスの障害者運動の実践から生まれた。身体それ自体や機能の欠陥に起因するインペアメントとの比較によって定義した障害の社会モデルをはじめ，これまでの障害に対する考え方を覆す起点をつくってきた。

　ディスアビリティの社会理論は，われわれに，社会との関係のなかで直面する数々の障壁の存在を明らかにするのでは不十分であることを問う。また，障害学は社会運動とともに成り立ち，思考されることが多い。それは，救済という旧来の考え方に歴史的に固定されてきた医療・社会的サービスのあり方を問い返し，ごく当たり前に，社会によって維持されるべき障害者の生存のあり方を知によってあらため，明らかにするためには，差別・抑圧を生み出す過程への関わりが不可欠であると考えるからである。

　現在，当事者による当事者のために成立してきた学問は，フェミニズム，性的マイノリティ，その他さまざまに抑圧されてきた当事者たちによって広く注目・再考される学問領域となりつつある。[染谷莉奈子]

することを前提に展開されるか，支援を受ける対象者として研究が進められてきたのに対して，障害学は障害をもつ当事者の視点から「社会」を捉え返す企てである（長瀬 1999: 11）。そのため，障害学におけるディスアビリティとは，「作為的，不作為的な社会の障壁のことであり，それによって引き起こされる機会の喪失や排除のこと」であり，障害学はディスアビリティを削減するために負担を引き受けようとしない「できなくさせる社会（disabling society）」を問うのだ（石川 2002: 26）。言い換えれば，「障害者」は単に「障害のある人び

172

と」「障害をもつ人びと」を意味する "people with disability" ではなく，「社会によって無力化されている人びと」「社会によって不利益を被らされている人びと」を意味する "disabled people" として位置づけられる。ここではある人びとを「無力化する社会（disabling society）」こそが問題化されているのだ。このように障害学は，障害者運動における「障害」の捉え直しを通じて，まさに「社会」を問い直してきた学問である。

　社会モデルによって私たちの社会における「障害」の見方・見え方は大きく変容したが，社会モデルそれ自体に対しても批判的検討がなされてきている（後藤 2010: 80-1）。実際，イギリスやアメリカにおいても社会モデルの論理構成は一様ではなく，それが形成された歴史的文脈や論者の発話のポジションによって異なること，そのような複数の社会モデルを踏まえつつ，社会モデルの複数性を否定して単一モデルに集約させるのではなく，それぞれの文脈や個別性を活かしつつ，個人モデルに対峙した，緩やかな統一戦線をつくる「社会モデルの再編」が論じられている（杉野 2007）。また，社会モデルには「文化的パースペクティブ」が欠けており，顔にあざのある女性たちや，健常者と障害者のはざまでどっちつかずの状態にある軽度障害者のディスアビリティを捉えるためには社会モデルの鍛え直しが必要であるとの批判もある（倉本・長瀬編 2000）。さらには，社会モデルに対して知的障害の痛みやできなさに照準できていないことや（田中 2007），「近代的な自律した決定のできる個人という思想の下にある」（川越 2008: 50）ため，それが困難な人たちには必ずしも有効ではないこと，また，「無力化する社会」における責任主体として障害者が想定されておらず，逆に社会モデル自体が障害者を無力化しているのではないかという批判も投げかけられている（後藤 2010: 81 を参照）。

(2) 身体の差異（インペアメント）という問い

　かりに将来においてディスアビリティの解消が実現したとしても，障害者が異なる身体を生きること，その差異に否定的な価値が付与される現実は解消しないのではないか。こうした身体の差異についても障害学ではさまざまな考察がなされてきた（後藤 2010: 84）。

　1995 年のろう文化宣言では，ろう者とは「日本手話」という日本語とは異

第8章 障害・病い・老い

なる言語を話す言語的少数者であると主張され，「ろう者」＝「耳の聞こえない障害者」という視点ではなく，「ろう者」＝「日本手話を日常言語として用いる言語的少数者」という社会的・文化的視点への転換が強調された（木村・市田1995: 354）。もちろん，こうしたろう文化を障害文化に含むことに批判的な見解も少なくなく，ろうを聴力でなく，言語コミュニティの視点から捉えるべきとの主張もある。

　倉本智明は，治療やリハビリテーションによってインペアメントをなくすことよりも，それを自らのアイデンティティにすることにこだわる人びとを「差異派」と呼び，その差異派の人びとは「異形」とみなされた身体をさらすことで，社会に抵抗を試みているのみならず，別様な価値や文化の創造が試みられていることを提示する（倉本1999）。いわばそうした「差異化する身体」を介してこそ別様な価値や文化が創造される契機を見るのだ。また，男性障害者のセクシュアリティが健常者の性的欲望や性行動から自由であることの可能性（横須賀1999）や，ブラインドサッカーやツインバスケットボールといったパラスポーツなどの独自の「おもしろさ」（草山2009）などにおいても「差異化する身体」の視点から論じられる可能性があろう（後藤2010: 85を参照）。もちろん，多くの男性障害者のセクシュアリティも異性愛主義にとらわれていることや，パラスポーツでは障害特性に応じた細やかなルール化がなされながらも，勝敗にこだわるあまり能力のある人が優れているという考え方に陥りやすいとの批判が向けられており，何をもって「別様な価値や文化の創造」と判断・評価するかは簡単ではない。

　加えて，「社会によって無力化されている人びと」「社会によって不利益を被らされている人びと」とは実に多様である。とりわけ，自らを「社会によって不利益を被らされている人びと」とはっきりと名指すこともできず，さりとて「社会によって不利益を被らされているわけではない人びと」として自己定義することもできない，「あいまいな生きづらさを抱えて生きる人びと」の身体の差異をいかに考えるのかはいまだ十分に問われていない。

　実際，相互行為の中で不名誉や屈辱を引き起こすスティグマをもつ人びとのアイデンティティ管理に関する従来の研究視点が，「モノポリー」モデルと「肯定主張」モデルとの二元論になっているとの指摘がある（草柳2004）。

2. 障害の認識論的転回

「モノポリー」モデルとは、E. ゴフマンのスティグマ論をもとにした理解の枠組みの一つである（Goffman 1963b=［1970］1980）。そこでは、アイデンティティは社会によって付与されたり、剥奪されたりするものであることが前提にされており、不利なアイデンティティを付与されることを避ける人びとの姿が想定されている。こうした中では、スティグマをもつ人びとはこれを隠す（パッシング）することで、社会に同調することを目指すといったアイデンティティ管理の方法を取ることになる（なお、ゴフマンはこうした対他的なアイデンティティを論じただけではなく、対自的なアイデンティティをも論じている。このことを踏まえ、犯罪者家族がいかに「犯罪者家族」となっていくのか、その中でいかに自らを捉え直していくのかを論じた髙橋（2021）などの研究もある）。

他方、「肯定主張」モデルとは、M. B. スペクターと J. I. キツセ（Spector, M. B. and Ki-tsuse, J. I.）のクレイム申し立てをもとにした理解の枠組みである（Spector and Kitsuse 1977=1990）。そこでは、スティグマとされるような否定的なアイデンティティであっても、それを引き受けながら同じアイデンティティをもつ者と連帯することによって社会を変革する人びとの姿が想定される。ここではスティグマをもつ人びとは、自らのスティグマを踏まえつつ、自ら名乗ること（カミングアウト）をしながら、それに否定的な意味を付与する社会に対して、自ら肯定的なアイデンティティへと変換することによって、社会に訴え、働きかけることになるのだ。障害者運動の主張とはまさにこうした「肯定主張」モデルであった。

上記の二元論的状況を踏まえ、草柳千早は以下のように問うのだ。

　現代日本に目を向ければ、その状況は、アイデンティティを注意深く隠すか公然と主張するか、自己否定か肯定か、社会への同調か改変か、孤立か連帯か、という単純な二者択一的状況ではあるまい。そのいずれでもない状況が見出されるであろう。両モデルはいま一度歴史の文脈に戻すなら、両者はいま見た対照の背後に共通のアイデンティティ観を持ち、そこからさらなる距離をおいて、現代の、そのどちらの極にも回収されない状況を見ていくことができるのではないだろうか。（草柳 2004: 102-3）

第8章　障害・病い・老い

そして，まさにそのような「あいまいな生きづらさを抱えた人びと」として，顔にあざのある女性たち（西倉 2009），健常者と障害者のあいだでどっちつかずの状態にある軽度障害者（秋風 2013），アルビノの人たち（矢吹 2017），髪をもたない女性たち（吉村 2023）などは存在しており，生きづらさを抱えながらもなんとか生きていけてしまっているがゆえに自らでは声を上げられない当事者の語りがたさ・語りえなさを抱いて生きている。こうした「身体の差異」を「社会によって無力化されている人びと」「社会によって不利益を被らされている人びと」として理解するか，「別様な価値や文化の創造」を生み出す「差異化された身体」として語るのか，はたまたそれらとは別様に語るのかが問われている。

(3)「能力主義」と「優生思想」に対する常識破り

　障害者運動に影響を受けた障害の社会学や障害学が切り拓いた認識論的地平は，大きなものであった。後藤吉彦が論じるように，障害者運動とそこから影響を受けた学問は，障害者を「あってはならない存在」（横塚 [1975] 2010）とみなす二つの常識に異議を唱えたのだ（後藤 2010: 86）。いわば「能力主義」と「優生思想」の常識破りを行ったのだ。

　第一に，「能力のある人がたくさんの財を手に入れることができる」という「能力主義」の常識破りである。そもそも私たちの社会で自明視されている"私がつくったものは私のものである"という私的所有の論理それ自体が論理的には正当化されない「信仰」にすぎないこと，それが常識とされてきたのは正しいからではなく，むしろ人びとの欲望や利害によっていることであり，こうした能力主義は生を否定するがゆえに私たちの社会にあっては「否定の否定」が主張されるべきである（立岩 [1997] 2013）。

　第二に，「人間は障害や病いはないほうがよい」「障害や病いがある人びとは価値のない人間である」という「優生思想」の常識破りである。1970年代以降における障害者運動において，障害の有無の観点から人工妊娠中絶や**出生前診断**を行い，それによって子どもを選ぶことは「優生思想」であると批判された。いうまでもなく，障害者運動では「障害はないほうがよい」と考えるのは障害者本人ではなく周囲や社会であり，本人の利益の名のもとに社会の負担の

免除を正当化していくものであることを痛烈に批判したのである（こうした「反優生思想」の文脈から障害学を捉え直した研究として堀 2014 など参照）。

　障害学は「能力主義」と「優生思想」の常識破りを行い，後者の「反優生思想」と前者の「健常主義批判」はともに社会モデルの難点を克服してきたが，両者には決定的に異なる点がある（石島 2015）。両者には「障害者／健常者」というカテゴリーを参照するか否かの違いがある。すなわち，「反優生思想」を基盤とする障害学は，その他のマイノリティとは質的に異なるものとしての「障害」に定位して論を展開できるのに対し，障害者がいかに作り出されるのか，人びとがいかに価値づけられていくのかを十分に捉えることができない。それに対して，「健常主義批判」を基盤とする障害学は，そうした人びとを障害者や健常者として分けるメカニズムを批判できる一方，この社会で不利益を被る他のマイノリティと障害者との差異を論じることが困難となってしまう（石島 2015）。「障害」と「それ以外」の連続性と非連続性をいかに社会学的に位置づけるのかが問われているのだ。

3. 病いの位置づけ直し／意味づけ直し

(1) 病いを社会的な文脈のもとに位置づける

　医療社会学や医療人類学などを通じて「病い」に関する認識論的転回ももたらされた。

　近年の医療社会学の研究動向を踏まえると，現代先進工業国の社会と医療のあり方に深く関わり，かつ医療社会学的にもきわめて重要な問いとして「医療化」を挙げることができる（山中 2012）。いまだ医療社会学において医療化は決定的に重要な問いの一つである。

　医療化とは，ある状態や行為が「病気」とみなされ，医療によって診断・研究・治療・予防・管理の対象になっていく過程，すなわち近代医療がその対象を拡張してゆくダイナミズムを示す概念である。かつて医療の対象ではなかった「妊娠・出産」「発達障害」「不安障害」「心的外傷後ストレス障害（PTSD）」「ひきこもり」「アルコール依存症」「薬物依存症」「認知症」「月経前症候群（PMS）」「外貌醜状」「死」などに代表されるように，多くは地域社会において

第8章 障害・病い・老い

対処されていた現象が医学の知識によって，医療の診断・研究・治療・予防・管理の対象となり，かつては医療の対象ではなかった人たちが管理・統制下におかれてゆく過程こそ，医療化と呼ばれるものだ。

　特に，1960年代後半以降において活発な議論がなされていた近代医療批判を背景に，医療社会学での医療化論は実に多様な対象が取り上げられ，さまざまなアプローチがとられてきたが（たとえば森田・進藤編 2006 ほか参照），次第に「病む主体」に照準して医療化によってどのような現実がもたらされるのかを解明する試みが行われてきた（Conrad and Schneider 1992=2003 ほか）。さらに，1990年代以降にはより幅広い射程で「**病いの経験**（experience of illness）」という当事者の経験世界にアプローチしていく試みがなされるようになった。このように医療社会学において，「病む主体」の「病いの経験」に関心が集まってきた背景には，かつての国家や医療業界などの「治療・統制する主体」に焦点をあて近代医療批判を展開するのみならず，患者運動や消費者運動によって当事者が声を上げるようになったことを契機に，まさに病いをもちつつ自らの生を営む「病む主体」の経験にこそ照準するようになったからである。

　病いの経験へのアプローチとは，病いを抱えつつ生を営為する人びとの経験に着眼し，当事者の「語り」に耳を傾け，当事者が病いをいかに意味づけ，解釈を与えているのか，そして当事者は他者といかなる相互行為を営み，いかに自らのアイデンティティを形成しているのかを記述・分析するものである。このような中で，医療社会学は「疾患（disease）」ではなく，「病い（illness）」を照準するようになったのだ（Frank 1995=2002）。

　「疾患」とは，身体の細胞・組織・器官に関する医学的診断・検査によって可視化されたデータを通じて認識され，そのデータにもとづいて医学的に特定されるものである。要するに，「診断名」が表している身体の病的状態を指す。これに対して，「病い」は，その疾患に対して当事者がどのような「意味（meaning）」を与えているのか，その「生きられた経験（lived experience）」を指す。したがって，身体に関する医学的な診断や検査を通じて捉えられるようなものではなく，病いとは，自らの設計していた人生の大きな変容を求められる中で困惑したり，他者との社会関係を再構築することを余儀なくされたり，医療的処置をいつどのように受けるかの選択で葛藤やジレンマを抱えたりするような，

3. 病いの位置づけ直し／意味づけ直し

当事者の世界における意味をめぐる経験である。同様に，当事者のみならず，その家族においても医療的な診断や検査のもとで「疾患」として名付けられた現象は「病い」として経験されていくものである。

たとえば，医療化によってかつては「ボケ」と呼ばれた現実は「認知症」と呼ばれるようになったが，家族は自らの老親の認知症を医学的な認知症の診断基準やMRI（磁気共鳴画像）などの画像検査による脳の形態変化によって定義し，意味づけているのではなく，家族会などでのやり取りを通じて「認知症の家族に対してどのように向き合ったらよいのか」を次第に学んでいく中で，認知症の家族に対する自らの行為を意味づけていく（木下 2019）。具体的には，家族介護者は家族会などを通じて「新しい認知症ケア」について学ぶことで，認知症の老親は「いつから認知症であったのか」と過去の言動を振り返り，診断後には「できるだけ認知症の本人が望むような働きかけをするようにしよう」と考えたり，「自らが行っている行為は認知症の本人にとって正しいのだろうか」と悩みを抱えて他者に相談するようになる。これこそが家族介護者の「病いの経験」である。

(2) 「病人役割」から「病いの経験」と「病いの語り」へ

もちろん，1950年代においてT. パーソンズが「病人役割」として提示した概念も当事者に照準したものであった（Parsons 1964=1973）。私たちは，ある地位について，その地位につく人にふさわしい言動を想定し，その人が私たちの想定通りに振る舞うことを期待する。これを「役割期待」という（→第4章1節）。私たちは，各々が役割期待の通りに振る舞い，それらがうまくかみ合うことで，人びとの営みは秩序だったものになるし，役割期待に背いた言動は，非難や罰といったネガティブな反応を周囲から招いてしまう。こうした反応ないし反応があるかもしれないという予測によって秩序だった営みは保たれている。役割とは，このように人びとに共有された役割期待とそれにもとづく行動からなる（佐々木 2010: 6）。

パーソンズは以上を前提に四つの「病人役割」を述べる。①病人になると，通常課せられている役割が免除されること（たとえば，病人になると，その人は仕事をする役割から免除される），②病人になると，自力で回復する義務から免

第8章　障害・病い・老い

除されること（病人は，自力で回復する役割から免除され，治療を医師に委ねることができる），③回復（悪化させない）義務の役割を負うこと，④医療専門職が提供する技術的に有益な治療を求め，これと協力する義務を負うこと。パーソンズは，この病人役割を患者が受け入れることによって，あるいは患者が病人役割から逸脱／離脱する場合には「医療専門職は，患者に規律を与え，患者をコントロールする」（高城 2002: 113）ことで「医療における社会秩序は可能となっている」といった指摘をしたのである。

　しかしながら，私たちが抱える病いはかつての感染症からがん・心疾患・脳血管疾患などの慢性疾患へと移り変わり（ただし，新型コロナウイルス感染症によるパンデミックに象徴されるように，感染症は決して克服されたものではない），誰もが長期にわたって病いを抱えて生きる時代になり，医療においても「医学モデル」から「生活モデル」や「社会モデル」への転換が叫ばれるようになると，パーソンズの病人役割の理論に対して数多くの批判が向けられた（池田 2014: 4）。そして何よりも，患者運動や消費者運動によって患者が自らの病いを位置づけ直し／意味づけ直したことによって，これまでの「病い」の捉え方の大きな変容が迫られたのである。

　第一に，病人は通常の役割から免除されたうえで，病気になったことの責任を問われず，自力での回復義務を負わないとされたが，むしろ今日においては喫煙者や肥満の人たちなどに対して強く自己責任が問われてしまっているといった批判がなされた。

　第二に，パーソンズの病人役割は慢性疾患を生きる人びとには当てはまらないという批判が向けられた。現代社会においては病いを抱える人びとであっても通常の役割を遂行することが求められている。パーソンズは感染症罹患など一時的に病気になった状態を想定していたため，慢性疾患を生きる人びとの現実を十分に説明する理論にはなっていない。

　第三に，病人に対して回復義務の役割が期待されていない病気がある。たとえば，回復が困難な病気として精神疾患や難病などがある。パーソンズ自身も精神疾患の患者は病人役割に含まれない可能性について言及していたが，それでも回復困難な精神疾患や難病などは回復義務の役割が社会的に期待されておらず，むしろその病いを抱えながら生きていくことになるが，そうした現実を

病人役割概念ではうまく説明できない。

　第四に，病人は医療専門職が提供する技術的に有益な治療を求め，これと協力する義務を負うとされているが，現実にはそのような役割期待を負わない病いを抱える当事者は無数にいる。実際，病院に行く前に自分で市販薬を購入・服用したり，ひたすら寝て自然と治ってしまう場合もあれば，医療専門職の指示に従わない患者も少なくないし，医師が有効な治療法を提供できない病気を抱える人たちも多数いるのだ（池田 2014: 4 を参照）。

　こうした歴史的・時代的・社会的な文脈のもと，A.クライマンは医療専門職が診断する「疾病」と，当事者やその家族が経験する「病い」を対比的に論じたうえで，当事者や家族の生きられた「病いの経験」や「病いの語り」を読み解いていった。このように，近代医療が見過ごしてきた「患うこと（suffering）」の経験は主題化されるようになったのだ（Kleinman 1988=1995）。

　近代医療の誕生以降，病気は生物医学的な現象であり，専門家のみが理解可能であると捉えられてきたのに対して，1980 年代以降，病いの経験や病いの語りに関する研究の登場によって，治療することが難しい慢性疾患や難病などを抱えて生きる当事者とその家族が経験する現実が鮮やかに描き出されるようになったのだ。

(3) 「近代医療」と「病いを生きること」に対する常識破り

　かつて A. L. ストラウスは，医療社会学には，医学・医療の領域内部に立ちながら問いを立てる「医療における社会学（sociology in medicine）」と，医学・医療それ自体を問い直し，批判的に論じる「医療を対象とする社会学（sociology of medicine）」の二つの立脚点があることを論じた（Strauss 1957）。もちろん，両者は対立的というよりも相補的であるし，今日では医学・医療の領域に内属しつつも，医学・医療それ自体を捉え直す研究が展開されているため，この区分自体に意味があるわけではない。しかしながら，医療社会学は，医学・医療それ自体を問い直し，「近代医療」や「病いを生きること」をめぐる常識破りを志向してきたことは間違いない。医療社会学が切り拓いた認識論的地平は大きい。

　第一の「近代医療批判」としての医療社会学では，病気を治療する近代医療

第8章 障害・病い・老い

それ自体を批判的に論じることで「近代医療」の常識破りを行った。たとえば，医学・医療が人びとの病気を治療するための知識や業界ではなく，人びとを統制・統治していく社会的装置であること，複数の医療専門職の中でも医師のみが唯一の支配的なプロフェッションとして医療サービスに構造化されている状況を示す「専門職支配（professional dominance）」（Friedson 1970=1992: Ⅵ）のもとで権力が構造化されていること，逆に，消費者の台頭によって専門職支配が大きく変容し，民主的な医療体制になりつつある「脱プロフェッション化」のもとでは医療専門職が決定することが困難となり，誰もが組織に組み込まれていくことなどを批判的に論じた。

　また，R. バートンの『病院神経症』を端緒に，E. ゴフマンの『アサイラム』（Goffman 1961=1984），T. J. シェフの『狂気の烙印』（Scheff 1966=1979）によって，さらには R. D. レイン（Laing 1960=1971），T. サズ（Szasz 1974=1975）などによって，さまざまな精神医療批判が展開されてきた。とりわけ，「精神病」とは患者個人の行動や性質を意味するものではなく，ある特定の個人が「精神病者」として名付けられ（ラベリングされ），カテゴリー化されることによって作り出されたものであると主張したラベリング論（→第4章1節）は医療社会学にきわめて大きな影響を与えた。そして，施設批判が精神病院にとどまらず，知的障害者施設や肢体不自由者施設，高齢者福祉施設などでもなされたことで，近代医療が「治療」の名のもとに当事者やその家族に不利益を与えたり，当事者を統制・管理することで当事者やその家族を社会的に排除していることを痛烈に批判したのだ。

　第二に，「病いを生きること」に対する常識破りである。先述したように，当事者やその家族は医学的な診断や検査から「疾患」の知識をもとに自らの病気を意味づけ，解釈しているのではなく，複数の知識・情報を参照しながら，それぞれの病いを生きる当事者が自らの病いを意味づけ，解釈していく実践であることを明らかにした。

　自らのがんの罹病体験を機に A. フランクは，「病いの語り」を切り拓き，病いを生きる人びとが自分の経験を自分の言葉で語り始めることを通じて，近代医療に回収されない脱近代的な可能性を見出した（Frank 1995=2002）。こうしたフランクなどの研究によって病いの語り研究は飛躍的に進んだ。他方で，フ

ランクなどの病いの語り研究では，当事者やその家族の語りを中心的な対象とし，慢性疾患などの特定の病いの経験に照準することが多く，また病む人びとが「探求の語り」を通じて道徳的行為主体となりうることを多く示していた。しかしながら，今日では，医師／患者を対立的に論じるのではなく，物語の語り手としての医師に注目することや，慢性疾患とは異なる遺伝性疾患のような病いの経験に照準することの重要性，そして「探求の語り」としてはうまく論じることができない経験などに着目する必要性が指摘されている（西倉ほか2019: 10）。今後，「病いの経験」や「病いの語り」に関する研究はさらに飛躍的に展開されていくであろう。

4. 超高齢社会／人口減少社会における老い

(1) 老いを社会的な文脈のもとに位置づける

　超高齢社会／人口減少社会において「老い」の捉え方もきわめて大きな変化を遂げた。「老いの社会学」においても老いの認識論的転回が起こった。

　エイジング（加齢）のメカニズムやプロセスならびに高齢者に関する諸現象・諸問題を研究対象とする学問分野は老年学として定着しており，そのため“Sociology of Aging”は「老年社会学」と訳されることが多い。しかしながら，近年では「老いの社会学」という呼び方をすることもある。このように，あえて「老い」と表現するのは私たちの社会で「年を重ねること」をいかに理論的に記述するかをめぐる格闘の歴史を指し示している（天田 2010）。

　1960 年代後半以降において世界的に「老い」の捉え直しが起こった。アメリカにおいては，かつて「高齢者＝支援を必要とする弱者／老い衰えゆく無能力者」といったステレオタイプ化された高齢者イメージが強く，学問もそれらを前提に研究を進めてきた。ところが，こうしたステレオタイプ化された高齢者像が 1960 年代以降において全米退職者協会（American Association of Retired Person: AARP）やグレイパンサー（Gray Panthers）などの当事者組織によって年齢差別（ageism）として痛烈に批判されるようになり，また，「高齢者は非生産的である」などの老人神話に対する批判から，それらを「脱神話化」する試みが各方面で展開された。こうしたシニアムーブメントを背景に，老年学で

はエイジング概念が刷新された。老年学ではそれまで老年期を実体的に捉えていたが、こうした異議申し立ての運動を背景に心理学者の E. H. エリクソンなどによって人間の発達（human development）研究という新たなアプローチから老年期を捉えるようになった。

つまり、老年期だけを取り上げるのではなく、出生から死までのライフサイクル全体の中で「生涯発達」していく一つの時期として老年期を捉えるようになったのだ。「年を重ねる」とはまさに生涯発達していくプロセスであるという認識論的転回のもとで老年学は発展してきた。こうした転回のもと社会学でも老年期を生物学的エイジング（老化）としてではなく、社会的文化的エイジング（加齢）の視点から理解するようになった。

老いの社会学は、フェミニズムの知見などを踏まえつつ、老年学によって示された「ネガティブな老いの像からポジティブな老いの像の認識論的転回」を受け入れるのではなく、ネガであれポジであれ、「老いのバイアス」それ自体を痛烈に批判した。そのため、第一に、私たちの日常においていかに日々の現実が「老いのバイアス」によって形作られているのかを問うようになった。特に、近年であれば、高齢期における「主体性」や「生産性」や「創造性」や「成熟」などが謳われるが、そうした言説がいかに私たちの現実を作り出しているのかを明らかにするようになったのだ。

第二に、高齢者の多様性が強調されるようになったため、人生をライフサイクルとして段階的に捉えるのではなく、激動する社会変動の歴史的文脈において「個人のエイジング」を照らし出すライフコース論などが登場した（→第6章2節）。老いの社会学でもこうした「多様化する老い」に照準するようになった。

第三に、かつての規範や制度を吟味・改編しつつ、老年期におけるアイデンティティや生き方を問い直す高齢者を描出するため、新たな知識や情報を参照しながら、自らの人生を意味づけ直し／再解釈していく「再帰的エイジング（reflexive aging）」とでも呼ぶべきプロセスを分析しようという立場も登場した。こうした再帰的エイジングを生きる高齢者像を前提にしたアプローチは二つの点で画期的であった。

一つには、かつての言説や規範や制度を批判的に捉え直し、不断に自らを意

4. 超高齢社会／人口減少社会における老い

味づけ直して生きる高齢者像を描き出せるようになった。かつての「高齢者は
パッシブであり，プロダクティブではない」というネガティブな言説であれ，
近年の「高齢者はアクティブであり，プロダクティブである」というポジティ
ブな言説であれ，私たちはそうした言説を捉え返しつつ，自らの「老い」を再
帰的に意味づけ直していくのである。超高齢社会／人口減少社会という「静か
なる社会変動」のもとで，さまざまな言説や知識を参照しつつ人びとが自らの
「老い」を捉え直していく「再帰的エイジング」に照準することで「社会の変
化」と「個人の変化」を同時に分析することができるのである。

　もう一つには，「スーパー高齢者」「生涯現役」「シニア婚活」「終活」などの
言葉に象徴されるように，むしろ近年では「新しい老いのイメージ」や「新た
な高齢者像」が提示されることによって，そうした言説にとらわれる形で私た
ちは自らの「老い」を意味づけようと絡めとられてしまっている。他方で，そ
のような「新しい老いのイメージ」や「新たな高齢者像」における言説を捉え
直すことを通じて，そうした言説に絡めとられることなく，それこそ「新しい
老いのイメージ」や「新たな高齢者像」を高齢者に強く求めている「社会」そ
れ自体を問い直していくダイナミズムを描き出すことができるのである。

(2) 老いの連続性と非連続性

　しかしながら，こうした再帰的エイジングでは，人びとが常に自らの人生を
問い直して生きるという「自己の連続性・同一性」を理解することに成功して
も「自己の非連続性・差異性」を十分に描くことが難しい。「再帰的エイジン
グ」は人びとは加齢にともなう「身体の変容」のただ中で，規範や制度を懐
疑・吟味し，自らの人生を問い直していく形でその「自己の非連続性・差異
性」を自己内部に再回収していくことを前提にしている。しかしながら，認知
症などの老い衰えゆく身体には，自らでは制御・統制できない，自己の同一性
には回収しえない圧倒的な現実がある。また，絶えざる自己や制度の問い直し
は記述できても，なにゆえそのようにしか人びとは自己や制度を問い直すほか
ないのか，そもそもなにゆえ特定の人びとのみが自己や制度を問い直さなけれ
ばならないのかという社会的仕組みを十分に分析することができない。

　こうした文脈から，第一に，「自己の連続性・同一性」のもとで「老い＝自

第8章 障害・病い・老い

己の非連続性・差異性」が立ち現れる現実をいかに記述するかという関心から「老い」が再発見された。使い古された「老い」という日常語には「自己の連続性・同一性」（これまでの自分）と同時に「自己の非連続性・差異性」（これまでとは異なる自分）をあわせて指し示すことができるがゆえに，「老い」を問うことは決定的に重要なテーマであるのだ。

第二に，先述したように，老年学などで強調されてきた高齢者の「主体性」「能動性」「生産性」「創造性」などの（私たちの社会においてポジティブに評価される）価値を前提にするのではなく，「望ましき人間像」それ自体をいったんは脇におき，その多様性を徹底的に問い直す言葉として「老い」が問い直されている。

いずれにせよ，「老いの社会学」は私たちの社会の老いをめぐる現実がいかにして作り出されているのかを冷徹かつ大胆に考究していくことが可能な分野である。

(3) 高齢者とその家族の「生」——「超高齢社会」と「老いを生きること」の常識破り

近年では「老いを生きる当事者」に照準したうえで，その現実を微細に分析する研究も少なくない（天田 [2003] 2010; 小倉 2006）。また，研究者が当事者といかにコミュニケーションを営んでいるのかを照準する研究もある（出口 2012）。加えて，老い衰えゆく当事者のみならず，認知症高齢者の家族を対象に緻密かつ詳細にその現実を描き出す研究も展開されてきている（井口 2007 ほか。また，2000 年代前半までに福祉社会学においての当事者やその家族が照準されてきたのかについては藤村 2005 参照）。

一例として挙げるなら，日常にケア・支援を必要とする高齢者とその家族を対象にした社会学的研究が展開されている。そうした研究では「介護の社会化」を標語に 2000 年に創設された介護保険制度のもと高齢者家族のケア・支援のあり方がいかに変容したのかが指摘される。

第一に，介護保険制度によって，それまでは家族のみで担わざるをえなかった高齢者ケアが，多くの場合において公的介護サービスを利用しながら家族において担われるようになった。「介護保険を利用することが当たり前の時代」において，介護サービスを利用しながら家族は高齢者のケアを担っていく現実

4. 超高齢社会／人口減少社会における老い

が社会学的テーマになったのだ。介護保険制度がスタートしたことによって，公的介護サービス利用のハードルが一気に下がり，公的介護サービスの利用を前提に高齢者ケアが担われるようになった。このことで家族は介護を家族外部にアウトソーシングできるようになった反面，逆にどこまで他者にアウトソーシングするのか／すべきか，誰がその他者へのアウトソーシングの負担を担うのか／担うべきなのかをめぐって，家族間で葛藤や軋轢が生じるようになった。

　第二に，介護保険制度創設を契機に高齢者ケアのあり方も大きく変化した。春日キスヨが「高齢者介護倫理のパラダイム転換」と呼ぶように，介護保険制度創設以降は「集団ケアから小規模多機能ケアへ」「身体介護だけでなく心の介護も」「利用者中心の介護」が強く求められるようになった結果，ケア労働者は大きなケアコストと責任を余儀なくされた（春日 2003）。しかしながら，こうした「高齢者介護倫理のパラダイム転換」はケア労働者のみならず，家族介護のあり方も大きく変化させた。実際，家族介護において，家族はさまざまな愛憎入り乱れる中であっても「高齢者中心の介護」「寄り添うケア」といった高齢者介護倫理を踏まえつつ高齢者（老親）の日々の介護をせざるをえなくなった。高齢者に対する家族介護者のケアコストや責任は飛躍的に増大したのだ（井口 2007）。

　第三に，介護保険制度のもと，家族介護者は公的介護サービスをできる限り利用しつつ，高齢者（老親）にとって望ましい形をつくろうとするため，さまざまな機関や専門職と細やかに調整し，全体をマネジメントするコストを担わざるをえなくなった。実際，介護保険サービスを利用する際の自己負担額を気にしながらも，できる限り介護サービスを利用しつつ，家族がその中で「マネジメント役」「調整役」となって日常を組み立てていくという状況になっている。その意味で，家族のマネジメント・調整コストはきわめて大きなものになった。かつては家族の手によって日常の中に組み込まれていた高齢者ケアを，さまざまな機関や専門職と相談・交渉・調整しながら，各種のサービスを組み合わせていくようなマネジメントをしなければならない。いうなれば家族介護における責任労働の増大である（上野 2011）。

　第四に，「介護の社会化」の名のもとで，家族介護の一部はアウトソーシングしたが，結局のところ，それ以外の「一切合切」を家族介護者は依然として

187

第**8**章　障害・病い・老い

担わざるをえない。平山亮が J. メイソンの「感覚的活動（sentient activities）」を引きながら論じたように，他者はどのような人物であり，何を好み／好まないのかを理解したうえで，他者の状態・状況を注視したり，この他者には現在何が必要かを見定め，他者の生存・生活を支え，他者の人間関係を慮ったりしながら関係調整していくような「マネジメント」を家族介護者は担わざるをえない（平山 2017: 37-42）。介護サービスの利用にともなう各種機関や専門職とのマネジメントのみならず，家族介護者は"見えないケア"を担わざるをえないのだ。実際，老親がどんな性格であり，いかなる人生を経てきたのか，どんな好き嫌いやこだわりや癖があるのか，体調や健康面や精神面でどんな注意が必要か，どのような言葉や声かけに反応するのか，そのうえでどのような支援が必要であり，利用可能なサービスからどのように望ましい状況を実現させていくのかを思慮し，段取りを考え，全体を整え，実行するのはほかならぬ家族介護者にならざるをえない。そして，それを実現するためには，各種機関や専門家のみならず家族・親族を含めた関係者への丁寧かつ膨大な説明コストが必要になる。今日の家族介護者は日々の高齢者ケアを回していくための膨大な「お膳立て」「縁の下の力持ち」にともなうケアコストと責任を抱え込まざるをえないのである（天田 2015）。

　第五に，終末期や医療ニーズの高い高齢者ケアの場合，その高齢者に対する生命・生存に関わる深刻な選択・決断を家族介護者が担わざるをえなくなっている。いわば高齢者の「生き死に」に関わる家族介護者の選択・決断のコストと負担の増大である。春日が「長寿期高齢者家族」の現実を描き出したように，今日においては高齢者ケアは長期化し，重度化・複雑化した状況の中で胃ろうや人工呼吸器などをつけたり，人工透析を続けて生活する高齢者が増大している（春日 2018）。その際には，胃ろうや人工呼吸器や人工透析などを継続するか，差し控え・中止するかなどの判断を家族介護者が迫られることになる。しかも，高齢者本人の意思を慎重に確認しなければならないし，認知症などによって本人の意思が確認できない場合には，本人の思いを汲み取りながら，家族介護者は高齢者の生命・生存に関わる深刻な倫理的な選択・決断を余儀なくされてしまう。加えて，家族・親族のあいだでもこうした生命・生存に関わる倫理的な選択・決断の見解は一致しないことも少なくなく，また時間的制約の中

でそのような選択・決断を強いられることになるため，家族・親族間に大きな
コンフリクトをもたらすこともあり，家族介護者はそのような難しい舵取りを
し，家族・親族間で交渉し，調整し，「落としどころ」を探り，「折り合いをつ
けていくこと」を求められることになるのだ。今日においてはこうした高齢者
の生命・生存に関わる倫理的選択・決断をめぐる負担は決して小さくない。

　こうした介護保険時代における家族介護者のケアコストと責任の増大にもか
かわらず，そうしたケアコストや責任がいまだ家族介護者のみに担わされてい
る状況がある（→第6章3節）。このように介護保険創設から四半世紀を迎えよ
うとしている現在においても，改めて「介護の再家族化」が生じており，誰が
高齢者の介護をどこまで担うのかをめぐる問いはいまだに大きな問題である
（藤崎 2009: 55）。「介護の社会化」の名のもとで，介護保険制度は少なくない
高齢者本人や家族がそれまで担ってきたケアを，家族以外の他者に委ねること
を可能にしたのも事実であるが，介護保険時代において家族介護者はそれまで
とは別様のケアコストと責任を余儀なくされているのだ。

　このように「老いの社会学」は当事者や家族にとっての「老い」の視点から
「社会」を描き出してきている。つまり，「老いの社会学」においてはこうして
「超高齢社会」と「老いを生きること」に対する常識破りの企てが行われてき
ている。

5. 最後に

　本章で見てきた通り，1970年代以降において障害や病いや老いを生きる当
事者たちが声を上げだしたことを通じて，それまでの社会学に対する異議申し
立てが起こるようになり，社会学それ自体の前提の問い直しが行われるように
なった。そのことによって，障害の社会学ないしは障害学では「能力主義」と
「優生思想」に対する常識破りが，医療社会学では「近代医療」と「病いを生
きること」に対する常識破りが，老いの社会学では「超高齢社会」と「老いを
生きること」に対する常識破りがそれぞれ達成されてきたのである。このよう
に，社会学において「障害」「病い」「老い」などの領域・視点から超高齢社
会／人口減少社会における「生」それ自体が大きく捉え直されてきたのであり，

第8章　障害・病い・老い

そのように問い直された「生」という視座に立脚すると，まさに全き「個人的なこと」に見える「生」の問い直しこそが，「社会」という「問い」を立ち上げてきたのである。

最後に，これからの「生の社会学」における社会学的課題を二点のみ記そう。

第一には，上記のように，障害・病い・老いを生きる当事者たちの「生」の問い直しが行われてきたが，障害・病い・老いをめぐって「あいまいな生きづらさ」を抱えながら生きる当事者やその家族については十分に描出されているとはいいがたい。換言すれば，今日においても，自らが言語化しえず，自らの生きづらさを言葉として語ることが困難な当事者たちの「生」を社会学的に分析することを通じて，改めて私たちの「社会」を問い直すことが強く求められているといえよう。

第二には，まさに上記の点に深く関わるのだが，J. C. トロントが「私たちはみな，ケアの受け手である」（Tront 2013=2024: 209）と記すように，上記のような「あいまいな生きづらさ」を抱えている人たちも含め，私たちの社会におけるすべての人びとは社会におけるケアの受け手である。そして，「生の社会学」とはまさにこうした「社会の誰もがケアの受け手である」という事実的命題を踏まえつつ，にもかかわらずケア責任がきわめて不平等かつ非対称にしか割り当てられていない事態に対して，「私たちすべての生がケアされるべきであるならば，社会のすべての人びとがケア責任を担うべきである」という規範的命題が支持されることを示してきた闘いであった。こうしたケアをめぐる規範理論・政治理論はまさに今後開かれていくべき社会学の問いであろう。

⚠ 要点の確認

・障害・病い・老いを生きる人びとなどの「生」の捉え直しを通じて，それまでの社会学の研究に対して異議申し立てがなされ，研究の前提が問い直された。
・障害者運動に影響を受けた障害学において「能力主義」と「優生思想」によって構成されている「社会」に対する痛烈な問い直しが行われた。
・患者運動や消費者運動や医療批判などの時代背景のもと，医療社会学において「近代医療」と「病いを生きること」に対する批判的な捉え直しが起こった。
・高齢者運動やエイジズム批判のもと，老いの社会学において「超高齢社会」と「老いを生きること」の批判的検討がなされ，「老い」の認識論的転回が生じた。

文献ガイド

安積純子・尾中文哉・岡原正幸・立岩真也『生の技法──家と施設を出て暮らす障害者の社会学［第3版］』（生活書院）

▷本章では，1970年代以降における日本の障害者運動がアカデミズムと有機的に結びつくことはなかったと記したが，この本は1990年という時代に「家や施設を出て地域で暮らす重度全身性障害者の自立生活」の生のありよう，規範や制度などへの異議申し立て，障害それ自体の捉え直しを見事に描き出した記念碑的著作である。私たちの社会を知るための必読の書である。

立岩真也『私的所有論（第2版）』（生活書院）

▷社会学とは当たり前を疑う学問であるとすれば，この本は私たちが最も自明なるものとして疑うことのない「能力のある人たちがたくさんの財を受け取ることができ，またその人たちが価値ある存在として位置づけられる」という社会のあり方，つまり私的所有の論理それ自体は正当化されないものであることを，障害，代理母，女性の自己決定権，臓器移植などを取り上げながら緻密かつダイナミックに論じた社会学の新地平を切り拓いた書である。

E.ゴッフマン著『スティグマの社会学──烙印を押されたアイデンティティ』（せりか書房）

▷いまだ読まれるべき，ゴフマンの古典的名著。「スティグマ」概念を，属性を指す用語ではなく，「関係」概念として捉え，「スティグマ」を社会的文脈の中に位置づけ直した名著である。読み返すと，その都度，私たちがゴフマンから読み取っているスティグマ概念はきわめて限定的ではないか，誤読すらしているのではないかと思えてくる雄編。

A.W.フランク著『傷ついた物語の語り手──身体・病・倫理』（ゆみる出版）

▷「病いの語り」や「病いの物語」という領域を切り拓いた名著。フランクは，「病いの物語」を「回復の語り」「混沌の語り」「探求の語り」の三つに類型化したのち，これらが織りなす「万華鏡の中の模様のようなもの」の中であっても「探求の物語」が病者にその人ならではの声を与え，自らの病いを生きる身体に価値を見出すことによって，語りは倫理的実践の一つとなりうると主張する。私たちに倫理的な問いを投げかけてくる。

J.バトラー著『ジェンダー・トラブル──フェミニズムとアイデンティティの攪乱』（青土社）

▷本章では触れることができなかったが，構築主義の理論に最も影響を与えた一人がJ.バトラーであり，本書が時代を超えて読み継がれる名著であることは間違いない。行為に先立って主体が存在し，その主体が自由に行為を統制するのではなく，むしろ主体は行為を通じて事後的に意志や属性が読み取られ，社会的に構築されていくものであると主張する。この言説の効果を見事に喝破した高著。第7章3節も参照。

第 **IV** 部

政治，経済，そして権力
──公的領域を問う──

第 9 章
社会的不平等
――正しい分配とは――

　もし社会的平等が「すべての人が同じものを同じだけ保有している状態」を意味すると考えるならば，それを現実においてどのように実現するかはともかく，概念的には簡単な問題になるだろう。しかし実際は，一人ひとりが多様な価値観をもち，また人によって関心をもつ領域も異なっており，そのなかで「真の社会的平等とは何か」を考えることは容易ではない。本章では，社会的不平等の概念的な問題を検討したうえで，社会的不平等の測り方を確認し，社会的不平等がこれまでどのように変化してきたのか，その趨勢を問題にする。そして最後に，社会的不平等の問題は，社会的不平等によって不利益を被る人びとだけにとっての問題なのではなく，その社会を生きるすべての人にとっての問題であることを論じる。

第 **9** 章　社会的不平等

1. 財の正しい分配を考える

(1) 正義の二原理

　社会学においては，社会に不平等あるいは格差が存在することが問題にされる。しかし**社会的不平等**の概念を正しく捉えることは実は容易ではない。平等の概念は，機会の平等と結果の平等に分けて考えられることが多い。機会の平等とは，すべての人に等しく機会が与えられていることを意味する。したがって，与えられた機会をどのようにもちいるかによって，人びとの間で所有する財について格差が生じることがある。それに対して，結果の平等とは，すべての人に等しい財が与えられていることを意味する。したがって，結果の平等を実現するために，すでに多くの財を所有している人に対して機会を制限することもありうる。このように，一見すると機会の平等と結果の平等は平等について鋭く対立する概念のようにみえる。しかし，この概念を現実社会にあてはめたとき，両者の区別は必ずしも自明ではなくなる。なぜならば，私たちの社会では財を保有することと機会を与えられていることが一体化している場面が少なくないからである。たとえば，機会の平等を認めることで結果の不平等が生じると，今度はその不平等が機会の不平等を生み，結局，機会の平等を認めることがかえって機会の不平等を帰結することもありうる。

　このような概念的な難しさを内包している社会的平等の概念を考えるとき，参考になる議論として，J. ロールズの正義論と，A. センの潜在能力（capability）論を挙げることができる。

　ロールズは正義に関する詳細な理論を展開したが，その際に平等の概念を重視した。ロールズにとって，正義は社会的平等と関係なく論じられる概念ではなかった。ロールズは**正義の原理**として，次の二つを主張した。

　　第一原理　各人は，平等な基本的諸自由の最も広汎な〔＝手広い生活領域をカバーでき，種類も豊富な〕制度枠組みに対する対等な権利を保持すべきである（Rawls [1971] 1999＝2010: 84）

第二原理　社会的・経済的不平等は，次の二条件を充たすように編成され
なければならない——(a) そうした不平等が各人の利益になると無理なく
予期しうること，かつ (b) 全員に開かれている地位や職務に付帯する〔も
のだけに不平等をとどめるべき〕こと (Rawls [1971] 1999=2010: 84)

　決してわかりやすい表現とはいえないが，最初の原理はすべての人が等しく
自由であることを求めていると理解できる。それに対して，二番目の原理は，
どのような場合に社会的・経済的不平等が認められるのか，その条件を明らか
にしていると理解できる。不平等が認められるのは，その不平等を認めること
が社会全体の利益になり，かつ恵まれた地位や職務にアクセスできる機会がす
べての人に対して開かれている限りにおいてでしかない。この二つの原理から，
ロールズは，機会の平等を与えられているという条件のもとで一定の社会的・
経済的不平等がありうることを認めていたことがわかる。

(2) 潜在能力

　一方，A. センは，平等に分配されるものとして財や資源を想定するのでは
なく，**潜在能力（ケイパビリティ）** を想定するべきだと主張している (Sen
1992=2018)。平等について考えることが難しくなるのは，人間が多様な存在で
あることと平等を問題にされる領域が多岐にわたっていることからである。人
によって，何をどのくらい，そしてどのように欲するかはさまざまである。そ
のため，財や資源を均等に分配するだけでは，人びとにとってかえって望まし
くない状態が帰結されることもありうる。むしろ平等の実現にとって重要なこ
とは，すべての人に各人の仕方で幸福や福祉を追求する能力を等しく保障する
ことである。そしてセンは，各人の仕方で幸福や福祉を追求するために必要な
自由の総体を潜在能力と呼び，すべての人が基本的な潜在能力を保障されてい
ることが目指されるべき平等なのだと考えた。このときセンの枠組みにおいて
は，自由と平等は背反するものではなく，一体のものとなっている。言い換え
れば，機会の平等と結果の平等は潜在能力という視点から統一的に捉えられて
いる。
　たとえば社会的平等の問題を考えるとき，とりわけ貧困の問題が重要視され

るのは，客観的に数値で測られるところの所得の低さを直接的に問題にしたい
からではない。所得は，その社会を生きる人びとにとって幸福や福祉を追求す
るための重要な手段の一つとなっている。したがって，十分な所得をもってい
ないと，人びとはその社会で生きていくためのさまざまな機会を奪われること
になる。貧困はその人の自由を制限し，その人の潜在能力を奪うからこそ，社
会的平等の実現を目指すときにはとりわけ重要な問題となる。

　言い換えれば，そこで問題にされている貧困は，絶対的な貧困ではなく，相
対的な貧困である。絶対額としていくらの所得しかもっていないということが
問題ではなく，その社会で各人の仕方で幸福や福祉を追求するのに十分な所得
になっていないことが問題なのである。たとえば，先進国に住む個人が金額的
には開発途上国に住む個人よりも多くの所得を得ているとしても，所得が国内
では低いことでその人の潜在能力が制限されているならば，先進国に住む個人
であってもその所得の低さゆえに貧困状態にあるといえるようになる。

(3) 社会的平等の困難さ

　ロールズが個人を抽象的に捉えたうえで正義の原理を論じたのに対して，セ
ンは，個人の多様性や，平等が問題にされる領域の複数性に注目しつつ平等の
問題を議論した。いわばセンは，ロールズが社会的平等の問題を語る際のその
抽象性を批判したといえる。実際に，社会的平等の問題を抽象的に語るロール
ズの特徴を明らかにしているものとして，ロールズの無知のヴェールに関する
議論を想起することができる。ロールズは先に紹介した正義の原理を正当化す
るための手続きとして，人びとが無知のヴェールにかけられている状態を想定
し，そのとき人びとが何をどのように判断するかを考えた。無知のヴェールを
かけられているとき，すなわち自分の社会的地位や財産に関する情報を一切与
えられていないとき，人びとは自分がどのような社会的地位や財産が与えられ
ていた（あるいは，与えられていなかった）としても最小限のものは確実に保障
されているような状態を選好するはずだと，ロールズは考えた。つまり，その
とき人びとに選好される分配規則は，ロールズが考えた正義の二原理に合致す
ることになる。しかしセンは，そのような議論によって人びとの多様性の問題
が軽視されることを恐れたのである。

1. 財の正しい分配を考える

ロールズの正義論の抽象的な性格を批判したのは，センに限られるわけではなく，コミュニタリアン（共同体主義）の立場にたつ社会哲学者も同様であった。たとえば，コミュニタリアンを代表するアメリカの哲学者 M. サンデルは，無知のヴェールにおかれた個人を「負荷なき自我」と呼び，そのような個人に道徳的判断を委ねることの誤りを指摘した（Sandel 1982＝1992）。無知のヴェールをかけられた個人はあくまでも仮想的な存在でしかなく，現実の個人はどの個人もその人の来歴に由来する独自の人格をもっている。そしてその個人がその人であるところの根拠がその人の人格にあるのだとすれば，人格を無視してなされた判断は道徳的には正当化しえないと，サンデルは考える。むしろ，道徳的判断は，一人ひとりの人格を形成してきた歴史的・文化的共同体の共通善によって正当化されなければならない。言い換えれば，何が社会的に平等なのかは普遍的に定義できるわけではなく，歴史的・文化的文脈のなかで決まるほかないものになる。

もちろん，ロールズの社会的平等の考え方に対してセンの社会的平等の捉え方が優越しているとか，あるいは逆にセンの社会的平等の捉え方に対してロールズの社会的平等の考え方の方が勝っているとか，性急に結論を出すことはできない。ここで強調したいことは，"誰もが同じであることを求める"という意味をもつ，一見するときわめて自明にみえた社会的平等の概念は，実は丁寧に考えていくと決して容易な概念ではないということである。しかし容易に答えが出る問題ではないからといってこの問いを避けていては，社会学者は社会的不平等の問題に取り組むことができない。社会学者に求められることは，そして社会学を学ぶものに求められることは，客観的な財やさまざまな機会（チャンス）が社会的にどう分配されているかを記述することだけではない。そうした財や機会の分配がどのような社会メカニズムにしたがって導かれたものなのかを説明し，そしてどのようにすればその分配を望ましいものに変えていけるのかを理論的に提言していくことも必要なのである。

一方で社会学については，次のような意見もある。筒井淳也は，社会学は説明を志向する社会科学を目指すべきではなく，あえて記述だけを志向する社会科学を目指すべきだとしている（筒井 2021）。一見すると，この主張は，社会学者は現実の記述に徹すればよく，現実の説明までもおこなう必要はないとい

第9章 社会的不平等

っているようにみえる。しかし注意しなければならないことは，筒井が実際に
問題にしているのは「社会学自身が研究対象である社会の一部を形成してい
る」という社会学の再帰的な性格だということである。社会に対する知見を積
み重ねていく作業それ自身が，社会を変化させていくポテンシャルをもってい
ることが重要なのである。あるべき社会的平等がどのようなものであるかにつ
いて性急に答えを出すことができないとしても，社会的現実とそうした現実を
生み出す社会メカニズムに関する知見と理解を一つひとつ積み重ねていくこと
で，人びとは社会的平等という困難な問題の本質に少しずつでも近づいていく
ことができる。

2. 社会的不平等を測る

(1) 給与の違いからみる所得格差

　現在の日本社会において，どの程度の所得格差が存在するのかを推測する手
がかりとして，一つの統計データをみることにしよう。図9-1 は，国税庁が実
施している令和4年度民間給与実態統計調査の結果の一つを示したものである。
横軸は給与階級を意味し，縦軸はその給与階級に含まれる給与所得者の人数を
示している。給与階級は 1000 万円以下までは 100 万単位で分類されており，
1000 万円を超えると 500 万円単位で分類されている。さらに 2500 万円を超え
たものはそれを一つの階級とし，図9-1 では 3000 万円のところに配置してい
る。民間給与が対象とされているので，民間企業に雇用されている人だけのデ
ータであり，民間企業以外で働いている人，雇用されずに働いている人，ある
いはそもそも働いていない人のデータは含まれていない。したがって，現代日
本社会の所得格差を必ずしも正しく反映しているわけではない。しかし，民間
企業で働いていて所得を得ている人は全体のかなりの部分を占めているので，
現代日本社会の所得格差をイメージするのには役に立つ。

　図9-1 をみてはっきりわかることは，給与分布の形は左右対称になっておら
ず，全体として分布の山が左側（給与の低い側）に偏っていることである。給
与分布の頂点は 300 万円以上かつ 400 万円以下の階級のところにあり，そこを
超えると最初は急激に，そしてその後はなだらかに階級別の所得者数が減って

2. 社会的不平等を測る

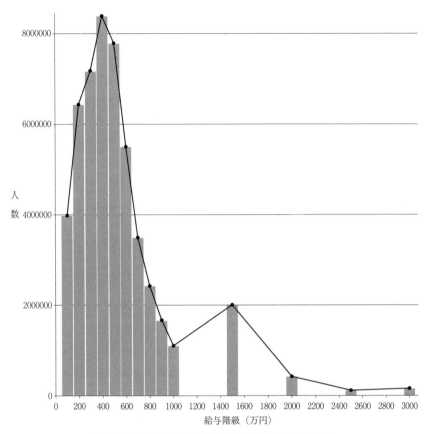

出典：国税庁『令和4年分民間給与実態統計調査』より筆者作図

図 9-1　給与階級ごとの給与分布（棒グラフと重ねる）

いく。直観的なイメージでいえば、所得の低いところのボリュームが大きく、所得の高いところのボリュームは小さいことになる。にもかかわらず、かなり高い給与階級であっても、所得者数がゼロになるわけではなく、それなりの人数が存在する。そして、ごく少ない高額所得者の存在は、全体の平均給与を引き上げることで、給与所得者の多くは平均給与よりも低い給与しか得ていないという事実がもたらされる。実際にこの調査での平均給与は 433 万円となっており、給与所得者の大半は平均給与よりも低い所得しか得ていない。個人の給

第9章　社会的不平等

与所得の格差は大きいといってよいだろう。

(2) ジニ係数と相対的貧困率

ここでは所得格差をグラフから得られるイメージを通して把握したけれども，統計的に所得格差を測る場合には，**ジニ係数**あるいは**相対的貧困率**を計算して，その数値をもとに所得格差の大きさを判断することが多い。

ジニ係数とはイタリアの社会学者 C. ジニが所得格差を測るために考案した指標で，全所得が全員に均等に分配されている状態を基準として，現実の所得分配がそこからどの程度乖離しているかを示す。また，ジニ係数は 0 から 1 未満の値をとり（ジニ係数が 1 になることはない），1 に近いほど所得が均等に分配されている状態から離れていることを意味する。ちなみに，ジニ係数は次の計算式から求めることができる。

$$Gini = \frac{1}{2n^2\bar{x}}\sum_{i=1}^{n}\sum_{j=1}^{n}|x_i - x_j|$$

このとき，n は個人の総数を意味し，x は個人の所得を意味し，$\bar{x}$ は全体の平均所得を意味する。たとえば，10 人の個人がおり，全体の所得の合計額が 1000 万円だとしよう。このとき，全員の所得が 100 万円で同一だとすれば，ジニ係数は 0 になる。所得格差はないことがわかる。しかし，1 人の所得が 1000 万円で，残りの個人の所得が 0 円だとしよう。このとき，ジニ係数は 0.9 になる。10 人の個人で計算されるジニ係数のなかで 0.9 は 1.0 に最も近い値であり，所得格差が最大になっていることがわかる。

ジニ係数は所得格差の大きさを客観的に測ることのできる指標だが，しかし所得格差によってどのくらいの人が生きていくための困難を抱えているのかを直観的に把握することは容易ではない。このことを知るためには，相対的貧困率に注目することが有用である。たとえば，日本社会における 2021 年度のジニ係数は 0.381（『令和 3 年所得再分配調査報告書』より），相対的貧困率は 15.4%（『2022（令和 4）年国民生活基礎調査の概況』より）と聞いたとき，後者の方が困難を抱えて生きている人たちの多さをより実感的に把握しやすいといえる。ちなみに，相対的貧困率とは，等価可処分所得（世帯収入から税や社会保険料を除

202

き，年金や社会保障給付を加えたうえで，世帯人数で調整した額）の中央値（全体のちょうど真ん中の値を意味し，平均値とは異なる）の半分以下の所得しか得ていない世帯の比率である。このとき，相対的貧困の相対性が意味することに注意が必要である。たしかに人びとの所得は同じとは限らないので，相対的に高い所得を得ている世帯と相対的に低い所得しか得ていない世帯がでてくるのは当然である。ここでは，貧困であるかないかを判断する基準が中央値に依存して決まるという意味での相対性となっている。たとえば，全体の等価可処分所得の中央値が 500 万円，最小値が 300 万円，最大値が 700 万円だとしよう。所得が 300 万円の世帯は，所得が 700 万円の世帯と比べて低い所得しかない。その一方で，500 万円の半分は 250 万円となるので，300 万円の世帯は相対的貧困に分類されるわけではない。このように，所得に差があっても，そのことが不可避的に相対的貧困を生み出すわけではない。

（3）所得格差を生み出す社会メカニズム

　厚生労働省が実施している国民生活基礎調査の結果によると，2021 年の日本における相対的貧困率は 15％を超えている。相対的貧困率は原理的には 0％でもありえることを考えると，15％以上という数値は大きな数値といえるだろう。先の民間給与の分布状況とあわせて考えると，日本社会には所得について無視できない格差が存在しているといえる。このように日本社会には大きな所得格差が存在すると考えたとき，問題となるのは，その格差はいつから日本社会に存在したのかということと，そしてその格差は日本社会だけに存在するのかということである。後で述べるように，所得格差は時代を通じて一定であったわけではなく，時代によってその程度はかなり変化している。しかし程度の差はあっても，所得格差はどの時代においても大きいものであった。また，大きな所得格差は日本だけに観察される現象ではなく，世界のほとんどの国で観察されている。したがって所得格差にともなう問題は，今の時代だけ観察されるわけでも，またとりわけ日本において観察されるわけでもない。

　このように，どの時代にも，そしてどの社会にも大きな所得格差を見出せるのだとすれば，そのような大きすぎる所得格差を生み出す社会メカニズムが私たちの社会に備わっている可能性を想定できる。したがって，もし大きな所得

第9章　社会的不平等

格差を生み出す社会メカニズムを明らかにできれば，なぜ私たちの社会に大き
な格差が存在するのかを理論的に説明できるようになるだろうし，さらには私
たち一人ひとりの幸福や福祉の実現の妨げになるような格差を解消していく手
立てを考えることもできるようになる。それは多くの社会学者が目指している
プロジェクトの一つだが，もちろんまだ完成しているわけではない。所得格差
を生み出す社会メカニズムにはさまざまなものがありうることを踏まえたうえ
で，ここではそのなかでも興味深いと思われるものを一つ取り上げることにす
る。

(4) 累積効果をともなう反復投資ゲーム

　浜田宏は，累積効果をともなう反復投資ゲームのモデルをもちいて，大きな
格差をともなう所得分布が生み出されるメカニズムを説明している（浜田
2007）。反復投資ゲームでは，個人はゲームの中で幾度か投資をおこなう機会
を与えられる。現実に則していえば，それは進学や就職や転職といったものに
相当するだろう。与えられる選択肢は，ハイリスクだがハイリターンを期待で
きる選択肢と，ローリスクだがローリターンしか期待できない選択肢である。
また，あえて投資を見送る選択肢もモデルには含まれている。どの学校を受験
するか，どの職業を選ぶか，あるいは起業するかしないか，現実社会をみても
この想定は妥当な想定といえる。さらにこのゲームでは，投資できる額は自身
の保有額に応じて決まる。多くの額を保有していれば投資額は高くなるし，そ
もそも保有している額が少なければ投資額も低くなる。このモデルでは，プレ
イヤーには能力の差はなく，投資に成功するか失敗するかはただ確率に依存し
て決まる。浜田はこれだけの条件から，投資ゲームを幾度か繰り返すことで，
プレイヤー間の保有額に大きな差が生じることを数理的に明らかにした。

　浜田のモデルにおける重要な仮定は，ゲームは繰り返されるということと，
前回のゲームでよい結果を得たものは次のゲームで有利な立場にたてるという
ことである。具体的には，最初にハイリスクの選択によって大きなリターンを
得たものは，保有額を大きく増やしているので，その後のゲームを有利に進め
られるようになる。逆にハイリスクの選択によって保有額を大きく減らしたも
のは，それを挽回しようにもそもそも保有額が少ないために思うように事を運

ぶことができない。このようなことが積み重なっていくと、次第に両者の間に大きな差が生まれる。注意しなければならないことは、この差はプレイヤーの能力に応じた正当な対価が支払われたことで生じたわけではないということである。その差は、たまたま最初のゲームに勝つことができたという偶然に由来するものなのである。そしてその後は、累積効果によって、プレイヤーの能力に関係なく、格差は拡大していく。

　では、このモデルを現実社会にあてはめたとき、何がいえるだろうか。たとえば、プレイヤーが投資に利用できる保有額を資産だと考えたとき、そしてその資産は親から継承したものだと考えたとき、浜田が提示した反復投資ゲームの結果が与える示唆はきわめて重要なものとなる。

3. 社会的不平等の趨勢

(1) 日本社会における所得格差の変化

　どの社会にも所得格差が観察される一方で、その程度は時代によって異なっている。それは、日本社会においても例外ではない。では、過去数十年のうちに、日本社会の所得格差はどのように変化したのだろうか。日本社会における世帯間の所得格差の変化を知るためには、厚生労働省が3年ごとに実施している所得再分配調査の結果を参考にできる。図9-2は、1981年以降、世帯所得のジニ係数がどのように変化したのかを示すグラフである。横軸が西暦を意味し、縦軸は世帯所得間のジニ係数を意味する。図9-2では、二つの世帯所得のジニ係数の変化が示されている。一つは当初所得であり、税や社会保障によって調整される前の所得を意味する。それに対してもう一つは再分配所得であり、税や社会保障によって調整された後の所得を意味する。そして、図9-2において実線で示されているものが当初所得のジニ係数の変化であり、点線で示されているものが再分配所得のジニ係数の変化である。

　まず当初所得の変化をみてみると、1980年代から2010年代にかけてジニ係数の値は0.35程度から0.55程度まで上昇しており、趨勢としては所得格差が増大していたことがわかる。1980年代は日本を**総中流社会**だとみなす言説が流布していたが、2000年代以降は逆に日本を**格差社会**だとみなす言説が流布

第9章 社会的不平等

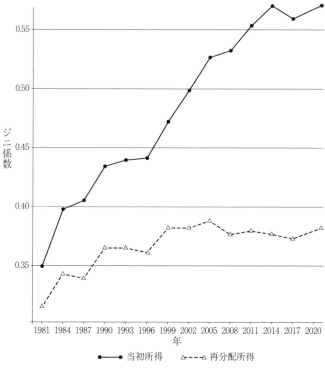

出典：厚生労働省『令和3年所得再分配調査』より筆者作図
図9-2 当初所得と再分配所得の変化

してきた。当初所得のジニ係数の変化は，日本社会は総中流社会から格差社会に変化したというイメージと合致しているようにみえる。次に再分配所得のジニ係数の変化をみてみると，1980年代から2000年頃までは当初所得のジニ係数の変化に対応するように緩やかに上昇しているが，2000年代から2010年代までは比較的安定している。いわば，所得格差の急激な拡大を社会保障や税による再分配で抑え込んでいたようにみえる。

(2) 世界各国との比較

前項で確認した事実をみると，日本は所得の再分配によって所得格差を一定の水準に抑え込むことに成功しているかのようにみえる。しかし，そもそも日

コラム 9-1　日本の経済格差

　高度経済成長を経た後，1970 年代から 1980 年代にかけて，日本が総中流社会であることがあまり疑問に思われることなく，多くの人びとに受け入れられていた。しかし，2000 年頃を境にして，日本社会にもさまざまな格差があり，しかもその格差は拡大しつつあると主張するいくつかの図書が注目を浴び，社会格差に対する社会的関心が一気に高まった。そうした図書の一つに，橘木俊詔が 1998 年に著した『日本の経済格差』（橘木 1998）を挙げることができる。ちなみに図書で扱われているのは，経済格差，とりわけ所得格差であるが，1980 年代以降になって所得格差を示すジニ係数が一貫して上昇しており，所得格差が拡大傾向にあることを世に知らしめた。2010 年代以降になると，今度は逆に日本が格差社会であることが自明視され，「日本は中流社会か，それとも格差社会か」という問いそのものが成り立たなくなったようにみえる。総中流社会から格差社会へ，日本人の社会観は 20 世紀から 21 世紀にかけてのわずか十数年で大きく変化したことがわかる。［数土直紀］

本社会の所得格差は十分に低いといえるのだろうか。実際のところ，日本の数値をみているだけではその高低を判断することはできない。他の国の所得格差に関するジニ係数を比較することが必要である。図 9-3 は，OECD（経済協力開発機構）が公開している所得格差に関する統計データから作成したグラフである（OECD 2021b）。横軸は国を示しており，全部で 41 か国のデータがある。縦軸は 2018 年（一部は 2017 年）のジニ係数の値を示している。図 9-3 から，2018 年時点で最もジニ係数の小さかったのはスロバキア共和国（表内では SVK）であり，最もジニ係数が大きかったのは南アフリカ共和国（ZAF）であったことがわかる。そして日本（JPN）は，ジニ係数を小さい順に並べたとき，41 か国中の 28 番目に位置していた。

　図 9-3 をみる限り，日本よりもジニ係数が小さい国が多く存在し，そして日本よりもジニ係数が大きい国もそれなりに存在している。言い換えれば，日本は突出してジニ係数が小さいわけではないし，逆に突出してジニ係数が大きい

第 9 章　社会的不平等

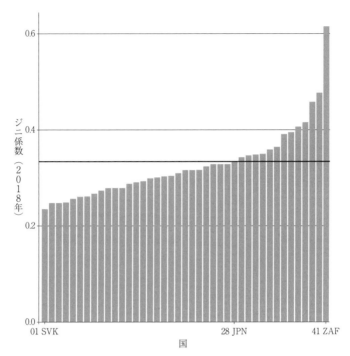

出典：OECD Data（https://data.oecd.org/）より筆者作図
図 9-3　OECD の国別ジニ係数

わけでもない。しかし全体としてみると，少なくとも 2018 年の時点においては，ジニ係数が小さいよりは大きい方のグループに分類される。日本社会はOECD 諸国のなかでみたとき決して所得格差が小さい国だとはいえない。そしてこの事実は，日本社会の所得格差をより小さいものにできる可能性を示唆している。

　このとき，所得格差を小さくする政策を強化すればそのことで経済成長が減速し，社会全体が貧しくなるという新自由主義的な考えをもつ人もいるかもしれない。しかし，所得格差を小さくする再分配政策の強化は経済成長を脅かすという主張が正しいとはいえない。なぜなら，日本社会でいえば 2010 年代よりも 1980 年代の方が経済成長率は高かったが，ジニ係数をみる限り，2010 年代よりも 1980 年代の方がジニ係数は低いからである。少なくとも，所得格差

と経済成長の関係は，単純な正の相関関係にはない。

(3) 世界における所得格差の変化

　T. ピケティは，『21 世紀の資本』（Piketty 2013=2014）において，所得格差の歴史的な変遷と，所得格差と経済成長との関係について興味深い議論を展開している。ピケティは，世界各国の過去数世紀にわたるデータを収集・分析した結果，「資本主義の初期段階では所得格差は拡大するが，資本主義が継続して成長することで所得格差は縮小に転じる」という S. クズネッツ（Kuznets, S）の理論を批判し，資本主義が歴史必然的に所得格差を縮小させることはないと主張した。具体的には，19 世紀から 20 世紀前半にかけて資本主義国で所得格差は確かに減少したけれども，20 世紀後半から 21 世紀にかけて資本主義が全世界に浸透するとともに所得格差は逆に拡大しつつあり，すでに 20 世紀初頭の水準にまで戻っていることを明らかにしている。そして，19 世紀から 20 世紀にかけて所得格差が縮小したのは歴史的偶然によるものであり，資本主義が所得格差を縮小させるようなメカニズムを内在させていたからではなかったと論じている。

　19 世紀から 20 世紀前半にかけて所得格差が縮小したのは，二つの世界大戦と 1929 年に発生した大恐慌によって，それまで富裕層が蓄積してきた資本が破壊され，価値を失ったからである。また 1970 年代まで社会格差の水準が比較的安定していたのは，国家が福祉国家としての役割を強めていたからにほかならない。そしてそれらは，資本主義の発展に必然的にともなうメカニズムであるわけではなかった。所得格差を考えるうえで，ピケティが重視するのは，資本収益率（r）と経済成長率（g）との関係である。資本収益率が経済成長率を上回っているとき，相続された資本は経済成長を上回る富を生み出すため，所得格差は拡大する。言い換えれば，すでに多くの富（資本）を保有している富裕層はより多くのものを手にすることができ，そのことが格差拡大の理由となる。一方，資本収益率が経済成長率を下回っているとき，相続された資本は経済成長によって相対的に目減りするので，所得格差は縮小する。つまり，資本から得られる収益だけでは，富裕層は自身の富を維持することができなくなり，結果として格差は縮小する。

第**9**章　社会的不平等

(4) 日本社会の所得格差の行方

もしピケティの議論が正しいのだとすれば，経済成長率が高いときに所得格差は縮小し，経済成長率が低いときは所得格差が拡大することになる。また，もし親世代から継承される資本の多寡が大きな所得格差を生んでいるのだとすれば，親世代から受け継がれる資本によって生まれた格差は能力主義的な価値観によっては正当化することができない。ピケティは，特にヨーロッパにおいて 20 世紀から 21 世紀初頭にかけて格差が拡大した理由を経済の低成長が続いたことに求めているが，このような継承される資産の多寡から発生する所得格差が批判の対象となるのは当然のことになるだろう。もっとも，ピケティ自身も社会の歴史的文脈に応じて所得格差の変化のパターンが異なりうることを認めており，議論の性急な一般化は避けなければならない。

では，日本社会にピケティの議論をあてはめるとどのようになるのだろうか。日本社会は 20 世紀に高度経済成長期を経験した後，21 世紀に入ってからは低成長を続けている。ピケティの議論では資本収益率と経済成長率の関係が重要視されていたが，資本収益率はともかく，少なくとも経済成長率の低迷は所得格差の拡大を生み出すような条件を満たしている。また先に確認したように，日本社会では 1980 年代以降は所得格差が拡大する傾向にあり，また所得格差の世界的な水準を考慮すれば，日本社会の所得格差はむしろ大きいといえた。これらの事実は，ピケティの議論とも整合的だともいえる。したがって，今の状況が変わらないのであれば，これからも日本社会において所得格差が拡大し続ける可能性を否定することはできない。しかし注意しなければいけないことは，ピケティは，資本主義の進展によって所得格差が縮小することを必然とみなさなかったように，所得格差が拡大することも必然とみなしていないことである。たとえば，ピケティは所得格差の拡大を抑制するためには，知識技能の普及・共有のプロセスを促す政策が重要な役割を果たすと考えている。実際に，その国の全体的な技能水準と平均生産性を無視して最低賃金を決定することはできないからである。したがって，所得格差について過度に悲観的になるのではなく，私たちにいま何ができるのかを丁寧に考えていくことが大切になるだろう。

4. 世代を超えて継承される不平等

(1) 高齢者の所得格差

　現代日本社会が直面している深刻な問題の一つに**少子高齢化**を挙げることができるが，実はこの少子高齢化と呼ばれる人口変動が所得格差の動向に深く関係していたことが知られている（大竹 2000）。前節では日本社会全体のジニ係数の動向について問題にし，1980 年代から 2000 年代にかけてジニ係数が上昇したことを問題にした。しかし，世帯主の年齢階級別に同じ時期のジニ係数の動向を問題にすると，ジニ係数はそれほど大きくは変動していない。年齢階級別のジニ係数に大きな変化がないにもかかわらず，全体としてジニ係数が上昇したのは，人口構造が変動したからである。日本社会では，若い世代の間では賃金格差は大きくないが，世代が上がるにつれて次第に格差が拡がっていく。やや直観的にいえば，初任給ではさほど差がつかないものの，昇進のタイミングや，企業規模の差などによって，次第に給与の差が拡がっていくことになる。そして，かりに年齢階級別のジニ係数に変化がなくても，所得格差の小さい世代の人口規模が縮小し，所得格差の大きい世代の人口規模が拡大すれば，全体としてジニ係数は上昇することになる。

　世帯主の年齢階級別にジニ係数をみると，ジニ係数が最も高くなるのは高齢世帯である。特に高齢者の場合，単純に自分たちが得ている所得だけではなく，世帯構造によっても所得格差のありようが変わってくる。言い換えれば，高齢者の場合，誰と一緒に住んでいるか（あるいは，住んでいないか）が重要になってくる（白波瀬 2005）。可処分所得が最も低く，生活が苦しいのは高齢女性単独世帯であり，次いで高齢男性単独世帯，そして高齢夫婦のみの世帯，最後にその他の高齢世帯となる。社会全体で子どもの数が減れば，その他の高齢世帯の割合は減り，かわりに高齢夫婦のみの世帯，高齢女性単独世帯（あるいは，高齢男性単独世帯）の割合が増えることになるだろう。加えて注意しなければいけないことは，同居によって得られるサポートは経済的サポートに限られるわけではないということである。このように考えると，少子高齢化に代表される人口構造の変動は，格差の問題と深く結びついており，切り離せない関係に

第9章　社会的不平等

ある。

(2) 子どもの貧困

　前項ではまず高齢者間の所得格差を問題にしたが，世帯構造と所得格差の関係を考えた場合により問題にされなければならないことは，子どもが経験する所得格差である。すでに日本社会の相対的貧困率は15％を超えており，決して低くないことを述べた。そして相対的貧困率を子どもの相対的貧困率に限定しても，10％を超えており，先進国のなかでもきわめて高い水準にあることが知られている（阿部 2008）。さらに国民生活基礎調査によれば，1985年の段階では10.9％だった子どもの相対的貧困率は2012年には16.3％まで上昇している。その後，2021年までやや数字を下げたものの，依然として高水準にある。ちなみに，子どもの相対的貧困率とは，世帯を母数にするのではなく，18歳未満の子どもを母数にして測られたときの相対的貧困率である。そこで問題とされているのは，当然子ども自身の所得ではなく，その子どもが属している世帯の所得である。

　子どもの貧困がとりわけどのような世帯に集中的に現れるのかを確認することにしよう。子どもの貧困が現れやすいのは，ひとり親世帯，特に母子世帯においてである（阿部 2008）。2019年に実施された国民生活基礎調査にしたがえば，母子世帯の平均所得は他の世帯の平均所得と比較すると際立って低く，父子世帯も含めたひとり親世帯の子どもの貧困率も全体の半数に近かった。母子世帯の所得が低くなる一つの理由は，女性の就業機会が社会的に制限されていることである。言い換えれば，女性労働を家計補助のためとして捉えがちな日本社会の雇用慣行が，母子世帯の経済的苦境をもたらし，全体の子どもの貧困率を高めている。具体的には，母子世帯の場合，母親が子どもを育てながら働いていて生計を得ることが必要になる。しかし日本社会では，子どもを育てながら働く女性にとって，フルタイムの正規雇用者として働き続けるための労働環境が十分に整備されていないため，母子世帯の母親にとっても子どもを育てながら正規雇用としてフルタイムで働くことが容易でなくなっている。また非正規雇用で働いた場合には，正規雇用と非正規雇用の間には賃金に大きな格差が存在しているため，十分な所得を得ることが困難になる。結果として，母子

4. 世代を超えて継承される不平等

コラム 9-2　女性の社会進出は所得格差を拡大する?

　20 世紀になって多くの先進国で女性の労働力参加率が高まり，日本でも欧米の流れからは遅れつつもそれでも女性の労働力参加率は上昇してきた。では，女性の労働力参加率が上昇すると，その社会の所得格差はどのように変化するのだろうか。実は，女性の労働力参加率の上昇は未婚女性の単身世帯や母子世帯の所得を改善することで所得格差を縮小させるという見解がある一方で，女性の労働力参加率の上昇は高所得女性と高所得男性の同類婚傾向を介して所得格差を拡大させるという見解もあり，研究者の間でも見方が一致していなかった。ちなみに数土直紀は，女性の労働力参加率が低い水準にあるときは女性の労働力参加率の上昇によって所得格差が拡大するけれども，逆に女性の労働力参加率が高い水準にあるときは女性の労働力参加率の上昇によって所得格差はむしろ縮小することを，シミュレーションをもちいて示している（Sudo 2017）。つまり，女性の社会進出が所得格差を拡大させるかどうかは，その社会がジェンダー平等をどの程度実現しているかに依存して決まっており，ジェンダー平等が達成されている社会では女性の社会進出によって所得格差が縮小するのだといえる。[数土直紀]

世帯では，母親が安定した雇用を得られないために十分な所得を得られず，高い貧困リスクにさらされることになる（斉藤 2020）。

(3) 貧困の連鎖

　子どもの貧困がとりわけ問題になるのは，子どものときに貧困を体験することでその後の人生にも大きな影響が生じるからである。日本では，教育への公的支出の割合が OECD 諸国のなかでも下位に属していることがわかっている（OECD 2021a）。このことが意味するのは，日本では教育関連の支出を世帯で負担する傾向が強いということである。したがって，もしその世帯が子どもの教育のための支出を十分に負担することができなければ，その子どもは高い教育を受ける機会を失うことになるだろう。そして，高い教育を受ける機会を失

第9章 社会的不平等

うことで，その子どもは大人になった後も地位達成についてさまざまな不利を
背負うことになる。言い換えれば，本人の能力や努力に関係なく，高い教育を
受けられる機会を失ったために，社会に出たあとも貧困から抜け出すことが難
しくなる。貧困は，貧困状態にあるその一時点だけの問題なのではなく，人生
全般にわたって長期的な影響を及ぼしうる。そして，その問題は世代を超えて
継承されもする。

　子どもの貧困が世代を超えて継承されるリスクが高くなっていることの例証
として，吉武理大（2019）の離婚の連鎖に関する研究を挙げることができる。
親が離婚を経験している人と親が離婚を経験していない人を比較すると，親が
離婚を経験している人の方が離婚を経験する可能性が高い。離婚は母子世帯に
なる理由の一つなので，この知見から母子世帯で育った人は離婚を経験しやす
く，自身もまた母子世帯で子どもを育てることになる可能性が相対的に高くな
っていることを予測できる。しかも，親の離婚経験が子どもの離婚の可能性を
高めていることの背景には，子どもが高い教育を受けられないこと，そして結
婚のタイミングが早くなることがある。実際に吉武の分析結果は，高い教育を
受けられないこと，そして結婚のタイミングが早くなる早婚傾向が離婚の可能
性を高めていることを明らかにしており，さらにそのことで離婚が世代を超え
て連鎖する可能性が高まっていることを指摘している。もちろん，離婚するか
しないかは社会的な要因だけで決まっているわけではない。結婚も離婚も個人
の意思が尊重されなければならないことは当然である。しかしそれと同時に，
人びとはさまざまな社会的な制約のもとで，社会に影響されながら個人的（と
思われる）判断をしていることも考えなければならない。個人の自由だからと
いって捨て置くのではなく，その背後にある社会的要因に対する配慮が必要と
なる。

（4）社会的不平等は誰にとっての問題なのか

　本章の冒頭の議論を想起すれば，貧困によって子どもが高い教育を受ける機
会を失ってしまうことは，その子どもには十分な潜在能力を保障されていない
という意味で正義の観点から望ましくない状態なのだと主張できる。たしかに
法制度的には高等教育を受ける機会は誰に対しても開かれており，生まれや育

ちで受験の機会を奪われることはないかもしれない。しかし経済的な理由から
そうした機会にアクセスすることに実際には著しい困難があったとするならば，
結果の平等だけでなく，実は機会の平等も保障されていなかったことになる。
こうした問題を解決するために，そうした子どもにも十分な潜在能力が保障さ
れるよう社会全体で積極的に配慮することが，社会正義の観点からも十分に正
当化できるだろう。しかし実は，以下で示すようにそのような積極的配慮はそ
の子どもの利益を保護するだけでなく，社会全体の利益を尊重することにもつ
ながる。したがって，子どもの潜在能力を保障することは，その子どものため
だけにおこなうことではなく，その社会を生きるすべての人のためにもおこな
われる必要がある。

　F. キガノの報告（Cingano 2014）によると，2000 年代以降，所得格差が拡大
したことによって多くの国で経済成長が引き下げられている。実は，所得格差
の拡大が経済成長に対して負の影響をもっていた国の一つには日本も含まれて
いた。所得格差の拡大が経済成長に対して負の影響をもつ理由は，所得格差が
拡大することで経済成長に必要な高い能力・スキルをもった人材の育成が阻害
されるからである。具体的には，所得格差が拡大すると，低所得層の子どもが
高等教育機関に進学できる見込みが低下し，社会全体の教育水準が下がること
になる。そのことが，その社会の経済成長を脅かす。逆にいえば，低所得層の
子どもにも高等教育機関へ進学する機会を十分に保障することは，社会全体の
経済成長を促すことにつながっていく。社会的不平等を解消することの理由は
決して経済成長を促すこと（だけ）にあるわけではないが，社会的不平等がそ
の不平等によって不利益を被っている個人にとっての問題なのではなく，実は
社会全体にとっての問題でもあることを知ることは大切である。

！要点の確認

- 格差が認められるのは，格差を認めることが社会全体の利益になり，かつ機会の平
等が保障されている場合に限られると，J. ロールズは考えた。
- 社会的平等はすべての人が同じものを同じだけ保有している状態を意味するのでは
なく，すべての人が各人の仕方で幸福や福祉を追求できる状態を意味すると，A. セ
ンは考えた。

第9章　社会的不平等

- ジニ係数や相対的貧困率は，社会的不平等を測る代表的な指標である。
- 日本社会の所得格差は，1980年代以降は拡大傾向にあり，国際的にみても高い水準で安定している。
- 日本社会の子どもの相対的貧困率は国際的にみても高い水準にあり，母子世帯が高い貧困リスクに曝されていることがその理由になっている。

文献ガイド

J. ロールズ著『正義論 改訂版』（紀伊國屋書店）
　　▷20世紀を代表する政治哲学者の著作であり，著者が提示した正義の二原理は社会正義に関する人びとの思考を深化させることに大きく貢献してきた。

A. セン著『不平等の再検討』（岩波現代文庫）
　　▷20世紀を代表する経済学者の著作であり，著者が提示した潜在能力の考え方は人びとの平等の問題をめぐる理解に大きな影響を与えた。

T. ピケティ著『21世紀の資本』（みすず書房）
　　▷多くの国の過去数百年にも遡る膨大な調査データにもとづいて所得格差の歴史的変化を描き出した大作で，世界的なベストセラーにもなった。

阿部彩『子どもの貧困』（岩波新書）
　　▷母子世帯が高い貧困リスクに曝されていることを背景に，子どもの貧困の問題が日本社会において深刻になっていることを明らかにした。

第 10 章

社会階層
──分断された社会──

　社会に生きる人びとをいくつかの集団に分けて考えることができる。集団を分類するためにもちいられる基準にはいくつかあるが，社会学では，職業や所得，あるいは学歴のような社会経済的地位にもとづいて人びとを分類することがある。そのようにして分類された集団を，社会階層と呼ぶ。しかし社会階層は，人びとを分類するための便宜的な概念にとどまるわけではない。私たちの社会は，社会階層にもとづいてさまざまな資源や機会が分配されており，そしてそこにある格差を再生産するメカニズムを備えている。

第10章　社会階層

1. 社会階層と社会移動

(1) 社会階級と社会階層

　本章は，社会階層をめぐる社会学的な問題の諸相について紹介することを目的としている。しかしその前に，社会階層とは何であるのかについて確認することが必要になるだろう。

　社会階層とよく似た概念として社会階級があり，実際に多くの社会学者は社会階層と社会階級を厳密に区別しているわけではなく，互換的にもちいている場合も少なくない。にもかかわらず，社会学において社会階級よりも社会階層という術語が一般的にもちいられている理由は，社会階級の概念がマルクス主義理論と深いつながりを想起させる一方で，社会階層の概念の方がより広範な文脈と関連づけて論じることができるからである。また厳密に言えば，社会階級と社会階層はやはり異なる意味をもっており，完全に同一視できるわけでもない。そこでここではまず，社会階級がどのように概念化されてきたかを説明し，それと対比させる形で社会階層が何を意味しているのかを明らかにしよう。

　K. マルクスは，主著『資本論』において，資本主義を唯物論的歴史観から包括的に分析し，社会階級を生産手段の所有関係で定義した（Marx 1867/1885/1894=1972-75）。すなわち，生産手段を所有しているものが資本家階級となり，自身の身体以外の生産手段を所有していないものが労働者階級となる。このとき，資本家は労働者を働かせることで所有する生産手段から商品を生産し，利潤を手にすることになる。もちろん，すべての個人が資本家階級と労働者階級にきれいに区分されるわけではなく，両者のどちらにも分類されない中間階級も存在する。一般に，自作農や小規模の自営業者は旧中間階級と呼ばれ，専門職や管理的な職についているものは新中間階級と呼ばれる。このようにマルクスによって定義される階級概念は比較的明快といえるけれども，定義が明確であるがゆえにかえって現代社会の多様化とともにこの枠組みでは適切に捉えられない問題も増えてきている。

　マルクスに対して，M. ヴェーバーは，遺稿となった『経済と社会』において社会階級をやや緩やかに定義している（Weber 1922=1960-62）。ヴェーバーは，

218

1. 社会階層と社会移動

経済市場におけるさまざまなチャンスが分配されている状況を階級状況と呼び，ある階級状況を共有する人びとの集まりを階級と呼んだのである。このようなヴェーバーによる社会階級の定義はやや曖昧で，つかみどころのない面もあるが，そうであるがゆえにさまざまな場面に広く適用できるという利点もある。実は，社会学者が社会階層というとき，そこでイメージされているのはヴェーバーが定義する社会階級の概念に近い。社会学者は，就いている職業や受けてきた教育といった社会的地位，あるいは収入や資産といった経済的な条件を共有している人びとを同じ階層に属する人びとと考え，所属する階層が異なることで活用できるチャンスが異なると考えてきた。このとき，階層の単位として家族を想定するのか，それとも個人を想定するのか，あるいは階層を構成する社会的地位に性別や年齢を含めるのか含めないのか，分析の仕方によって社会階層の概念はさまざまな広がりをもつことになる。

(2) 社会移動

　所属する社会階層によってさまざまな財を獲得するチャンスが異なるので，もしある人の所属する社会階層が生まれたときから決まっており，一生涯ずっと変わらないのだとすれば，そこには社会階層によって機会の格差が存在することになる。しかし実際は，人びとの所属する階層は必ずしも固定されているわけではなく，人びとは階層間を移動することもある。これを，**社会移動**という。社会移動のしやすさは社会によって異なっているので，社会移動がしやすい社会は機会格差が小さいと考えることができ，逆に社会移動がしにくい社会は機会格差が大きいと考えることができる。

　ちなみに，社会移動には世代間移動と世代内移動の二種類が存在する。このとき，世代間移動とは，ある個人の親が所属する社会階層（出身階層）とその個人自身が所属する社会階層（到達階層）が異なっていることを意味する。たとえば，親が農業を営んでいたけれども，本人がサラリーマンとして企業で働いていれば，世代間移動が生じていることになる。一方，世代内移動とは，ある個人が人生のある時期に所属していた階層とそれとは異なる時期に所属していた階層が同じでないことを意味する。たとえば，学校を卒業後にしばらく企業でサラリーマンとして働いたあと，退職して起業し，経営者となれば，世代

第10章　社会階層

内移動が生じたことになる。

　機会格差の大きさを知るうえで，その社会にどの程度の社会移動があるのか
を測ることは重要な意味をもっている。当然，社会移動が多く発生している社
会ほど機会格差は小さいといえ，逆に社会移動が少ない社会は機会格差が大き
いといえる。しかし注意しなければいけないことは，かりに機会格差に違いが
なくても，構造変動の効果だけで社会移動が発生することである。たとえば，
産業化が進んで第一次産業が縮小すれば農業を続けていくことが難しくなるの
で，親が農業であっても，子どもは農業とは別の職業に就くことになる。これ
は，本人の意思と関係なく構造変動によって生じている社会移動なので，構造
移動（あるいは，強制移動）と呼ばれる。それに対して，親と同じ職業に就く
ことも可能であったけれども，本人の意思で親とは異なる職業に就いている場
合もある。構造移動に対して，このような移動を循環移動（あるいは，純粋移
動）と呼ぶ。

　概念的には構造移動と循環移動を区別することができても，ある個人が経験
した社会移動が構造移動なのか，それとも循環移動なのか，このことを決定す
ることは難しい。実際に，本人の意思で選択したようにみえても構造的に強い
られた選択であったとみなしうる場合があるし，逆に強いられた選択のように
感じていても実際は本人の意思で選択している場合もある。個々の社会移動を
区別することは難しいが，社会統計学をもちいることで実際に起こった社会移
動のどのくらいが構造移動で，どのくらいが循環移動なのかを概略的に評価す
ることはできる。社会移動を評価するためにもちいられる指標としては**安田三
郎**が考案した開放性係数（Yasuda 1964）などが知られている。あるいは，社
会移動を評価するための分析手法として，対数線形モデル（ログリニア・モデ
ル）がもちいられることも多い。

(3) 世代間移動の趨勢

　社会学者は，現代社会の機会格差をめぐる現状を考えるうえで，社会移動の
あり方がどのように変化してきたかを明らかにすることが重要だと考えてきた。
現代社会における社会移動の趨勢としては，産業化を達成した社会では社会移
動が高まるとする LZ 命題（Lipset and Bendix 1959=1969），産業化を達成した

220

社会では循環移動が増大するとする産業化命題（Treiman 1970），そして産業化を達成した社会では循環移動はあまり変化しなくなるとするFJH命題（Featherman, Jones, and Hauser 1975）が知られている。このなかで，FJH命題は現代社会においても循環移動は依然として限定的であることを主張し，産業化命題は産業化とともに循環移動が増大することを主張している。産業化命題の想定にしたがえば，産業化の進展とともに循環移動が増大するのは，職業の選択において属性主義にかわり業績主義が普及するからである。言い換えれば，産業化とともに機会格差が縮小することを含意している。

　社会移動量全体は構造変動の影響を受けることが明らかになっているので，構造移動と循環移動を区別しないLZ命題は経験的には支持されない。それに対してFJH命題は，社会全体の社会移動量ではなく，階層ごとの社会移動のしやすさの違いに注目している。たとえば，専門職や管理職といった上層ホワイトカラーは産業化とともに割合が増えるので，かりに出身階層が上層ホワイトカラーでなくても，到達階層が上層ホワイトカラーになる個人が増える。つまり，このとき社会移動量は増えている。しかし，出身階層が上層ホワイトカラーである場合と出身階層が上層ホワイトカラーでない場合とで，上層ホワイトカラーへのなりやすさが同じとは限らない（前者の方が，上層ホワイトカラーになりやすいと考えられる）。そして，もし社会移動のしやすさが出身階層によって異なっていれば，そこには機会格差が存在することになる。FJH命題は，このような意味での機会格差は産業化が進んだとしても残るということを主張している。

　産業化命題とFJH命題を比較すると，後述する日本のケースも含め，多くの調査データはFJH命題を支持する傾向にあることが知られている。たとえば，R. エリクソンとJ. ゴールドソープは社会移動について産業国を対象とした国際比較研究をおこなったが，出身階層による社会移動のしやすさの違いについて各国に共通するパターンが存在することを明らかにした（Erikson and Goldthorpe 1992）。出身階層によって到達しやすい階層が異なるということ，しかも出身階層によって社会移動のしやすさの異なっているパターンが多くの国で共通しているということは，社会移動について多くの国に共通する機会格差があることを意味している。この事実は，産業化命題よりも，FJH命題を

第 10 章　社会階層

支持している。ただし，産業化命題が業績主義原理の普及という理論的な説明をもっていたのに対して，FJH 命題はデータから観察された趨勢を命題化したにすぎず，なぜ産業化しても機会格差が残るのか，明確な理論的説明を提示しているわけではない。この点に難点がある。

（4）総中流社会から格差社会へ

　日本社会における世代間移動の趨勢がどうなっているのかについて，確認することにしよう。**富永健一**は，1955 年から 10 年ごとに実施されている「社会階層と社会移動に関する全国調査」（SSM 調査）の結果をもとにして産業化命題が成り立つと考えた（富永 1986）。しかし，SSM 調査の実施回数が増えるにしたがい，また社会学者のもちいる分析手法の高度化にともない，日本でもFJH 命題が成り立つことが明らかになってきている。そしてこの傾向は，2015 年に実施された SSM 調査の結果を考慮にいれても変わっていない。

　しかし，FJH 命題は機会格差がなくなっていないことを意味すると同時に，機会格差が拡大していないことも意味している。このことは，"日本社会は1970 年代から 1980 年代は総中流社会であったけれども，2000 年代以降になって格差社会になった"という一般に見聞される時代感覚と必ずしも合致していないようにみえる。

　この点については，上昇移動と下降移動を区別して考えることが重要になる（石田 2008）。出身階層と到達階層が異なるとき，到達階層が出身階層よりも雇用の安定性が高く，平均的な収入も高ければ，その移動は上昇移動といえる。逆に，到達階層が出身階層よりも雇用の安定性が低く，平均的な収入も低ければ，その移動は下降移動といえる。そして，上昇移動と下降移動の割合は，社会構造の変動の影響を受ける。たとえば，産業化が急速に進展し，ホワイトカラーが増大しているとき，観察される社会移動の多くは上昇移動となる。しかし，産業化が一段落し，職業階層の構造が安定すると，上昇移動は減り，下降移動もそれなりに観察されるようになる。このとき，その時代を生きる人びとにとっては，上昇移動の減少は相対的にチャンスが少なくなったことを意味するだろうし，下降移動の増大は相対的にリスクが増していることを意味するだろう。そして，チャンスが減少し，リスクが増大したことで，人びとは格差の

存在により目を向けやすくなったと考えられる。実際に石田浩は，2000年代以降，日本社会で下降移動の割合が増えていることを明らかにしている（石田2008）。

格差の存在を実感するという点に関連して，**階層帰属意識**について興味深い事実が明らかになってきている（吉川1999）。人びとに「上」，「中の上」，「中の下」，「下の上」，そして「下の下」の中から自分が帰属すると思う階層を選ばせ，選ばれた階層をその人の階層帰属意識と考えよう。総中流社会が喧伝された時代では，多くの人びとが「中の上」ないし「中の下」を選択した。当時は，このことをもって，日本社会は総中流社会だとみなされたのである。しかし，格差社会が実感される現代においても，多くの人びとは依然として「中の上」ないし「中の下」に自分を帰属させている。つまり，階層帰属意識の分布だけをみれば，日本社会は依然とて総中流社会であるようにみえる。しかしかつては社会経済的地位とさほど関係なく「中の上」と「中の下」が選ばれていたが，最近では社会経済的地位に対応させて「中の上」と「中の下」が選ばれる傾向が強まっている。結果として階層帰属意識分布に変わりがないようにみえても，それぞれの選択肢を選ぶ人の階層的特徴がはっきり区別できるようになってきている。言い換えれば，格差社会が意識される時代とは，それ以前の社会に比べて人びとが自分の社会経済的地位をより意識するようになった時代だといえる。

2. 労働と社会階層

(1) 雇用の流動化

前節では出身階層と到達階層の異同に注目していたので，社会移動のなかでも世代間移動を問題にしていたといえる。しかし，世代間移動だけでなく，一人の個人がライフコースのなかで体験する世代内移動も，社会学者にとっては重要な問題である。特に世代内移動が問題になるのは，職業階層間で雇用の安定性が異なる場合である。たとえば，終身雇用の慣行が崩れ，相対的に雇用が守られている職業階層と，逆に雇用が不安定化している職業階層との違いが顕著になれば，誰がどのような社会移動（世代内移動）を強いられているのかを

第 10 章　社会階層

明らかにすることは，社会学者にとって重要な課題となる。実際に日本社会では，1990年代には雇用者のおよそ 80% が正規雇用であったのに対して，2010年代ではおよそ 60% に減少しており，非正規雇用が 40% 近くの割合を占めるようになった。当然，このような就業構造の変化は，社会移動をめぐる機会格差の問題にもさまざまな影響を及ぼしている。

　雇用を大きく正規雇用と非正規雇用に分けて考えたとき，正規雇用に就く可能性が高い人と非正規雇用に就く可能性の高い人との間には，属性の違いが存在する。ちなみに，ここでいう非正規雇用とは，パートタイマーやアルバイト，契約社員や派遣社員，嘱託など，雇用期間が限定された形の雇用を意味しており，逆に正規雇用は特に期間を定めない（定年まで働くことが可能な）雇用を意味している。図 10-1 のように，年齢に注目すれば，最も非正規雇用になりやすいのは 65 歳以上の高齢者である。そして高齢者を除けば，その次に非正規雇用になりやすいのは 15 歳から 24 歳までの若者である。一方，図 10-2 のように，性別に注目すれば，女性の方が男性よりも非正規雇用になりやすいことがわかっている。このように属性によって正規雇用へのなりやすさが異なっており，若者，高齢者，そして女性は，相対的に非正規雇用に就く可能性が高くなっている。

　非正規雇用で働いているものは，雇用身分が安定していないので，正規雇用で働いているものと比較すると社会移動をおこなう可能性が高くなる。特に，非正規雇用から正規雇用への移行が容易でなければ，非正規雇用から非正規雇用に移行することが多くなり，結果としてさらに社会移動を重ねる可能性が高まる。世代間移動の分析で注目されていたのは，階層構造の固定化であり，社会移動が少ないことが問題にされていた。しかし世代内移動の分析で注目されているのは，労働市場の流動化であり，社会移動が増えることを問題にしている。このことは，社会移動が多い（あるいは社会移動が少ない）ことが，ただちによいことであったり，悪いことであったりするわけではないことを意味している。社会移動の多さの是非は，誰がどのような理由で社会移動をおこなっているか，そのことに依存して決まってくる。構造的に強いられた社会移動が，移動を強いられている個人に対してさまざまな社会的な不利をもたらしているならば，それは望ましくない社会移動といえる。

2. 労働と社会階層

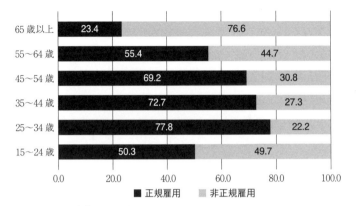

全体＝5174万人
出典：厚生労働省『2022年度労働力調査』より筆者作図
図10-1 年齢階級別でみた雇用者の内訳比率（％）

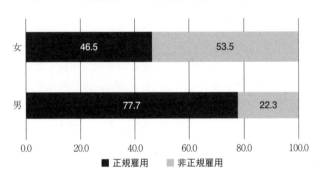

男性＝3019万人，女性＝2690万人
出典：厚生労働省『2022年度労働力調査』より筆者作図
図10-2 性別でみた雇用者の内訳比率（％）

(2) 非正規雇用拡大の背景

20世紀後半から21世紀にかけて，非正規雇用が拡大した理由については，いくつかの考え方がある。太郎丸博によれば，それらは規制緩和仮説，景気循環仮説，若者堕落仮説，そして構造変動仮説のように四つの仮説にまとめることができる（太郎丸 2009）。このうち，若者堕落仮説は，特に若年層において非正規雇用者が多いことに注目し，若者の意識の変化が非正規雇用の増大した要因だと考える。若者堕落仮説にはいくつかのバリエーションが存在するが，

第 10 章　社会階層

いずれにしても若者の働き方に関する意識の変化に原因を求める点で一致している。たとえば，非正規雇用の若者を一般的にフリーターと呼ぶ時代があったが，その呼称は，「組織に縛られることを望まない若者の新しいライフスタイルが非正規雇用を増やしている」という見方の反映だったといえる。このような若者堕落仮説に立った場合，非正規雇用で働くことで問題を抱え込むことになっても，非正規雇用になったのは当人の意思によるものと解されるために，そうした問題への対応は自己責任で片づけられることになる。しかし若年非正規雇用者に対する研究が進むにつれて，自発的に非正規雇用を選択したのではない若者が多く存在することがわかり，研究者の間では若者堕落仮説は支持を失っていった。

　一方，規制緩和仮説は当時の新自由主義的な政策が非正規雇用を拡大させたと考えており，また景気循環仮説は企業が景気後退によって正規雇用の採用を控えたことが非正規雇用を拡大させたと考えている。もし規制緩和仮説が正しいとすればその後の政策転換によって非正規雇用は減少していなければならないし，同様に景気循環仮説が正しいとすれば景気の回復とともに非正規雇用は減少することになるはずだ。しかし，その後の政策転換にもかかわらず，また景気の変動に関係なく，増大した非正規雇用の割合は減少するのではなく，高い割合で安定している。このことを考慮にいれるならば，政府によって採られた政策方針や景気の後退が非正規雇用の増大と何らかの関係があったことを完全に否定することはできないまでも，それらが非正規雇用を増やした主たる理由だとはいえないことがわかる。

　若者堕落仮説，規制緩和仮説，景気循環仮説に対して，構造変動仮説は産業構造の変動が社会全体で必要とされる労働の質の変化をもたらし，そのことが非正規雇用の増大をもたらしたと考える。たとえば，山田昌弘は，IT 化やグローバル化を背景としたニューエコノミーが進展したことで，大量生産・大量消費を特徴とする近代社会と異なり，熟練した技能をもつ労働者の需要が低下したと考えた（山田 2004）。その結果，高い生産性を備えた知的で創造的な労働者と，単純で定型的な作業に従事する労働者とに二分され，後者は非正規雇用労働者として雇用されるようになっていく。また，産業構造の変動とともに現れた新しい技術に対応するためには，その技術を利用するためのスキルを身

につける必要がある。しかし，すべての人がこうしたスキルを身につけるための教育・訓練の機会を十分に与えられていたわけではない。新しい変化に対応するためのスキルを身につけることができなかった個人は，条件の悪い雇用を選択するほかなくなっていく。このように，四つの仮説のなかでは構造変動仮説が非正規雇用の増大を最もよく説明している。しかし，一つの社会現象が一つの仮説だけで十全に説明されるとは限らない。これ以外にも，さまざまな要因が複合的に関与していた可能性がある。

(3) 累積される不利

　非正規雇用や失職の問題を議論するとき，非正規雇用で働いている人や職を失った人がその時点で抱えている問題だけに注目するだけでは十分ではない。ある時点で非正規雇用や失職によって生じた影響は，その時点だけのものにとどまるわけではなく，その人のキャリア全体に影響を及ぼす可能性がある。たとえば，非正規雇用に就いたことで熟練を要する職業スキルの修得が難しくなれば，そのことによってその後の昇進や昇給の機会を失ってしまう可能性が高まる。つまり，ある時点で非正規雇用に就いたことが，その後のキャリア形成にもネガティブに影響してくる。そして，非正規雇用に就くことや職を失ったことで生じた影響がキャリア全体に及んでいることを明らかにするためには，非正規雇用に就いた人あるいは失職した人のその後のあゆみをみていく必要がある。そのような研究事例として，たとえば二つの研究を挙げることができる。一つは質的アプローチに分類される研究であり，もう一つは量的研究に分類される研究である。

　益田仁は，さまざまな理由から非正規雇用で働くことになった若者の聞き取り調査を，5年間にわたっておこなった（益田 2012）。対象とされた若者は，最初から必然的に非正規雇用に就いたわけではなく，むしろいくつかの偶然的な要因が重なった結果として非正規雇用になったにすぎない。しかし，非正規雇用で働くことになった若者は，状況を改善しようとさまざまなことを試みてもうまくいかず，かえって深みにはまっていく。最終的には，そうした若者はいまの現実と何とか折り合いをつけ，自分たちをかろうじて納得させて生きていくことになる。益田は，その過程を巧みに描き出していく。最初から必然的

第10章　社会階層

に非正規雇用に就いたわけではないということは，個人の選択で回避できた余地があったことを示唆している。しかし，意に反して深みにはまっていく過程のすべてを個人に責任に帰着させることはできないだろう。

いっぽう麦山亮太は，SSM調査のデータをもちいて，キャリアの中断を経験したものとそうでないものとで，転職した際に正規雇用の地位を獲得できる可能性に違いがあるのかないのかを検証した（麦山 2017）。ちなみに社会学者が中心になって実施しているSSM調査では，調査対象者から職業経歴について詳細な情報を得ており，調査対象者の過去のあゆみを捉えることのできる貴重な社会調査となっている。検証の結果，麦山は，キャリアの中断を経験したものは，そうでないものと比較すると，転職で正規雇用の職を得る可能性が低いことを明らかにした。さらに麦山は，キャリアの中断を経験することで生じた正規雇用に就くことへのネガティブな影響は，20年にも及ぶことを指摘している。

益田と麦山の研究は，新卒一括採用，終身雇用といったルートから外れると，そのことによって生じたネガティブな影響は長期に及び，その個人のキャリア形成をさらに難しくさせてしまうことを明らかにしている。

(4) 階層とジェンダー

非正規雇用の特徴として，相対的に若者が多いことに加えて，女性が多いことも挙げられる。このとき，女性の非正規雇用の問題を正しく理解することは，そこにさまざまな要因が複雑に絡んでくるため，容易なことでなくなる。たとえば，同じ非正規雇用であっても，未婚女性が非正規雇用で働いている場合に生じる問題と既婚女性が非正規雇用で働いている場合に生じる問題は必ずしも同じにはならない。そしてこのことは，階層を形成する単位として個人を考えることが適切なのか，それとも世帯（家族）を考えることが適切なのか，こうした問題とも関連してくる。

世代間移動を問題にしているとき，そこでは暗黙の裡に階層を形成する単位として親子関係を軸とする世帯（家族）が念頭におかれてきた。そして，世帯の階層を表示する地位として，男性（父親，夫）の職業や所得が注目されてきた。しかし，階層の単位を世帯（家族）とみなし，世帯の社会経済的地位を男

性（父親，夫）の社会経済的地位で代表させてしまうと，社会階層研究の視野から女性が抱えている問題がみえなくなってしまうことになる。実際に，20世紀後半，イギリスを中心にしてこのような観点からそれまでの社会階層研究が批判された（盛山 1994）。しかしその一方で，階層を形成する単位を個人と考え，当人の社会経済的地位だけで階層を判断してしまうと，研究者が定義する階層的地位と当人たちに意識されている階層的地位とが乖離してしまう可能性が生じる。たとえば結婚している女性は，たとえ本人が所得を得られる職に就いていなかったとしても，配偶者が安定した地位に就き，配偶者に安定した収入がある場合には，自分が所属する階層を低く考えるとは限らない。**男性稼ぎ主モデル**が支配的な社会では，たとえ所得の発生する職に就いていなかったとしても，あるいはかりに非正規雇用で働いていたとしても，そのことがただちにネガティブに評価され，既婚女性の主観的な階層的地位を低下させるわけではないのだ。

　しかしこのことをもって，女性が非正規雇用で働くことで生じる問題が軽視されてはならない。実際に，非正規雇用で働くすべての女性が結婚しているわけではないし，またかりに結婚していても配偶者が安定した収入を得ているとは限らない。男性稼ぎ主モデルを前提にして女性が正規雇用に就く機会を制約すれば，未婚女性や，自身が世帯の稼ぎ主になっているような女性は，そのことでさまざまな機会を失うことになる。たとえば，配偶者と死別し働きながら子どもを育てることになった女性にとって，性別で正規雇用に就く機会が制約されるような社会は，生きやすい社会とはいえない。あるいは前項で問題にしたように，非正規雇用で働いていたり，あるいはキャリアの中断を経験したりした個人は，その後の人生において正規雇用に就きにくくなる。そうだとすれば，当面は問題を抱えていないようにみえる既婚女性にとっても，非正規雇用で働くことや，正規雇用のキャリアを中断させてしまうことはその後の社会保障によるセーフティネットを弱めることにつながってしまう。

第 10 章　社会階層

3. 教育と社会階層

(1) 教育による階層の再生産

　社会階層を固定化させず，社会移動を容易にするものとして，教育の役割が考えられてきた。つまり，たとえ不利な出身階層にあっても，高い教育を受けることでより恵まれた社会階層に到達できると考えられてきた。しかし，教育の役割に対する社会学的な考察が深まるとともに，むしろ教育を通じた選抜が世代を超えて社会階層を再生産させていることに対する懸念が強まってきている。たとえば，そのような議論の一例として，B. バーンスティンの言語コード論を挙げることができるだろう（Bernstein 1996=2000）。

　バーンスティンは，中間階級の子どもが使う言語と労働者階級の子どもが使う言語が異なっていることに注目し，前者を精密コードと呼び，後者を制限コードと呼んだ。このとき精密コードは，文脈に依存しない普遍主義的な言語運用を特徴としており，逆に限定コードは文脈に依存した個別主義的な言語運用を特徴としている。そして学校では精密コードにもとづいた教育がおこなわれるため，中間階級の子どもは学校に順応しやすいのに対して労働者階級の子どもは学校に順応することが容易でなく，学校教育を通した階級の再生産がおこなわれやすくなると考えた。

　学校教育を通した階級の再生産の問題が難しいのは，再生産のプロセスは必ずしも個人の意思に反する形で強制的におこなわれるとは限らないことである。階級の再生産のプロセスは，そのプロセスによってさまざまな社会的な不利を強いられることになる当人たちの自発的な意思によってなされる場合がある。たとえば，イギリスの社会学者 P. ウィリスが著した『ハマータウンの野郎ども』では，労働者階級の子どもたちの間で成立している反学校文化が，結果としてその子供たちを労働者階級に送り出していく過程が描き出されている（Willis 1977=1996）（→第 2 章 2 節）。労働者階級の子どもは，学校に対して反抗的な〈野郎ども〉と学校に対して従順な〈耳穴っ子〉に分化する。そして，〈野郎ども〉は，教師を軽んじ，〈耳穴っ子〉を馬鹿にし，労働者階級の文化と親和的な反学校文化を形成する。その結果，学校を出た彼らは，父親と同じ労

働者階級に入っていくことになる。

　ちなみにバーンスティンの議論にしても，あるいはウィリスの議論にしても，そこで注目されているのは階級で異なる文化である。言い換えれば，階級文化の違いが世代間の社会移動を困難にしていると考えている点で，両者は共通している。そしてこの点は，『ディスタンクシオン』を著したP.ブルデューの文化資本論も同じだといえる（→本章4節）。しかし，教育を通じた社会階層の再生産は，かりに明確な階級文化が存在しなくとも，個人の合理的な判断の帰結としても生じる場合がある。したがって，一見すると日本社会では欧米のような強固な階級文化が存在しないようにみえるが，それは日本社会に教育を通じた社会階層の再生産が存在しないことを意味するわけではない。そこで，個人の合理的な判断によって社会階層が再生産されていることを説明する議論の一つとして，次項では相対リスク回避モデルについて確認することにする。

(2) 相対リスク回避モデル

　相対リスク回避モデルは，R.ブリーンとJ.ゴールドソープの二人によって提唱されたモデルであり，学校進学をめぐる個人の合理的な判断が結果として世代を超えた社会階層の再生産を生じさせていることを説明したモデルである（Breen and Goldthorpe 1997）。相対リスク回避モデルでは，個人は親の階級を下回らないことを優先して，上級学校に進学するかしないかを決定する。このとき，条件として，以下のことが仮定されている。

1) 上級学校に進学して無事に卒業できれば，サービス階級になる可能性が高くなる。
2) 上級学校に進学しても中退すれば，アンダークラスになる可能性が高くなる。
3) 上級学校に進学しなければサービス階級になることは難しいが，アンダークラスになる可能性も小さい。

　ちなみに，この場合のサービス階級，労働者階級，アンダークラスは，それぞれホワイトカラー，ブルーカラー，単純労働者を意味している。このとき，

コラム 10-1　アンダークラスの人びとの社会意識

　社会階層あるいは社会階級のなかで最も不利なグループに属する人びとは，他のグループに属する人びとと比較して，どのような社会意識をもっているのだろうか。この点について，橋本健二は『新・日本の階級社会』において興味深い事実を明らかにしている（橋本 2018）。現代社会の社会階級を資本家階級・新中間階級・労働者階級・旧中間階級に分類すると，近年になってこれらのいずれにも属しないアンダークラスの人びとが増えていることがわかる。そして，アンダークラスに属する人びとは社会におけるさまざまな不利を被っており，他の四つの階級との格差がきわめて大きくなっている。しかし，アンダークラスに属する人びとは社会格差を否定的に評価し，富の再分配を支持する一方で，社会的な格差について自己責任を支持しており，また他の階級に属する人びとと比較して排外主義的な傾向を見出すこともできる。ここには一種のねじれがあり，アンダークラスの人びとは伝統的な左翼が想定してきた労働者階級とは異なった姿をもち，社会的な連帯はむしろ難しくなっているといえる。

［数土直紀］

　同じような成績で，上級学校に進学したときにその学校を無事に修了できる可能性に違いはないが，出身階級が異なっている二人の子どもについて考えてみよう。サービス階級出身の子どもは，親よりも下の階級にならないこと（労働者階級もしくはアンダークラスにならないこと）を優先するために，リスクをとって上級学校に進学することを選択する。しかし，労働者階級出身の子どもは，親よりも下の階級にならないこと（アンダークラスにならないこと）を優先するために，リスクを避けて上級学校に進学しないことを選択する。結果として，能力的には差がないにもかかわらず，サービス階級出身の子どもは上級学校に進学しやすくなり，労働者階級出身の子どもは上級学校へ進学しにくくなる。

　相対リスク回避モデルにしたがえば，階級が再生産されるのは，回避すべきリスクが出身階級に依存して決まっているからだということになる。サービス階級出身の子ども（そしてその家族）にとって回避されるべきリスクは，労働

者もしくはアンダークラスになることである。しかし，労働者階級出身の子ども（そしてその家族）にとって回避されるべきリスクは，アンダークラスになることである。労働者階級出身の子どもにとって，労働者になることは親と同程度の地位に就くことを意味しており，何が何でも回避されるべきリスクとはいえない。

　相対リスク回避モデルにしたがえば，A. ラフタリーと M. ホウトによって唱えられた MMI（Maximally Maintained Inequality）仮説も合理的に説明されることになる（Raftery and Hout 1993）。MMI 仮説とは，社会全体で教育機会の拡大が進んでも階層間の教育格差は縮小せず，教育格差の縮小は階層的に有利な層の進学が飽和した段階のあとに始まるという仮説である。教育機会の拡大が進んでも，先に述べた理由から，上級学校への進学意欲は階層的に有利な層においては高くなる一方で，階層的に不利な階層では進学後に失敗するリスクを避けるため進学への意欲は高くならない。結果として，教育機会が拡大しても，拡大された機会を積極的に利用するのは階層的に有利な層に偏ってしまう。しかし，階層的に有利な層の進学が飽和に達すると（たとえば，高校への進学率が100% に達すると），さらに拡大された教育機会は階層的に不利な層によって活用されるようになり，階層間の機会格差の縮小が始まることになる。

(3) 日本社会における教育格差の諸相

　日本社会において階層間の**教育格差**に対する問題関心がとりわけ高まったのは，2000 年頃のことと考えられる。特に，階層間の教育格差が階層間で進学費用の負担能力が異なったり，あるいは階層間で（学校外学習などのような）人的資本への投資量が異なったりする以外に，階層間で学習に対する意欲が異なることが指摘されるようになった（苅谷 2001）。2000 年前後という時期は，文部科学省によってゆとり教育が進められた時期にも相当している。ゆとり教育は，指導内容・授業時間数を整理削減し，生徒が主体的に取り組むことを可能にする学習プログラムの導入を目的とした一連の教育政策を意味していた。しかし，階層間での学習に対する意欲格差を前提にすれば，生徒の主体的な取り組みを強調するゆとり教育は，その意図せざる結果としてかえって階層間の教育格差を拡大させていたことになる。

第 10 章　社会階層

　ゆとり教育は知識偏重型の詰め込み教育に対する反動であったと考えることができるが，同様の動きは，教育の外の世界においても見出すことができた。たとえば，企業は，試験の点数などで測定される標準学力ではなく，人間力やコミュニケーション能力といったものを採用時に重視するようになった。このような動きを，近代社会の特徴の一つであるメリトクラシー（能力主義や業績主義とも呼ばれる）に対比させて，ハイパーメリトクラシーと呼ぶことができる（本田 2005）。一見すると，人間力やコミュニケーション能力といったものは，出身階層に関係なく，その個人の努力や経験を通じて蓄積されるもののようにみえる。しかし，階層間で学習に対する意欲が異なっていたことが指摘されていたように，人間力やコミュニケーション能力の形成についても，家庭が関与する度合いが大きく，階層間で差があることが明らかにされている。したがって，人間力やコミュニケーション能力を強調すればするほど，地位達成における階層間での格差が強化されることになる。

　日本社会に階層間の違いを際立たせているのは，大卒と非大卒の間の違いだと考えることができる（吉川 2009）。世代によって多少の違いはあっても，日本人の学歴を大きく大卒と非大卒に区分するならば，それぞれの占める割合はだいたい 50% 程度となる。そして，大卒層と非大卒層の間には，職業や居住地，そしてライフスタイルについて大きく違いが存在する。このように，日本社会は大きく学歴にしたがって二分されているといえるだろう。たとえば吉川徹は，学歴分断社会という言葉をもちいてこのような状況を表現した。もちろんすべての人が大学を卒業する必要があるわけではないが，学歴の違いが単に受けてきた教育の違いを表示するだけでなく，その他の問題とさまざまな形で連動していることには注意しなければならない。日本社会にとってそれだけ学歴が重要な意味をもっているならば，階層間の教育機会の格差の重要性もそれにともなって大きなものになる。

（4）拡大・維持される格差

　教育格差の問題を解決するためには，教育における格差がどの段階からどこで発生するのかを知る必要がある。さまざまな調査データの分析から，教育における格差は教育の初期段階からすでに観察されることが明らかになっている

（松岡 2019）。また同時に，教育における格差は家庭間の階層的な違いに関連しているだけでなく，地域間の階層的な違いにも関連している。つまり，教育格差は，大学のような高等教育機関に進学する段階よりも，さらにいえば高等学校のような中等教育機関に進学する段階よりもかなり前の段階からすでに存在している。そして教育格差は，学校間の違いあるいは家庭の間の違いだけでなく，地域の間の高等教育機関へのアクセスの容易さに関する違いを介しても発生している。このようにかなり早い段階からさまざまな次元で観察される教育格差が，どこの段階においても仕切り直されることがなく，そのまま蓄積され，時とともに拡大していくことが問題になっている。

　かなり早い段階で発生する教育格差がどこかで消えるのではなくいつまでも残り，むしろ拡大していくのは，学習過程でポジティブ・フィードバックが働くからだと考えられる（数実 2017）。ここでいうポジティブ・フィードバックとは，学力と学習態度に関する循環関係のことを意味する。たとえば，学習に対して高い意欲をもち，前向きな態度をもっている生徒は，学力が上がり，よい成績を得られる。そして，高い学力を身につけ，よい成績を得た学生は，さらに学習意欲を高め，学ぶことにより前向きになる。この過程が繰り返されると，学力はどんどんと高まっていく。ちなみに，ポジティブ・フィードバックは，負の方向にも働きうる。先ほどとは逆に，学習意欲が低く，学ぶことに後ろ向きの態度をもっている生徒は，学力が上がらず，よい成績も得られない。そのことが，その生徒からさらに学習への意欲を奪い，学ぶことに対してさらに後ろ向きにさせていく。この過程が繰り返されると，学力がどんどんと低下していくことになる。

　以上のことからわかるように，教育格差の問題は特定の一時点において観察されるものではなく，長期的に持続し，それゆえ長い目で対応を考える必要のある問題である。また本章の1節で世代間移動を問題にしたとき，近現代社会においても社会階層が世代を超えて固定される傾向があることを指摘した。そのとき，FJH命題は理論的な仮説というよりは，データから経験的に導き出された趨勢命題に相当すると述べた。しかし，ここで紹介した教育格差によって社会階層が世代を超えて再生産される過程は，近現代社会においても社会階層が世代を超えて再生産されるメカニズムを明らかにしている。したがって，

第 10 章　社会階層

世代間移動を考える場合には，教育が果たしている役割に着目することが重要になる。しかしその一方で，社会階層が教育を介して再生産される過程は決して必然的なものではないことにも注意しなければならない。実際に，もし教育の機会をすべての人に平等に開くことができれば，社会階層をより固定化されたものにせずにすむだろう（Piketty 2013=2014）。言い換えれば，教育が抱えている問題に注意を払うと同時に，教育の可能性を信じることも重要になる。

4.　文化と社会階層

（1）文化資本論

　前節では，教育による階級の再生産には，その階級に固有の文化や価値観が関係していることを論じた。この点について，精緻な社会理論を構築し，社会学全体に大きな影響を与えたのが，フランスの社会学者 P. ブルデューである。ブルデューは，一見すると個人的に決まっているようにみえる趣味や文化的嗜好が所属する階級によって規定されていることを明らかにした（Bourdieu 1979=[1990] 2020）。たとえば，支配階級の子弟は高尚とみなされる趣味や文化的嗜好性をもつ一方で，中間階級・庶民階級の子弟は大衆的とみなされる趣味や文化的嗜好性をもつようになる。そして，学校教育では正統文化とみなされる支配階級の文化が尊重される結果，そうした正統文化を身につけている支配階級出身の子弟は学校でより成功しやすくなり，結果として階級の継承を実現していくことになると論証した（Bourdieu et Passeron 1970=1991）。したがってブルデューの考えにしたがえば，学校教育は階級文化に対して中立的ではないために，階級の再生産に手を貸していることになる。

　ブルデューは，地位達成に有利に働く趣味や文化的嗜好性を**文化資本**と呼んだ。特に限定せずに資本といったとき，一般に思い浮かべられるのは経済資本であろう。資本主義社会では，貨幣で価値が測られる元手を資本と呼び，投資を繰り返すことで資本を増やすことが試みられる。そしてその過程を通じて，資本を所有しているものは，経済的な利益を手にすることになる。しかし社会科学でもちいられる資本の概念は，経済資本だけでなく，人的資本や社会関係資本，そして文化資本のようにさまざまなものがある。人的資本とは，アメリ

4. 文化と社会階層

コラム 10-2　有閑階級の振る舞い——顕示的消費

　P. ブルデューは，一見すると個人的な好みで決まる趣味のようなものも，実は社会的に理解することができ，階級を（再）生産する装置として機能していることを明らかにした。ブルデューの議論も趣味の私的性を信じる人びとにとってはかなり刺激的だと思われるが，上流階級の人びとにとって時間と金銭を浪費することが周囲から名声を獲得する手段となっており，そうであるがゆえに自身の階級を誇示する振る舞いになっていると喝破した T. ヴェブレンの議論は，さらに刺激的な議論だといえるだろう（Veblen 1889=1998）。ヴェブレンは，上流階級と下流階級の違いを生活のために働く必要はない人びとと生きるためには働かざるをえない人びととの違いと考え，前者を有閑階級と呼んだ。そして有閑階級の人びとのあえて必要以上の時間や金銭を浪費しようとする競争的な振る舞いを，顕示的消費と概念化したのである。すでに 100 年以上前の議論とはいえ，現代社会においてすら十分に示唆的な議論となっている。
［数土直紀］

カの経済学者 G. ベッカーが提唱した概念であり，人びとに収益をもたらす専門的な知識や技能を意味する（Becker 1964）。人びとは，将来的な収益を期待して，高度な専門的な知識や技能を習得しようとする。社会関係資本とは，その詳細については別章でも述べられているが，人びとにさまざまな収益をもたらすような人間関係を意味している（Putnam 2000=2006）（→第 4 章 3 節）。このとき，望ましい人間関係をもつことでその所有者はさまざまな利益を手にすることになる。そして文化資本も，それを保持することでさまざまな将来的な収益をもたらすような特定の趣味や文化的嗜好性を意味している。

　ちなみにブルデューは，文化資本の形態を，客体化された文化資本，制度化された文化資本，そして身体化された文化資本の三つに分類している。客体化された文化資本は，書物や絵画など，物財として存在するような文化資本である。それに対して制度化された文化資本は，資格や免状などのように制度によって保証される文化資本を意味する。最後に身体化された文化資本とは，言葉

第 10 章　社会階層

遣いや立ち居振る舞いなど，その人の行動を通して表出される文化資本を意味する。このなかで特に興味深いのは，身体化された文化資本であろう。客体化された文化資本や制度化された文化資本は何らかのやり方で物象化されているが，身体化された文化資本は形として存在するわけではない。いわば，人びとの日常の振る舞いのなかにしか存在しないものである。ブルデューは，このように社会的かつ文化的に構造化された性向をハビトゥスと呼び，そのようなハビトゥスを形成する人びとの個々の振る舞いをプラティークと呼んだ（→第7章3節）。

(2) 文化的オムニボア

　ブルデューの文化資本論は趣味や文化的嗜好性が社会階層によって明確に分化していることを前提にしているが，これは必ずしも普遍的に妥当することではない。たとえば，文化は高尚文化と大衆文化とに区分することができ，エリートはもっぱら高尚文化だけを嗜み，非エリートはもっぱら大衆文化だけを嗜むという見方は，社会階層による文化的性向の違いを理解するうえでは，単純化されすぎている。R. ピーターソンらは，アメリカ合衆国で実施した社会調査データをもとにしてエリートと非エリートの文化的嗜好性の違いが好みのジャンルの違いにあるわけではなかったことを明らかにした（Peterson and Kern 1996）。ピーターソンらが明らかにしたことによると，エリートに分類されるような人びとは確かにクラシック音楽に代表される高尚文化に触れやすい一方で，それ以外のジャズやポップスに代表される大衆文化にも慣れ親しんでいる傾向があった。それに対して，それ以外の人びとは，特定のジャンルの音楽を聴くといったように文化に対する関心が限定的である傾向があった。

　ピーターソンらは，階層的に恵まれた人びとがジャンルにこだわらずにさまざまな文化に慣れ親しんでいることを，雑食性を意味するオムニボアという単語をもちいて，**文化的オムニボア**と概念化した（→第13章1節）。ジャンルを問わずにさまざまな文化に慣れ親しんでいることは，一見すると階層的なこだわりをもたずに文化そのものを楽しんでいるようにみえる。したがって，そのような文化的な嗜好性は，その人の文化的な寛容性を反映しており，脱階層的な性向であるようにみえる。しかし皮肉なことに，ジャンルの違いに対して寛

容であること自体が，アメリカ社会ではエリートの文化的嗜好性の特徴だったことになる。このように，所属する社会階層によって文化的な性向が異なるといっても，社会階層と文化の対応関係は必ずしも単純なものでない。社会的あるいは歴史的な文脈の差異を見落とすと，文化と社会階層の対応関係を誤って解釈することになる。

　このことを念頭にブルデューの文化資本論を日本社会に当てはめて考えたとき，興味深い事実が判明する（片岡 2002）。日本社会では正統文化によって階層化されている程度はジェンダーで異なっており，高階層の男性はそうでない層の男性と比較して正統文化スコアが高い一方で，大衆文化スコアも低くない。したがって，高階層の男性については，文化的オムニボアの傾向をみてとることができる。その一方で，高階層の女性は顕著に正統文化スコアが高い一方で，大衆文化スコアはさほど高くなっていない。つまり，日本の文化資本を介した階層の再生産はジェンダー化されているといえる。女性において正統文化の文化資本としての役割が大きい一方で，男性については正統文化を嗜むことが必ずしも重要な意味をもっているわけではなく，むしろピーターソンが指摘したような文化的オムニボアの特徴を観察できる。ここでも，ブルデューが明らかにした文化的再生産の過程がその社会に固有の文脈に依存してさまざまな現れ方をしていることが確認できる。

(3) 文化資本と経済資本の違い

　ブルデューは，教育を介した階級の再生産がなされる理由として，文化資本が重要な役割を果たしていることを指摘した。しかしこのことは，経済資本が階級の再生産において何も役割を果たしていないことを意味するわけではない。実際に，経済資本は階級の再生産にとって依然として重要な意味をもっている。その結果，ひと口に支配階級といっても，主として文化資本で構成されている支配階級もあれば，主として経済資本で構成されている支配階級も存在することになる。前者は高い学歴をもち専門職に従事している人びとに代表され，後者は商・工業経営者のような人びとに代表される。このように，支配階級の特徴が資本の総量だけで決まるのではなく，文化資本と経済資本の構成内容によっても決まることを，ブルデューは資本の交差配列的な分布構造と呼んだ。そ

第10章　社会階層

して文化資本と経済資本は，教育を介した階級あるいは階層の再生産過程においてもそれぞれ異なる役割を果たすことになる。

　ただしここでも気を付けなければならないことは，資本の交差配列的な分布構造にしたがって社会階層が分類されるとしても，その程度は社会によって異なっていることである。たとえば，SSM調査データをもちいて日本社会において文化資本と学歴資本がどのように分布しているのかを明らかにすると，日本社会でもブルデューが指摘したような経済資本と文化資本の交差配列的な構造が観察された一方で，両者の区別は必ずしも明瞭でなかったことがわかる（近藤 2011）。経済資本と文化資本を保有している階層はかなりの程度一致しており，経済資本の高い階層は文化資本も高く，逆に文化資本の高い階層は経済資本も高かった。したがって，フランスでは文化資本を保有する層と経済資本を保有する層の間には相対的に明らかな違いがあったけれども，日本は必ずしもそうではないといえる。

　文化資本と経済資本は連関しているけれども，しかし両者は完全に一致するわけではない。相対的に文化資本が多く経済資本が少ない家庭の子どもと，相対的に文化資本が少なく経済資本が多い家庭の子どもの進路希望に注目することで，それぞれの資本が教育を介した階層の再生産に果たしている役割を明らかにできる。実際に高校生と母親の進学希望に関する調査データを分析すると，文化資本と経済資本が進学希望に関して異なった影響を与えていることが判明する（古田 2018）。たとえば，文化資本の高い家庭では，たとえ経済資本が不足していても大学に進学することを希望する。しかし，文化資本の低い家庭では専門学校に進学を希望するものが増え，さらに経済資本も不足すると大学か専門学校かに関係なく，そもそも進学を希望しなくなるものが増える。このことは，高等教育機関への進学を希望するかしないかについては，経済資本よりも文化資本の方が重要な役割を果たしていることを示唆している。

　大学への進学を希望しているけれども経済的な理由で進学をあきらめなければいけないような家庭の子どもにとって，奨学金制度の充実は確実に助けとなるだろう。しかし，そもそも大学に進学することを希望するためには，その家庭がある程度の文化資本を蓄積していることが必要になる。文化資本が十分に蓄積されていない家庭では，経済資本が不足した段階で，そもそも進学を希望

要点の確認／文献ガイド

しなくなるからである。その場合，かりに奨学金制度を充実させたとしても，制度に関する情報に関心をもたないために，その家庭では奨学金を活用する機会を失うことがありうる。したがって，もし教育格差を是正しようとするなら，奨学金制度を充実するだけでなく，奨学金をいかにして積極的に活用させるのか，そのことに対する配慮が必要になってくる。このように，階層間の格差を理解するためには，単に経済的な側面だけに注目するだけでは不十分といえる。経済的な側面と同時に，文化的な側面にも注目していく必要がある。

5. 最後に

本章では，社会階層をめぐる問題について確認した。社会階層は，単に人びとがハイアラキカルないくつかの集団に分類できることだけを意味しているわけではなかった。社会階層間にはさまざまな格差が存在しており，社会階層はそうした格差をともないながら世代を超えて再生産される傾向がある。そして，世代を超えた社会階層の再生産が可能になるのは，階層間で経済的な条件に差があるからだけではなかった。社会階層の再生産には，階層間で学校教育へのかかわり方が異なっていることや，階層ごとに文化や価値観が異なっていることも関与していた。

要点の確認

・産業化が進んでも，多くの国で社会階層が世代を超えて再生産される傾向を観察でき，機会の格差が存在する。
・21世紀に入り，非正規雇用と呼ばれる不安定な形態で働く人びとが増えてきた。
・教育システムは社会階層に対して中立的なシステムとはいえず，そうであるがゆえに教育を介した社会階層の再生産が存在する。
・経済資本だけが社会階層の再生産に関与しているわけではない。人びとの文化的活動も社会階層の影響を受けており，社会階層の再生産に利する文化資本を形成している。

第 10 章　社会階層

文献ガイド

原純輔・盛山和夫『社会階層――豊かさの中の不平等』（東京大学出版会）
　　▷SSM 調査をもとに，戦後の日本は豊かになったけれども，不平等の問題がなくなったわけではないことを論じる。20 世紀末までの日本社会の状況をコンパクトに理解できる。

山田昌弘『希望格差社会――「負け組」の絶望感が日本を引き裂く』（筑摩書房）
　　▷戦後の安定した日本社会の構造が 21 世紀になって不安定化したことで，社会の各所にさまざまな問題を生じさせていることを説得的に論じている。

苅谷剛彦『階層化日本と教育危機――不平等再生産から意欲格差社会へ』（有信堂）
　　▷日本社会における教育格差を扱った代表的な図書である。同書では，学力格差にくわえて，学習意欲の格差にも注目している。

松岡亮二『教育格差――階層・地域・学歴』（ちくま新書）
　　▷最新の調査データをもちいて，国際比較をまじえながら，日本社会にも教育格差が就学前の段階から不利が累積される形で広範に存在していることを議論する。

P. ブルデュー著『ディスタンクシオン――社会的判断力批判』（藤原書店）
　　▷ブルデューの主著である。実証的なデータをもとにして，人びとの日常における諸実践が階級を特徴づけるハビトゥスをどのように構築しているかを明らかにしている。

第 11 章
権力と国家
——人を支配する力——

　本章では，社会が人を支配する力，権力について扱う。権力は日常においても
よく耳にするごく一般的な単語だが，その意味を厳密に定義しようとすると，さ
まざまな困難が生じる。そこで本章では，まず権力の定義と種類について確認し
たうえで，どのようなタイプの権力がどのような問題を社会に引き起こすのか，
このことを議論しよう。その後，現代社会において国民国家がどのような権力を
体現してきたのか，またグローバル化とともにあらたにどのような形の権力が人
びとの生活を支配するようになってきているのか，これらのことについて検討す
る。意識して権力を問うことで，私たちの社会に対する理解はより深められたも
のになり，そして人びとが真の意味で自由になるための手がかりを得ることにな
る。

第11章 権力と国家

1. 誰が誰を支配するのか

(1) 権力の類型

　権力は社会学の理論研究において最も重要な概念の一つであるけれども，同時に最も扱いの難しい概念でもある。問題を理論的に議論するためには鍵となる概念が明確に定義されている必要がある。しかし，権力の概念を説得的に定義することは実は容易でない。権力を狭く定義するとその定義にあわないものが権力とみなされなくなる。そのため，社会学者が問題にすべき深刻な現象を見落としてしまうことになる。しかし権力を広く定義しすぎると，権力で説明される現象と権力では説明できない現象との差異が不明瞭になり，権力概念をもちいた批判の切れ味は鈍いものになってしまう。権力を狭く定義することにも広く定義することにも問題がある一方で，権力の定義を曖昧なままにしてしまうと，今度は社会現象を正しく評価することができなくなってしまう。ここではそのことを，イギリスの社会学者 S. ルークスが『現代権力論批判』で展開した議論をもとに確認することにしよう（Lukes 1974=1995）。ルークスは，利害の概念を軸にして，権力を一次元的権力，二次元的権力，そして三次元的権力の三つの類型に分類した（図11-1）。

　一次元的な権力は，権力が行使されたときにそれが紛争という形で公然と現れるようなタイプの権力である。このとき一方の利益はもう一方の利益のために犠牲を強いられており，かつ犠牲を強いられたものはそのことを十分に理解している。二次元的な権力は，権力が行使されたときにも紛争という形で公然と現れるわけではないけれども，一方の利益がもう一方の利益のために犠牲を払わせられており，かつ犠牲を強いられたものはそのことを十分に理解しているような権力である。たとえば力のある相手に対して抵抗しても意味がないとあらかじめ判断した場合には，あえて争わずに黙って相手に服従するだろう。このとき，表面上は第三者に観察可能な紛争は存在しないが，しかし確かに権力は存在している。少なくとも，権力を行使されたものは，権力を行使されたことを強く意識している。最後に三次元的権力は，権力が行使されているにもかかわらず，紛争という形では公然と現れないし，権力を行使されているもの

244

1. 誰が誰を支配するのか

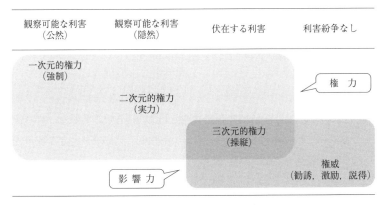

出典：Lukes（1974=1995）より筆者作図
図 11-1　権力の類型

は「自身の利益が損なわれた」ことを主観的に認知もしていないような権力である。たとえば，自身の利害を誤って理解した個人は，知らず知らずのうちに相手の利益のために自身の利益を犠牲にするような選択をしてしまっているかもしれない。このとき，もしそうなるように誰かが意図的に情報操作をおこなっていたならば，誰にとっても観察可能であるような紛争は存在しないし，利益を失ったものもそのことに気が付いていなかったかもしれないが，確かに権力は存在していたことになる。

三つの類型の権力のうち，ルークスが最も問題視したのは，三次元的な権力である。三次元的な権力は見過ごされやすいために，気が付かないうちに社会全体に深刻な被害をもたらしうる。その一方で，情報を操作するものに明確な悪意がなければ，三次元的な権力は，勧誘や激励や説得といったものと明確に区別することができない。三次元的な権力の存在を説得的に主張するためには主観的な認知に関係なく定義できる人びとの真の利害が明らかにされていなければならないが，何が真の利害であるかを確定することは容易なことではない。

(2) 個人主義的な権力

前項でルークスが権力概念を三つに分類したことを簡単に紹介したが，それぞれの内容をさらに詳しくみていこう。

第11章 権力と国家

　一次元的な権力は，権力を個人主義的に理解していると評価できる。実際に，一般的には方法論的個人主義（→第1章2節）の立場に分類される M. ヴェーバーは，『社会学の根本概念』において権力を次のように定義している（Weber 1922=1972）。

　　「権力」とは，或る社会的関係の内部で抵抗を排してまで自己の意志を貫徹するすべての可能性を意味し，この可能性が何に基づくかは問うところではない（Weber 1922=1972: 86）

　この定義にしたがうならば，権力を行使するとは"相手の抵抗を排することで自己の意志を貫徹する"ことであり，先の一次元的権力の考え方に合致している。ただ気を付けなければいけないことは，誰が誰に対して権力を行使できるのかはランダムに決まっているわけではなく，権力の行使を可能にする関係は社会的に正当化されていなければならない。後でみるように，ヴェーバーは支配の正当性の根拠として合法性や伝統やカリスマといったものを想定していた。その場合には，かりに個人が権力を行使しているようにみえても，その人の何らかの卓越した個人的な能力が権力を生み出しているわけではなく，権力の源泉はあくまでも社会的である。

　同じように，権力を個人主義的に理解しているのは，**社会的交換理論**の立場にたつ **P. M. ブラウ**である。ブラウは，ヴェーバーの権力の定義を踏まえ，権力を社会的取引における一方的な依存関係だと考えた（Blau 1964=1974）。たとえば，相手の弱みに付け込んで，有利な条件で相手からサービスを受けたり，資源を提供させたりすることができるなら，それは権力だといえる。一般に，暴力をふるうことで相手から高価なダイヤモンドを奪うことを，権力とはいわない。それは単なる強奪であり，犯罪であり，社会的に認められた（権）力ではない。しかし，相手の窮状に付け込んで，不当に安い価格でそのダイヤモンドを入手したならば，それは社会関係を介した権力の行使だといえる。もし十分な資源をもっていたなら，ダイヤモンドの所有者はそんな価格ではダイヤモンドを手放すことはなかっただろうと想定できるからである。ダイヤモンドの所有者は，自らの利益を犠牲にして，不本意にもダイヤモンドを手放したので

ある。あるいは，資本家が労働者を搾取し，不当な利益を得ているとしよう。このとき，資本家が労働者に対して権力を行使しているといえるのは，労働市場において労働者が一方的に不利な立場に立たされており，そのため資本家に依存せざるをえないからである。労働者は，生きるために，あえて不当に安い低賃金で働くことを選ぶのである。このように，ある個人がある個人に対して権力を行使できるか否かは，資源がどのように分配されており，社会関係のなかで誰と誰とがどうつながっているかに依存して決まっている。個人主義的に捉えられた権力であっても，権力の源泉自身は社会に求められる。

(3) その存在が意識されない権力

　誰が誰に対して権力を行使するかは社会的に決まっていると考えている一方で，誰が誰に対してどのように振る舞ったかという，具体的な意思決定場面における人びとの行動に着目して権力を捉えている点で，一次元的な権力観は権力を行動主義的に理解している。しかし，ルークスの二次元的権力の概念化に大きな影響を与えた P. バクラックと M. バラッツの権力論は，非行動主義的に権力を理解している。二人の権力論では，そもそも意思決定過程でどのような論点がはじめから見落とされていたのか，そしてその論点があらかじめ意思決定過程から外されることで誰が得をしていたのか（あるいは，誰が損をしていたのか），このように実際に意思決定がなされる以前の要因に注目していたからである（Bachrach and Baratz 1962）。

　バクラックとバラッツは，行動主義的に明らかにされる権力とは異なるもう一つの権力を明らかにするためには，人びとが抱いている価値観や，自明視された政治的な手続きや規則，そして思い込みなど，どのようなバイアスが意思決定過程に持ち込まれていたのかを明らかにする必要があると考えた。そしてさらに，意思決定過程全体にバイアスがかかることがいったい誰にとって有利に働き，逆に誰にとって不利に働くのかを精査する必要があると述べた。そのためには，**非意思決定のダイナミクス**が明らかにされなければいけないと考えたのだ。

　意思決定のなかで議題として取り上げられた論点は，必然的にそうしたバイアスを動員できる権力者にとって，無難で安全な論点に限定されることになる。

第11章 権力と国家

権力者にとって不都合な論点は，権力者が自らの影響力を行使することであらかじめ議題から外してしまうからである。したがって，意思決定過程に取り込まれた論点だけに注目していては，二次元的な権力の存在を捉えることはできない。二次元的な権力を捉えるためには，どのようなバイアスが動員されたことでどのような論点が意思決定過程から外されてしまったのか，このことに注目する必要がある。このタイプの権力は，行動主義的には測定できないタイプの権力とはいえるかもしれないが，行動主義的に測定できないという理由で検討の対象から漏れれば，人びとは権力がもたらす問題を過小評価してしまうことになる。

　二人の議論は一次元的な権力とは異なるもう一つの権力に対する見方を提示している点で魅力的にみえる。しかしルークスは，二人の議論が依然として権力を具体的な意思決定過程と結び付けて考えていると批判した。なぜなら，バクラックとバラッツが示す権力は，ある特定の意思決定から特定の論点を外すことで利益を得る権力として概念化されているからである。そしてルークスが三次元的権力として問題にするのは，そもそも人びとによって意識化されることのなかった論点であり，意識化されないがゆえに意思決定過程から外されることすらもない論点だったからである。ルークスの議論は魅力的だが，しかし意識化されないものを誰が意識化するのか，誰かがそれを意識化したとして，それが正しい意識化であることを誰がどう判断するのか，そうした問題があらたに浮上する。当然ルークス自身もその問題は十分に自覚しており，だからこそ彼は，権力をめぐる議論は必然的に論争的にならざるをえないと主張した。

(4) 社会システムと権力

　ルークスは利害の概念を軸にして権力を概念化したけれども，これとは異なる視点から権力を概念化した社会学者もいる。利害を軸にした権力の概念化は，"一方が利益を得るともう一方は必ず損失を被る"というゼロ・サム的な状況を前提にしている。しかし権力があることによって，権力を行使するものだけでなく，権力を行使されるものにとっても利益が生じるような非ゼロ・サム的な状況を考えることもできる。たとえば，T. パーソンズは権力を次のように定義した。

関連のある集合体とその成員的単位の地位がそのもとで義務を負うかぎり，彼らに対して拘束的な決定をなす――そしてこれを「準守させる」――能力（Parsons 1969=1973-74: 上 66）

　決してわかりやすい定義ではないが，意味するところは，社会にとって必要な行動を人びとに選択させる能力ということになる。たとえば，住民に納税の義務があるとすれば，住民にきちんと税を納めさせることが権力の行使になる。このとき，税を納めることは確かに市民にとって負担かもしれないが，そのことによって社会保障制度が維持されるならば，それは税を納めている市民にとっても損失にはならない。社会には，社会保障に限らず，その社会を維持するために達成しなければならないさまざまな集合目標が存在する。権力はその目標の実現に向けて人びとを動員するための手段だと，パーソンズは考えた。
　パーソンズの権力概念は，N. ルーマンによってさらに一般化された（Luhmann 1975=1986）。ルーマンは，権力をコミュニケーション・メディアの一つとして捉え，互いが互いの行為を予測可能なものにすることで社会に一定の秩序をもたらしていると考えた。たとえば，経済システムでは，貨幣がコミュニケーション・メディアとして機能することで，必要なものが生じたときそれをどこからどのようにして調達すればよいのか，人びとは見通しを与えられることになる。商店に行ってお金を払って商品を購入すればよいのである。同じように，政治システムでは，権力がコミュニケーション・メディアとして機能することで，紛争が生じたとき誰がどう問題を解決すればよいのか，見通しが与えられることになる。行政に連絡すれば，行政が違反者を特定し，処罰することになる。

2. 人の何が支配されるのか

(1) 批判理論の系譜
　前節では，主に政治・経済的な権力を扱った理論について紹介した。どのような利害に注目するかによって，そして権力の機能の捉え方にしたがって，ひ

第11章 権力と国家

と口に権力といってもさまざまな側面が浮かび上がってくることを確認した。このように権力の概念を拡げていくと，権力の概念は政治的な場面にとどまらず，経済的な場面においても，文化的な場面においても，そして社会的な場面においても広く存在することになる。M. ホルクハイマーが提唱し，現在も多くの社会学者に継承されている**批判理論**は，人びとの思考を支配する理性の役割に注目することで，政治・経済的な場面のみならず，文化・社会的な場面にも及ぶ広汎な権力作用を問題にしたと理解できる（Horkheimer 1937=1974）。たしかに，人びとは合理的な思考にしたがって技術を革新し，社会を進化させ，豊かな生活を享受できるようになった。しかし，合理的な思考が行きすぎると，今度は人びとの感性を抑圧するようになり，人びとの思考を硬直化させてしまい，そして人びとを非人間的な労働に従属させるようになる。それも，一つの権力の現れとみなすことができる。

　このタイプの権力の一つの特徴は，そうした権力が作用しているときには社会の支配者であっても権力による従属作用を免れることはできないということである。ホルクハイマーと T. アドルノは，二人の共著『啓蒙の弁証法』において，そのことを端的に示す逸話を紹介している（Horkheimer and Adorno 1947=1990）。その逸話とは，有名なホメロスの叙事詩「オデュッセイア」のセイレーンが登場するシーンである。セイレーンたちは歌でもって船人を誘い，その歌に誘われた船人はセイレーンによって食い殺されてしまうことになる。故郷への帰路の途上にあったオデュッセウスはセイレーンの歌を実際に自分の耳で聴いてみたいと思い，一計を案じた。船の漕ぎ手には蝋で耳栓をさせる一方で，自身は耳栓をせず，その代わりに帆柱に縛らせるのである。すると，セイレーンの歌声が聴こえない漕ぎ手たちは一心不乱に船を漕ぎ進める一方で，耳栓をしていないオデュッセウスはセイレーンの歌を聴くことができる。しかしそのオデュッセウスも，帆柱に縛られているので，セイレーンのもとに向かうことはできない。結果として，彼らはセイレーンに食い殺されることなく，セイレーンが住む島から離れることができた。しかしこの場面では，見方をかえれば，主人であるオデュッセウスは帆柱に縛られることで，また奴隷である船の漕ぎ手たちは耳を蝋で塞がれることで，ともに自由を失っていたといえる。

2. 人の何が支配されるのか

(2) 権威主義の台頭

批判理論の大きな問題関心は，20世紀前半の現代社会においてナチスに代表されるようなファシズムが台頭した背景を明らかにすることにあった。現代社会のファシズムの台頭を許すような社会的な背景とはいったいどのようなものだったのかを論じた図書として，E. フロムが著した『自由からの逃走』（Fromm 1941＝1965）とアドルノが著した『権威主義的パーソナリティ』（Adorno 1950＝1980）の二冊を挙げることができる（前者については，第4章4節も参照のこと）。『自由からの逃走』においてフロムは，現代社会において個人化が進んだことによって，人びとは孤独と不安に苛まれるようになったと論じている。人びとは，そうした孤独と不安から逃れる手段として，権威に依存するようになったり，あるいは機械的な画一性に身を委ねたりしようとする。その結果，ファシズムの台頭を許すような社会的な土壌ができあがったのである。いわば，人びとは政治権力によって力ずくで自由を取り上げられたのではなく，自らの意志で自由を放棄し，そして失ったことになる。人びとを支配する権力は，外部から暴力的に出現したのではなく，人びとが自らそれを望み，それを受け入れた結果として現れた。

フロムの見解は，彼の現代社会に対するすぐれた知的考察から得られたものと考えられる。これに対して，社会調査データをもとにして，フロムの見解をさらに進めた経験的な研究が，アドルノの権威主義的パーソナリティに関する研究だといえる。ナチスの影響が強まっていたドイツを逃れ，アメリカに亡命したアドルノは，アメリカで権威主義に関する社会調査をおこなった。『権威主義的パーソナリティ』では，社会調査の分析結果について詳細な結果が述べられている。アドルノは，調査データを通じて，人びとの間に権威主義に対して親和的なパーソナリティ類型が存在することに気が付いた。人びとが権威主義を受け入れたのは，必ずしも歴史的な偶然の所産だったとはいえない。権威主義的な傾向が強い人もいれば反権威主義的な傾向の強い人もいる一方で，権威主義に関する心理的な態度そのものはそれぞれの個人のなかでかなりの程度一貫している。したがって，そうした心理的な傾向をもつ人が存在する限り，ファシズムはいつどこで台頭してもおかしくはないのである。

第11章 権力と国家

(3) 合理性による支配

ナチスに代表されるファシズムを理論化し，そして批判する批判理論は，し
かしファシズムだけを対象にしていたわけではなかった。たとえば，H. マル
クーゼは，『一次元的人間』において現代社会を特徴づける思考様式を一次元
的思惟と呼び，一次元的思惟によって人びとの社会行動が支配されてしまうこ
とを批判した（Marcuse 1964=1974）。一次元的思惟とは，テクノロジーの進展
とともに強まった科学的合理性に支配される思考様式を意味している。このよ
うな思考様式は，たしかに前近代社会にみられた非合理的な側面を社会から取
り除き，人びとの寿命を長くし，そして生活を改善したかもしれない。しかし
そこでは，理性の超越的・否定的・反対的要素がすべて吸収されてしまい，提
供されたものをただただ受け入れる新しい体制順応主義が姿を現している。人
びとは支配されていることに疑問をもたないまま，能率と生産性の概念でもっ
て正当化された平和な生活を受け入れさせられている。このとき人びとは，最
も究極的な権力を行使されているともいえる。

マルクーゼは社会全体を貫く思考様式の変化を問題にしたけれども，J. ハー
バーマスは，とりわけ**公共圏**の変化に注目して，そのような変化が 20 世紀の
資本主義社会に生じたことを『公共性の構造転換』においてより具体的に議論
した（Habermas［1962］1990=［1973］1994）。ハーバーマスは，18 世紀のヨーロ
ッパでは市民がカフェハウス，サロン，読書クラブで政治や社会問題や芸術な
どさまざまなことを論議し，それが公共圏の形成に大きな役割を果たしていた
と考えた。しかし，20 世紀になると公共圏の形成に果たしていた論議の役割
は衰退し，人びとは論議という形で公共圏の形成に能動的に関与することをや
め，マス・メディアを介して提供される記事をただただ消費するようになる。
このとき，人びとと公共圏とのかかわりは，限定的で受容的なものに変貌して
しまっている。そしてハーバーマスは，マス・メディアが作り出す世界の公共
性はみかけ上の公共性にしかすぎないと断じる。ハーバーマスはそうした社会
変化を権力という概念をもちいて記述したわけではなかったけれども，本章の
冒頭において紹介したルークスの権力の類型を想定するならば，彼が問題にし
たこともまた，三次元的権力の現れの一つだったと解しうる。

2. 人の何が支配されるのか

> ### コラム11-1　人と人との共在から現れる権力
>
> 　公共性と権力に関する議論に大きな影響を与えた知識人として，H. アーレントの名前を忘れることはできない。アーレントはドイツに生まれたユダヤ人の政治哲学者あるいは政治思想家であるが，主著『人間の条件』（Arendt 1958=1994）において公的領域と権力の関係に関する魅力的な議論を展開している。アーレントは人間の条件である活動力を，労働，仕事，活動に分けて考察し，他者との共在を前提にする公的領域における活動の意義を強調した。アーレントにとって権力とは，公的領域のなかで活動する人びとの間に現れるものであり，公的領域を存続させるものとしてある。そして，人と人との関係から生まれる権力は，実力（フォース）や体力（ストレングス）とは異なり，測定可能な信頼できる実体をもっていない。このときアーレントは，明らかに権力をポジティブなものとして捉えている。むしろアーレントは，仕事や労働が優位に立つ現代社会において権力が実力あるいは体力に脅かされていることの方を問題にするのである。[数土直紀]

（4）生活世界の植民地化

　ハーバーマスが『公共性の構造転換』においておこなったのは公共圏に関する歴史的分析だったといえるが，彼が『コミュニケーション的行為の理論』においておこなったのは合理性の支配に関する理論的分析だったといえる（Habermas 1981=1985-87）。ハーバーマスは，合理性の概念をコミュニケーション的合理性と認知的・道具的理性に分けて考えた。そして，コミュニケーション的合理性は真理性・正当性・誠実性を求められる了解志向型のコミュニケーション的行為によって達成される一方で，認知的・道具的理性は実効性を求められる成果志向型の戦略的行為によって達成されるとした（コミュニケーション的行為については，第3章2節も参照のこと）。さらにハーバーマスは，コミュニケーション的行為によって構築される生活世界と，社会進化とともに生活世界から切り離されて自律するようになる社会システムとの関係を問題にした。社会シス

253

第11章　権力と国家

テムが高度に発達すると，生活世界は社会システムによって次第に合理化・画一化され，いわば社会システムに隷属するようになる。たとえば，協同的な社会秩序の形成や子どもの教育のような，かつては生活世界内での了解によって相互主観的に成り立っていたものが，行政システムや経済システムによる影響や介入を受け，社会システムに支配されることになる。ハーバーマスは，このような過程を生活世界の植民地化と呼んだ。

　このように，ホルクハイマーが提唱した批判理論は，さまざまな社会学者によって 20 世紀以降の現代社会を診断する理論的な枠組みを提示してきた。では批判理論の枠組みを 20 世紀の社会ではなく 21 世紀の社会に適用したときにも，その枠組みは同じような有効性を発揮できるのだろうか。そのことを判断するうえで重要となるのは，権力主体としての国家の役割である。批判理論では，全体主義国家であれ，福祉国家であれ，暗黙の裡に国民国家を権力主体として想定してきた。しかし，グローバル化のなかで，単一の国家はかつてもっていた存在感を失いつつある（Giddens 1998=1999）。国家はあくまでも権力主体の一つにしかすぎず，現代社会においては，国家以外のより多様な権力主体を考えることが必要になる（→本章 4 節）。

3. 国民国家の登場

(1) 支配の諸類型

　1 節で触れたように，ヴェーバーは権力を個人主義的に定義したけれども，支配についてはより広範に社会的に定義している。ルークスの権力の類型にしたがえば，ヴェーバーの支配の定義（Weber 1922=1970）は一次元的な権力よりは，むしろ三次元的な権力に近い。

　ヴェーバーは，ある支配形態が成立するためにはその支配がその社会において正当化されていることが必要だと考えた。そして支配形態は，その支配が正当化されている仕方によって三つの類型に分類できる。一つは，合法的支配である。合法的支配は合理的な性格をもっており，合法性に対する信仰によって正当化されている。もう一つは，伝統的支配である。伝統的支配は伝統的な性格をもっており，伝統の神聖性や権威に対する信仰によって正当化されている。

最後は，カリスマ的支配である。カリスマ的支配はカリスマ的な性格をもっており，ある特定の個人の神聖性，英雄性，あるいは模範性に対する人格的な信仰によって正当化されている。

　この三つの支配類型のうち，とりわけ近代以降の国家にとって重要なのは，合法的支配だといえる。たとえばヴェーバーは，官僚制的行政幹部による支配は，合法的支配の最も純粋な類型だと述べている。このとき，官僚制にもとづいた支配は，法に則して遂行されるため，支配するものにとってだけでなく支配されるものにとっても高い計算可能性を実現する（官僚制については，第5章2節も参照のこと）。言い換えれば，何をどのようにすればどのような結果が生じるのか，それが誰であっても，正確に予見できるようになる。このような合法的支配としての官僚制は，伝統的支配やカリスマ的支配と比較すれば，合理的かつ効率的な支配だといえるだろう。しかし，このとき注意しなければならないことは，ヴェーバーはそこで実現される合理性を形式的合理性と呼び，実質的合理性と区別したことである。実際に，形式的な合理性を強めれば強めるほど，その判断は実質的な合理性に反したものになっていく。官僚制を特徴とする行政においてはあらゆることが形式的に処理されるようになり，そのなかで人びとの実質的な利害はむしろ蔑ろにされるようになっていく。

(2) 想像の共同体

　伝統的国家から，絶対主義国家という過渡期を経て，近現代以降には国民国家が成立するようになる。しかし，国民国家が成立するためには，官僚制機構が整備されるだけでは十分ではなかった。国民国家が成立するためには，国民（ネーション）という"想像の共同体"（Anderson 1983=1987）に属しているという意識を人びとが広範に共有することが必要とされる。またそれに加えて，国家と国民に関するさまざまな情報を一元的に記録・管理し，それを活用するための技術が確立されていなければならない（Giddens 1985=1999）。

　ちなみに伝統は，無から生じるものではなく，歴史的な背景をもっている。しかし，かりに何らかの歴史的な背景をもっていたとしても，その伝統は「伝統」として古代から一貫して存在していたわけではない。近代において伝統として見出され，伝統として定義しなおされた結果，伝統として人びとの間に流

第11章 権力と国家

通するようになったのにすぎない。わかりにくい言い回しだが，次のように考えればよい。過去から伝わる事物がすべて伝統なのではなく，そのなかには単なる因襲や慣習にすぎないものもある。過去から伝わる事物のなかで，あるものが特に伝統として選び出され，伝統として形式化され，そして伝統として祀り上げられることになる。伝統とそれ以外の因習や慣習とを区別しているのは，過去を生きてきた人びとではなく，まさに現代を生きる人びとにほかならない。

実は，国民国家を支える国民意識やナショナリズムについても同じことがいえる。人びとは，想像の共同体としての国民のすべてと交流できるわけではなく，そのごく一部分の人としか実際に会って話をすることができない。にもかかわらず，人びとは共同体に属する仲間に対して強い同胞意識をもつことになる。それが可能なのは，人びとの間で特定の言語が共有されているからである。そして人びとが特定の言語を共有できるようになったのは，B. アンダーソンが唱えるところの出版資本主義の発達によって，書物やメディアを介し，そして学校教育を通じ，人びとがその言語を習得するようになったからである。このとき注意しなければならないことは，国民意識を形成する特定の言語もじつは多様な言語の一つでしかなかったということである。しかし，多様な言語のなかからその言葉だけが選び出され，標準語として形式化され，それをもとに国民という想像の共同体が生み出されていったのである。

(3) 国民国家と管理的権力

国民国家の出現において国民意識の形成は重要な要因だったが，しかし国民意識が形成されるだけで現代的な国民国家が形成されるわけではない。国民国家が形成されるためには，国民意識という心理的な基盤と同時に，領土内を監視管理するための技術が確立される必要があった（Giddens 1985＝1999）。たとえば，ローマ帝国のような伝統的な国家は，現代的な国民国家とはまったく異なった性格をもっていた。ローマ帝国のような伝統的な国家では，政治の中心にいるものが実効的に監視管理できる範囲は限られていた。象徴的な言い方をすれば，伝統的国家では，国民国家においては重要な役割を果たす国境は存在せず，辺境地帯が存在したにすぎない。辺境地帯での統治は不安定であり，国家への帰属も確かなものではなかった。その一方で，国民国家は，領土が国境

3. 国民国家の登場

コラム11-2　国民国家と世界システム

　I.ウォーラーステインは，国民国家の現れを理解するためには単にその国内の変動を追いかけるだけでなく，世界システムという視点が必要になることを主著『近代世界システム』（Wallerstein 2011=2013）において論じている。世界システムには，世界帝国と世界経済の二種類が存在し，国民国家の現れと関係するのは後者の世界経済である。世界経済は，中核諸国，半周辺地域，周辺地域に分けられ，これらの間には経済的・社会的な格差が存在する。資本主義によって特徴づけられる世界経済は労働力よりも蓄積された資本に対してより多くの報酬を与える傾向があるため，世界経済の発展は，中核諸国，半周辺地域，周辺地域の間にすでに存在する経済的・社会的な格差を縮小させるのではなく，むしろその格差を拡大・強化させることになる。ウォーラーステインの世界システム論は，世界システムという視点から諸国家の歴史を統一的に理解しようとするものであり，魅力的かつ壮大な試みといえるだろう。［数土直紀］

によって明確に画定されており，政治の中心は領土全体を一元的に管理することができる。また，皇帝や王が支配する伝統的国家あるいは過渡期に成立した絶対主義国家とは異なり，国民国家の支配は人格的な権力ではなく，非人格的な管理的権力となる。

　国民国家は国内のほとんどを平定しているため，暴力手段の独占が統治権の維持のために果たしている役割は，伝統的な国家ほど大きくはない。国民国家にとって重要なのは，再帰的なモニタリングを基盤とした管理的権力である。A.ギデンズは，管理的権力の成立に影響を与えた要因として，輸送手段の機械化，コミュニケーションと輸送の分離，記録活動の拡大の三つを挙げている（Giddens 1985=1999）。輸送手段の機械化は，ある地域から別の地域へ人やモノを移動させるのに有する時間を短縮することによって，国家内の時空間を収縮させた。領土全域のものごとが同一の時間の流れ（標準時）で調整可能になったのである。さらに，コミュニケーションと輸送の分離が進むと，時空間の収

第11章　権力と国家

縮はさらに加速することになる。かつては，ある人とコミュニケーションするためには，その人のいるところに赴かなければならなかった。言い換えれば，コミュニケーションと移動は不可分であった。しかしコミュニケーション技術が発達すると，空間的な移動をともなうことなしに，その人とコミュニケーションできるようになる。たとえば現代人は，東京に住んでいても，さまざまなメディアを利用することで大阪に行くことなしに大阪に住む人と自由にコミュニケーションできる。そして，国家の管理目的のために利用される記録活動は，国家が国家の状態を把握し，その情報にもとづいて必要な対策を施していく再帰的モニタリングの可能性を拡大させた。官庁統計の整備は，国家の管理的権力にとって不可欠な要素だったのである。

このように，輸送手段の機械化，コミュニケーションと輸送の分離，記録活動の拡大，この三つは，管理的権力を行使する国民国家が形成されるための技術的な基盤を構成していたといえる。

(4) パノプティコン

国民国家は国民に対して管理的権力を行使するが，このようなタイプの権力は国家と国民の間だけに限定されるものではなく，社会全域でも広く観察されるようになる。たとえば，それは，学校や病院や工場などといった近代組織においても観察できるのだ。このようなタイプの権力が働くメカニズムを考えるうえで，M. フーコーが『監獄の誕生』で展開したパノプティコン（一望監視施設）に関する議論が示唆的となる（Foucault 1975＝1977）。

パノプティコンとは，イギリスの社会哲学者 J. ベンサムが考案した監獄のモデルである（図11-2）。円環状の建物の中心に監視のための塔を配置し，それを取り巻く建物には独房が設置されている。すべての独房は，監視塔に面した内壁と外壁に窓をもっている。このとき，外壁から差し込んだ光は内壁から抜けて監視塔にまで届くので，監視塔からはすべての独房を監視することができる。しかし監視塔は光を発しない建物の中心に配置されているので，独房からは監視塔の内部を見ることはできない。つまり，パノプティコンでは，看守はすべての囚人を一望して監視できるが，囚人は看守がどのタイミングで自分に視線を向けているのかを知ることができない。見ることと見られることにつ

3. 国民国家の登場

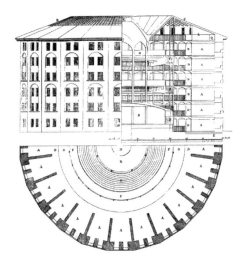

図 11-2　パノプティコンの模式図

いてのこの非対称的な関係は，両者の間に独特な権力関係を生み出すことになる。囚人は，看守がどのタイミングで自分のことを見ているのかを知ることができないので，見られているかもしれないことをつねに意識せざるをえない。一方，看守は，囚人が「見られているかもしれない」と恐れて自分で自分の振る舞いを規制しているならば，その後は囚人の振る舞いを四六時中監視する必要がなくなる。さらにいえば，囚人が看守の存在を信じ込んでさえいれば，看守を実際に配置する手間すら省くこともできる。このとき，看守が実際には不在で構わなかったことからわかるように，囚人を監視・管理する権力は没人格化されることになる。

　フーコーが指摘するように，パノプティコン的なシステムは，何も監獄に限られるわけではない。学校や病院や工場といったシステムも，パノプティコン的な仕掛けをもつことで，そのシステムに組み込まれている個人を効率的かつ徹底的に管理できるようになった。見ることと見られることの非対称的な関係が生み出す権力は，現代社会の大きな特徴だといえるだろう。しかしそれは同時に，人びとを監視・管理する権力主体が実際は国家に限定されていなかったことも意味する。もし国家が社会全域の情報を収集記録する手段を独占してい

第11章　権力と国家

たならば，国家だけがこのような管理的権力を行使できるといえたかもしれない。しかし必ずしもそうではなくなったとき，権力主体として国家以外のものが重要な役割を果たすようになる。

4.　グローバル化とともに

(1)　マクドナルド化

　グローバル化とともに存在感を相対的に弱めてきた国民国家に代わって，国境を超えて経済活動をおこなう大企業の存在感が増している。そうして，世界中に質の高いサービスを提供するグローバル企業も，私たちの思考様式を支配する新しい合理性を体現することになる。そのことを示した代表的な業績として，G. リッツァの『マクドナルド化する社会』を挙げることができる（Ritzer 1993=1999）。このときのマクドナルドはいうまでもなく世界的なファストフード・チェーンのマクドナルドを意味している。しかしリッツァは，マクドナルドという一企業の経営方式を問題にしていたわけではなく，マクドナルドに代表される世界的な潮流を問題にしているにすぎない。したがって，たとえばその流れをスターバックス化と呼んでも差し支えない。さらにいえば，マクドナルド化の趨勢はレストラン業界に限定されるわけでもない。リッツァはその著書の中で，教育産業においても，あるいは医療においても，同様の流れが生じていることを指摘している。マクドナルド化は，マクドナルドに限らず，多くの企業，多くの分野，そして世界の各地で発生している。

　マクドナルド化は，効率性，計算可能性，予測可能性，そして（人によらない）技術的な制御の四つを特徴としている。マクドナルドは，この四つを徹底的に追求することで，世界中の顧客に対して質の高いサービスを迅速に提供することを可能にした。しかし，マクドナルド化を追求することで人びとの生活は便利で快適になるが，その一方で人びとの生活に望ましくないさまざまな非合理的な帰結がもたらされる。たとえばその中には，健康への被害や，環境破壊の促進などが含まれる。そうしたマクドナルド化の弊害のなかでもリッツァが特に問題にするのが，脱人間化である。マクドナルド化のもとで，労働は誰にでも対応可能な単純なものに置き換えられ，そのことで従業員は非人間化さ

4. グローバル化とともに

れる。また，マニュアルによって従業員と消費者の関係が画一化されると，両者の間にあったはずの豊かな人間関係が否定されることになる。そして，マクドナルド化は人びとの生活から多様性を奪いもする。たとえば，世界中のどこに行っても同じ商品が同じ品質で提供されるということは，世界中のどこに行っても同じものしか手に入らないということでもあるのだ。

(2) 合理的な思考様式の果てに

　人びとの営みを可視化し，それを計算可能なものにすることで，人びとの選択を特定の枠にはめ込む権力は，大学に代表される高等教育機関においても観察される。W. エスペランドと M. ソーダーは，高等教育機関が民間のサービス機関によって公開されるランキングに翻弄されている状況を，アメリカの法科大学院を事例にして明らかにした (Espeland and Sauder 2007)。大学にとって，経営に必要な資金を得るために社会から寄付を集め，さらに優秀な学生を確保することは必要不可欠といえる。そしてそれをスムーズにおこなうためには，民間のサービス機関が公開する大学ランキングにおいて上位にランクされていることが大切になる。大学は少しでも上位にランクされるために，高く評価されるだろう教育プログラムを導入したり，統一テストで高得点を得た学生を優先的に入学させたり，大学の広報に力を入れたり，さまざまな戦略を駆使することになる。しかし，大学によって採られるさまざまな戦略は法学教育の向上に貢献しているかといえば，必ずしもそうとはいえない。結果としてどこの大学も似たような教育プログラムを提供することになり，その一方で入学試験では面接の結果よりも試験の点数が重視されるようになり，試験で高得点を得た学生に優先的に奨学金が手当てされることで経済的に困窮する学生の奨学金が削られることになる。

　このとき注意しなければならないことが，いくつかある。一つは，それは誰によっても望まれていた結果ではなかったということである。法科大学院は，生き残るためにそうした戦略を駆使するのであって，法学教育を蔑ろにすることを目的にしていたわけではなかった。ランキングを公開する民間のサービス機関も，人びとに有用な情報を提供することを意図していたはずであり，法学教育の妨げになることを目的にしていたわけではなかった。もう一つは，かり

261

第11章 権力と国家

に大学が自分たちのやっていることが法学教育の質の向上に寄与していないことを理解していたとしても（実際に，エスペランドとソーダーの研究によると，少なくない大学人がランキングに大学が振り回されることの弊害を自覚していた），ランク上位というハイスコアを目指すこのゲームから降りることができないということである。なぜなら，ゲームから降りてしまった瞬間に，大学のランクが下がることで優秀な受験生を確保できなくなり，また企業や個人から寄付を集められなくなるからである。それは，大学が経営を維持できなくなることを意味する。そしてさらに皮肉なことに，すべての大学がこのゲームに熱中することで，どの大学もゲームから特別な利益を得ることができなくなっている。どんなに優れた経営戦略を展開しても，ただちに他の大学によって模倣され，結果として大学間で採られる戦略に実質的な違いがなくなる。大学の努力は，ランクを上げるためになされるのではなく，ランクを下げないためだけになされるのである。

(3) ネットワーク化する権力

20世紀後半から現在にかけて全世界に根付いた，人びとの行動を広範に監視・管理する体制は，そうした監視・管理を可能にする新しい技術が普及したことによって可能になった（Lyon 2001=2002）。コンピュータやインターネットに代表される情報テクノロジーである。しかも情報テクノロジーの進歩は止むことを知らず，いまや人びとの行動に関する情報を細大漏らさず収集できるようになった。具体的には，人びとの経済活動はクレジットカードの利用履歴を通して詳細に把握することが可能になった。あるいは，人びとの社会活動は，携帯電話の利用履歴を通して詳細に把握することが可能になった。しかもクレジットカードや携帯電話の利用を拒否することは，現代社会を生きていくうえでさまざまな不便を強いられることである。したがって人びとは，クレジットカードや携帯電話を利用しないわけにはいかない。しかし，技術の発展は，監視をより徹底的かつ広範におこないえるようにする一方で，監視するものの性格も変えることになる。

D. ライアンは，電子的に強化された監視が二つの特徴をもつことを指摘している。一つは，電子的に強化された監視は多中心的かつ多次元的だというこ

とである。監視の主体は，国民国家に限定されるわけではなく，金融機関や
IT 企業なども含まれる。もう一つは，かつての制度的・身体規律的な監視と
比較して強制性が薄められてきた一方で包括度が高いということである。かつ
ては特定の目的に応じて特定の情報が収集されていた。それに対して，現在は
さまざまなアクターによって種々雑多な情報が収集されるようになった。しか
しこのような形で収集されたデータは，ただ乱雑なまま放置されるわけではな
く，他のデータを組み合わせられることでデータを収集した／された人びとに
とって予測外の帰結をもたらすこともありうる。その一方で，かつてと比較し
て強制性を薄められた監視や管理を，権力とみなすことの根拠は次第に明瞭で
なくなってくる。人びとはシステムに監視・管理されることで，快適な生活を
手に入れてもいるからである。本章の冒頭で述べたように，人びとの意識に働
きかける最も根底的な権力については，勧誘や激励や説得から厳密に区別する
ことが難しいのである。

　その意味で，行動経済学者が提唱するナッジの概念は興味深い（Thaler and
Sunstein 2008=2009）。R. セイラーと C. サンスティーンは，行動経済学の知見
にもとづいて選択の枠組み（選択アーキテクチャー）を適切に設計すれば，人
びとの選択を正しい方向に誘導できると主張する。そして彼らは，そのように
人びとの選択を正しい方向に誘導することをナッジと呼んだ。ちなみに，ナッ
ジ（nudge）とは，その人の注意をひくためになされる軽いひじ押しを意味し，
ここでは選択させたい選択肢に人びとの注意を引き付けさせる些細な工夫を意
味する。しかし，選択アーキテクチャーによって誘導された選択がどのような
意味で自由な選択といえるのか，それを権力の行使と区別するものは何なのか，
そこには問われなければならない問題が潜んでいる。

（4）自由であるために

　自由に生きるためには，人びとはときには権力と闘う必要がある。しかし，
権力と闘うためには，権力の正体を正しく理解している必要がある。しかし，
本章で議論したように，権力の正体を正しく理解することは決して簡単なこと
ではない。権力のなかには，誰にとってもわかりやすいタイプの権力もあるだ
ろう。それは，誰が誰に対して権力を行使しているのかが容易に特定できるよ

第11章　権力と国家

うなタイプの権力である。しかし，権力のなかには，誰にとっても捉えがたい
ようなタイプの権力も存在する。そのようなタイプの権力は，誰が権力を行使
しているのか，そして誰が権力を行使されているのか，そのことが必ずしも判
然としない。そして現代社会を特徴づけているのは，誰にとってもわかりやす
い前者のタイプの権力ではなく，むしろその姿を捉えることに困難があるよう
な後者のタイプの権力だったのである。そして社会学では，そのような捉えが
たいタイプの権力を捉えるための批判的な思考の重要性を説いてきたのである。
　現代社会を生きるためには，合理的な思考様式に順応する必要があるし，ま
たさまざまな技術に依存しなければならない。しかし，社会が求める合理的な
思考様式に順応することで人びとは知らず知らずのうちに自由を失っていくこ
とがありうるし，またさまざまな技術に依存することで知らず知らずのうちに
自分たちの振る舞いを監視・管理されることにもなる。人びとが知らず知らず
のうちに取り込まれているそのような監視・管理の体制に抗い，真の自由を取
り戻すことは，容易なことではない。現代社会を生きることを選択している時
点で，人びとはすでにそうした体制を受け入れてしまっているからである。し
かしかりにそうであったとしても，社会システムの成り立ちを理解し，そこに
批判的なまなざしを向けていくことで，人びとは権力と意識的に距離を置くこ
とができ，そうした権力のもとでも自由であるための闘いを展開できるように
もなる。

⚠ 要点の確認

- 権力には，抵抗を排除する形である個人からある個人に対して直接的に行使される
個人主義的な権力以外に，意思決定から不都合な論点を事前に外してしまったり，
利害認識を操作したりする形で間接的に行使される権力が存在する。
- 批判理論は，人びとの行動を支配する合理的な思考様式を，人を労働に隷属化させ
る作用として批判した。
- 国民国家は，国民に関する情報を収集・保管する記録活動の拡大を通して，国民に
対する管理的権力を強めてきた。
- グローバル化とともに権力主体が多様化し，権力作用が広域化すると，権力の何が
問題なのかについても自明でなくなってくる。

要点の確認／文献ガイド

文献ガイド

S. ルークス著『現代権力論批判』(未來社)
　▷権力について書かれた理論書である。コンパクトな小著で，原著でも読み通すこと
　　が難しくない。しかし書かれている内容は示唆的で，社会学的に権力を考えること
　　の重要性がわかる。

A. ギデンズ著『国民国家と暴力』(而立書房)
　▷ギデンズが国民国家について著した大著である。理論的な分析よりも歴史的な分析
　　に力が入れられており，国民国家が伝統的国家とどのように異なるのかが説得的に
　　述べられている。

M. フーコー著『監獄の誕生』(新潮社)
　▷監視と処罰のシステムが西欧でどのように変化してきたのかを明らかにする図書で
　　ある。フーコーがこの図書でおこなったパノプティコンの分析は，多くの研究者に
　　インスピレーションを与えてきた。

G. リッツァ著『マクドナルド化する社会』(早稲田大学出版部)
　▷ファストフード・チェーンのマクドナルドに注目して，現代社会では形式的合理性
　　による支配がどのように成し遂げられているのかを描き出している。グローバル化
　　とともに，権力の作用する範囲が全世界に及んでいることを印象づける。

第 **V** 部

社会変動
──社会の動きを考える──

第 **12** 章

社会を動かす力
──社会的ジレンマを超えて──

　一人の個人にとって社会は捉えがたい存在であり，一人の力だけでは社会を変えることはとても難しいことのようにみえる。しかしその一方で，社会は一人ひとりの個人の行動によって作り上げられており，個人の行動は社会のあり方にさまざまな影響を与えている。本章では，個人の行動が社会に影響を与える望ましい側面と望ましくない側面の双方を明らかにし，個人が社会を動かしていくための条件を明らかにする。そして，社会全体からみると一見して無力にみえたとしても，個人は実際には決して無力な存在ではないことを示したい。

第**12**章　社会を動かす力

1.　私益と公益の相克

（1）共有地の悲劇ジレンマ

　社会はひとりの人間から成り立っているわけではなく，複数の人間から成り立っている。しかも，社会を生きる人にとって，社会を構成しているすべての人を同じ程度によく知っているわけではない。家族のようによく知っている人がいる一方で，一生のうちに一度も会うこともない人びとの方が圧倒的に多く，そうした人びとについてはほとんど何も知らないといってよい。そのような人びとによって構成される社会は，必ずしも一人ひとりにとって身近に感じられるような何かではなく，一見すると個から独立した独特の実体をもつ何かであるかのようにみえてしまう。言い換えれば，社会は，個人一人の努力で変えられるようなものではないかのように人びとに対して立ち現れる。しかしそれでも社会は一人ひとりの振る舞いによってつくられており，そのため個人の振る舞いは社会関係を介してさまざまな影響を社会全体に対してもつようになる。そのような個人の振る舞いが社会全体に与える影響の例示として，ここでまずG.ハーディンが「**共有地の悲劇**」と呼んだ事態を紹介したい（Hardin 1968＝2022）。

　かりにすべての人に対して開かれている牧草地があったとしよう。この牧草地は共有地なので，牧夫は自由に自分の牛を放牧させることができる。またこの牧草地は十分な大きさをもっているので，極端に多くの牛を放牧するのでなければ，牧草が枯渇するといったことはなく，十分な持続可能性をもっているとしよう。このとき，牧夫は次のように考えるはずだ。いま放牧している牛たちに，新たにもう一頭の自分の牛を加えると，その牛が成長したあとは，その牛の分だけ自分の儲けが増えるだろう。もちろん，放牧する牛の数が増えたことで必要とされる全体の牧草消費量は増えるだろうし，十分な牧草がなければ結果として一頭当たりの消費できる牧草量は減ってしまうかもしれない。すると，牛は当初期待したほどには十分に成長できなくなるかもしれない。しかしその減収分は，一頭分の収入増よりも大きくなることは決してないはずだ。だとすれば，利益の最大化を目指すならば，いま放牧している牛たちに自分の牛

270

をもう一頭加えた方が絶対によい。

しかし，そのように考える牧夫は一人ではない。その牧草地を利用している
すべての牧夫がそう考えるはずなので，牧夫たちは次々に放牧する牛を増やす
ことになるだろう。しかしそのようなことを繰り返しているとすぐに過剰放牧
になり，その牧草地はあっという間に荒廃してしまう。こうして，豊かな牧草
地は自分の利益だけを追求する牧夫たち一人ひとりの行動によって失われてし
まうことになる。

(2) 社会的ジレンマ

「共有地の悲劇」に類する問題は私たちの世界に数多く存在するが，特に先
鋭的に現れるのは公共財の供給を問題にしたときである。公共財とは，自然環
境や地域の安全などのように，誰か特定の人が排他的に所有するのではなく，
すべての人が平等にアクセスすることを許された財を意味する。M. オルソン
が『集合行為論』で公共財の概念を詳しく検討しているが，公共財は非排除性
と非競合性をその特徴としている（Olson 1965=1996）。非排除性とは，対価な
しに公共財を享受した人がいたとしても，彼らを排除できないという性格であ
る。たとえば，その地域に住んでいるものは誰であっても澄んだ空気や美しい
風景を楽しむことができるし，地域の安全の恩恵を受けられる。一方，非競合
性とは，かりにそれを享受するものが増えたからといって，公共財がその分だ
け減損するわけではないという性格である。実際に，その地域に住んでいる人
が一人増えたからといって，そのことで澄んだ空気や美しい風景，そして地域
の安全に関して他の人の取り分が減ってしまうというわけでない。しかし，こ
のような公共財の性格は，かえって公共財の供給可能性を困難にしてしまう。

まず，人びとにとってどのように振る舞うことが合理的なのかを考えてみよ
う。自然環境であれ，地域の安全であれ，それを維持するためには，何かしら
の努力が必要とされる。そして公共財が適切に供給されるためには，その努力
をみんなで分担しなければならない。しかし非排除性／非競合性という性格を
もつ公共財は，そうした努力をしない個人による公共財の享受を防ぐことがで
きない。すると合理的な個人は，努力をすることなしに，いわば楽をして公共
財を得ようとするだろう。しかし，みんながみんなそのように考えて行動して

第 12 章　社会を動かす力

しまうと，公共財の適切な供給に必要とされる努力を誰もしなくなるため，公共財が供給されなくなってしまう。適度な負担によって供給されたはずの公共財を誰も享受できないというのは，誰にとっても望ましくない状態である。しかし，かりに人びとがそのことに気が付いたとしても，それでもやはり事態は変わらない。事態を変えるためにはみんなで努力することが必要で，自分一人だけが懸命になっても問題は解決されないからである。人びとが，「自分だけが頑張っても仕方がない」と考えている限りは，誰も行動を起こそうとはせず，そして問題は永遠に解決されない。

　社会学では，このような形で引き起こされる問題を**社会的ジレンマ**と呼んでいる。社会的ジレンマをジレンマと呼ぶ理由は，社会的にみて実現可能で，かつ誰にとっても望ましい状態であるにもかかわらず，誰もがその実現に向けて行動を起こそうとしないからである。内外の多くの研究者によって社会的ジレンマはさまざまなやり方で形式化されてきたが，そこに共通するのは，人びとは自己利益を最大化するように合理的に行動するという人間像である。そして，このような人間像に立脚する社会理論を合理的選択理論と呼ぶ。現実世界において，人びとがどの程度まで合理的であるのかは議論が分かれるところだが，合理的選択理論の立場にもとづいた説明は，私たちに次のことを教えてくれる。社会的ジレンマに類する問題が起こるのは，人びとが愚かだったり，無知だったりするからではない。むしろ，人びとは自己利益を探知し，それを最大化しようとしているという意味で賢く戦略的なのである。そして，その賢さが問題の解決を困難にしているのである。

　ちなみに，社会的ジレンマの解決法としてすぐに思い浮かぶ案は，楽をして公共財を享受しようとする人びとに対して制裁を加えることだろう。たしかに，楽をして公共財を享受しようとしても，そのことで厳しい制裁を加えられることを予想するならば，人びとは（渋々かもしれないが）公共財を供給するために必要な努力をするかもしれない。そして制裁を回避するために公共財を供給するための努力をするという選択も，合理的な判断にもとづいており，合理的選択理論の仮定と矛盾しない。しかし次に問題となるのは，努力をしない人を特定するのは誰か，その人に制裁を加えるのは誰なのかということである。実は，費用を負担しない人を特定することも，そして必要な制裁を加えることも，

公共財を供給するために必要な努力の一部となっている。社会的ジレンマを解決する制度を設計すること自体が社会的ジレンマになっているため，結局は制裁を加えるというアイディアだけでは社会的ジレンマを解決できない。このように，社会的ジレンマを解決しようとして発生する新たなジレンマを，二次的ジレンマと呼ぶ（Yamagishi 1988）。

(3) 社会的ジレンマと環境問題

　海野道郎は，環境破壊に関わりのある社会科学の分析装置として，受益圏・受苦圏とともに，この社会的ジレンマを挙げている（海野 1993）。さらに海野の言葉にしたがえば，現代の環境破壊のほとんどにこの社会的ジレンマが関係している。環境破壊のメカニズムを社会的ジレンマとして理解することの意義は，社会全体の利益は個人の自己利益を追求する行動と必ずしも調和するわけではないことを明示している点である。これは，自由市場ではいわゆる神の見えざる手（アダム・スミス）が作用することで，売り手と買い手が自己利益だけを考えて取引をしても適切な価格が実現される（Smith 1776=2020）とした古典経済学の前提が環境問題においては成り立たないことを示している。環境破壊メカニズムを社会的ジレンマとして理解することのもう一つの意義は，環境破壊の進行を止めることは，人間が合理的に行動することを前提にする限り，きわめて難しいことを明示している点である。どれほど人びとに正しい情報を伝えても，そして問題を解決するための具体的なプランを提示しても，人びとが合理的に行動する限り，人びとの行動を変えることはできないからである。

　環境問題を社会的ジレンマの視角から捉えることは問題の本質的な難しさを理解するうえでの大きな武器となるが，しかしそのことによって問題を解決する方法を見失ってはならない。実際に，社会的ジレンマを研究する研究者も，社会的ジレンマは解決できない問題なのだとあきらめてきたわけではない。むしろ環境問題を社会的ジレンマとして捉えることで，環境問題を道徳的な問題に還元せずに，社会的に有効かつ具体的な解決案を提示できることを明らかにしようとしてきた。たしかに環境問題が社会的ジレンマの枠に捕らわれている限り，そして人間を合理的に振る舞う存在だと考える限り，環境破壊の進行を有効に抑える方法を見出すことは難しい。しかし逆にいえばそれは，社会的ジ

第12章 社会を動かす力

レンマを構成する枠組みに手を加えることで，そしてそのことでその問題を社会的ジレンマでなくしてしまうことで，問題は自ずと解決されてしまうことも明らかにしている。そしてそれは，かりに人間が依然として自己利益の最大化だけに関心を寄せる存在であり続けたとしてもあてはまることである。

2. なぜ人は協力するのか／しないのか

(1) 社会秩序問題

　前節では環境破壊を事例にして社会的ジレンマを問題にしたが，しかし社会学では社会的ジレンマに近い問題意識をかなり以前から抱いていた。その代表的なものが，T. パーソンズによって提示された**ホッブズ的秩序問題**だといえる（Parsons 1951=1974）。パーソンズは，個々人の利益が対立してしまう可能性を否定できない限り，T. ホッブズが『リヴァイアサン』（Hobbes 1651=1982-92）において概念化した「万人の万人による闘争状態」を念頭に，社会秩序の生成・維持を理論的に説明することは難しいと議論した。このパーソンズの問題意識は，社会秩序を公共財と考えたときの社会的ジレンマに相当する。しかし現実には社会（秩序）が生成・維持されているので，ホッブズ的秩序問題は何らかの形で解決されているのでなければならない。パーソンズは，現実に社会（秩序）が生成・維持されているのは人びとの行動が社会システムによって制御されているからだと考えた。そして，社会システムが人びとの行動を制御するための手段として貨幣，権力，影響力，そして価値コミットメントがあるとした。しかし，かりにパーソンズによる説明を受け入れても，今度は社会システムそのものが具体的にどう生まれたのかを説明することが必要となり，前節で問題にした二次的ジレンマの問題が生じてしまう。

　また社会システムによって人びとの行動が制御されているという発想は，人びとは合理的な行為選択を社会（システム）によって制限されていることを前提にしている。このとき，人びとの合理的な行為選択が何らかの社会的な作用によって制限されていると考えるアプローチは，方法論的集合主義の立場に立っているといえるだろう（→第1章2節）。しかしこれに対して，人びとは合理的に行動する存在なのだと仮定したうえで，それでもなお社会秩序は生成・維

持されうると考える理論的なアプローチも存在する。このように，人びとの合理的な行為選択の帰結として社会秩序が生成・維持されていると考えるアプローチは，方法論的個人主義の立場に立っているといえるだろう。そして，方法論的個人主義の立場にたち，かつ合理的選択理論を主導したのは，アメリカの社会学者である J. S. コールマンである（→前節および第1章4節）。もちろん，問題の基本的な枠組みが変わらなければ，先に述べたように人びとが合理的に振る舞う限り，社会秩序は生成・維持されない。しかし逆にいえば，その枠組みを適切な仕方で変化させれば，人びとの合理的な振る舞いを前提にしても，社会秩序の生成・維持は説明できる。これは，社会的ジレンマを問題にする場合にも同じであろう。

(2) 選択的誘因の導入

　問題の枠組みを変えることで社会的ジレンマを克服するやり方の一つとして，たとえば前節で挙げたオルソンが指摘した**選択的誘因**を使うという方法がある。選択的誘因とは，協力をした人にだけ与えられるプラスアルファの利得を意味する。あるいは，選択的誘因は，協力しない人に与えられるプラスアルファの損失を意味してもよい。もしこのような選択的誘因があれば，協力することで利益が発生する（あるいは，協力しないことで損失が発生する）ので，人びとにとって協力を選択することは合理的な行為となり，人びとは積極的に協力することになる。その結果，公共財も供給されることになる。このとき，人びとの合理的な振る舞いは権力のような社会的な作用によって制限されているわけではない。むしろ，人びとの合理的な振る舞いをうまく利用することで，公共財の供給が可能になっている。オルソンは『集合行為論』において選択的誘因の例を多く挙げているが，そのなかに全米医師会の例が挙げられている。医師は全米医師会の活動に必ずしも関心があるわけではないが，医師は全米医師会に所属することで全米医師会が発行する雑誌からさまざまな専門情報を入手できるようになる。そして，情報という見返りを得るために医師は全米医師会に自発的に加入し，多くの医師が加入する結果，全米医師会は強い政治力を発揮することが可能になる。

　選択的誘因を設けることで公共財が供給されているとき，人びとが自身の振

第12章　社会を動かす力

る舞いで意図していることと，人びとの振る舞いから帰結されることとが，必ずしもきれいには対応していないことに注意する必要がある。人びとが積極的に意図していたことは正の選択的誘因を手にすること，あるいは負の選択的誘因を回避することであり，公共財を供給することではなかった。確かに，公共財は，その集団に属するすべての人にとって何らかの便益をもたらしている。全米医師会の例でいえば，全米医師会が圧力団体として効果的なロビー活動をおこないうる強力な政治力をもつことは，全米医師会に所属するすべての医師が享受できる公共財になっている。しかしそれは，医師にとって全米医師会に加入する主たる目的ではなかった。いわば，人びとの振る舞いによって実現された公共財は，人びとの選択的誘因を求める合理的な振る舞いの副産物にしかすぎなかったのである。したがって，選択的誘因を設けることで公共財を供給するやり方は，公共財の供給を行為の主目的から副産物に置き換えることで問題の枠組みを変化させているといえる。

(3) 共有地を管理するルール

　問題の枠組みを変えることで社会的ジレンマを克服するもう一つのやり方として，ノーベル経済学賞を受賞したことでも知られる **E. オストロム**の提示した契約履行費用負担ゲームもある（Ostrom 1990=2022）。契約履行費用負担ゲームとは，プレイヤーの間で公共財の安定的な供給を可能にする契約（ルール）を取り交わし，さらに契約（ルール）が確実に履行されるための費用負担を交渉するゲームである。ちなみにオストロムは，費用負担について不平等があるような契約はいずれかのプレイヤーによって合意が拒否されるので，すべてのプレイヤーにとって受け入れ可能な契約は契約履行費用負担が均等であるような契約になるはずだと主張する。このゲームにおいて重要なのは，単にルールの内容について話し合いがなされるだけでなく，ルールが確実に守られるための費用負担についても話し合いがなされている点である。もし単純にルールの内容についてだけ話し合いをするとすれば，誰がルールの違反者を特定し，誰が実際に制裁を加えるのかといった二次的ジレンマが生じる。しかし，あらかじめルールを取り交わす際に，そのための費用負担についても議論することで二次的ジレンマが回避される。

2. なぜ人は協力するのか／しないのか

コラム 12-1　短期的視野と長期的視野

　囚人のジレンマでは，合理的である限りプレイヤーは必ず裏切りを選択すると述べた（→第2章4節）。しかし実は，時間という次元を考慮に入れることで，裏切り戦略以外の戦略が選択される可能性がある。たとえば，同一のプレイヤーと「囚人のジレンマ」ゲームを繰り返しておこない，かつそれが無限に続くようなケースを考えてみよう。このとき短期的視野に立てば，プレイヤーは自己利益を最大化しようとしてつねに裏切り戦略を選択する。しかし長期的視野に立った場合，最初の1回は自発的に協力し，2回目以降は相手が協力した場合に限り協力を選択し，相手が裏切りを選択した後は裏切り戦略に切り替えるトリガー戦略も合理的なプレイヤーによって選択されうることを，M.テーラーは『協力の可能性』において明らかにしている（Taylor 1987=1995）。トリガー戦略を採用している相手に対してトリガー戦略で応じたプレイヤーは，互いに協力関係を維持することで裏切り戦略の選択で得られる以上の利得を得ることができる。かつ，プレイヤーがトリガー戦略を採っている限り，相手もトリガー戦略で応じ返すことがベストの対応になっている。このことは，協力関係を構築するうえで，長期的視野に立つことの重要性を示唆している。[数土直紀]

　オストロムは，その著書『コモンズのガバナンス』（Ostrom 1990=2022）において，人びとが自発的に設けたルールによって共有地が維持されている例を多く紹介している。もちろん，すべての社会的ジレンマがオストロムの提示した契約履行費用負担ゲームの枠組みを適用することで解決されるわけではない。しかし国家権力のような外的な強制力なしに人びとの間の自発的な協力によって社会的ジレンマが解決される場合がありうること，そしてそれは人びとの合理的な判断を介して実現していることを示した点は，重要な意味をもっている。社会的ジレンマの問題はその明確さと残酷な結論ゆえに，そして私たちは社会的ジレンマのメカニズムにしたがって深刻化する環境破壊の例を多く知っているがゆえに，一見すると受け入れるほかない現実のようにみえてしまう。しか

第12章　社会を動かす力

し，それは現実の一側面でしかない。実際は，権力のような外的な強制力をもちいなくても，人びとの自発的な協力によって問題が解決される可能性がある。このことを知ることは，よい社会の実現を目指すうえでの大きな力となるだろう。

（4）受益圏と受苦圏

　先に，環境破壊を説明する社会科学の分析装置として，社会的ジレンマ以外に受益圏・受苦圏があることに触れた。実は，受益圏と受苦圏の区別は，社会的ジレンマの問題構造の理解とも深く関連している。社会的ジレンマでは，公共財を享受する集団と，公共財を供給するための費用を負担しなければいけない集団が同一であることを前提にしていた。しかし現実には，ある財を享受できる集団（人びと）と，ある財を供給するための費用を負担する集団（人びと）は，異なっていることがありうる。たとえば，大気汚染を発生させる工場がいずれかの地域に建設されたとしよう。工場が稼働することで利益を得るのは企業であり，そして企業が生産する商品を消費する都市に住む人びとである。しかし，大気汚染などのような工場が生み出す不利益を負担するのは，工場周辺の住民に限られる。このとき，工場が稼働することで利益を得る人びとの数や力と比較して，工場周辺に住む住民の数や力が圧倒的に劣るため，不利益を押し付けられる住民の声は利益を享受する企業や都市に住む人びとの声によってかき消されてしまうことになる。このケースでは，環境破壊が止められない理由は，利益を享受する集団と不利益を被る集団とが明確に分離していることと，前者に対して後者が圧倒的に少数だということにある。

　梶田孝道は，『テクノクラシーと社会運動』において加害者ないしは受益者の集合体を「受益圏」と考え，逆に被害者ないしは受苦者の集合体を「受苦圏」と考えた（梶田 1988）。そのうえで，受益圏と受苦圏の重なり／分離に注目し，社会紛争を重なり型紛争と分離型紛争に区別した。これを先に例にあてはめれば，企業や都市に住む人びとは受益圏に属していることになり，逆に工場周辺の住民は受苦圏に属していることになる。そして，受益圏と受苦圏が分離しており，かつ受益圏が広い範囲に拡がっている一方で，受苦圏は相対的に狭い地域に限定されてしまっている。受益圏と受苦圏が分離しているので，こ

れは分離型紛争といえる。今日の社会では，重なり型紛争に加えて分離型紛争が増えており，そのため問題の解決がより難しくなっている。したがって，私たちは人びとの自発的な協力によって問題を解決する途が開かれていることを知る一方で，今日の社会においてはそれが次第に困難になってきていることも知る必要がある。

3. 何が社会運動を成功／失敗させるのか

(1) 集合行動論と資源動員論

　環境破壊のような問題を解決するためには，人びとが連帯し，協同して問題の解決に動き出すことが必要になる場合がある。そのような人びとの動きを社会運動と考えることができる。社会学では，社会運動に関する膨大な理論的そして経験的な研究成果を蓄積してきた。社会運動を説明する社会理論は数多くあるが，そのなかでも古典として知られるのは，**N. J. スメルサー**の**集合行動論**だろう（Smelser 1962=1973）。スメルサーは，集合行動が構造的誘発性，構造的ストレーン（緊張），一般化された信念の結晶，きっかけ要因，行為への動員，そして社会統制という六つの決定要素の働きによって説明できると考えた。そして，この六つの決定要素の働きを価値付加過程だと考えた。そのうえで，スメルサーは，社会運動を集合行動のうちの一つに含めており，集合行動のなかでも特に規範志向的な運動だと考えた。言い換えれば，スメルサーは，社会を変える力として規範や価値の役割を重視したといえる。たとえば，環境破壊を止めるためには，人びとの規範意識や価値観が変わることが必要となるのである。

　規範意識や価値観といった心理的な要因を重視する古典的な集合行動論に対抗する形で展開されたのが，**資源動員論**である（片桐 1995）。資源動員論では，心理的な要因ではなく，資源，組織，ネットワーク，政治過程といった構造的な概念をもちいて，社会運動を説明しようとする。したがって資源動員論は，運動参加者たちを感情的とも非合理的ともみなすのではなく，あくまでも合理的な行為者とみなそうとする。資源動員論の立場に立つとき，社会運動の成否を分かつものは，規範意識の強さや価値観が共有されている程度といった心理

第12章　社会を動かす力

的な要因ではない。運動の成否を分かつものは，運動を成功に導くためのさまざまな資源を有効に活用できるかどうかなのである。たとえば，本章1節でオルソンの集合行為論について紹介したが，オルソンの議論も資源動員論の先駆的な理論として理解できる。オルソンの議論では個人は合理的な存在だと考えられており，そして選択的誘因という構造的な条件を整えることで，個人の自発的な行為から集合的な利益を実現できるはずだとされている。

(2) 社会運動論の展開

　とはいえ，強制や選択的誘因の役割を重視するオルソンの議論を，社会運動一般に適用することは容易ではない。したがって，資源動員論の視点から社会運動を理解する場合には，強制や選択的誘因とは別に，連帯性と外部支援といった要素が重要視されることになる。たとえば，自身の直接的利益にかかわらず運動のために貢献する良心的支持者や，あるいは運動集団へ転化しうる既存集団の存在が社会運動の成否に大きな役割を果たすことになる。そして，このように資源動員という観点から社会運動を合理的に説明しようとした代表的な研究者が J. D. マッカーシーと M. N. ゾールドであり，たとえば彼らの共著論文「社会運動の合理的理論」が代表的な業績として挙げられる（McCarthy and Zald 1977）。また資源動員論をもちいて社会運動を説明するとき，心理的要因ではなく資源の動員過程に注目したとしても，資源動員論が社会運動における心理的要因の役割をまったく無視したわけではないことにも注意する必要がある。たとえば，資源動員論を日本の社会学において積極的に展開した片桐新自は，心理的要因を第一次要因とし，資源要因を第二次要因とする「運動参加の二段階理論」を提唱している（片桐 1995）。

　資源動員論が登場した後，1990 年代に入り，社会運動に関する研究は，マクロレベルの「政治的機会構造」，メゾレベルの「動員構造」，そしてミクロレベルの「フレーミング」のそれぞれに注目する理論が展開された。このとき，政治的機会構造は運動体の外部環境である政治的な要因を意味し，動員構造は既存の組織，集団，ネットワークといった動員のための組織的な要因を意味する。これらは共通して社会運動を社会構造上の術語で説明しており，構造的アプローチと呼ぶことができる。一方，「フレームは，人びとが日常や世界に生

じたことを把握し，知覚し，同定し，分類することを可能にする。フレームは，出来事や事件を意味づけることで，個人もしくは集団の経験を組織し，行為を導くよう作用する」(Snow et al. 1986: 464) と定義され，ある状況がどうフレーミングされると人びとが社会運動に動員されるのかを問題にする。先の構造的アプローチに対して，フレーム分析は運動主体の認知的な要因に着目しており，文化的なアプローチに分類することができるだろう（西城戸 2008）。

(3) 政治的機会構造論

　まず政治的機会構造論について確認することにしよう。S. タローにしたがえば，政治的機会構造とは，人びとに対して闘いの政治への関与を促す，政治闘争の一貫した次元（それは，公式的なものであったり，永続的なものであったり，あるいは国民国家レベルのものに限定されるものであったりする必要はない）を意味する（Tarrow［1994］1998=2006）。具体的には，運動体が政治システムにアクセスしうる程度，影響力のある有力な同盟者の存在，エリート間での内部対立などのような，社会運動を成功させる外部環境的な要因を想定すればよい。人びとは不満があってもそれだけを理由に社会運動に参加するわけではない。社会運動を成功させるようなさまざまな外的な条件が整い，成功への見通しがたったときにはじめて社会運動に参加する意欲が高まる。前者の内発的な要因を「人びとを社会運動に押し出す」という意味でプッシュ要因と呼ぶなら，後者の外部的な要因は「人びとを社会運動に引き込む」という意味でプル要因と呼ぶことができる。そして，政治的機会構造論は，プッシュ要因ではなく，プル要因を重視する理論なのだといえる。

　このような考え方は，選択的誘因の役割を重視するオルソンの議論ときわめて対照的である。また同様に，価値や規範といった心理的要因を重視する古典的な集合行動論とも一線を画している。政治的機会構造論の議論にしたがえば，運動参加のための機会が拡がり，そして運動参加のための制約が後退することによって，つまり運動に参加しやすい条件が整うことで，人びとは社会運動に参加するようになる。たとえば，周りにそうした運動に参加する人間がきわめて少ないとしよう。そうすると，それだけで運動に参加することが難しくなる。しかし，運動に参加する人間が次第に増え，そして運動を成功させるための知

第 **12** 章　社会を動かす力

識や経験がその社会に蓄積されはじめると，そういった運動にも次第に参加し
やすくなり，また実際に参加するようになる。タローは『社会運動の力』にお
いて，このことを社会運動におけるジェンダー比の変化を例に挙げて説明して
いる (Tarrow [1994] 1998=2006)。かつて運動に参加する女性は少数派であった。
しかし，20 世紀後半から 20 世紀末にかけて運動に参加する女性の数は次第に
増え，そして今や女性主導の社会運動も珍しくなくなったのである。

(4) フレーム分析

　次にフレーム分析について確認することにしよう。フレーム分析では，社会
運動が成功するためには，運動体のフレームと運動に参加する個人のフレーム
が提携（一致）する必要があると考える。言い換えれば，社会運動の活動・目
標・イデオロギーと個人の関心・価値・信念が一致し，相補的になるようにフ
レームを調整することが社会運動の成否を決めることになる。1 節で問題にし
た社会的ジレンマでは，集合的な利益と個人の利益が対立していることが問題
の解決を難しくしていたことを思い返してみよう。集合的な利益と個人の利益
が鋭く対立していることが問題の解決を困難にしている原因なのだとすれば，
状況に対する認知を変えることで，集合的な利益と個人的な利益は対立しない
（一致する）というようにフレームを調整すれば，社会的ジレンマのような問
題もただちに解決されることになる。つまり，運動体のフレームと運動に参加
する個人のフレームが提携（一致）していることが，人びとが積極的に社会運
動に参加している理由になる。

　しかし，運動体による潜在的な運動参加者への呼びかけ（フレーミング）は，
つねに成功するとは限らない。運動体が人びとに対してどのように呼びかける
か，言い換えればどのようなフレームを投企するか，このことが重要であるよ
うに，そもそも潜在的な運動参加者がどのようなフレームをもっていたかとい
うことも，社会運動の成否にとって重要な意味をもっているからである。たと
えば，西城戸誠は札幌市豊平区にある西岡公園周辺で展開されたいくつかの事
例を調査し，ある運動体によって投企されたフレームに共鳴し運動に参加した
団体と，フレームに共鳴せずに運動に参加しない団体とが存在したことを指摘
している（西城戸 2008）。具体的には，ある運動体の「子どもの環境を守ろう」

という呼びかけ（フレーミング）は，子どもに対する母親の活動を重視する団体がもっていたフレームとは共鳴しても，生態系の保護を重視する団体がもっていたフレームとは共鳴しなかった。結果として，前者の団体は抗議活動に参加したけれども，後者の団体は抗議活動に参加しなかったのである。このように，フレーム分析を行う場合は，運動体がどのようなフレーミングを行っているかということと同時に，潜在的な運動参加者がどのようなフレームをもっていたかにも注目する必要がある。

4. つながる力が社会を変える

(1) 閉じられた社会ネットワーク

前節では，人びとが連帯し，社会を変えようと立ち上がるためには，構造的な要因も，そして心理的な要因も重要であることを確認した。それと同時に，社会において個人と個人がつながっていること，言い換えれば社会ネットワークが形成されていることも重要な役割を果たしている（→第4章3節）。しかし，ひと口に社会ネットワークの役割といっても，社会ネットワークが果たす役割はさまざまである。本節では社会ネットワークの多面的な役割・機能に注目して，人びとが社会を変えるために必要とするつながる力の意義を明らかにする。

まず，社会ネットワークは大きく二つに分けて考えることができる。一つは，社会ネットワーク内部の結束を重視する閉じられた社会ネットワークである。それに対して，内部の結束よりも，外の人との交流を重視し，多様な人びとから構成される開かれた社会ネットワークもある。社会ネットワークは公共財の実現のために大きな役割を果たすが，特に閉じられた社会ネットワークの有効性を主張したのが2節で言及したコールマンであり（Coleman 1990＝2004-06），開かれた社会ネットワークの有効性を主張したのがR.パットナムである（Putnam 2000＝2006）（→第4章3節）。

閉じられた社会ネットワークが公共財の供給を可能にするのは，人びとが相互につながることでそれぞれの振る舞いをモニターすることが可能になるからである。閉じられた社会ネットワークの内部では，人びとは互いに協力することで公共財を享受できる。したがって，そのような社会ネットワークに加わる

第12章　社会を動かす力

コラム 12-2　協力の進化

　R.アクセルロッドは，繰り返し囚人のジレンマゲームによるコンピュータ・プログラムの選手権を開催した（Axelrod 1984=1998）。これは，対戦という形式をとることで，繰り返し囚人のジレンマにおいて最も有効な戦略を探し出そうという試みである。そして，この選手権で優勝したコンピュータ・プログラムは，実はしっぺ返し戦略を採用したプログラムであった。しっぺ返し戦略とは，最初の1回は自発的に協力し，それ以降は前回の相手の手を模倣する戦略である。つまり，前回の相手の手が協力であれば協力を選択し，前回の相手の手が裏切りであれば裏切りを選択する。ちなみに，全員がしっぺ返し戦略を採用する集団では，誰もが最初は協力を選択し，そしてその選択をプレイヤーが互いに模倣しあうことで集団全体に協力関係が生成・維持されることになる。このことは，進化の過程で強い戦略をもった個体が生き残ることにより，そのことで社会全体に協力関係が生成・維持されうることを明らかにしているといえるだろう。[数土直紀]

ことは，社会ネットワークを通じて公共財という利得を獲得できるので，その人にとって合理的な行動になる。では，もし社会ネットワークに加わっているにもかかわらず，公共財を供給するためのコストを負担しなかったならどうなるだろうか。社会ネットワークの内部では，それぞれにとって互いの振る舞いが可視化されており，他のメンバーによってその人の裏切り行動がすばやく察知されることになる。そしてその人は，社会ネットワークを構成する他のメンバーからの信頼を失い，結果として社会ネットワークのメンバーシップを失うことになる。社会ネットワークから排除されてしまうことで社会ネットワークに加入していれば享受できたはずの利益を失うことになるので，その人にとってコストを負担しないという行動は実は非合理的であったことがわかる。結局，人は自発的に社会ネットワークに加入し，かつ積極的にコストを負担するようになることを予想できる。

(2) 開かれた社会ネットワーク

　一方，開かれた社会ネットワークが公共財の供給を可能にするのは，社会ネットワークを介してさまざまな人と交流する体験を得られるからである。人びとは，そうしたさまざまな人との交流を通じて信頼することを学ぶ。たとえば，何も情報を与えられない状態では見知らぬ他者を信頼することは難しい。見知らぬ他者を信頼できるようになるためには，見知らぬ他者と触れ合い，そしてそのような他者と協同して何かを達成するという経験を積んでいる必要がある。かりに何かの折に異郷の人に会ったとしても（たとえその人とは初対面だったとしても），別の機会に別の異郷の人と交流した体験があれば，その経験をベースにして初対面の異郷の人に対しても適切に接せられる可能性が高まるし，そして相手を信頼することができるようになる。そのような経験を提供してくれるものが，多様な人とのかかわりあいを可能にする開かれた社会ネットワークなのである。したがって，そのような開かれた社会ネットワークが豊富に形成されている地域では，社会関係資本が十分に蓄積され，公共財も供給されやすくなる。

　公共財の供給を考えたとき，閉じられた社会ネットワークと開かれた社会ネットワークはそれぞれ効力を発揮するが，両者の効力の大きさは同じではない。M. グラノヴェターは，社会運動の広がりを考えたとき，閉じられた社会ネットワークよりも開かれた社会ネットワークの方がその地域の多くの人びとに届く点で（弱い紐帯を多く含む）開かれた社会ネットワークの方がより効力を発揮するはずだと考えている（Granovetter 1973=2006）（→第4章3節）。閉じられた社会ネットワークはメンバーシップを重視するので，公共財を供給するための行動（社会運動に即していえば社会を変えるための行動）をとる個人はその社会ネットワークに属している人に限定されてしまい，社会ネットワークの外に出ていくことがない。それに対して，開かれた社会ネットワークは異なる他者との交流を重視するので，その行動を担う個人は特定の社会ネットワークの外部の人を含むことになり，より多くの人を巻き込んでいくことができる。

　あるいは，山岸俊男が展開した**安心社会／信頼社会**論も，閉じられた社会ネットワークに対する開かれた社会ネットワークの優位性を明らかにしていると解釈できる（山岸 1998）。安心社会とは，取引関係を固定することで社会的ジ

第12章　社会を動かす力

レンマを克服する仕組みをもった社会である。安心社会に属する人は，固定された取引相手を裏切ってしまうと協力を期待できる相手がいなくなってしまうので，取引相手を裏切らないし，互いに協力しあうことができる。しかし，よりよい条件を求めて取引相手を変えることはできない。言い換えれば，山岸が指摘するところの機会費用が発生する。一方，信頼社会は，取引関係を固定せず，相手が信頼できるかどうかを見極めたうえで取引する仕組みをもった社会である。信頼社会に属する人は，取引相手を固定しないので機会費用は発生しないが，取引相手に裏切られないように相手をきちんと見極める社会的知性を備えていることが必要になる。しかし，機会費用が大きいような状況できちんと社会的知性を備えているのであれば，信頼社会の方が安心社会よりも多くの成果を挙げることができる。このとき，安心社会を閉じられた社会ネットワークに対応させることができ，信頼社会を開かれた社会ネットワークに対応させることができるだろう。したがって，その社会ネットワークが閉じられていても開かれていても，社会ネットワークには社会を変えていく可能性を拡げる正の影響がある一方で，より多くの人を呼び込む可能性が高いのは開かれた社会ネットワークだといえる。

(3) リーダーの役割

　最後に，社会運動に人を呼び込むうえで，リーダーが果たす役割についても述べよう。コールマンは，合理的選択理論の枠組みをもちいて，リーダーの果たす役割が同質性の高い集団と異質性の高い集団とで異なることを明らかにしている（Coleman 1990=2004-06）。同質性の高い集団では，一人ひとりに行動の判断を委ねると，全員が一斉に同じ行動を選択することで全員にとって望ましくない結果になることがある。たとえば，映画館で火事が起こったときのことを考えてみよう。観客が一斉に出口に殺到すれば，出口が塞がり，結果として多くの人が火事の犠牲になってしまう。しかし，誰か一人に行動の判断を委ね，その人の指示にしたがって行動すれば，人びとはその人の指示にしたがうことで整然と映画館の外に出ることができる。つまり，その誰かがリーダーなのである。

　一方，異質性の高い集団では，人によって行動を起こすための判断基準が異

なってくる可能性がある。そのような集団では，誰かがまず行動を起こすことで，周囲の人の行動を呼び起こすことができる。誰かが口火を切ることで，その人に追随する人が現れ，そしてその数がある程度大きくなると，運動に参加することのコストがぐっと下がる。行動を起こすための判断基準を高く設定している人も，参加のコストが大きく下がれば運動に参加しやすくなる。最終的には，その運動は多くの人を呼び込むことに成功する。このケースでは，最初に口火を切った誰かがリーダーとなる。前者の場合は人びとの行動を指示することで運動を組織するリーダーを意味するが，後者の場合は自身の行動によって人びとを運動に巻き込んでいくリーダーを意味する。

5. 最後に

　本章では，個人の行動が社会を変えていくために必要とされる条件を，さまざまな社会理論をもとにして説明してきた。個人の行動によって社会を変えていく際に大きな問題となるのは，個人の利益と集団全体の利益とが必ずしも一致しないということであった。そのため，個人が合理的な判断にもとづいて自己利益だけを追求するような行動を選択すると，社会全体の利益が損なわれるケースが現れる。本章では，そのようなケースを社会的ジレンマという概念で説明した。現実社会をみると，このような社会的ジレンマの論理によって深刻な社会問題が生じているケースがある一方で，一見すると社会的ジレンマの論理があてはまるようにみえながら，それでも集団全体の利益を実現できているケースもある。本章では，後者のケースに注目し，それが社会理論によってどのように説明されるのかをあきらかにしてきた。

　個人の利益と集団全体の利益が対立するにもかかわらず，人びとの行動を通じて集団全体の利益を実現するためには，社会的ジレンマを構成している問題枠組みそのものを変えていくことが有効である。問題の枠組みを変えるためには，集団全体の利益を実現する行動に対して選択的誘因を加えるといった方法や，あるいは集団全体の利益を実現する行動を契約や社会ネットワークといった社会構造に組み込むといった方法が有効であった。あるいは，人びとが状況の認知にもちいているフレームに働きかけることで，そもそも何を自分たちの

第 12 章　社会を動かす力

利益とみなすべきなのか，その考え方自体を変えさせることも場合によっては
有効な方法となりうる。しかしどのようにして問題の解決を図るとしても，個
人と個人がつながることで社会を変えられることを知ることは重要である。確
かに，一人の個人は一見すると無力な存在にみえるが，個人は社会に対して決
して受け身であるだけの存在ではない。個人は，社会を変えていく能動的な存
在にもなりうる。

！　要点の確認

・社会的ジレンマは，一人ひとりが私益を追求することで公益が損なわれ，その社会
　のすべての人にとって望ましくない状態が帰結しうることを明らかにしている。
・選択的誘因を設定することで社会的ジレンマが回避されることがある一方で，受益
　圏と受苦圏が分離していると選択的誘因を設定することが困難になる。
・社会運動を成功させるためには，人びとを動員するための資源，政治的な機会の有
　無，適切なフレーミングが大切な要因となる。
・社会ネットワークの構築は，公共財の供給に対して重要な意味をもつ。社会ネット
　ワークには，閉じられた社会ネットワークと開かれた社会ネットワークの二種類が
　存在する。

文献ガイド

M. オルソン著『集合行為論』（ミネルヴァ書房）
　　▷合理的選択理論の枠組みをもちいて，なぜ公共財が大集団では供給されにくいのか
　　を明らかにした理論書である。資源動員論の展開にも大きな影響を与えた。
E. オストロム著『コモンズのガバナンス』（晃洋書房）
　　▷共有地の保全が，国家権力によってでも，あるいは市場原理によってでもなく，人
　　びとの間で形成された自治によって実現されることを論じた書である。著者は，ノ
　　ーベル経済学賞を受賞したことでも知られる。
片桐新自『社会運動の中範囲理論』（東京大学出版会）
　　▷資源動員論を手がかりに社会運動に関する中範囲理論を展開し，経験的分析への適
　　用を目指した書である。資源動員論の利点を理解できると同時に，その限界につい
　　ても考えることができる。
山岸俊男『信頼の構造』（東京大学出版会）
　　▷安心と信頼の概念を区別したうえで，日本社会が信頼に重きをおく信頼社会ではな
　　く，むしろ安心に重きをおく安心社会であることを論じている。また，一般信頼は
　　社会的知性に支えられていることを明らかにもしている。

第13章
新しい時代の社会性
──多様化と流動化の彼方に──

　　大学に入学し，学生生活のなかでオンライン授業というものもいくつか経験した。自分の都合に合わせての受講が可能なので，とても便利だ。ただ，皆がどのようなペースで勉強しているかがわからないという不安もある。そして就活の時期ともなると，ウェブを通じていろいろな情報が入ってくる。この時代，大企業に入社できればそれだけで安心というわけではないようだ。また入ったら入ったで，総合職，一般職，嘱託，派遣などいろんな人がいて，職場での人づきあいにもそれなりの注意が必要だという。恋愛，結婚も含め，これからの人生行路，どうなっていくのだろう……。このように確たるロール・モデルがなく，漠然とした不安を抱えている学生は少なくない。自由度が高い時代というのは悩み多き時代でもある。

第 **13** 章　新しい時代の社会性

1.　文化の混沌

(1)　共有されない価値

　エスカレーターの片側を，歩いて上り下りする人たちのために空けておくという規範。これは急いでいる人たちへの配慮という価値に基づいており，人びとの間に秩序だった行動パターンを生み出している。このケースは，ひとまずは価値・規範に基づいた文化によって社会秩序が支えられている好例ということができよう。もちろんいつもホットな価値が顕わになるわけではなく，ただ単に皆がしていることを真似ているだけということも大いにありえる。しかしその場合も，やはり斉一的な行動を取るべきという文化が人びとのうちに内面化されていて，それにより制度的な安定がもたらされると解釈することが可能だ。

　しかしこの文化は，強く堅く不変なものではけっしてない。かつてはエスカレーターは止まって乗るものだった。片側を空ける慣行は，日本では大阪から始まったともいわれる。そして大阪では左側を空け，また東京では右側を空けるのが通常だ。京都だと大阪方式の光景が多く見られるとはいえ，他地域からの人も多く訪れる街のため，ときに混乱が生じる。また近年では，身体的な事情を抱える人のため，あるいは子ども連れのためなど，さまざまな理由から，両側に立ち止まって乗ることが強く推奨されるようにもなった。エスカレーターで空いた片側を闊歩する文化は，意外と早く終焉を迎えるのかもしれない。

　文化が社会を支えるというのは概ね正しい見方であり，そうした立場からのアプローチの仕方にこそ社会学の独自性はある。法律を守るだけの人たち，経済的利害にのみ衝き動かされる人たち，そのような人間集合からはけっして社会は生まれないだろう。社会は法や経済を超えた（あるいはそれ以前の）独特な文化と社会意識から成り立っている。É. デュルケームは，純粋に経済的に見える契約行為ですら，関与する主体がそれを守るのは社会意識による規制力が働いているからだという（Durkheim 1893=2017: 第一編Ⅶ章）。共有された文化の力は非常に大きい。

　しかし，文化の強さ，共有度，持続性の程度は個々の社会的世界によってま

290

1. 文化の混沌

ちまちだ。非常に特異で，人びとの心情に強く訴えかけるような文化は，必ずしも共有度が高くはなく，持続的かどうかもわからない。高校や大学における特定の部活やサークルの文化，個々の企業に特有の社風などはその典型だろう。反対に，はた迷惑なことはしない，などといった一般的な規範は，ほとんどの人に共有され，大変長く続いてはいるものの，消極的な文化にすぎず，情緒的な訴求力は小さなものにとどまる。また他者への迷惑行為ということ自体，曖昧さを多分にはらむため，その解釈は人によってさまざまに変わってこよう。

　親密なパートナーに求める条件として，価値観が一緒ということを挙げる人は少なくない。これは一定の深みをもった価値の共有がそう簡単ではないということを意味している。他者への配慮の仕方，政治的信条，趣味嗜好などは人それぞれだ。たとえ同じように自由や平等を重視する民主主義的な価値観をもっていたとしても，マイノリティや弱い立場の人たちに関して自己責任という概念を強調する人と，経済的・社会的なサポートの拡充を訴える人とでは大きな違いがある。また同性婚の是非や移民問題への対処などに関しても，多種多様な議論が戦わされているというのが実状だろう。

(2) 文化の断片化

　実は共有価値を中心とした文化による社会統合がかなりの信憑性をもって語られていたのは，各種のカテゴリー差別が強力に制度化されていた時代であった。デュルケームが活躍した 19 世紀末のフランスはもとより，T. パーソンズが多数の書物を刊行した 20 世紀中盤のアメリカでも，人種差別や女性差別や階級差別は当たり前の現実であり，共有価値といってもその中身は暗黙のうちに白人男性中産階級のそれを色濃く反映したものだったのである。自由・平等という抽象的な価値は，近代化やグローバル化にともなって世界中に拡がっていく。それは浅く薄い価値ということができ，だからこそ多くの人びとに共有される。しかしその浅く薄い価値の実質的な掘り下げの仕方は多様なため，その意味内実は個人や集団によってさまざまに異なってこざるをえない。また，そもそも自由と平等という二つの根本的理念それ自体が反発し合うようなところがあり，その調停の仕方は容易ではない。自由を無際限に認めれば，結果としての不平等を許すことになるし，平等を実現する社会的規制を強くしすぎる

第13章 新しい時代の社会性

と，諸個人の自由は著しく狭まることになる。この問題の解き方の難しさに，社会思想家のみならず，普通の生活者の多くが関心を寄せているというのが，今日的なグローバル社会の現実だ。

20世紀も終わりの方になると，大きな文化が社会全体を束ねるという議論はほとんど見当たらなくなり，文化による社会の分断や文化の多様化といった事柄の方により大きな注目がなされるようになった。たとえば文化的再生産論は，階級ごとに独自の文化があり，それが社会的な不平等を隠蔽するとともに，その構造を持続させてしまっていると説く（Bourdieu 1979=[1990] 2020; Bourdieu et Passeron 1970=1991など）。近代社会においては人びとは平等だという理念が遍く浸透しているが，その一方で，文化資本をもつ者たちとそうでない者たちとの間で，相当な格差が世代を超えて固定化されてしまっているというわけである（→第10章3節）。知性・教養・趣味・本・資格などは，もちろん人が個人として努力すれば獲得可能なものではある。しかし，それが生まれ落ちた家庭環境の影響を少なからず被っている，ということにも注意しておかなければならない。

また，前世紀末からの文化研究の隆盛を象徴する流れとして**カルチュラル・スタディーズ**があるが，そこでも文化なるものに社会全体をまとめるものとしての期待が寄せられることはなかった。カルチュラル・スタディーズは，メディアやサブカルチャーや階級・人種・エスニシティなどをめぐるきわめて多様な事例を取り上げながら，近年の複雑な文化状況にアプローチしてきた（古典的なものとして Hebdige 1979=1986; Fiske 1987=1996; Hall and du Gay eds. 1996=2001; du Gay et al. 1997=2000など）。この潮流には，政治性や権力性への批判に溢れたものとそうでないものとがあるが，いずれにせよその諸研究が共有された大きな文化を自明の前提としていない，というのは間違いない。文化も社会も，総じて断片化されたものとして扱われているのである。

さらに，階級や世代をはじめとする各種の集合性をもとにした諸々の文化同士のあからさまな対立が際立つ場面は今日でも少なくないものの，他方で，そうした多様な文化が単に水平的に乱立しているだけといった状態も多々見られるようになってきた。たとえば上の文化的再生産論の文脈でいうと，今日では階級的・階層的な背景を超えてさまざまな文化に触れる行動パターンも目立っ

ており，これに着目する文化的オムニボア研究が盛んになされている（→第10章4節）。またカルチュラル・スタディーズ系では，支配文化の呈する抑圧的な姿や対抗文化の有する革新的な力に焦点を当てることなく，淡々と個別的な文化状況を記述・解釈するものが増えてきたが，そうした初等教育における"調べ学習"のような研究が多くなされているというのも，文化状況が今日きわめて混沌としたものになっていることの一つの現れということができよう。ちなみに，現代日本におけるサブカルチャーに眼を向ければ，そこにかつてのような対抗性を見出すことはほとんどできない。それは単なる"サブカル"として軽やかに扱われている（あるいは軽くあしらわれている）。

2. 共同性と公共性のゆくえ

(1) 新たな共同性の模索

　このように文化が断片化すると，社会全体のイメージは摑みにくくなり，普段の生活でもどのように振る舞うべきかがわかりづらくなる。最も簡便なのは，フォーマルなルールに則って行為し，また周囲の人びとの思考や行動のパターンを真似るということだが，はたしてそれだけで社会生活は成り立つのだろうか。極端な場合，自律的な考えを働かすことなく，また他者と深く交わることもなく，まるで機械のように時期が来たら高校，大学へと進学し，そして就活に精を出し，といったこともありえるだろうが，これだとさすがにアルゴリズムに沿って動くアンドロイドとの違いがほとんどなくなってしまう。

　社会学における批判理論の潮流には，システムによる生活世界の植民地化という議論がある（Habermas 1981=1985-87 など）。機能的な合理性ばかりが重視され，公的な世界も私的な世界も主として国家や市場のロジックによって支配されると，対等な人たちが自由に交わし合うコミュニケーションを基盤として成り立つべき生活世界が著しく侵食されることになる，というわけだ（→第11章2節）。何のために勉強したり仕事したりしているのかがわからなくなり，いつしか効率性重視の世界に流されてしまうこと。そして，意識にはあまり上らないものの，街中を歩いている姿が無数のカメラによって常に監視され，またスマホを操作しているときの情報探索行動がひたすらモニターされ続けてい

ること。システムによる生活世界の植民地化の実例は，現代社会の至るところに見つけることができる。

近代化にともない，社会全般にわたって機能的な合理化が進展し，また公式的な法やルールが緻密に整備された。それが経済的な効率性だけでなく，社会的な公平性・公正性にも寄与してきたというのは間違いない。人は伝統的なコネ社会から解放されたことで，自律的な個人として自由に振る舞うことができるようになったのである。しかし，近代的な経済社会や政治社会の機械的な枠組みが示されても，ただそれだけでは豊かな社会生活が実現するとはかぎらない。合理的なルールが示しているのは，最低限守るべき消極的な規範にすぎないからだ。基本的な人権を有する者として目的合理的に振る舞えるということ。それは伝統社会では難しかったことであり，近代化の目覚ましい成果とはいえるが，しかし本当に大事なのは，そのうえで意味のあるものとしてどのような社会的行為をし，いかなる社会をつくっていくかであろう。

現代社会における個人主義の行きすぎを批判し，新たな共同性の構築を説く社会思想の流れとしてコミュニタリアニズムというものがある（→第9章1節）。その論者の一人 P. セルズニックは，「具体的な状況や性格に結びついた道徳性の方が，一般的原則や理論を志向する道徳性よりも，深みと持続性に長けている」と説いて（Selznick 1992: 197），他者が置かれている個別的な状況を勘案することの重要性を訴えた。近代的なルールに機械的にこだわること以上に，個別具体的な共同性に深く関わることこそが大切というわけである。ただしここでいう他者や共同性は，必ずしも当人が実際に関与しているものにかぎられない，ということに注意しておこう。セルズニックが強調しているのは，伝統的な関係や集団の内部だけにとどまることのない，より開放的でかつ厚みのあるコミットメントにほかならない。

(2) 揺らぐ公共性

文化が曖昧化し断片化し混沌としたものになると，機械的なルールに頼ろうとする志向が高まるとともに，身近な人たちの間で親密な関係を育もうとする動きも目立つようになる。たしかに近代化にともなって，人びとの個人化は進み，また孤立という社会問題も顕在化した。しかしその一方，そうした傾向に

2. 共同性と公共性のゆくえ

抗するかのように，親密性の希求も非常に強いものとなっている。それは20世紀末からの先進諸国のトレンドといえるが，ソーシャルメディア（SNS）の発展がこの流れを加速させたのは間違いない。日本の若者研究においても，友人の数の多さはよく話題となるところだ。

では，そうした今日的な親密性は，他者ないし共同性への深いコミットメントとして賞揚されるべきものだろうか。もちろん近しい人びととの交わりは社会的存在としての人間にとって非常に重要で，より広い社会への関わりの第一歩となる。しかし，それはややもすると閉鎖的で断片的な共同体の構築へとつながる危険性も秘めている。そして，いかに数多くのコミュニティと関わっていても，そのいずれもが閉鎖的・断片的なものだったとしたら，社会性や公共性の発達はまず見込めないだろう。

これを鋭く批判するのが R. ベラーたちである。彼らは，現代アメリカ社会に支配的な功利的個人主義と**表出的個人主義**を大いに憂いている。前者は仕事上の成功を，また後者は趣味などでの自己実現を志向するものだが，この二つは「外面的に成功するための損益計算と，内へ向かって多少とも自由で居心地よく，真実らしい感じを直観し，自分自身を承認する理由にすることだけ」しかもたらさない (Bellah et al. 1985=1991: 94-5)。なるほど，表出的個人主義をもとにして各種の親密な関係性が展開されることはよくあるわけだが，それは単なる「ライフスタイルの飛び地」にすぎないと，ベラーたちは指摘する。この飛び地は①「私的な生活，とくに余暇と消費をめぐる生活にしか関わらない」ものであり，さらに②「そこにはライフスタイルを共有する者しか含まれない」（訳 p. 85）。つまり今日的な親密性は，きわめて内閉的でバラバラなものにとどまり，公的な社会とのつながりに著しく欠けているのである。

これと同様に R. セネットもまた，親密な関係性の伸長によって公共性が危機に瀕していると警鐘を鳴らしている。彼は現代アメリカ社会における親密さのイデオロギーとして，①「人と人との親密さは道徳的善である」という信念，②「他人との親密さ，温もりの経験を通じて，個人の個性を発展させたい」という熱望，③「社会の悪はすべて非個人性，疎外，冷ややかさの悪として理解できる」という神話の三つを挙げた (Sennett 1976=1991: 361)。これらによって，公的生活，見知らぬ人たちとの絆，市民的な振る舞い，非人格的なルールとい

第13章 新しい時代の社会性

ったものが有していた力が著しく削がれてしまった，というのがセネットによる現代社会批判の要点だ。

私的な生活領域が肥大化し，これが公的な世界を蝕んでしまうということ，それは先に見た批判理論が問題にした現実（すなわち公的世界によって私的な世界が侵食されるという事態）とは逆であり，この点は Z. バウマンも指摘しているところである（Bauman 2000=2001: 91; 2001a=2008: 71）。もちろん，大きな公的システムによる過剰なコントロールという病理が消失したわけではない。しかしそれとともに，私的な親密性領域が過度に珍重されることで公共性が霞んでしまう，ということにも十分な注意を払っておかなければなるまい。

なお，この問題に対する処方箋は，ベラーとセネットとでやや異なっている。ベラーが重視するのは，共通の伝統や価値を重んじるとともに，それらを刷新し，より広く共有されるものへとつくり変えていくことである。これに対してセネットが強調するのは，非人格的なルールや都市的な生活様式の重要性を再認識し，それによって見知らぬ人たちと共有できる世界を構築していくことだ。この二つは対照的ではあるものの，相互排他的というほどではないだろう。現代人には，この二つのいずれか，あるいは双方をたどることで公共性を再興することが求められている。

電車の席に座ってスマホでゲームや音楽を楽しんでいるとき，あるいは遠くの仲良しとメッセージを交わしているとき，知らず知らずのうちに隣や前にいる人に迷惑をかけているかもしれない。そして電車を降りて歩きスマホをすれば，後から来る大勢の人たちの歩みを止めてしまっている可能性がある。そこで当人が享受しているのは私的な世界だ。たとえスマホを通じて誰かとつながっていようと，そのほとんどは親密な間柄であり，その関係性に集中するあまり眼前の見知らぬ他者がほとんど存在しないかのように扱われているのだとしたら，公的な領域は極小化されているといわざるをえない。それは戯画化された昔の田舎の風景，すなわち知り合いとしかコミュニケートせず，よそ者に対しては警戒心を抱くか無視するだけという世界さながらだ。情報通信技術（ICT）の発達は，非常に興味深いことに，都会のど真ん中に田舎を呼び戻したのである。ちなみに，昨今の若者たちの間には親密な関係性の磁場が強く張り巡らされているが，それに辟易とし"友だち疲れ"をきたすこともままある

という。それは村落共同体における息苦しさに似通ったところがあるだろう。

　こうして今日，都市と田舎が錯綜し，近代社会と伝統社会が入り交じり，公と私の境が曖昧になる事態が生起している。そこに現前しているのは，今までまったく見たことのなかったような斬新な社会の姿だ。社会学は，これまで蓄積してきた知見を総動員するだけでなく，新たな想像力をもってこれに挑んでいく必要があろう。

3. 宗教の変容

(1) 世俗化というプロセス

　振り返れば，社会学という学問が誕生したのは社会それ自体が大きな変貌を遂げていた時期であり，それには近代化にともなう宗教の変容も深く関わっていた。中世ヨーロッパではキリスト教規範が非常に強く，それによって伝統社会の権威主義的な構造が堅固に維持されていた。ところが近代化によって宗教的な規範意識は緩み，人が個人として思考し行動する幅は拡大していく。フランス社会学の創始者の一人 É. デュルケームは，主著『自殺論』の最初の方で，カトリック諸国の方がプロテスタント諸国よりも自殺率が概して低いことに注目した（Durkheim 1897=1985）。これに対してドイツ社会学の創始者の一人 M. ヴェーバーは，主著『プロテスタンティズムの倫理と資本主義の精神』の冒頭で，プロテスタントの方がカトリックよりも資本主義的な職業や階層の比率が概して高いことに着目している（Weber 1920=1989）（→第1章2節）。この二つのケースに強く効いているのは，相対的にカトリックの方が集団主義的であり，プロテスタントの方が個人主義的であるという社会的事情にほかならない。ここでは，カトリックが大勢を占めるフランスとプロテスタントが目立つドイツの代表的な社会学者同士が，それぞれお国自慢をしているかのようで興味深い。ただしデュルケームもヴェーバーもともに，近代化によって合理化や個人主義化が進み，また社会の諸々のセクターが機能的に分化していくことで，もはや宗教が社会を全面的に規定するような時代ではなくなってしまったことに関して，細心の注意を払っていた（Durkheim 1912=2014; Weber 1920=2019）。

　近代化にともなう宗教の変容プロセスのことを**世俗化**と呼ぶ。世俗化によっ

第13章　新しい時代の社会性

て宗教のもつ社会への影響力は総じて小さくなっていった。しかし，これを端的に宗教が衰退してしまったと見るか，あるいは形を変えながらも宗教の真髄は存続していると見るかは，論者によってまちまちだ。P. バーガーは，「宗教が公共のものである限り〈実在性〉を欠き，それが「実在」である限りは公共性を欠いている」と述べて，宗教の力の衰微を強調する（Berger 1967=1979: 207）。宗教は大勢の人びとの間で通じる信憑性を失い，個人ごとにバラバラな小さい私事と化してしまったというわけである。

　これに対して，私事となったことで余計な制度的・組織的・集団的・関係的なしがらみが削ぎ落とされ，宗教はより直接的に各人の心の奥底に訴えかけるものへと純化した，という見方もありえる。この場合，そこで感得される宗教性は人によってさまざまに違ってこよう。T. ルックマンは，宗教の根本的な機能は人びとに究極的な意味をもたらすところにあるとし，そうした意味づけの働きはマスメディアや趣味的な世界などにも認められると説く（Luckmann 1967=1976）。今や力を減じつつある教会に代わって，身近にある多様な事柄が諸個人に対して超越的な意味を与えているというのである。

　ただし両者とも，キリスト教のような制度宗教，組織宗教が弱体化しつつあること，教会出席率が低下してきていること，信仰世界が個人化・私事化の傾向を見せていることに関しては共通の認識をもっていた。問題は，そうした現実をもって宗教の衰退と見るか否かだ。それは宗教なるものを教会的なものと同一視するかどうかによって異なってくる。

(2) 現代社会における宗教性

　では，現代社会において宗教は，バーガーやルックマンが示したように私事化しきっているのであろうか。以下，「世界価値観調査」（World Values Survey），「日本人の国民性調査」（統計数理研究所），「日本人の意識調査」（NHK放送文化研究所）で簡単に確認してみよう（各ウェブサイトを参照）。第1次（1981-1984年）から第7次（2017-2022年）までの「世界価値観調査」のデータを見比べたとき，たしかにフランスでもイギリスでもドイツでもアメリカでも教会出席率が下がっているのが認められる。1か月に1回以上教会に通っている人の比率は，この40年ほどの間に，フランス，イギリス，ドイツではだい

たい 20 〜 40% から 10 〜 20% へと低下し，またアメリカでもおよそ 60% から 40% へと減少を見せている。ただし，近年でもこれだけの人たちが教会と積極的な関わりをもっているということ，ならびに世俗化論が流行った 1960 年代から 1970 年代には当然のことながらこの第 1 次調査のデータよりもはるかに高い比率の人びとが教会に通っていたということには注意が必要だろう。欧米諸国はそれほどまでに元々，宗教性が色濃い社会であり，世俗化というプロセスを経ながらもなお，教会とのつながりをそれなりに強く保っているのである。

　これに比べれば，日本人の宗教との関わりは相対的に弱い。「日本人の国民性調査」において，信仰や信心に関し，これを「もっている，信じている」と回答した人の比率は，1950 年代から 2010 年代までの 12 回の調査を通じて，ずっと 3 割前後にすぎない。この数字は世界的に見て相当に低い部類に入る。しかしながら，宗教的な心を大切だとした人は年次の新しい調査でも三人に二人に上っている。また 1970 年代から 2010 年代までの 10 回分の「日本人の意識調査」を見てみると，「年に 1，2 回程度は墓参りをしている」人の割合は 60 〜 70% 程度で安定しているし，神を信じている人も常時 3 割程度見られる。付言するならば，文化庁が発刊している「宗教年鑑」によると，日本の宗教人口は毎年 1 億数千万人であり，日本人は一人につき平均で 1 〜 2 団体の宗教と関わっているということになる。これは神道も仏教も自らの信者を多めに報告しているからであり，この数が篤い信仰を表しているわけではもちろんないが，いずれにしても，今なお日本人にとって神社やお寺が身近な存在であることは間違いないだろう。なお，日本社会には宗教という言葉に拒否反応を示す人が少なくないが，それには宗教が明治初期の翻訳語だからという事情も絡んでいる。伝統的な神道や仏教との儀礼的な関わりのことを，多くの日本人は宗教的な事柄とは考えていない。

　こうして欧米の諸社会でも日本社会でも，伝統的な教団や，それにまつわる宗教的な意識・行動は，今日でもそれなりに健在だということが確認されたわけだが，現代社会においては，それ以外に**新宗教**，原理主義，スピリチュアリティといったものも目立っている。新宗教とは，当該社会の宗教的な伝統から何ほどか乖離した新しい宗教的信念・運動・組織のことを指す（島薗 2020;

第**13**章　新しい時代の社会性

Cowan and Bromley 2008=2010 など)。また原理主義は，聖典をもとにした根本的な教理への回帰を謳う保守的な流れで，キリスト教やイスラム教などの一部に見られる。この二つは，新しい方へと突き抜けるか古いものに戻るかという方向性の違いがあるものの，個人的な体験を重視するという点，ならびに教団に対する集合的アイデンティフィケーションが強いという点では共通したところをもっている。これに対して，超越的な精神世界や神秘体験を重んじ，それに基づいた自己変容や自己実現を希求するスピリチュアリティの流れの多くは，堅固な集団や組織といったものをともなってはいない。ただしスピリチュアリティの場合も，実際には単独での信仰や実践が主流というわけではなく，むしろ集団での活動の方が活発になされているというのが実状だ (Heelas and Woodhead 2005)。今日的な宗教性の代表格としての新宗教，原理主義，スピリチュアリティの三つは，いずれも個人化の進む時代に適合的でありながら，他方かなりの集合性を誇っているのである。

4. 多様性との対峙

(1) 文化による亀裂

　R. ベラーによれば，アメリカ的な市民宗教 (civil religion) とは，キリスト教に由来し，その要素を多く取り込みながらも，キリスト教そのものではなく，宗教や教派の違いを超えた包括的な信念や象徴や儀礼の体系である。たとえば，歴代大統領の数々の演説における神という言葉の頻出や，国旗への誓いの言葉にある "One Nation under God" という言い回し，また硬貨・紙幣への "In God We Trust" の文字の刻印などは，特定の宗派へのこだわりを抑制しつつ，多くの人びとに共通した公的な信仰世界の存在を強調するものにほかならない。市民宗教は「国民的な連帯の強力な象徴を築き上げ，国民的な目標の達成のために深いレベルの個人的動機を動員する」(Bellah 1967=1973: 363)。

　しかしこの市民宗教は，いかに包括性を謳おうとも，人びとの統合の要となるだけでなく，社会に亀裂を生み出しもする，ということに注意しておこう。ニューヨーク州では 1950 年代に公立学校で用いられるべき祈りの言葉を制定したが，これがユダヤ人をはじめとする親たちからの抗議を呼び起こし，名高

4. 多様性との対峙

い訴訟となる。公立学校での祈りに対して最高裁で違憲判決が出たのは，1962年のことであった。主流派プロテスタントの信仰を基盤とするアメリカの市民宗教は，他の宗教の信者や無神論者たちを陰に陽に排斥してきたのである。

　ではヨーロッパではどうだろう。EU 基本権憲章の前文にはヨーロッパの「精神的・道徳的な遺産を意識し」とある。またドイツ基本法の前文には「神と人間とに対する責任を自覚し」という言葉が躍る。付言するならば，上のEU 基本権憲章の表現は英語版・フランス語版・イタリア語版・スペイン語版などに共通だが，ドイツ語版だと「精神的・宗教的・道徳的な遺産を意識し」となっているのが興味深い。宗教や神の扱いに関しては，EU 諸国の間で微妙な温度差がある。ただ，いずれにせよヨーロッパの精神的・道徳的な伝統がキリスト教をベースとしたものであるというのは間違いない。それゆえ他の文化にルーツをもつ移民たちには，まずそうした土壌に馴染むことが求められることになる。

　昨今，特にヨーロッパで問題となっているのが，イスラム教系の移民たちの振る舞いである（安達 2020; 森 2016; 樽本編 2018）。代々ホスト国に住み続けてきた市民になったつもりで考えてみよう。増え続けるムスリム人口のなかから公立学校の教員になる人が出てきて，ムスリムの女性に課せられるヴェールを頭に被ったままで教壇に立ったら，どう思うだろう。もし教員だと抵抗感を覚えるという場合，では生徒たちの何人かがヴェールを身に着けているという光景は我慢できるだろうか。また生徒でも教員でも信仰上の必要からヴェールをまとっているのは仕方がないと認めたとして，しかしそれが全身を覆い顔の表情も隠すようなブルカだったらどうだろう。

　近代社会を生きる以上，信教の自由は守られなければならない。ここで守られるべきは自分の信仰であるとともに他者の信仰でもある。無宗教の自由というものも，もちろんある。自他の間の無用なコンフリクトを回避するためには，公共空間における過度の宗教性の強調は自重すべきだろう。今度は，そうした規範の意義をよく知っていながらも，自らのルーツたる文化や宗教を大事にし続けたいと思っている移民の立場になりきって考えてみよう。控えめなヴェールを着けて外出しただけなのに，不思議な眼で見られたり嫌がらせを受けたりしたら，さすがに気が沈むだろう。それでも政治難民，経済移民として入って

第13章　新しい時代の社会性

コラム 13-1　移民問題のゆくえ

　厚生労働省による「外国人雇用状況」の取りまとめによれば，日本で外国人労働者として把握されている人の数は，2013年：71万8千人，2018年：146万人，2023年：204万9千人といった具合に推移してきた。在留資格別では「身分に基づく在留資格」が最も多く，「専門的・技術的分野の在留資格」が続き，以下「技能実習」，「資格外活動」，「特定活動」の順となっている。日本社会は単純労働に従事する移民を原則的に認めてはこなかった。しかし実際には外国人が「技能実習」や「資格外活動」などとして単純労働に勤しむ姿は常態化している。また2010年代半ばからは国家戦略特区として指定された自治体において，外国人家事支援人材の活用がなされるようにもなった。なお2024年には，技能実習制度に代わり育成就労制度を新設するための関連法が成立している。

　ここで大事なのは，外国人による労働が「ディーセント・ワーク（働きがいのある人間らしい仕事）」の理念にかなうことにほかならない。たしかにこの世にはディーセントでない仕事がたくさんあり，だからこそそうした仕事を移民に押しつけ，そして彼らを二級市民扱いするまなざしが蔓延することになる。それは移民受け入れの歴史の長い他の先進諸国でもよく見られることだ。実際，当事者がそうした労働環境でもいいということで入国してくるのだから（つまりは当人たちの合理的選択である以上）仕方がない，という見方もある。しかしそうした残念な現実があればこそ，それを改善していこうとする努力には大きな意義が認められよう。［山田真茂留］

　きた国での生活の方が，祖国でのそれよりもはるかに安全・安心なため，大抵のことは耐え忍ぼうと思う。しかしそれは移民一世の場合であって，二世ともなると比較すべき故国での体験がなく，この国で生まれ育って一生懸命頑張っているのに二級市民扱いばかりされると，大きな怒りがこみあげてくる場合も多々あるにちがいない。

(2) 寛容という思想

2015年1月，フランスの風刺週刊誌シャルリ・エブドがイスラム過激派を揶揄する漫画を掲載したことで，パリの本社事務所がテロリストたちの襲撃に遭うという凄惨な事件が起こった。その後，表現の自由を訴え，犠牲者との連帯を示すスローガン「ジュ・スィ・シャルリ」（私はシャルリ）を掲げたデモ行進がフランス各地で敢行され，それは他の国々にまで飛び火している。言論の自由が大事というのは当然のことだし，テロリストによる犯罪はいかなる理由があっても正当化されない。ただし，シャルリ・エブド誌が差別的な表現をしたのは事実であり，この事件後も同誌はヘイトまがいの記事を出し続けた。ちなみにフランスにおける上記デモへの参加者は，実は平等主義者ではない層に偏っていたということがE.トッドによって指摘されている（Todd 2015=2016: 2章）。

こういうときにこそ多文化主義的な和解が必要とされている，と考える人は少なくないだろう。しかし多文化主義によって個々の文化が野放しにされた結果，大きな天蓋となるような文化に亀裂が入り，テロも横行するようになったという批判もある。そうした声は，伝統文化を重んじる保守層からのみ聞こえるわけではない。リベラルな論者たちもまた，多文化主義がはらみがちな個別文化孤立主義の危険性について問題にしている（たとえばBauman 2001b=2017; Gitlin 1995=2001）。

では，近年注目が集まっている**寛容**の思想の方はどうだろう。寛容という言葉は通常，ホスト社会の人間が移民に対して寛容，白人が黒人に対して寛容，異性愛者が同性愛者に対して寛容といったように，支配的なマジョリティが従属的なマイノリティに向ける態度であるため，それ自体非常に政治的で権力的で差別的だという指摘がある（たとえばBrown 2006=2010; Žižek 2008）。しかしそうした問題を乗り越え，対等な立場から交わし合う寛容もあるはずだということで，ポジティブな寛容論を展開しているのが，批判理論の系譜に連なる社会哲学者のR.フォアストだ。彼によれば，寛容という態度は①反対，②受容，③拒絶の三つの要素から成る。ここで大事なのは，価値規範的に対立するものを何とか受け入れるが，しかし限界を超えたところに関しては断固拒絶するということであり，こうした姿勢によって単なる無関心や相対主義に陥らずに相

第13章　新しい時代の社会性

手方と真摯に向き合うことが可能となる。また寛容には現在，①許可概念（上位者が下位者を認める態度），②共存概念（似たような力のある者たち同士が仕方なしに認め合う態度），③敬意概念（平等性の理念のもとに敬意を払い合う態度），④尊重概念（相手方の信念や実践を価値あるものとして評価し合う態度）の四つが並存しているが，敬意概念や尊重概念に則って他者と対峙すれば，政治性・権力性・差別性の問題は立ち現れない（Forst 2003＝英訳 2013: chap. 1; 2014）。

　これはとても説得力のある議論にはちがいない。フォアストはまた，自分が要求することを他者が要求するのを認めるという互酬性の規準，ならびに部分的な集団間交渉などではなくすべての人間一人ひとりを考慮するという一般性の規準によって，個別具体的な諸問題に挑戦していくことができるとしているが（Forst 2003＝英訳 2013: chap. 9; 2014），これも大変魅力的な提言ではある。しかし，フォアスト流の寛容論はある種の理想論だろう。本当に世界が互酬性と一般性に富んだ人たちだけから成り，皆が敬意をもって尊重し合っていたら，そもそも多文化間のコンフリクトなど起こりえないはずだ。これに対し，もとからのヨーロッパ人もムスリムの移民も，実際に対立の構図に陥ってしまっている場合は，相手側こそが寛容の態度に欠き，互酬的でも一般的でもないといって批判し合うことが少なくない。この問題は移民関係に限られるわけではなく，同性婚の是非，人工妊娠中絶の是非，死刑制度の是非，公共施設への十字架の掲出の是非など，さまざまなイシューに及ぶ。多文化・他文化の尊重の必要性や寛容の態度の大切さを重々理解していたとしてもなお，人びとは諸々の文化や制度，あるいは価値規範や行動様式をめぐって数々の衝突を繰り返しているのである。

5. 高まる流動性

(1) 再帰性の昂進

　文化が断片化し，公と私の境が曖昧になり，近代社会と伝統社会が入り交じり，宗教的集団性がせめぎ合いを演じ，民族文化や性的指向など多様な事柄をめぐる論争が声高になされ，そしてこうした諸々の事態によって個人主体も集合体主体も混沌のなかへと導かれることとなった。文化や社会のイメージが多

5. 高まる流動性

様化・流動化した際，旧来型の構造から解き放たれた諸個人は，大いなる自由を獲得するとともに，拠り所の喪失にともなう不安を覚えながら各人それぞれの人生行路をさまよい歩く。これが現代社会における個人化の側面だ。しかし今日進行しているのは個人化だけではない。人びとは新たな拠り所を求めて，さまざまな集団に頼ったりもする。その結果，激しい集団間対立が生起することも少なくないが，それは前近代社会における部族間抗争にもよく似ていよう。個人化した社会だからこそ，人びとは自由に，自律的に多様な集団を構成し，そこに強く同一化することができる。また文化的・社会的な統制や調整が効きにくくなっているため，諸々の集団は敵対的な関係に陥りがちとなるのである。現代社会では個人化と集団化が同時並行的に展開しているということができよう。

　このようになった根本的な背景要因としては，近代化それ自体が近代化されたこと，すなわち**再帰的近代化**が進んだことが挙げられる。U. ベックによれば，産業社会は「近代的な身分社会」であった（Beck 1986=1998: 216）。近代的な階級にせよ核家族にせよ職業労働にせよ，伝統社会の合理化の結果として立ち現れたわけだが，それらは人びとを社会のとある局面につなぎ止めるものでもあり，その意味で伝統主義的な要素を何ほどか含んでいた。ところがその近代的な産業社会がさらに近代化されると，そうした固定化・安定化のメカニズムは大きく揺らぎ，「社会的な枠組みが急激に変化させられてしまう」（訳 p. 314）。離婚にともなう貧困の問題も，失業の問題も，自然破壊の問題も，すべて近代社会それ自体が作り出したものにほかならず，それらは近代化のさらなる進行によって厳しさを増している。人びとはそうしたあまたのリスクに個人として立ち向かわなければならない。ポストモダンの思想を明るく謳う論者が多かった 1980 年代の中盤にあって，再帰的近代に特有のリスクについて深く考究したベックは，まさに時代を先取りした社会学者であった。ちなみにベックは，東京電力福島第一原子力発電所事故の後，ドイツ政府に脱原発を提言した諮問機関の委員を務めたことでも知られている。

　またベックと同様，近代化の徹底によって近代社会それ自体が掘り崩されていくことを論じた社会学者に A. ギデンズがいる。ギデンズはモダニティのダイナミズムとして，①時間と空間の分離（時間と空間が標準化されることで相互

第13章　新しい時代の社会性

に分離し，また特定の社会状況からも離れていくこと），②**脱埋め込み**メカニズムの発達（抽象的なシステムの発展によって相互行為がローカルな文脈から切り離されること），③知識を用いた制度的再帰性の展開（諸々の制度が体系的な知識によって絶えず再帰的に問い直されること）の三つを挙げた（Giddens 1990=1993: 72-3; 1991=2021: 40）。「社会の実際の営みが，まさしくその営みに関して新たに得た情報によってつねに吟味，改善され，その結果，その営み自体の特性を本質的に変えていく」というのが再帰性だが（Giddens 1990=1993: 55），この再帰的な捉え返しが際限なくなされることで，かつては信憑性の高かった近代的な理性までもが頼りにならなくなり，あらゆる物事が疑義の対象となってしまった。これこそがギデンズがハイ・モダンと呼ぶ今日の社会の実態である。

(2) リキッドでモバイルな社会

こうして諸個人のアイデンティティも，人びとが織り成す関係性も，諸々のつながりを含み込む集団・組織・制度もいずれも堅固な基盤を喪失し，ひたすら移ろいゆく局面ばかりが目立つようになった。現代人は Z. バウマンいうところの**リキッド・モダニティ**の時代へと突入したわけである。近代的な進歩の夢は破れ，規制緩和や民営化によって自己責任が謳われ，公共性は後退し，個人化が進み，人間関係は短期的になり，労働力の囲い込みよりもその移動や削減が企業経営の課題となり，資本は利潤の高いところを求めて世界中を駆け巡る（Bauman 2000=2001）。今やたしかなのは，たしからしいことなどほとんどないということくらいだ。

この流動性に満ち溢れた時代を可能にしたのは，交通と通信に関わる技術の目まぐるしい発達にほかならない。近年，そうした事柄を主題化した社会学が台頭するようになった（小川ほか編 2020; 遠藤編 2018 など）。その代表的な論者の一人，J. アーリは，移動体や電子的ネットワークの発展に着目し，自動車，飛行機，インターネット，モバイル機器などによって社会の編成の仕方が劇的に変化していることに焦点を当てた**モビリティーズ**研究を展開している（Urry 2007=2015; Elliott and Urry 2010=2016）。たとえば同じ高速移動手段といっても，電車とクルマとでは大きな違いがある。クルマでの移動空間に特徴的なのは（すなわち電車と異なるのは），時計的な標準時間に拘束される程度が弱く，他者

5. 高まる流動性

コラム 13-2　流動化の極致

　リキッドでモバイルな社会的現実を，批判理論の系譜に属するドイツの社会学者 H. ローザは加速というキーワードで分析している（Rosa 2005＝2022）。ローザによれば，現代社会においてはテクノロジーも，社会も，生活のテンポも目まぐるしい変化を遂げる。そうしたなか，人びとはひたすらせわしなく動き回るわけだが，ではそれにふさわしい成果が得られているかといえば甚だ心もとない。加速する社会において，単位時間当たりの活動がどれほど増えたとしても，諸個人に対して提示される可能性の増加はそれをはるかに上回る。人びとが忙しさから解放されることはない。

　また，さまざまな社会領域ごとに加速の程度が異なっているため，各システムは互いに同期できなくなり，その結果，社会全体は断片化した様相を呈してしまう。そして見通しがきかない社会において，諸個人は柔軟なアイデンティティをもたざるをえなくなったり，その場かぎりの活動で満足せざるをえなくなったりする。ローザの重厚な社会理論が描出するのは，このようにきわめて流動化した社会的現実の諸相にほかならない。[山田真茂留]

の生きる世界から非同期化されており，対面的な礼儀を欠いていても大丈夫で，プライベートな世界を大いに楽しむことができるといった諸点にほかならない（Urry 2007＝2015: 6 章）。それは便利さの極致ともいえるが，他方，過度の私事化や交通事故やクルマの非保持者の不便さ等々，ネガティブな側面が存在していることも無視するわけにはいかない（訳 p. 182-5, 306-7）。

　利便性と危険性の両面があるというのは，情報通信技術（ICT）の場合も同様だ。インターネットとつながったスマホ，タブレット，ノート PC などを持つことによって人びとは世界中の情報に瞬時にアクセスし，そして誰とでも気軽に交流することができるようになった。しかしそこには，システムへの依存性の強さ，システムがクラッシュしたときの危機，ネットワークにつながることのできない人たちの不利などの問題がある（Urry 2007＝2015: 300-1, 402）。また「目の前にいない他者と連絡がとれる」ということは「目の前にいない他者

第13章　新しい時代の社会性

に監視される」ということでもあり（訳 p. 330），これは相当な息苦しさをもたらすことになろう。社用携帯を持ち帰らなければいけないというのは，すなわち四六時中仕事モードでいるよういわれているのにほぼ等しい。

　さらに，多様な人びとと自在につながるのに有用なはずのソーシャルメディア（SNS）が，実際にはタコつぼ的な部族性をもたらす傾向が強い，ということについて警鐘を鳴らしているのがC.サンスティーンである。彼によれば，社会生活にとって大事なのは，偶然の出会いなどによって選ぶつもりのなかった情報や価値に触れたり，多様な立場に関心を向けたりすることだが，現実の電子空間はそのための最適な場とはなっていない。諸個人は各種のフィルタリングやハッシュタグに導かれ，同質的な情報ばかりに接しがちとなり，往々にして分極化した集団にはまり込んでしまうのである（Sunstein 2017=2018）。

(3) 新しい関係性の連なり

　こうしたいわば超絶的にリキッドでモバイルな現代社会において，人もモノも資金も情報も世界の至るところを慌ただしく駆け回っている。ただ，これだけ流動性が高い状況になると，人は動いていても止まっていてもさほど変わりがないといった雰囲気も醸成されてこよう。たとえば，新型ウイルスの蔓延で人びとがウチにこもらざるをえなくなっても，リモートで仕事や授業に臨むことが可能で，モノや資金や情報が適切に動いてさえいれば，世界はまず問題なく回っているということになるのである。

　しかし，この光景を見て，現代人は等しく時空の制約から解放され，自由を謳歌しているとするのは早計だろう。巣ごもりをしているというのは，それが社会規範として強いられているからにほかならない。他方，その巣ごもりの需要を満たすべくさまざまな物資がウチに届くわけだが，それを届けているのは正社員だけでなく，パートだったりバイトだったりギグ・ワーカーとしての個人事業主だったりする。彼らのなかには，生活のために仕方なく外での重労働に従事しているという人も少なくない。そして，四六時中街なかを走り回っているその人たちの姿は，多くの場合，特段意識されないままにとどまる。ちなみにこのとき，食料やその他の商品を届けている人も届けられている人も，いずれも記号化された小さな存在にすぎない。人が所有し使用し交換する対象が

要点の確認／文献ガイド

モノや資金や情報だったはずなのだが，現実はそれを古い考えだとあざ笑うかのようであり，今や多くの場面において人はモノや資金や情報に付随する記号の一つになってしまった。

近代人は伝統的な地縁や血縁からの脱埋め込みを果たした。その後，現代人は近代的な家族や職業や組織からの脱埋め込みを敢行している。そして，社会全体に通用するような文化的・制度的な束縛から自由になり，交通手段と通信技術を随意に操るようになった人びとは，たとえば数人の仲間と一緒に話しているときでも，それぞれスマホで別の友だちと連絡を取り合ったりする。そうした際，社会関係の同期のスイッチはその場とスマホの先とでつながったり切れたりを繰り返す。そして，ソーシャルメディア（SNS）を通じて別の会合をセッティングするにあたっては，時間と場所をだいたい決めておくのにとどめ，あとはそのときその場で連絡を取り合えばいいものとする。そこに標準的な時計時間による縛りはあまり認められない。もちろん，現代人は交通網や通信網をはじめとする各種システムに大きく依存している。また，人や状況ごとに異なる個別的な文化的・制度的拘束がさまざまに効いているというのも事実だ。しかしわれわれは総じて，自律的な選択の幅をかなりの程度保持しており，関係性を比較的自在に組んでいるということができよう。

では，このように特定の時空に束縛されることが少なく，つながったり切れたりを繰り返し，きわめて柔軟で可変的な様相を呈する関係性の連なりを，はたして社会と呼んでいいものかどうか。それが旧来型の共同性や公共性とは著しく異なっているというのは間違いない。しかしながら，ここにまったく新しい社会が出現しつつあるという可能性もあろう。その解明の作業は，主として新しい世代に委ねられている。

！ 要点の確認

・価値を中心とする文化を基盤に，社会は成り立っている。しかし今日ではその価値が多様化しており，深い水準での文化の共有は非常に難しくなってきている。
・現代社会においては，機能的な合理性によって駆動された社会システムが人びとの生活世界を侵食するという問題がある一方，親密性を核とした私的な世界が公共性を蝕んでしまうという問題も認められる。
・世俗化が進んだ結果，宗教が生活の多くの領域を規定するようなことはなくなった。

309

第 13 章　新しい時代の社会性

しかしながら今日でもなお，宗教的な信念・行動や，それをもとにした集合性は，それなりに生き続けている。

・民族文化や性的指向など，さまざまな事柄に関して世界中で衝突が起こっている。価値規範や行動様式をめぐるぶつかり合いを調停するために寛容の思想が説かれるが，それは理想論であり，現実的な解決策として万能とはいえない。

・近代化の水準が進むと，近代社会が自ら自身を疑い，その構造を掘り崩すという再帰性の昂進が起こり，その結果，社会はきわめて柔軟で移ろいやすい様相を呈するようになった。そして移動と通信の技術の発達は，そうした社会の流動性にさらに拍車をかけている。

文献ガイド

島薗進『新宗教を問う──近代日本人と救いの信仰』（ちくま新書）

▷日本の新宗教の歴史を振り返り，その諸特徴を分析的に描き出した宗教社会学の書。個々の教団の様子とともに，新宗教全体の動向が詳らかになる。

U. ベック著『危険社会──新しい近代への道』（法政大学出版局）

▷リスクや個人化などをキーワードにし，再帰的近代の段階に突入した現代社会について深く探究した著者の代表作。

A. ギデンズ著『近代とはいかなる時代か？──モダニティの帰結』（而立書房）

▷理性それ自体を合理化する力が見境なく働くことで，伝統的な習俗のみならず近代的な科学さえもが疑義の対象となり，あらゆる物事の基盤が揺らいでいることを論じた書。近代化の力の真髄が示される。

Z. バウマン著『コミュニティ──安全と自由の戦場』（ちくま学芸文庫）

▷リキッド・モダニティにおいて，旧来型のコミュニティが解体し，成功者がコミュニティから次々と遊離するのと並行して，アイデンティティが強く希求され，またエスニックな集団のコミュニティ志向が高まっていることについて探究した著作。

J. アーリ著『モビリティーズ──移動の社会学』（作品社）

▷移動に焦点を据える新たなパラダイムを提示したアーリの代表作。電車，自動車，飛行機といった移動体から，電子的なコミュニケーションの世界まで，扱う対象は幅広い。

おわりに

● 本書の歩みを振り返って

　本書が目指したのは，本格的で深みのある社会学のテキストです。幾度にもわたる執筆者会合で数土さんが事あるごとに強調したのは，社会学の世界の奥深さを可能なかぎり体現したいということ，また単に概念やモデルなどに関する知識を伝授するのではなく，社会学的な考えを深くめぐらすことのできるようなテキストをつくろう，ということでした。私たち執筆者は読者の皆さんにとっての読みやすさを意識しながらも，ハイレベルなテキストを世に出すよう努めました。

　この本が名を連ねる勁草書房のアカデミックナビというシリーズのコンセプトは，わかりやすく，バランスよく，ポイントをしぼって，体系的にということですが，この四つを同時に実現するのは，実はかなり大変なことです。たとえば，初級者向けの入門書はわかりやすさやバランスのよさを売りにしますが，その反面，そこでは往々にしてポイントが定まらず体系性が損なわれがちになります。他方，上級者向けの専門書ではポイントをしぼった体系的な論述が中核となりますが，それによってわかりにくくバランスの崩れた作品となってしまうことも少なくありません。しかし，そうした難しさを承知のうえで，私たち執筆者は可能なかぎり上の四つのいずれもが活かされるよう努力を重ねました。この思いが読者の皆さんに通じるよう祈るばかりです。

　社会学が扱う中核的な概念に，たとえば関係，集団，不平等，権力といった基礎的なものがあります。これらは，時代を経て，あるいは地域を隔ててさまざまに姿を変えますが，しかしいつでもどこでも社会の本質的な問題であり続けます。またそれらは家族，学校，会社，国家，国際関係などいろいろな社会領域に通底する根源的な事柄にほかなりません。このテキストでは，こういったきわめて基本的な概念や現象や問題の数々に対して真正面から取り組んでき

ました。

　また社会学には，そうした原理論的な探究だけでなく，個別領域に関する掘り下げもあります。家族社会学や地域社会学はその代表格といって間違いないでしょう。本書でも家族，ジェンダー，障害，老いといったものを取り上げています。ただ，社会学の各論はきわめて多岐にわたるため，扱えなかった大事な領域もたくさん残っています。たとえば都市社会学，教育社会学，環境社会学，国際社会学，メディア・コミュニケーション論など。これらに関しては，是非別途，それぞれの関心に応じて深めていっていただければと思います。

◉ 「包摂」をめぐる問題

　ところで家族，ジェンダー，障害，老いなどについてこれだけの厚みをもって取り上げた社会学原論ないし概論のテキストは本書が初めてなのではないかと思います。これらは古くは原論的・概論的にはある種周辺的な事柄と考えられていたきらいもあったわけですが，それが誤りなのは今や明らかで，いずれも公的領域と私的領域との双方に関わる（あるいは古典的な公私の区別を超えた），そして社会のマクロ・メゾ・ミクロの諸側面のすべてにまたがる大問題にほかなりません。広い意味での，そして深い意味での包摂（インクルージョン）は，現代社会を見据え，また将来社会を構想するにあたって，きわめて重要なキーワードです。包摂という考え方には，多数派や支配的な層の観点が自然と混入してしまっているのではないかという疑義や，含み込む範囲を広げれば広げるほど残り少なくなった人たちへの排除のまなざしが一層厳しいものとなるという問題が認められますが，しかし，そうした諸課題も含めて，あるべき包摂について深く考えることが求められるような時代になったというのは間違いありません。今日的な社会学原論や概論では，多種多様な視点や事柄を取り込んでいくことがとても大事になってくるでしょう。

　近代社会では諸個人の自由と平等が原理的に重んじられます。その思想的な礎を築いた一人が I. カントでした。もちろん現実の社会にはさまざまな不自由と不平等が渦巻いています。しかし少なくとも理念として自由と平等を高く掲げ，近代化の進展によってそれが確実に実現されていくと信じること，これこそは近代的な精神の真髄といえるものでしょう。ただしカントは，女性は十

おわりに

分には理性的ではないと説き，また肌の色で区別された人種的序列があると論じていて，それが昨今非難の的となったりしています。ちなみにアウシュヴィッツの後で詩を書くのは野蛮である，というのは T. アドルノによる有名な言辞ですが，これに関しては，どうして多くのネイティヴ・アメリカンや黒人を虐殺していながら（それを放っておきつつ）アウシュヴィッツの前に詩など書けていたのだろうという批判がなされることもあります。

　こうしたことに少なからぬ数の人たちが憤懣を覚えるほどに包摂をめぐる思想と実践が広まり，そして深まったのは，近代化の成果の一つともいえます。カントの観念論的な思想はカントの現実の姿勢を否定するまでに至りました。今やいわゆるマイノリティないし被抑圧者側からの抗議の声はあちこちから聞かれます。自由と平等の理想が現実化すればするほど，差別的な処遇を告発する動きは激しくなり，また格差をめぐって相対的な不満を覚える頻度も強度も，それを表出する程度も大きくなります。そこではさまざまな混乱や対立が見られますが，それは自由と平等が着実に本当のものとなりつつある証なのかもしれません。

　しかしその一方，近代的な自由にせよ平等にせよ，実は持てる者の——たとえば金持ちの・男性の・白人の——特権にすぎず，結局のところ，マイノリティの排除のためのイデオロギーとして，つまりは自由で平等な世界のはずなのに成果が出ていないのは本人たちのせいなのだと教導する方便として機能しているだけであり，現状では自由も平等もその拡充は望めないのではないか，というラディカルな批判もありえます。いずれにせよ，包摂絡みの思想と実践をめぐるせめぎ合いは，今後も相当の間続くことでしょう。もはや，自由と平等をただ口にしていればいい，というわけにはいかなくなってきました。

　また，諸個人のありようがきわめて多様化，流動化，個人化しているというのも，現代社会の大きな特徴です。同一の階層でも，ジェンダーでも，エスニシティでも，その内部でモデルとなるような人物像も，集合的なアイデンティティも，社会意識もなかなか定まらないというのが実状でしょう。そうしたなか，人びとはそもそも社会というものをどのように認識しているのでしょうか。

◉ 本書の先へ

　包摂のあり方をめぐるさまざまな葛藤は，これまでの社会イメージに揺さぶりをかけ，社会学を刷新する可能性を大いに秘めています。また，自己のありよう，コミュニケーションの取り方，集団・組織との関わり方，社会の現状認識，あるべき社会像といったものが，人びとの間で大きく異なり，激しく揺らぎ，急速な移ろいを見せている今日，社会学による社会の捉え方も相応の変容を迫られているといっていいでしょう。読者の皆さんが，本書を一つの足掛かりにしつつも，それを超え，新たな社会の見方をそれぞれで探っていかれることを執筆者一同，切に願っています。

　そして，これから新しい社会学の世界を切り拓いていく際，既存の議論も大いに参考となるにちがいありません。たとえば，仲間集団でのいさかい，ソーシャルメディア（SNS）上の炎上，政治の世界でのポピュリズムの蔓延，テロリズムの横行，国家間の戦争などを今日的な文脈に即して読み解き，また解決の糸口を探るにあたって，準拠集団論や大衆社会論や権力論をはじめ古典的な社会学から学ぶべきことは少なくありません。古きに学びつつ，新たな社会学的想像力を培っていくという作業。それは読者の皆さん一人ひとりに開かれています。

　今，世界中でとんでもない紛争や戦争が起こっていますが，その当事者のトップたちが「つまらないからやめろ」という宮沢賢治の端的な言葉に耳を傾けるとともに，少しでも社会学を学んでくれていればよかったのに，という思いを禁じえません。たしかに社会学に紛争や戦争をやめさせる直接的な力はありません。しかし，社会学的な洞察力をどれほど備えているかで，意思決定の下し方は随分と違ってきます。それは，日常生活でのこまごまとした判断や実践に関しても同様でしょう。社会学は必ず役に立ちます。

山田真茂留

用 語 解 説

A 〜 Z——

AGIL 図式（AGIL-scheme） A（適応，adaptation），G（目標達成，goal attainment），I（統合，integration），L（潜在的パターンの維持と緊張緩和，latent pattern maintenance and tension management）の四つの機能要件の頭文字をとったもの。すべてのシステムが充足しなければならない四つの機能要件として，T. パーソンズが概念化した。

APC 効果（APC effect） APC とは Age-Period-Cohort の略で，対象者に現れるライフコースを年齢・時代・コーホートという三つの効果から捉えようとするアプローチのことを指す。個人と家族を社会的・歴史的・時代的文脈に位置づける分析概念として有用である。複数の調査時点間に現れる傾向を最も根源的な要因によって検討する視点である。

I G. H. ミードによる I と me の議論のうち，I は慣習的な me に対して反応するものとして捉えられている。me は社会的な状況を色濃く反映しており，I は原理的にはそれに反応する二次的な存在だが，しかしその反応は未確定なため，ときに因習から離れ，自由で革新的な発想を生むこともある。

me G. H. ミードによる I と me の議論のうち，他者の態度の組織化されたセットが me である。われわれはさまざまな社会的環境のなかに生まれ落ちるが，それらすべてが me を構成し，人びとはこの me を絶えず意識して行動している。

SOGI（性的指向・性自認） 性的指向（Sexual Orientation）の頭文字と，性自認（Gender Identity）の頭文字をとった用語。LGBTQ+ が性的マイノリティを指す概念であるのに対し，SOGI はすべての人の性的指向や性自認を扱う概念である。

あ 行——

アイデンティティ（identity） アイデンティティとは自分が自分であること，自分が何ものかであること，自分を特徴づける本質的な事柄のことである。心理学者の

E. H. エリクソンによって広められた用語。社会の可塑化・流動化が高まる近代社会・脱近代社会において，アイデンティティのありようも非常に多様化している。

アソシエーション（association）　R. M. マッキーヴァーによれば，共同の関心の追求のために，コミュニティ内に設立された社会生活の組織体のこと。地理的な意味での国民社会はコミュニティだが，その管理に携わる国家はアソシエーションである。

アノミー（anomie）　É. デュルケームにおいては，欲望の無規制状態のこと。またR. K. マートンにおいては，文化的目標と制度的手段とが乖離した状態。社会的な規範が適切に働いておらず，それゆえ諸個人の放恣が目立つこととなる。近代社会に特有の現象と考えられる。

安心社会／信頼社会（assurance-based society/trust-based society）　山岸俊男が提起した社会類型。安心社会は，特定の個人との安心にもとづいた関係を重視する社会を意味する。一方，信頼社会は，一般的な他者との信頼にもとづいた関係を重視する社会を意味する。

一般化された他者（generalized other）　G. H. ミードによる概念。他者の有する普遍的で非個性的な態度のこと，あるいは自我に統一性を付与してくれる共同体や集団のこと。社会において人びとはバラバラに動いているわけではなく，通常，一般化された他者というものを想定し，その期待に沿った振る舞いをしている。

違背実験（breaching experiment）　文書化されていない日常生活の微細なルールや規範をあえて破ることによって，秩序の維持のされ方について研究する実験のこと。H. ガーフィンケルらエスノメソドロジーの研究者たちがもちいた手法。たとえば，ごく親しい間柄の相手に対して数十分にわたって丁寧語で話し続けるとどうなるかを見るような実験がそれに当たる。

意味解釈法（semantic interpretation）　人間の行為や社会活動が単なる客観的な実在ではなく，意味によって構成されていることに注目し，意味を解釈することで社会的現実を明らかにしようとする方法。統計帰納法や数理演繹法が一般的かつ普遍的なリアリティの解明を目指す一方で，リアリティの個別的かつ特殊な側面にも配慮する。

医療化／脱医療化（medicalization／demedicalization）　医療化は，それまで医療の枠では捉えられていなかった事柄が，医療の枠で捉えられるようになること。また，その逆の事例は脱医療化という。医療化によって，社会的役割への責任を免除されるが，その人の社会的地位が引き下げられるという含意がある。

インターセクショナリティ（intersectionality）　複数のカテゴリーの交差で作用する権力を批判する視点を指す。K. クレンショーは，黒人女性が経験する差別は，白人女性中心の女性差別問題からも，黒人男性中心の人種差別からも周辺化されてお

り，かつそのどちらの差別の影響も受けているとして，いくつかの道が交差する交差点（intersection）での事故にたとえた。

エスノメソドロジー（ethnomethodology）　H. ガーフィンケルが開発した社会学の探究方法。当該集団において自明視されている独特の相互行為のありように関し，会話分析などをもちいて掘り下げをおこなっている。たとえば親子の振る舞い方，友だちとの話し方，上司との接し方などは違っていて当たり前であり，それぞれには書かれざる自明視された決まりごとのようなものがいくつも認められる。

か　行——

階層帰属意識（subjective social class）　人びとが自分自身で判断する階層的な位置づけに関する意識。5段階で測る場合と，10段階で測る場合があり，5段階で測る場合は回答が「中」に集中することが知られており，かつてはその回答結果をもって総中流社会の根拠とされた。

鏡に映った自己（looking-glass self）　誰かの心に映じた自分の姿を想像すること。C. H. クーリーが提唱し，分析した。自分というものは単独では存在しえず，絶えず他者の精神を志向することによって構成されている。そして，これを相互におこなうことこそが社会の存在の基本となる。

核家族（nuclear family）　一般的には，核家族とは，一組の夫婦と未婚の子どもからなる家族を指す。かつて家族社会学では，核家族を分析のための単位としたうえで，戦後日本の家族変動を「核家族化」と捉えた。しかしながら，今日における単身世帯の増加に見られるように，シングル化する社会において「核家族化という社会変動」がいかほど説明力をもちうるのかが問われている。

格差社会（gap widening society）　2000年頃を境に，日本社会に存在するさまざまな社会的格差に対する関心が高まり，それまでの総中流社会という位置づけに代わり，日本社会を格差社会として位置づける議論が盛んになった。その時期に，それまでにはなかった社会格差が突然現れたことを意味するわけではないことに注意する必要がある。

家父長制（patriarchy）　人類学や社会学においては伝統的家族において年長の夫が権威を有する家族を指して使われてきたが，第二波フェミニズムは近代家族の中の夫婦の支配・権力関係を家父長制と再定義した。

カルチュラル・スタディーズ（cultural studies）　文化を研究する学際的な動向。1960年代半ばにバーミンガム大学に設立された現代文化研究センターを淵源とし，その後世界中に広まる。階級，エスニシティ，ジェンダー，世代，メディア，消費

などさまざまな事柄を取り上げ，今日的な文化現象にアプローチしてきた。

寛容（tolerance, toleration）　自分が普段慣れ親しんでいるものとは違った価値規範や行動様式に接し，戸惑いや嫌悪感を覚えながらも，それを我慢する姿勢のこと。価値観が多様化し，またグローバル化も進んで，多文化的な状況が当たり前になった現代社会において注目を集めている。だがその一方，寛容は上位者サイドがとる差別的・抑圧的なまなざしであるとする批判も根強くある。

官僚制（bureaucracy）　近代的な組織を編成する非人格的な原理のこと。M. ヴェーバーは近代官僚制の特徴として，上下関係が明確になっていること（集権性），文書化や規則化が進んでいること（公式性），活動が専門的に定まっていること（専門性）などを挙げた。

官僚制の逆機能（dysfunction of bureaucracy）　官僚制は組織を運営するための合理的なシステムとされるが，それ自体が目的化すると，ルールによって定められた手続きへのこだわりが過ぎて適切な対処ができなかったり，といった問題が生じる。特定の目的を遂行するために制定された手段的な決まりが自己目的化し，かえって目標達成過程を阻害してしまう事態としての官僚制の逆機能は，R. K. マートンらによって探究されている。

擬似相関（pseudo-correlation）　因果関係のない二つの変数の間に，二つの変数に共通して影響を与える要因が存在することで，相関関係が観察されること。擬似相関の可能性があるため，二つの変数の間に統計的にみて有意な相関関係が観察されたとしても，だからといって変数の間に因果関係があるとはいえない。

教育格差（educational inequality）　教育に関する機会の格差を意味する。たとえ，制度的・形式的には教育に関する機会の平等が保証されていても，さまざまな社会的な要因によって，人種，階層あるいは地域の間で，教育機会の格差が発生する。

共有地の悲劇（tragedy of the commons）　G. ハーディンが，論文「共有地の悲劇」で紹介した逸話。ハーディンの議論にしたがえば，牧夫の合理的な判断にもとづいた行動が結果として共有の牧草地を荒廃させ，すべての牧夫の利益が損なわれることになる。

儀礼的無関心（civil inattention）　偶然居合わせた人たち同士が，互いの存在を認め合ったうえで，あえて視線を逸らせたりして，直接的な触れ合いを避ける態度のこと。E. ゴフマンによる概念。彼は，こうした微妙な気遣いの積み重なりによって日常的な秩序が保持されていることについて論じた。

近代家族（modern family）　近代家族にはさまざまな定義がなされているが，身分制度の揺らぎと産業化という社会変動と連動して普及し，20 世紀半ばの先進諸国でピークを迎えた家族のあり方である。近代家族を再生産と感情という特徴から捉え

用語解説

る立場，近代国民国家の基礎単位であると強調する立場，少子化と女性の主婦化から読み取ろうとする立場がある。私たちが普遍的・本質的であると思っていた家族のあり方が「近代」という歴史的・時代的文脈のもとで生まれたにすぎないという意味で「近代家族」と呼ぶ。

群集（crowd）　特定の事象への関心のもとに一時的に集った対面的な人間集合で，非合理的に情動を噴出させがちになる。代表的な論者 G. ル・ボンは，その衝動的で単純で偏狭で横暴な性質に注目する議論を展開した。

ケア・支援（care/support）　ケアは 1990 年代前後からキュアと対比的にもちいられるようになった。同じく，支援は援助者側の一方的な働きかけを指す援助に代わってもちいられるようになる。被支援者の主体性や生活の質が重視される現在の状況が反映され変化してきた語句である。

ゲーム理論（game theory）　複数の主体の意思決定過程を形式化した数学理論の一つ。経済学をはじめとした多くの社会科学において，互いに影響を与えあう社会的な状況での人びとの行動の分析に，ゲーム理論がもちいられている。

ゲゼルシャフト（Gesellschaft）　F. テンニースによる用語で，ゲマインシャフトの対概念。企業・大都市・国家など，選択意志にもとづき，機械的な形成物と考えられる結合体のこと。近代化の趨勢はゲマインシャフトからゲゼルシャフトへ，という流れとして捉えられる。

ゲマインシャフト（Gemeinschaft）　F. テンニースによる概念。ゲゼルシャフトと対比される。本質意志にもとづき，有機的な生命体と考えられる結合体のことで，代表例としては家族・近隣・村落・仲間が挙げられる。

言語コード（language code）　言語によってものごとを分類する基準のこと。出身階層や教育制度を通じて，人びとは異なる言語コードを獲得する。B. バーンスティンは，労働者階級に特徴的な言語コードを制限コードと呼び，中産階級に特徴的な言語コードを精密コードと呼んだ。

公共圏（public sphere）　人びとに共通する利害関心について，意見を交わし，合意形成するための議論をおこなう，人びとに対して開かれた公共の空間。J. ハーバーマスが『公共性の構造転換』でその歴史的変遷を問題にしたことで，社会学においても中心的な主題となった。

公共性（publicness）　公共性は多義的な概念であるが，政治・社会理論では三つの規範的含意がある。第一に，異質な他者がともに関心を抱く事柄に意見を交わし，討議する開かれた空間を指す。第二に，自分たちが決定した法や政策の内容が誰にとっても共通の利益になっているかどうかを評価する基準を指す。第三に，誰もがアクセスできる開かれた空間であることを指す。このように公共性の理念は，常に

他者に対して開かれた，異質なものから構成されるものを含む。

公衆（public）　メディアを通じて間接的につながる緩やかな人間集合で，世論形成を担う理性的な存在とされる。代表的な論者 G. タルドは，新聞を読む公衆に着目し，それが拡大すれば世界はより知性的になると考えた。

構造化理論（structuration theory）　A. ギデンズによって提唱された社会理論。構造と行為を別ものとして考えるのではなく，構造は行為を制約する一方で，行為が構造を生産／再生産していると考える。したがって構造化理論では，社会構造を行為から切り離されて存在する実体的な何かとは考えない。

構造機能主義（structural-functionalism）　社会現象を，社会構造と機能との対応関係によって説明する理論的な立場。アメリカを中心に 20 世紀半ばにおいて積極的に展開され，社会学の標準理論とみなされた時期もあった。代表的な論者として，T. パーソンズや R. K. マートンの名前が挙げられる。

コーホート（cohort）　出生年に起因する，特定のイベントを経験した時期が共通する集団と異なる集団の間に現れる差異に着目したものである。個々のコーホートは，年齢効果や時代効果を受けながら，歴史を歩んでいくため，コーホートが積み重ねた人生経験はそのコーホート固有のものとなることを指す。

国民国家（nation state）　歴史，文化，価値体系を共有しているとされた人びと（国民）が主体となって，領土や国民を統治する機構を支える国家形態のこと。近代ヨーロッパにおいて登場し，世界中に広がったが，グローバル化の進展とともにさまざまな問題に直面することになった。

子どもの社会化（socialization in childhood）　子どもが生まれてから，他者との相互行為を通じて，その社会に参加できるような言語や知識，価値や規範を身につける過程を指す。子どもの出生から幼児期までを第一次社会化，それ以降は第二次社会化と概念化され，社会の最小単位である家族は，子どもの社会化を促す機関として位置づけられている（→社会化も参照）。

子どもの貧困（child poverty）　子どもが貧困状態に置かれていること。また，子どもの貧困率は，相対的貧困にある世帯に属する子どもの割合として定義される。子どもの貧困はその子どもの社会的排除を帰結し，その子どもの将来にも影響を及ぼす可能性がある。

コミュニケーション・メディア（communication media）　広義には，人びとがコミュニケーションをおこなうときにもちいるメディアのこと。T. パーソンズや N. ルーマンに代表される社会システム理論においては，社会システムにおいて人びとの行為選択を媒介している一般化された様式のことを意味する。

コミュニティ（community）　学説史的には，R. M. マッキーヴァーがアソシエーシ

ョンと対比させた概念。彼によれば，地理的に区切られた共同生活の領域のこと。つまりは地域共同体を意味するが，しかし今日では，地理的に離れていて対面的でもないようなウェブ上の集まりのこともコミュニティと呼んだりする。

コンピュータ・シミュレーション（computer simulation）　人びとの行動をアルゴリズム化し，それをもとに人びとの相互作用をコンピュータ上で再現することで社会過程や社会変動を分析する手法。エージェント・ベースト・モデル（agent based model）は，コンピュータ・シミュレーションをもちいた方法の代表例だといえる。

さ　行──

再帰性（reflexivity）　社会での実際の営みが，まさにその営みに関する新たに得た知識や情報によって，吟味・改善された結果，その営み自体の特性を本質的に変えていくようなダイナミズムのこと。A. ギデンズが近代／モダニティという時代を説明するために多用した概念である。

再帰的近代化（reflexive modernization）　近代的な合理化がさらに進むと，近代的な階級も核家族も職業労働も堅固さを失っていく。また合理的な吟味や批判のまなざしは，近代的な理性それ自体にも向けられることとなる。こうした再帰的な近代化に関しては，U. ベックや A. ギデンズらが集中的に論じている。

三次元的権力（three dimensional power）　S. ルークスが，社会学において最も重要な権力の類型として提唱した概念。人びとの利害関心そのものに影響を与えることで行使される権力であり，三次元的権力を特定するためには人びとの真の利害関心が何であったかを明らかにする必要がある。

参与観察（participant observation）　調査対象となる人びとの生活の場に実際に参与し，長期にわたって観察を続けることで，当事者の視点からその社会に生じている出来事の意味づけや解釈枠組みを明らかにしようとする社会調査の方法。意味解釈法にしたがった社会調査として理解することができる。

資源動員論（resource mobilization theory）　社会運動を目的達成のための合理的な行為として理解し，社会運動の形成・発展・衰退を，運動体が動員できる社会的な資源の量や戦略の適合性によって説明しようとする理論。集合行動論による説明に対抗するものとして，20 世紀後半，注目された。

自然的態度（natural attitude）　A. シュッツは，日常生活世界において多くの事柄が自明視され，批判的な思考や哲学的な疑念の眼が向けられなくなっている様子に注目し，これを自然的態度と呼んだ。現実は本当にそうなっているのか，など深く疑うことなく，当たり前のこととしてやり過ごすことを通じて，社会的な世界が共同

で構成されることとなる。

ジニ係数（Gini coefficient）　C. ジニが考案した所得格差を測るための指標の一つ。所得が平等に分配されているときにジニ係数は0となり，所得格差が大きくなるにしたがってジニ係数は1に近づく。ジニ係数は0から1の間の数値をとるが，1になることはない。

社会移動（social mobility）　個人や集団が，ある社会的位置から異なる社会的位置に移動すること。社会的位置が社会階層を意味する場合は，階層移動となる。また，個人が出身階層と異なる階層に到達する場合を世代間移動と呼び，個人がその生涯において経験する移動を世代内移動と呼ぶ。

社会化（socialization）　社会において制度化されている価値を人びとが内面化していく過程のこと。幼少のうちに社会全体の一般的な価値を家庭や地域で身につける第一次的社会化と，成長してから特定の集団や組織の個別的な価値を個々の学校や会社などで身につける第二次社会化とがある（→子どもの社会化も参照）。

社会階層（social stratification）　社会階層とは，社会的資源の保有状況が似ており，かつ同じような社会的地位をもつ人びとの集合を意味する。異なる社会階層間にはさまざまな格差が存在しており，社会階層の問題を社会的不平等の問題と切り離して考えることはできない。

社会関係資本（social capital）　諸個人や地域・集団・組織にとって有用なネットワーク的資源のこと。代表的な論者にJ. S. コールマン，R. パットナム，N. リンらがいる。社会関係資本には，身近な人びとを強くつなぐ結束型のものと，それほど近しくない人同士を緩やかにつなぐ橋渡し型のものとがある。

社会構築主義（social constructivism）　人びとが自然で自明なものとみなしている「客観的知識」「社会的現実」は，人びとの現実の解釈や理解の仕方によって作り出されたものであり，変更可能だとする立場。本質主義と対置される。

社会調査（social research）　量的方法や質的方法によって社会や個人に関する情報を得ようとする営み。社会調査は，大きく量的調査と質的調査の二つに分けられる。量的データであっても，質的データであっても，社会調査によって得られる適切なデータがあってはじめて，社会現象を説明することが可能になる。

社会的行為（social action）　人間行動のなかで，行動を担っている個人によって主観的に意味を付与されているものを行為と呼び，さらに主観的意味のなかに他者の行動への参照を含んでいるものを社会的行為と呼ぶ。M. ヴェーバーは，社会的行為を目的合理的行為，価値合理的行為，伝統的行為，感情的行為の四つに分類した。

社会的交換理論（social exchange theory）　P. M. ブラウやR. エマーソンらに代表される社会学理論の一つ。行為者間の相互行為を何らかの財の交換（社会的交換）と

用語解説

みなし，社会的交換の観点から社会関係や社会構造の説明を試みる。

社会的事実（social facts）　É. デュルケームが社会学に固有の研究対象として定式化した概念。社会的事実は，個人の行為を通じて実現されるが，個人を離れて存在し，個人の行為を外部から拘束する。たとえば，道徳や慣習や法などが社会的事実に相当する。

社会的ジレンマ（social dilemmas）　個人が合理的に判断して行動すると全体の利益が損なわれ，誰にとっても望ましくない結果が帰結されること。二人のプレイヤー間で生じる囚人のジレンマを一般化して，n 人のプレイヤーの間で生じるジレンマにしたものといえる。

社会的平等／不平等（social equality/inequality）　平等の概念には，財や報酬や権利が各人に均等に分配されていることを意味する場合と，各人の成果や必要に応じて分配されていることを意味する場合とがある。したがって，社会学では，どのような状態が社会的平等（もしくは不平等）なのか，それ自体が議論の対象になる。

社会ネットワーク（social network）　人と人とのつながりによって形成される社会構造のこと。社会ネットワーク論では，個人をノード（nodes），個人間の関係をつながり（ties）として捉えることでその数学的な性質を明らかにし，社会構造を分析する。

自由からの逃走（escape from freedom）　ナチズムを生んでしまった大衆の社会心理的背景を鋭く分析した E. フロムによる議論。近代化にともなって誕生した大衆は，せっかく束縛からの自由を手にしながら，それを積極的に活かすことができず，結局自由を投げ捨て，権威主義的従属へと走ってしまった。

集合行動論（theory of collective behavior）　集合行動とは，パニック，リンチ，暴動，流行，流言，そして社会運動までを含んだ，人びとが社会において集合して行動する幅広い社会現象を意味する。R. パークや，H. ブルーマーが新しい社会秩序を打ち立てる社会行動として注目し，N. J. スメルサーが『集合行動の理論』によって理論的に精緻化した。

囚人のジレンマ（prisoner's dilemma）　行為者が自身の効用を最大化するように行動することで社会全体の厚生が損なわれる場合があることを示した，ゲーム理論で扱われる主要なトピックの一つ。別々に取り調べを受けている二人の共犯者の行動選択を事例に説明されることが多く，そのため囚人のジレンマと呼ばれる。

主体化＝従属化（subjection）　主体化とは個人が自らの意思や判断にもとづいて自ら行為することを指し，従属化とは個人が他者や外部の力のもとで自らの意思や判断が制約を受けることを意味しており，両者は正反対であるかのように論じられる。しかしながら，M. フーコーは，近代社会において個人は学校や職場や病院などに

323

おける規律化を通じて「主体化＝従属化」とでも呼びうる形で主体は形成されると主張する。いわば個人は自ら規律を身につけていく中で「主体」を形成していくが，それは個人が社会の権力に従属化することで達成されていくことを意味している。

出生前診断（prenatal testing）　胎児の異常を発見するための検査。超音波検査もその一つであるが，とりわけ遺伝学的検査が挙げられ，体の細胞のなかに含まれる染色体などの遺伝情報について調べる検査である。具体的には，羊水検査，新型出生前診断（Non-Invasive Prenatal Testing: NIPT）など。

準拠集団（reference group）　人びとが社会生活を送るにあたって主観的に依拠する重要な集団のこと。個人が自らのポジションについて判断したり，また行動のモデルを求めたりする際に，観念的にもちいられる。

純粋な関係性（pure relationship）　A. ギデンズが提唱した概念。ハイ・モダンとしての現代において，既存の制度や組織に頼ることなく，ひたすら当の関係性を志向する真摯な思いのみで成立する関係性のこと。関与者たち自身の親密性，信頼性，コミットメントの真正さが核となる。

障害の個人モデル（individual model）／**社会モデル**（social model）　障害の個人モデルは，個人に内属するインペアメント（身体的・精神的・知的な欠損）という属性ゆえに障害が生じており，その障害をもつ当事者が直面する困難を克服する責任を負うという考え方である。対して，障害の社会モデルは，障害をもつ当事者が不利益や制約を被っているのは社会によるものであり，その責任は社会にあるという考え方である。

少子高齢化（decreasing birthrate and aging of the population）　出生力が人口を維持するのに必要な水準（人口置換水準）を長期的に下回ることで，出現する社会状態。子どもの数が減少することで人口に占める高齢者の割合が増大し，将来人口の減少がもたらされる。

所得格差（income inequality）　社会において所得が不平等に分配されている状態のことを意味する。所得分布は，経験的には低・中所得層側に偏りがちで，高所得層が小さくなる傾向にある。そのため，多くの社会で大きな所得格差が発生する。

新宗教（new religion）　既存の宗教的伝統から乖離した新しい宗教の運動ならびに組織のこと。欧米では正統的なキリスト教会から，また日本では主流の神道や仏教から独立したものということになるが，実際にはそうした古くからの宗教の要素を多分に含んでいる場合が多い。なお日本では新興宗教という呼称は蔑称になる可能性があるので，学術用語としてはもちいない。

親密性（intimacy）　特定の他者との関係性，あるいはそのような他者との心理的・社会的な距離の近さを意味する。A. ギデンズが『親密性の変容』において，後期

用語解説

近代社会で大きく問い直されたものの一つとして親密性を取り上げたことを契機に，社会学では議論が展開された。他方で，政治・社会思想において親密性は具体的な他者への関心や配慮を媒体とする持続的な関係性を指す。これまでの親密性がジェンダー秩序や異性愛主義にもとづいていたのに対して，さまざまな性愛や身体・生命への配慮によって結びつく親密性にいかに開かれていくかが問われている。

数理演繹法（mathematical deduction）　一定の前提（公理）を出発点にして社会現象を説明するモデル・理論を構築し，得られたモデル・理論について経験的妥当性を検証する方法。モデル・理論は演繹的に得られるが，モデル・理論の可否を最終的に決定するのは経験的妥当性である。

正義の二原理（two principles of justice）　J. ロールズが主著『正義論』で提起した分配原理。基本的自由の平等な分配を命じる第一原理と，ある社会経済的不平等が受け入れられるために満足しなければならない条件を特定化した第二原理の二つによって構成される。

政治的機会構造（political opportunity structure）　社会運動の運動体にとっては外部環境となる政治的な要因に注目して，社会運動を説明しようとするアプローチ。運動体・挑戦者側のプッシュ要因ではなく，政治的機会というプル要因を強調している点に特徴がある。

生物学的決定論（biological determinism）　人間の行動や能力は，遺伝子や解剖学的性差によって説明できるとする立場。性や人種によって能力に違いがあるのだから，異なる扱いは正当だとする論理になりうる。性差を社会・文化的要因によって説明する社会構築主義と対置される。

性役割（gender role）　性別によって異なる他者から期待される役割。女性に家庭の中の家事や他者を世話する役割，男性には賃労働や主導的役割を期待されてきた。「役割」は個人に内面化されるものと捉えられているため，社会の変化を説明することができない。

世俗化（secularization）　近代的な合理化を経て宗教が変容していくプロセスのこと。機能的な分化によって宗教が担う社会的な役割はどんどん狭くなっていったが，これをもって宗教の衰退と見るか宗教の純粋化と見るかでは議論の分かれるところである。

潜在能力（capability）　A. センが提起した概念で，選択可能な生き方の幅を意味する。センは，福祉を考える場合には移動や衣食住のニーズ充足，社会生活への参加といった基本的な潜在能力の分配に注目することの重要性を主張した。

選択的誘因（selective incentive）　M. オルソンが提起した概念。社会的ジレンマにおいても人びとに裏切り行動ではなく協力行動を選択するよう促すために用意され

325

る誘因のこと。選択的誘因は，協力者だけに与えられる報酬であることも，あるいは非協力者だけに加えられる処罰であることもある。

想像の共同体（imagined community）　B.アンダーソンがナショナリズムに関する理論的著作『想像の共同体』で提起した概念。国民国家が拠り所とするネーション（国民）を想像された共同体と考え，その被構築性を論じた。

相対的貧困率（relative poverty rate）　等価可処分所得（世帯の人数の正の平方根で，世帯の可処分所得を割った値）が全世帯の中央値の半分に届かない人びとの割合を意味する。貧困であるかないかが中央値に依存して決まるという意味の相対性であり，相対的貧困率は 0 にもなりうる。

相対リスク回避モデル（relative risk aversion model）　R.ブリーンと J.ゴールドソープが，階級間の教育格差を説明するために提唱したモデル。出身階級によってどこまでの学歴を希望するかが決まり，そのことが結果として階級間の進学行動に差を生じさせていると考える。

総中流社会（middle-class society）　1970 年代から 1980 年代にかけて，日本人の多くが自身の帰属する階層として「中」を選択していたことをもとに，日本を総中流社会として位置づける議論が盛んになった。ただし，人びとが自身を「中」だと思うことと，実際にその人が「中」であることとは同じではないことに注意する必要がある。

た　行──

第一次集団（primary group）　C. H.クーリーが定式化した概念。対面的で親密性に溢れた集団のこと。クーリーは家族・近隣・仲間などの第一次集団における交わりによって，人間性や社会性が育まれると説いた。

第二次集団（secondary group）　大企業など，特定の目標達成のために人為的につくられた集団のこと。そこでは非対面的で匿名的な関係性も展開する。C. H.クーリーは近代化が進み，機能的な組織が拡大することで，個人主義が過度のものとなり，人びとの孤立が目立つようになってきたことに関して警鐘を鳴らしていた。

大衆（mass）　社会的な絆を失い，極度に原子化された諸個人の集合で，メディア等の影響のもとに間接的・匿名的に結びつき，斉一的な心情・行動を非合理的に呈する。中間集団が衰退してしまっているという社会的背景のもと，存在としては個々バラバラでありながら，きわめて画一的な様相を呈する。

脱埋め込み（disembedding）　行為や関係や制度がローカルな文脈から切り離されていくこと。A.ギデンズの用語。近代化にともない，普遍的に通用する象徴的な通

標（貨幣など）ならびに専門家システムが展開し，それによって地縁や血縁を超えたより広い社会が立ち現れることとなった。

他人指向（other-directed）　D. リースマンが挙げた三つの人格類型のうちの一つ。人が思考し行動する際，慣習や伝統を大事にするのが伝統指向，内的な価値や目標を重視するのが内部指向，他者の期待や好みに従うことを気にするのが他人指向である。この第三の他人指向は大衆社会に特徴的とされる。

男性稼ぎ主モデル（male breadwinner model）　男性が主たる稼ぎ手となり，女性が主に家事を担うという家族モデル。戦後日本の一時期，男性の雇用労働者化が進んだことで，男性稼ぎ主モデルを標準的な家族として想定する雇用制度・慣行が成立した。

中範囲の理論（theory of middle range）　個別領域の経験的研究を通して得られる社会理論を意味する。個別に解明された中範囲の理論は，多様な包括的理論に組み込むことが可能で，いわゆる一般理論と対立するわけではない。代表的な理論として，準拠集団論や逸脱行動論が挙げられる。

統計帰納法（statistical induction）　実験，観察，社会調査などによって収集された大量のデータを分析することで，一般化された命題を導出する方法。経験的なデータから一般的な命題を導出するので，どのような命題が得られるかはデータに依存することになる。

統計的検定（statistical test）　量的調査から得られたデータをもとに，統計学の知識を利用して，仮説の適否を判断すること。統計的検定で得られた結論は，あくまでも確率的な判断によるものであり，100％正しいことを保証するわけではないことに注意する必要がある。

トランスジェンダー（transgender）　出生時に割り当てられた性別（sex）と，ジェンダー・アイデンティティやジェンダー表現が異なる人を指す。性別適合手術を受けていない，受けたくない人もトランスジェンダーに含まれる。

な　行——

日常生活世界（the world of everyday life）　A. シュッツが共同主観性の程度の高い根本的な社会と認めた領域のこと。シュッツによれば，人びとは科学の世界や夢の世界や幻想の世界などといった多元的な現実を個別的に生きる場合も少なくない。しかしながら，覚醒時に共同で活動している際の日常生活世界こそは，共有度が最も高い領域にほかならず，そこではコミュニケーションも活発化する。

は　行──

パノプティコン（panopticon）　J. ベンサムが考案した一望監視方式の監獄のこと。M. フーコーが『監獄の誕生』において近現代社会での権力の特徴を述べる際に言及したことで，社会学理論研究者は，パノプティコンを権力の比喩として頻繁にもちいるようになった。

非意思決定のダイナミクス（dynamics of nondecision-making）　P. バラックと M. バラッツが，行動主義にもとづいた権力概念に対置させたもう一つの権力を生み出す力学のこと。意思決定過程から外された潜在的な論点が何であったのかに注目し，その論点が意思決定過程から外されたことで誰が利益を得たのか（あるいは失ったのか）を分析する。

批判理論（critical theory）　フランクフルト社会研究所の所長を務めた M. ホルクハイマーによって提唱された社会理論のこと。批判理論の継承者たちは，フランクフルト学派と呼ばれることもある。合理的理性に潜む抑圧性を批判し，その束縛からの解放を主張する。

表出的個人主義（expressive individualism）　趣味やライフスタイルなどを通した私的な充足や自己実現を志向する今日的な個人主義のこと。仕事上の栄達や金銭的な成功を追い求める功利的個人主義などと対比される。R. ベラーらの用語で，表現的個人主義とも訳される。

病人役割（sick role）　病いを患う前までの社会的役割と義務が免除され，治療するための権利と機会が付与されること。病気は，いずれ健康へと回復すべき一時的な状態として位置づけられ，病人は医療者へ協力し早く治癒するように努力することが課せられる。T. パーソンズが提唱した概念である。

フェミニズム（feminism）　女性解放運動のこと。19 世紀から 20 世紀にかけての参政権や諸権利の獲得を目指した運動を第一波フェミニズム，20 世紀半ばの家庭内の権力や女性性の規範に抵抗した運動を第二波フェミニズムと呼ぶ。1990 年代のサブカルチャー文化における抵抗を主とした運動は第三波，2010 年以降のソーシャルメディア（SNS）をもちいた運動は第四波と呼ばれている。

フレーム分析（frame analysis）　E. ゴフマンが著書『フレーム・アナリシス（Frame Analysis）』で提起したフレームの概念をもちいて，人びとの社会運動への動員を説明しようとするアプローチ。個人の関心・価値・信念を，運動体の活動・目標・イデオロギーに一致させ，相補的なものにするフレーム調整を重視する。

文化資本論（cultural capital）　P. ブルデューが提唱した議論。上層階級に育った個人の家庭を通じて習得した"教養や言語"（文化資本）が地位達成に有利に働くこ

用語解説

とで，上層階級の出身者は上層階級に到達しやすくなると考える。

文化的オムニボア（cultural omnivore）　R. ピーターソンが，上層階級の人びとの文化的嗜好性について提唱した概念。上流文化，大衆文化，労働者文化などといった区別を超えて，さまざまな文化的アイテムに接しようとする嗜好のこと。アメリカでの上層階級の人びとの文化的嗜好性は，特定のジャンルへの排他的な選好によってではなく，むしろジャンルを問わない寛容性によって特徴づけられるとした。

ヘテロセクシズム（heterosexism）　異性愛主義のこと。異性愛ではない行動やアイデンティティを否定・非難する考え方や意識であり，同性愛差別の根底にある考え方。異性愛規範はヘテロノーマティヴィティ（heteronormativity）と呼ぶ。

方法論的個人主義（methodological individualism）　社会を実体的な何かとして考えるのではなく，個人間の関係に還元できるものと考え，個人の心理や行動の解明を目指す方法論的立場。社会行為の解明に力点をおく M. ヴェーバーの理解社会学が代表例として考えられる。

方法論的集合主義（methodological collectivism/methodological holism）　社会を単なる個人の総和として考えるのではなく，それ自体が一つの実在であると考え，集合体（社会や集団など）の様態の解明を目指す方法論的な立場。社会的事実の解明に力点をおく É. デュルケームの社会学研究が代表例として考えられる。

ホーソン実験（Hawthorne experiments）　シカゴ郊外のウェスタン・エレクトリック社のホーソン工場において，1920 年代から 1930 年代にかけて実施された大規模な調査研究。ここから展開した人間関係論は，フォーマルな組織にはインフォーマルな組織・集団・関係が存在し，それらがフォーマルな組織にも成員たちにもさまざまな影響を及ぼしていることを明らかにした。

ポスト構造主義（poststructuralism）　人びとの行動や意味を，潜在する「構造」から理解しようとする構造主義に対し，構造は決定的なものではなく，意味の変容可能性を捉えようとする立場。J. デリダ，M. フーコーなど 1960 年代から 70 年代のフランスの哲学者によって展開された。

ホッブズ的秩序問題（Hobbesian problem of order）　T. パーソンズが提起した問題。T. ホッブズは万人の万人による闘争状態を回避するために自然権を放棄して権力を国家に委ねる社会契約が必要だと論じたが，パーソンズはこれを批判し，共通価値体系の行為者への内面化と社会での制度化というプロセスが必要だと考えた。

ま　行──

ミクロ–マクロ・リンク（micro-macro link）　J. S. コールマンが提唱した社会現象

に対する説明図式。①マクロ水準の変数とミクロ水準の変数を区別し，②ミクロ水準の社会過程を解き明かしたうえで，③ミクロ水準の変数とマクロ水準の変数を結合する。そのことによって，マクロ水準の変数間の関係を説明する。

三つの支配類型（three types of domination）　M. ヴェーバーが提唱した政治的支配に関する類型のこと。合法性が支配を正統化する合法的支配，権威が支配を正統化する伝統的支配，個人の英雄性や模範性，あるいはその個人によってつくられた秩序の神聖性が支配を正統化するカリスマ的支配の三つが存在する。

無作為抽出（random sampling）　量的調査において標本を抽出する際にもちいられる方法。無作為抽出では，母集団から標本を抽出するときすべてのケースが等しい確率で標本として選ばれることが保証されていなければならない。したがって，この場合の無作為は，何も操作を加えないという意味ではない。

モビリティーズ（mobilities）　あらゆる移動体ならびに移動のこと。J. アーリは従来の社会学がこうしたことに焦点を当ててこなかったことを批判し，自動車，飛行機，インターネット，モバイル機器などによって社会生活の根本がいかに変わったかについて探究している。

や　行──

病いの語り（illness narrative）　患うことの個別的な経験を主題化しようとする視点である。「病いの語り」研究は，「疾患」と「病い」という二つの病気概念を区別し，病む側（病者）が経験するものとしての病いは，治療する側（医師）が定義する疾患とは異なることが示されるものを指す。とりわけ，病者の「語り narrative」に照準することで当事者の意味世界を解明しようとする。

病いの経験（experience of illness）　病む人やその家族などの主観的な世界を表すもので，どのように症状を認識し，それとともに生活し，また反応するのかを示す。A. クライマンは「病いは経験である」と論じ，医師などの専門職が診断する「疾患（disease）」と，病者やその家族が経験する「病い（illness）」を対比的にもちい，「病いの語り（illness narrative）」を通じて，近代医療がスキップしてきた後者の「患うこと（suffering）」の経験を明らかにする。

優生思想（eugenics）　病気，障害の有無やエスニシティなどの人間の優劣を決定し，人間を序列化するイデオロギーのこと。日本では，特に障害者の出生をコントロールすることや，障害者を社会の至るところから排除することを表現する，優生学から派生した用語としてもちいられる。

予言の自己成就（self-fulfilling prophecy）　誤った状況の定義が，最初の誤った考え

を現実のものとする行動を引き起こすことで，誤っていたはずの状況の記述を正しいものにしてしまうこと。たとえば，「株価が下落する」という誤った噂が流れると，人びとは損を回避しようと一斉に株を売るため，実際に株価が下落してしまうようなこと。

ら　行──

ライフコース（life course）　社会的存在としての個人の生涯にわたる加齢のプロセスを指す。就学，就職，結婚，出産，退職などが，人間の一生にどのように刻み込まれているのかを明らかにしようとする，ライフサイクル論に対する批判から生まれた見方である。ライフコース分析では，年齢，時代，コーホートを特定した記述や説明をおこなう。

ライフサイクル（life cycle）　広義には生命体の一生に見られる規則的な変化のパターンを意味する。社会学においては，教育，職業，結婚と家族生活などのライフイベントの経験時期を指標とする標準的な道筋を想定し，家族周期のライフステージを段階的に経て，個人は人生を歩んでいくことを前提にした考え方である。

ラベリング（labelling）　正常と逸脱とを分け，逸脱ラベルを他者に貼り付ける営みのこと。逸脱とは必ずしも共有価値からの違背とはかぎらず，ただ単に逸脱ラベルが簡便に貼られてしまった事態という場合もある。逸脱ラベルは特定のマイノリティに対して貼られやすく，そしてそのラベルはなかなか剥がれにくい。ラベリング論者の代表格に H. ベッカーがいる。

リキッド・モダニティ（liquid modernity）　合理化や進歩といった理念の信憑性が崩れ，また産業社会の堅固な構造が揺らぐことで，近代は新たな段階へと突入したが，これをもって Z. バウマンはリキッド・モダニティと呼ぶ。リキッド・モダニティにおいて資本はグローバルに移動し，労働力には柔軟性が求められ，アイデンティティは不確かなものとなり，社会関係は短期化している。

ろう文化（Deaf culture）　手話が，音声言語と比べて遜色のない言語であり，耳の聞こえないろう者が言語的少数者であるとする考え方。日本では，木村晴美と市田泰弘による，障害という視点から見るのではなく，手話や視覚を中心としたコミュニケーション言語をもつ文化グループとする「ろう文化宣言」（1995 年）に詳しい。

参 考 文 献

阿部彩, 2008, 『子どもの貧困』岩波新書.

安達智史, 2020, 『再帰的近代のアイデンティティ論——ポスト9・11 時代におけるイギリスの移民第二世代ムスリム』晃洋書房.

Adorno, Theodor W., 1950, *The Authoritarian Personality*, Harper & Brothers.（=1980, 田中義久・矢沢修次郎・小林修一訳『権威主義的パーソナリティ』青木書店.）

秋風千惠, 2013, 『軽度障害の社会学——「異化＆統合」をめざして』ハーベスト社.

天田城介, [2003] 2010, 『〈老い衰えゆくこと〉の社会学（増補改訂版）』多賀出版.

天田城介, 2010, 「「老いを生きる」論」日本社会学会社会学事典刊行委員会編『社会学事典』丸善出版, 306-307.

天田城介, 2015, 「男がケアをするということ——社会関係のメンテナンス・コストのジェンダー非対称性をめぐって」『現代女性とキャリア』（日本女子大学現代女性キャリア研究所紀要）7: 6-20.

天田城介, 2023, 「介護保険時代における家族介護者のケアコストと責任」『生活経済政策』314: 12-16.

Anderson, Benedict R. O'G., 1983, *Imagined Communities: Reflections on the Origin and Spread of Nationalism*, Verso.（=1987, 白石隆・白石さや訳『想像の共同体——ナショナリズムの起源と流行』リブロポート.）

Anderson, Michael, 1980, *Approaches to the History of the Western Family, 1500-1914*. Macmillan Press.（=1988, 北本正章訳『家族の構造・機能・感情——家族史研究の新展開』海鳴社.）

Arendt, Hannah, 1958, *The Human Condition*, University of Chicago Press.（=1994, 志水速雄訳『人間の条件』ちくま学芸文庫.）

Ariés, Philippe, 1960, *L'Enfant et la vie familiale sous l'Ancien Regime*, Seuil.（=1980, 杉山光信・杉山恵美子訳『〈子供〉の誕生——アンシャン・レジーム期の子供と家庭生活』みすず書房.）

安積純子・尾中文哉・岡原正幸・立岩真也, [1990] 2017, 『生の技法——家と施設を出て暮らす障害者の社会学（第3版）』生活書院 [初版は藤原書店].

Axelrod, Robert, 1984, *The Evolution of Cooperation*, Basic Books.（=1998, 松田裕之訳『つきあい方の科学』ミネルヴァ書房.）

Axelrod, Robert, 1997, *The Complexity of Cooperation*, Princeton University Press.（=2003,

寺野隆雄訳『対立と協調の科学』ダイヤモンド社.)

Bachrach, Peter and Morton S. Baratz, 1962, "Two Faces of Power." *The American Political Science Review*, 56(4): 947-952.

Barnard, Chester Irving, 1938, *The Functions of the Executive*, Harvard University Press. (=1968, 山本安次郎・田杉競・飯野春樹訳『新訳 経営者の役割』ダイヤモンド社.)

Barnes, Colin, Tom Shakespeare, and Geof Mercer, 1999, *Exploring Disability*, Polity Press. (=2004, 杉野昭博・松波めぐみ・山下幸子訳『ディスアビリティ・スタディーズ——イギリス障害学概論』明石書店.)

Bauman, Zygmunt, 2000, *Liquid Modernity*, Polity Press. (=2001, 森田典正訳『リキッド・モダニティ——液状化する社会』大月書店.)

Bauman, Zygmunt, 2001a, *The Individualized Society*, Polity Press. (=2008, 澤井敦・菅野博史・鈴木智之訳『個人化社会』青弓社.)

Bauman, Zygmunt, 2001b, *Community: Seeking Safety in an Insecure World*, Polity Press. (=2017, 奥井智之訳『コミュニティ——安全と自由の戦場』ちくま学芸文庫.)

Bauman, Zygmunt, 2005, *Liquid life*, Polity Press. (=2008, 長谷川啓介訳『リキッド・ライフ』大月書店.)

Beauvoir, Simone de, 1949, *Le Deuxieme Sexe*, Gallimard. (=2023, 『第二の性』を原文で読み直す会訳『決定版 第二の性 I 事実と神話』河出文庫.)

Beck, Ulrich, 1986, *Risikogesellschaft: Auf dem Weg in eine andere Moderne*, Suhrkamp. (=1998, 東廉・伊藤美登里訳『危険社会——新しい近代への道』法政大学出版局.)

Becker, Gary, 1964, *Human Capital: A Theoretical and Empirical Analysis, with Special Reference to Education*, National Bureau of Economic Research.

Becker, Howard S., [1963] 1973, *Outsiders: Studies in the Sociology of Deviance*, The Free Press. (=2011, 村上直之訳『完訳 アウトサイダーズ——ラベリング理論再考』現代人文社.)

Bellah, Robert N., 1967, "Civil Religion in America," *Daedalus*, 96: 1-21. (=1973, 河合秀和訳『社会変革と宗教倫理』〔第11章〕未來社.)

Bellah, Robert N., Richard Madsen, William M. Sullivan, Ann Swidler, and Steven M. Tipton, 1985, *Habits of the Heart: Individualism and Commitment in American Life*, University of California Press. (=1991, 島薗進・中村圭志訳『心の習慣——アメリカ個人主義のゆくえ』みすず書房.)

Berger, Peter. L., 1967, *The Sacred Canopy: Elements of a Sociological Theory of Religion*, Doubleday. (=1979, 薗田稔訳『聖なる天蓋——神聖世界の社会学』新曜社.)

Berger, Peter L. and Thomas Luckmann, 1966, *The Social Construction of Reality: A Treatise in the Sociology of Knowledge*, Anchor Books. (=2003, 山口節郎訳『現実の社会的構成——知識社会学論考』新曜社.)

Berger, Peter L., Brigitte Berger, and Hansfried Kellner, 1973, *The Homeless Mind: Modernization and Consciousness*, Random House. (=1977, 高山真知子・馬場伸也・馬

場恭子訳『故郷喪失者たち――近代化と日常意識』新曜社.）

Bernstein, Basil, 1996, *Pedagogy, Symbolic Control, and Identity: Theory, Research, Critique*, Taylor & Francis. (=2000, 久冨善之・長谷川裕・山﨑鎮親・小玉重夫訳『〈教育〉の社会学理論――象徴統制，〈教育〉の言説，アイデンティティ』法政大学出版局.）

Blau, Peter M., 1964, *Exchange and Power in Social Life*, John Wiley & Sons. (=1974, 間場寿一・居安正・塩原勉訳『交換と権力――社会過程の弁証法社会学』新曜社.）

Blumer, Herbert, 1969, *Symbolic Interactionism: Perspective and Method*, Prentice-Hall. (=1991, 後藤将之訳『シンボリック相互作用論――パースペクティヴと方法』勁草書房.）

Bourdieu, Pierre, 1979, *La Distinction: Critique sociale du jugement*, Les Éditions de Minuit. (=[1990] 2020, 石井洋二郎訳『ディスタンクシオン――社会的判断力批判〔普及版〕』〔Ⅰ・Ⅱ〕藤原書店.）

Bourdieu, Pierre, 1980, *Le Sens Pratique,* Minuit. (=1988, 今村仁司・港道隆訳『実践感覚Ⅰ』みすず書房.）

Bourdieu, Pierre et Jean-Claude Passeron, 1970, *La reproduction: Éléments pour une théorie du système d'enseignement*, Éditions de Minuit. (=1991, 宮島喬訳『再生産――教育・社会・文化』藤原書店.）

Breen, Richard and John H. Goldthorpe, 1997, "Explaining Educational Differentials: Towards a Formal Rational Action Theory," *Rationality and Society*, 9(3): 275-305.

Brown, Wendy, 2006, *Regulating Aversion: Tolerance in the Age of Identity and Empire*, Princeton University Press. (=2010, 向山恭一訳『寛容の帝国――現代リベラリズム批判』法政大学出版局.）

Brown, Rupert, 1988, *Group Processes: Dynamics within and between Groups*, Basil Blackwell. (=1993, 黒川正流・橋口捷久・坂田桐子訳『グループ・プロセス――集団内行動と集団間行動』，北大路書房.）

Brownmiller, Susan, 1975, *Against Our Will*, Simon & Schuster.

Butler, Judith, 1990, *Gender Trouble: Feminism and the Subversion of Identity*, Routledge. (=1999, 竹村和子訳『ジェンダー・トラブル――フェミニズムとアイデンティティの攪乱』青土社.）

Cingano, Federico, 2014, "Trends in Income Inequality and its Impact on Economic Growth," *OECD Social, Employment and Migration Working Papers*, No. 163, OECD Publishing. https://doi.org/10.1787/5jxrjncwxv6j-en.

Coleman, James S., 1988, "Social Capital in the Creation of Human Capital," *American Journal of Sociology*, 94: Supplement, 95-120. (=2006, 金光淳訳「人的資本の形成における社会関係資本」野沢慎司編・監訳『リーディングス ネットワーク論――家族・コミュニティ・社会関係資本』勁草書房, 205-238.）

Coleman, James S., 1990, *Foundations of Social Theory*, Belknap Press of Harvard University Press. (=2004-06, 久慈利武監訳『社会理論の基礎』〔上・下〕青木書店.）

Collins, Patricia, Hill., 1991, "Work, Family and Black Women's Oppression," *Black Feminist Thought: Knowledge, Consciousness, and the Politics of Employment*, Routledge (=1993, 富岡明美訳「黒人フェミニズム——労働, 家族, そして黒人女性の抑圧」『日米女性ジャーナル』14: 53-78.)

Connell, Raewyn, [1995] 2005, *Masculinities*, Allen & Unwin. (=2022, 伊藤公雄訳, 『マスキュリニティーズ——男性性の社会科学』新曜社.)

Connell, Robert W., 1987, *Gender and Power: Society, the Person and Sexual Politics*, Polity Press. (=1993, 森重雄・菊地栄治・加藤隆雄・越智康詞訳『ジェンダーと権力——セクシュアリティの社会学』三交社.)

Conrad, Peter and Joseph W. Schneider, 1992, *Deviance and Medicalization: From Badness to Sickness*, Temple University Press. (=2003, 杉田聡・近藤正英訳『逸脱と医療化——悪から病へ』ミネルヴァ書房.)

Cooley, Charles Horton, 1909, *Social Organization: A Study of the Larger Mind*, Charles Scribner's Sons. (=1970, 大橋幸・菊池美代志訳『社会組織論——拡大する意識の研究』青木書店.)

Cooley, Charles Horton, 1922, *Human Nature and the Social Order*, revised ed., Charles Scribner's Sons.

Coser, Lewis A., 1956, *The Functions of Social Conflict*, Free Press. (=1978, 新睦人訳『社会闘争の機能』新曜社.)

Coser, Lewis A., 1974, *Greedy Institutions: Patterns of Undivided Commitment*, The Free Press.

Cowan, Douglas E. and David G. Bromley, 2008, *Cults and New Religions: A Brief History*, Blackwell. (=2010, 村瀬義史訳『カルトと新宗教——アメリカの8つの集団・運動』キリスト新聞社.)

Crenshaw, Kimberlé, 1989, "Demarginalizing the Intersection of Race and Sex: A Black Feminist Critique of Antidiscrimination Doctrine, Feminist Theory and Antiracist Politics," *University of Chicago Legal Forum*, 1989(1): 139-167.

Dalla Costa, Mariarosa and Selma James, 1972, *The Power of Women and Subversion of the Community*, Falling Wall Press.

de Lauretis, Teresa, 1991, "Queer Theory: Lesbian and Gay Sexualities," in special issue, *Differences: A Journal of Feminist Cultural Studies*, 3(2): iii-xviii.

出口泰靖, 2012, 「テーマ別研究動向（ケアと支援）——「ケア」や「支援」について〈身をもって〉考える研究動向」『社会学評論』63(3): 452-464.

Delphy, Christine, 1984, *Close to Home, A Materialist analysis of Women's Oppression*, Translated by Diana Leonard, The University of Massachusetts Press. (=1996, 井上たか子・加藤康子・杉藤雅子訳『何が女性の主要な敵なのか——ラディカル・唯物論的分析』勁草書房.)

DiMaggio, Paul J. and Walter W. Powell, 1983, "The Iron Cage Revisited: Institutional

Isomorphism and Collective Rationality in Organizational Fields," *American Sociological Review*, 48(2): 147-160.

DiMaggio, Paul J. and Walter W. Powell, 1991, "Introduction," Walter W. Powell and Paul J. DiMaggio eds., *The New Institutionalism in Organizational Analysis*, The University of Chicago Press, 1-38.

Donzelot, Jacques, 1977, *La Police des Familes*, Editions du Minuit.（=1991，宇波彰訳『家族に介入する社会』新曜社.）

Du Gay, Paul, 2000, *In Praise of Bureaucracy: Weber, Organization, Ethics*, Sage Publications.

Du Gay, Paul, Stuart Hall, Linda Janes, Hugh Mackay, and Keith Negus, 1997, *Doing Cultural Studies: The Story of the Sony Walkman*, Sage Publications.（=2000，暮沢剛巳訳『実践カルチュラル・スタディーズ——ソニー・ウォークマンの戦略』大修館書店.）

Durkheim, Émile, 1893, *De la division du travail social: Étude sur l'organisation des sociétés supérieures*, Félix Alcan.（=2017，田原音和訳『社会分業論』ちくま学芸文庫.）

Durkheim, Émile, 1895, *Les Règles de la Méthode Sociologique*, Félix Alcan.（=1978，宮島喬訳『社会学的方法の規準』岩波文庫.）

Durkheim, Émile, 1897, *Le Suicide: Étude de sociologie*, Félix Alcan.（=1985，宮島喬訳『自殺論』中公文庫.）

Durkheim, Émile, 1912, *Les formes élémentaires de la vie religieuse: Le système totémique en Australie*, Félix Alcan.（=2014，山崎亮訳『宗教生活の基本形態——オーストラリアにおけるトーテム体系』〔上・下〕ちくま学芸文庫.）

江原由美子，[2001] 2021，『ジェンダー秩序（新装版）』勁草書房.

Eisenstein, Zillah, 1979, *Capitalist Patriarchy and the Case for Socialist Feminism*, Monthly Review Press.

Elder, Glen H. Jr., 1974, *Children of the Great Depression: Social Change in Life Experience*, University of Chicago Press.（=[1997] 2023，川浦康至監訳，岡林秀樹・池田政子・伊藤裕子・本田時雄・田代俊子訳『大恐慌の子どもたち——社会変動とライフコース〔完全版〕』明石書店.）

Elder, Glen H. Jr., 1977, "Family History and the Life Course."*Journal of Family History*, 2(4): 279-304.

Elliott, Anthony and John Urry, 2010, *Mobile Lives*, Routledge.（=2016，遠藤英樹監訳『モバイル・ライブズ——「移動」が社会を変える』ミネルヴァ書房.）

遠藤薫編，2018，『ソーシャルメディアと公共性——リスク社会のソーシャル・キャピタル』東京大学出版会.

Engels, Friedrich, 1884, *Der Ursprung der Familie, des Privateigenthums und des Staats.*（=1990，土屋保男訳『家族・私有財産・国家の起源——ルイス・H・モーガンの研究に関連して』新日本出版社.）

Erikson, Erik H., 1959, *Identity and the Life Cycle: Selected Papers*, International Universities Press. (=1973, 小此木啓吾訳『自我同一性──アイデンティティとライフ・サイクル』誠信書房.)

Erikson, Kai T., 1966, *Wayward Puritans: A Study in the Sociology of Deviance*, Wiley. (=2014, 村上直之・岩田強訳『あぶれピューリタン──逸脱の社会学』現代人文社.)

Erikson, Robert and John Harold Goldthorpe, 1992, *The Constant Flux: A Study of Class Mobility in Industrial Societies*, Oxford University Press.

Espeland, Wendy Nelson and Michael Sauder, 2007, "Rankings and Reactivity: How Public Measures Recreate Social Worlds," *American Journal of Sociology*, 113(1): 1-40.

Esping-Andersen, Gøsta, 2008, *Trois Lecons sur l'Etat-providence Document*, Seuil. (=2008, 林昌宏訳『アンデルセン, 福祉を語る──女性・子ども・高齢者』NTT 出版.)

Featherman, David L., F. Lancaster Jones and Robert M. Hauser, 1975, "Assumptions of Social Mobility Research in the US: The Case of Occupational Status," *Social Science Research*, 4(4): 329-360.

Fiske, John, 1987, *Television Culture*, Methuen. (=1996, 伊藤守・藤田真文・常木瑛生・吉岡至・小林直毅・高橋徹訳『テレビジョンカルチャー──ポピュラー文化の政治学』梓出版社.)

Forst, Rainer, 2003, *Toleranz im Konflikt: Geschichte, Gehalt und Gegenwart eines umstrittenen Begriffs*, Suhrkamp. (=2013, translated by C. Cronin, *Toleration in Conflict: Past and Present*, Cambridge University Press.)

Forst, Rainer, 2014, "Toleration and Democracy," *Journal of Social Philosophy*, 45(1): 65-75.

Foucault, Michel, 1975, *Surveiller et punir: Naissance de la prison*, Gallimard. (=1977, 田村俶訳『監獄の誕生──監視と処罰』新潮社.)

Foucault, Michel, 1976, *Histoires de la sexualité 1: La volonté de savoir*, Gallimard. (=1986, 渡辺守章訳『性の歴史 I　知への意志』新潮社.)

Foucault, Michel, 2004, *Naissance de la biopolitique: Cours au Collége de France (1978-1979)*, Gallimard/ Seuil. (=2008, 慎改康之訳『生政治の誕生　コレージュ・ド・フランス講義 1978-1979 年度』〔ミシェル・フーコー講義集成 8〕筑摩書房.)

Francis, David W. and Stephen Hester, 2004, *An Invitation to Ethnomethodology: Language, Society and Social Interaction*, Sage. (=2014, 中河伸俊・岡田光弘・是永論・小宮友根訳『エスノメソドロジーへの招待──言語・社会・相互行為』ナカニシヤ出版.)

Frank, Arthur W., 1995, *The Wounded Storyteller: Body, Illness, and Ethics*, The University of Chicago Press. (=2002, 鈴木智之訳『傷ついた物語の語り手──身体・病・倫理』ゆみる出版.)

Friedson, Eliot, 1970, *Professional Dominance : The Social Structure of Medical Care*, Atherton Press. (=1992, 進藤雄三・宝月誠訳『医療と専門家支配』恒星社厚生閣.)

参考文献

Fromm, Erich, 1941, *Escape from Freedom*, Farrar & Rinehart.（=1965, 日高六郎訳『自由
からの逃走〔新版〕』東京創元社.）

藤村正之, 2005, 「分野別研究動向（福祉）――親密圏と公共圏の交錯する場の解読」『社会
学評論』56(2): 518-534.

藤崎宏子, 2009, 「介護保険制度と介護の「社会化」「再家族化」」『福祉社会学研究』6: 41-
57.

船津衛, 2012, 『社会的自我論の現代的展開』東信堂.

古田和久, 2018, 「出身階層の資本構造と高校生の進路選択」『社会学評論』69(1): 21-36.

Garfinkel, Harold, 1964, "Studies of the Routine Grounds of Everyday Activities," *Social
Problems*, 11(3): 225-250.（=1989, 北澤裕・西阪仰訳「日常活動の基盤――当たり前を
見る」北澤裕・西阪仰訳『日常性の解剖学――知と会話』マルジュ社, 31-89.）

Garfinkel, Harold, 1967, "Passing and the Managed Achievement of Sex Status in an 'Inter-
sexed' Person Part1 an Abridged Version," *Studies in Ethnomethodology*, Prentice-Hall,
116-185.（=[1987] 2004, 山田富秋・好井裕明・山崎敬一抄訳「アグネス, 彼女はいか
にして女になり続けたか――ある両性的人間としての通過作業とその社会的地位の操作
的達成」『エスノメソドロジー――社会学的思考の解体』せりか書房, 233-322.）

Giddens, Anthony, 1977, *Studies in Social and Political Theory*, Hutchinson.（=1986, 宮島
喬・江原由美子他訳『社会理論の現代像』みすず書房.）

Giddens, Anthony, 1979, *Central Problems in Social Theory*, Macmillan.（=1989, 友枝敏
雄・今田高俊・森重雄訳『社会理論の最前線』ハーベスト社.）

Giddens, Anthony, 1984, *The Constitution of Society*, Polity Press.（=2015, 門田健一訳『社
会の構成』勁草書房.）

Giddens, Anthony, 1985, *The Nation-state and Violence*, Polity Press.（=1999, 松尾精文・
小幡正敏訳『国民国家と暴力』而立書房.）

Giddens, Anthony, 1990, *The Consequences of Modernity*, Polity Press.（=1993, 松尾精文・
小幡正敏訳『近代とはいかなる時代か？――モダニティの帰結』而立書房.）

Giddens, Anthony, 1991, *Modernity and Self-Identity: Self and Society in the Late Modern
Age*, Polity Press.（=2021, 秋吉美都・安藤太郎・筒井淳也訳『モダニティと自己アイ
デンティティ――後期近代における自己と社会』ちくま学芸文庫［ハーベスト社 2005
年刊の再刊].）

Giddens, Anthony, 1998, *The Third Way: The Renewal of Social Democracy*, Polity Press.
（=1999, 佐和隆光訳『第三の道――効率と公正の新たな同盟』日本経済新聞社.）

Gitlin, Todd, 1995, *The Twilight of Common Dreams: Why America Is Wracked by Culture
Wars*, Metropolitan Books.（=2001, 疋田三良・向井俊二訳『アメリカの文化戦争――
たそがれゆく共通の夢』彩流社.）

Goffman, Erving, 1959, *The Presentation of Self in Everyday Life*, Doubleday.（=1974, 石黒
毅訳『行為と演技――日常生活における自己呈示』誠信書房.）

Goffman, Erving, 1961, *Asylums: Essay on the Social Situation of Mental Patients and Other*

Inmates, Doubleday. Anchor Books. (=1984, 石黒毅訳『アサイラム──施設被収容者の日常世界』誠信書房.)

Goffman, Erving, 1963a, *Behavior in Public Places: Notes on the Social Organization of Gatherings*, Free Press. (=1980, 丸木恵祐・本名信行訳『集まりの構造──新しい日常行動論を求めて』誠信書房.)

Goffman, Erving, 1963b, *Stigma: Notes on the Management of Spoiled Identity*, Prentice-Hall. (=[1970] 1980, 石黒毅訳『スティグマの社会学──烙印を押されたアイデンティティ』せりか書房.)

Goffman, Erving, 1967, *Interaction Ritual: Essays on Face-to-Face Behavior*, Doubleday. (=2002, 浅野敏夫訳『儀礼としての相互行為──対面行動の社会学〔新訳版〕』法政大学出版局.)

後藤吉彦, 2010, 「テーマ別研究動向（障害の社会学）」『社会学評論』61(1): 79-89.

Granovetter, Mark S., 1973, "The Strength of Weak Ties," *American Journal of Sociology*, 78(6): 1360-1380. (=2006, 大岡栄美訳「弱い紐帯の強さ」野沢慎司編・監訳『リーディングス　ネットワーク論──家族・コミュニティ・社会関係資本』勁草書房, 123-154.)

Gubrium, Jaber F., 1986, *Oldtimers and Alzheimer's: The Descriptive Organization of Senility*, JAI Press.

Gubrium, Jaber F., 1991, *The Mosaic of Care: Frail Elderly and their Families in the Real World*, Springer.

Gubrium, Jaber F. and James A. Holstein, 1990, *What Is Family?* Mayfield Publishing. (=1997, 中河伸俊・湯川純幸・鮎川潤訳『家族とは何か──その言説と現実』新曜社.)

Gubrium, Jaber F., James A. Holstein and David R. Buckholdt, 1994, *Constructing the Life Course*, General Hall.

Habermas, Jürgen, [1962] 1990, *Strukturwandel der Öffentlichkeit. Untersuchungen zu einer Kategorie der burgerlichen Gesellscaft*, Suhrkamp Verlag. (=[1973] 1994, 細谷貞雄・山田正行訳『公共性の構造転換──市民社会のカテゴリーについての探究〔第2版〕』未來社.)

Habermas, Jürgen, 1981, *Theorie des kommunikativen Handelns*, Suhrkamp. (=1985-87, 河上倫逸・M. フーブリヒト・平井俊彦・藤沢賢一郎・岩倉正博・徳永恂・平野嘉彦・山口節郎・丸山高司・丸山徳次・厚東洋輔・森田数実・馬場孚瑳江・脇圭平訳『コミュニケイション的行為の理論』〔全3巻〕未來社.)

Hall, Stuart and Paul du Gay eds., 1996, *Questions of Cultural Identity*, Sage Publications. (=2001, 宇波彰監訳『カルチュラル・アイデンティティの諸問題──誰がアイデンティティを必要とするのか？』大村書店.)

浜田宏, 2007, 『格差のメカニズム』勁草書房.

原純輔・盛山和夫, 1999, 『社会階層──豊かさの中の不平等』東京大学出版会.

Hardin, Garrett, 1968, "The Tragedy of the Commons." *Science*, 162(3859): 1243-1248.

（=2022，吉良洋輔訳「コモンズの悲劇」小林盾・金井雅之・佐藤嘉倫編『リーディングス　合理的選択論――家族・人種・コミュニティ』勁草書房，111-133.）

Hartmann, Heidi, 1979, "A Discussion of the Un-happy Marriage of Marxism and Feminism," Lydia Sargent eds., *Women and Revolution Discussion of the Unhappy Marriage of Marxism and Feminism*, South End Press.（=1991，田中かず子訳『マルクス主義とフェミニズムの不幸な結婚』勁草書房.）

橋本健二，2018，『新・日本の階級社会』講談社現代新書.

Hebdige, Dick, 1979, *Subculture: The Meaning of Style*, Methuen.（=1986，山口淑子訳『サブカルチャー――スタイルの意味するもの』未來社.）

Hechter, Michael, 1987, *Principles of Group Solidarity*, University of California Press.（=2003，小林淳一・木村邦博・平田暢訳『連帯の条件――合理的選択理論によるアプローチ』ミネルヴァ書房.）

Hedström, Peter, 2005, *Dissecting the Social*, Cambridge University Press.

Heelas, Paul and Linda Woodhead, 2005, *The Spiritual Revolution: Why Religion is Giving Way to Spirituality*, Blackwell.

平山亮，2017，『介護する息子たち――男性性の死角とケアのジェンダー分析』勁草書房.

Hobbes, Thomas, 1651, *Leviathan or The Matter, Forme and Power of a Commonwealth Ecclesiasticall and Civil*.（=1982-92，水田洋訳『リヴァイアサン』〔全4巻〕岩波文庫.）

Hochschild, Arlie Russell, 1983, *The Managed Heart: Commercialization of Human Feeling*, University of California Press.（=2000，石川准・室伏亜希訳『管理される心――感情が商品になるとき』世界思想社.）

Hogg, Michael A. and Dominic Abrams, 1988, *Social Identifications: A Social Psychology of Intergroup Relations and Group Processes*, Routledge.（=1995，吉森護・野村泰代訳『社会的アイデンティティ理論――新しい社会心理学体系化のための一般理論』北大路書房.）

本田由紀，2005，『多元化する「能力」と日本社会――ハイパー・メリトクラシー化のなかで』NTT出版.

堀智久，2014，『障害学のアイデンティティ――日本における障害者運動の歴史から』生活書院.

Horkheimer, Max, 1937, *Traditionelle und kritische Theorie und andere Aufsatze*.（=1974，久野収訳『哲学の社会的機能』晶文社.）

Horkheimer, Max and Theodor W. Adorno, 1947, *Dialektik der Aufklärung : philosophische Fragmente*, Querido Verlag.（=1990，徳永恂訳『啓蒙の弁証法――哲学的断想』岩波文庫.）

井口高志，2007，『認知症家族介護を生きる――新しい認知症ケア時代の臨床社会学』東信堂.

池田光穂，2014，「病気になることの意味――タルコット・パーソンズの病人役割の検討を通して」『Communication-Design』10: 1-21.

池田祥英, 2009,『タルド社会学への招待——模倣・犯罪・メディア』学文社.

今田高俊, 1986,『自己組織性——社会理論の復活』創文社.

井上裕之, 2011,「大洗町はなぜ「避難せよ」と呼びかけたのか——東日本大震災で防災行政無線放送に使われた呼びかけ表現の事例報告」『放送研究と調査』2011年9月号: 32-53.

石田浩, 2008,「世代間移動への生存分析アプローチ」石田浩・渡邊勉編『世代間移動と世代内移動』2005年SSM調査研究会.

石田健太郎, 2015,「障害学の存立基盤———反優生思想と健常主義批判の比較から」『現代社会学理論研究』9: 41-53.

石川准, 2002,「ディスアビリティの削減, インペアメントの変換」石川准・倉本智明編『障害学の主張』明石書店, 17-46.

石川准・長瀬修編, 1999,『障害学への招待——社会, 文化, ディスアビリティ』明石書店.

石川准・倉本智明編, 2002,『障害学の主張』明石書店.

梶田孝道, 1988,『テクノクラシーと社会運動』東京大学出版会.

苅谷剛彦, 2001,『階層化日本と教育危機——不平等再生産から意欲格差社会へ』有信堂高文社.

春日キスヨ, 1997,『介護とジェンダー』家族社.

春日キスヨ, 2003,「高齢者介護倫理のパラダイム転換とケア労働」『思想』955: 216-236.

春日キスヨ, 2018,『百まで生きる覚悟——超長寿化時代の「身じまい」の作法』光文社新書.

片桐新自, 1995,『社会運動の中範囲理論』東京大学出版会.

片岡栄美, 2002,「階層研究における「文化」の位置——階層再生産と文化的再生産のジェンダー構造」『年報社会学論集』15: 30-43.

川越敏司, 2008,「経済学は障害学と対話できるか?」『障害学研究』4: 33-62.

数実浩佑, 2017,「学力格差の維持・拡大メカニズムに関する実証的研究——学力と学習態度の双方向因果に着目して」『教育社会学研究』101: 49-68.

木戸功, 2010,『概念としての家族』新泉社.

吉川徹, 1999,「「中」意識の静かな変容」『社会学評論』50(2): 216-230.

吉川徹, 2009,『学歴分断社会』ちくま新書.

木村晴美・市田泰弘, 1995,「ろう文化宣言——言語的少数者としてのろう者」『現代思想』23(3): 354-362.

木下衆, 2019,『家族はなぜ介護してしまうのか——認知症の社会学』世界思想社.

木下康仁, 1997,『ケアと老いの祝福』勁草書房.

Kleinman, Arthur, 1988, *The Illness Narratives: Suffering, Healing and the Human Condition*, Basic Books. (=1995, 江口重幸・五木田紳・上野豪志訳『病の語り——慢性の病をめぐる臨床人類学』信誠書房.)

小林多寿子・浅野智彦編, 2018,『自己語りの社会学』新曜社.

小島秀信, 2022,『市場と共同性の政治経済思想』ミネルヴァ書房.

国立社会保障・人口問題研究所, 2023,「現代日本の結婚と出産——第16回出生動向基本調

査（独身者調査ならびに夫婦調査）報告書」.

国税庁, 2023, 『令和4年分民間給与実態統計調査——調査結果報告』国税庁 https://www.nta.go.jp/publication/statistics/kokuzeicho/minkan2022/minkan.htm

近藤博之, 2011, 「社会空間の構造と相同性仮説——日本のデータによるブルデュー理論の検証」『理論と方法』26(1): 161-177.

是永論, 2017a, 「スモール・ワールド」日本社会学会 理論応用事典刊行委員会編『社会学理論応用事典』丸善出版, 406-407.

是永論, 2017b, 『見ること・聞くことのデザイン——メディア理解の相互行為分析』新曜社.

是永論・富田晃夫編, 2021, 『家庭における活動と学び——身体・ことば・モノを通じた対話の観察から』明石書店.

Kornhauser, William, 1959, *The Politics of Mass Society*, The Free Press. （=1961, 辻村明訳『大衆社会の政治』東京創元社.）

厚生労働省, 2021, 『令和3年所得再分配調査結果について』厚生労働省 https://www.mhlw.go.jp/stf/houdou/96-1_r03kekka.html

厚生労働省, 2022, 『令和4年（2022年）国民生活基礎調査』厚生労働省 https://www.mhlw.go.jp/toukei/saikin/hw/k-tyosa/k-tyosa22/index.html

厚生労働省, 2023, 『2022年度労働力調査』厚生労働省.

Kunda, Gideon, 1992, *Engineering Culture: Control and Commitment in a High-Tech Corporation*, Temple University Press. （=2005, 樫村志保訳『洗脳するマネジメント——企業文化を操作せよ』日経BP社.）

倉本智明, 1999, 「異形のパラドックス——青い芝・ドッグレッグス・劇団態変」石川准・長瀬修編『障害学への招待——社会, 文化, ディスアビリティ』明石書店, 219-255.

倉本智明・長瀬修編, 2000, 『障害学を語る』エンパワメント研究所.

草柳千早, 2004, 『「曖昧な生きづらさ」と社会——クレイム申し立ての社会学』世界思想社.

草柳千早, 2015, 『日常の最前線としての社会——社会を変える相互作用』世界思想社.

草山太郎, 2009, 「車椅子ツインバスケットボールの「おもしろさ」の成り立ち——プレイヤーの語りをとおして」『追手門学院大学 社会学部紀要』3: 33-50.

Laing, Ronald D., 1960, *The Divided Self: An Existential Study and Madness*, Travistock. （=1971, 阪本健二・志貴春彦・笠原嘉訳『ひき裂かれた自己——分裂病と分裂病質の実存的研究』みすず書房.）

Le Bon, Gustave, 1895, *Psychologie des foules*. Félix Alcan. （=1993, 櫻井成夫訳『群衆心理』講談社学術文庫.）

Lin, Nan, 2001, *Social Capital: A Theory of Social Structure and Action*, Cambridge University Press. （=2008, 筒井淳也・石田光規・桜井政成・三輪哲・土岐智賀子訳『ソーシャル・キャピタル——社会構造と行為の理論』ミネルヴァ書房.）

Lipset, Seymour M. and Reinhard Bendix, 1959, *Social Mobility in Industrial Society*, University of California Press. （=1969, 鈴木広訳『産業社会の構造』サイマル出版会.）

Luckmann, Thomas, 1967, *The Invisible Religion: The Problem of Religion in Modern*

Society, Macmillan.（=1976, 赤池憲昭／ヤン・スィンゲドー訳『見えない宗教——現代宗教社会学入門』ヨルダン社.）

Luhmann, Niklas, 1972, *Rechtssoziologie*, Rowohlt.（=1977, 村上淳一・六本佳平訳『法社会学』岩波書店.）

Luhmann, Niklas, 1975, *Macht*, Ferdinand Enke Verlag.（=1986, 長岡克行訳『権力』勁草書房.）

Luhmann, Niklas, 1984, *Soziale Systeme*, Suhrkamp.（=2020, 馬場靖雄訳『社会システム』〔上・下〕勁草書房.）

Lukes, Steven, 1974, *Power: A Radical View*, Palgrave Macmillan.（=1995, 中島吉弘訳『現代権力論批判』未來社.）

Lyon, David, 2001, *Surveillance Society: Monitoring Everyday Life*, Open University Press.（=2002, 河村一郎訳『監視社会』青土社.）

MacIver, Robert M., 1917, *Community: A Sociological Study*, Macmillan and Co.（=1975, 中久郎・松本通晴監訳『コミュニティ——社会学的研究：社会生活の性質と基本法則に関する一試論』ミネルヴァ書房.）

MacKinnon, C. 1989, *Toward a Feminist Theory of the State*, Harvard University Press.

Marcuse, Herbert, 1964, *One-Dimensional Man: Studies in the Ideology of Advanced Industrial Society*, Beacon Press.（=1974, 生松敬三・三沢謙一訳『一次元的人間』河出書房新社.）

Marx, Karl, 1867/1885/1894, *Das Kapital*.（= 1972-75, 岡崎次郎訳『資本論』〔全9巻〕大月書店.）

益田仁, 2012, 「若年非正規雇用労働者と希望」『社会学評論』63(1): 87-105.

松木洋人, 2017, 「家族社会学における構築主義的アプローチの展望——定義問題からの離脱と研究関心の共有」『社会学評論』68(1): 25-37.

松岡亮二, 2019, 『教育格差——階層・地域・学歴』ちくま新書.

Maturana, Humberto and Francisco Varela, 1984, *El árbol del conocimiento*, Editorial universitaria.（=1987, 菅啓次郎訳『知恵の樹』朝日出版社.）

Mayo, Elton, 1933, *The Human Problems of an Industrial Civilization*, The Macmillan Company.（=1967, 村本栄一訳『新訳 産業文明における人間問題——ホーソン実験とその展開』日本能率協会.）

McCarthy, John D. and Mayer N. Zald, 1977, "Resource Mobilization and Social Movements: A Partial Theory," *American Journal of Sociology*, 82(6): 1212-1241.

McNay, Lois, 2004, "Agency and Experience: Gender as a Lived Relation," Lisa Adkins and Beverley Skeggs eds., *Feminism after Bourdieu*, Blackwell, 175-190.

Mead, George Herbert, 1934, *Mind, Self, and Society: From the Standpoint of a Social Behaviorist* [Edited by Charles W. Morris], University of Chicago Press.（=2021, 山本雄二訳『精神・自我・社会』みすず書房.）

目黒依子, 1987, 『個人化する家族』勁草書房.

参考文献

Merton, Robert King, 1957, *Social Theory and Social Structure*, revised and enlarged ed., Free Press.（=1961, 森東吾・森好夫・金沢実・中島竜太郎訳『社会理論と社会構造』みすず書房.）

Merton, Robert, King, 1967 "On Sociological Theories of the Middle Range," *On Theoretical Sociology*, Free Press.（=1969, 森好夫訳「中範囲の社会学理論」森東吾・森好夫・金澤実訳『社会理論と機能分析』青木書店.）

Meyer, John W. and Brian Rowan, 1977, "Institutionalized Organizations: Formal Structure as Myth and Ceremony," *American Journal of Sociology*, 83(2): 340-363.

Michels, Robert, 1910, *Zur Soziologie des Parteiwesens in der modernen Demokratie: Untersuchungen über die oligarchischen Tendenzen des Gruppenlebens*, Klinkhardt.（=1975, 広瀬英彦訳『政党政治の社会学』ダイヤモンド社.）

Milgram, Stanley, 1967, "The Small World Problem," *Psychology Today*, 1: 61-67.（=2006, 野沢慎司・大岡栄美訳「小さな世界問題」野沢慎司編・監訳『リーディングス ネットワーク論——家族・コミュニティ・社会関係資本』勁草書房, 97-117.）

Milgram, Stanley, 1974, *Obedience to Authority: An Experimental View*, Harper and Row.（=2012, 山形浩生訳『服従の心理——アイヒマン実験』河出文庫.）

Millet, Kate, 1970, *Sexual Politics*, Doubleday.（=1973, 藤枝澪子訳『性の政治学』ドメス出版.）

Mills, C. Wright, 1956, *The Power Elite*, Oxford University Press.（=2020, 鵜飼信成・綿貫譲治訳『パワー・エリート』ちくま学芸文庫.）

Mills, C. Wright, 1959, *Sociological Imagination*, Oxford University Press.（=1965, 鈴木広訳『社会学的想像力』紀伊國屋書店.）

Money, John and Patricia Tacker, 1975, *Sexual Signatures: On being a Man or a Woman*, George G. Harrap.（=1979, 朝山新一訳『性の署名 問い直される男と女の意味』人文書院.）

森千賀子, 2016,『排除と抵抗の郊外——フランス〈移民〉集住地域の形成と変容』東京大学出版会.

森岡清美・望月嵩, 1997,『新しい家族社会学』陪風観.

森田洋司・進藤雄三編, 2006,『医療化のポリティクス——近代医療の地平を問う』学文社.

森山至貴, 2017,『LGBT を読みとく——クィア・スタディーズ入門』ちくま新書.

麦山亮太, 2017,「キャリアの中断が生み出す格差——正規雇用獲得への持続的影響に着目して」『社会学評論』68(2): 248-264.

牟田和恵, 1996,『戦略としての家族——近代日本の国民国家形成と女性』新曜社.

長瀬修, 1999,「障害学に向けて」石川准・長瀬修編『障害学への招待——社会, 文化, ディスアビリティ』明石書店, 11-40.

内閣府, 2023,「年次経済財政報告（経済財政政策担当大臣報告）——動き始めた物価と賃金」.

中西正司・上野千鶴子, 2003,『当事者主権』岩波書店.

西川祐子, 2000,『近代国家と家族モデル』吉川弘文館.

西城戸誠, 2008, 『抗いの条件』人文書院.

西倉実季, 2009, 『顔にあざのある女性たち――「問題経験の語り」の社会学』生活書院.

西倉実季・近藤恵・篠木絵理, 2019, 「「病いの語り」再考」『質的心理学フォーラム』11: 5-12.

野々山久也, 1996, 「家族新時代への胎動」野々山久也・袖井孝子・篠崎正美編『いま家族に何が起こっているのか』ミネルヴァ書房, 285-305.

Oakley, Ann, 1972, *Sex, Gender and Society*, Routledge.

Oakley, Ann, 1974, *Housewife*, Allen Lane. (=1986, 岡島芽花訳『主婦の誕生』三省堂.)

落合恵美子, [1994] 2019, 『21世紀家族へ――家族の戦後体制の見かた・超えかた〔第4版〕』有斐閣.

OECD, 2021a, *Education at a Glance 2021: OECD Indicators*, OECD Publishing. https://doi.org/10.1787/b35a14e5-en.

OECD, 2021b, *Income Inequality*, OECD data. https://data.oecd.org/inequality/income-inequality.html

小川(西秋)葉子・是永論・太田邦史編, 2020, 『モビリティーズのまなざし――ジョン・アーリの思想と実践』丸善出版.

小熊英二, 2009, 『1968』(上・下)新曜社.

小倉康嗣, 2006, 『高齢化社会と日本人の生き方――岐路に立つ現代中年のライフストーリー』慶應義塾大学出版会.

大竹文雄, 2000, 「90年代の所得格差」『日本労働研究雑誌』480: 2-11.

Oliver, Michael, 1990, *The Politics of Disablement*, Macmillan. (=2006, 三島亜紀子・山岸倫子・山森亮・横須賀俊司訳『障害の政治――イギリス障害学の原点』明石書店)

Olson, Mancur, 1965, *The Logic of Collective Action*, Harvard University Press. (=1996, 依田博・森脇俊雅訳『集合行為論』ミネルヴァ書房.)

Ostrom, Elinor, 1990, *Governing the Commons*, Cambridge University Press. (=2022, 原田禎夫・齋藤暖生・嶋田大作訳『コモンズのガバナンス』晃洋書房.)

Parsons, Talcott, 1937, *The Structure of Social Action: A Study in Social Theory with Special Reference to a Group of Recent European Writers*, McGraw-Hill. (=1974-89, 稲上毅・厚東洋輔・溝部明男訳『社会的行為の構造』〔全5巻〕木鐸社.)

Parsons, Talcott, 1951, *The Social System*, Free Press. (=1974, 佐藤勉訳『社会体系論』青木書店.)

Parsons, Talcott, 1964, *Social Structure and Personality*, Free Press. (=1973, 武田良三監訳『社会構造とパーソナリティ』新泉社.)

Parsons, Talcott, 1966, *Societies*, Prentice-Hall Englewood Cliffs (=1971, 矢澤修次郎訳『社会類型』至誠堂.)

Parsons, Talcott, 1969, *Politics and Social Structure*, The Free Press. (=1973-74, 新明正道監訳『政治と社会構造』〔上・下〕誠信書房.)

Parsons, Talcott and Edward A. Shils, 1951, "Categories of the Orientation and Organization of Action," Talcott Parsons and Edward A. Shils eds., *Toward a General Theory of Action*, Harvard University Press, 53-109. (=1960, 永井道雄・作田啓一・橋本真訳『行為の総合理論をめざして』日本評論社, 86-173.)

Parsons, Talcott and Robert F. Bales, 1956, *Family: Socialization and Interaction Process*, Routledge and Kegan Paul. (=2001, 橋爪貞雄・溝口謙三・高木正太郎・武藤孝典・山村賢明訳『家族——核家族と子どもの社会化』黎明書房.)

Peterson, Richard A. and Roger M. Kern, 1996, "Changing Highbrow Taste: From Snob to Omnivore," *American Sociological Review*, 61(5): 900-907.

Piketty, Thomas, 2013, *Capital in the 21st Century*, Harvard University Press. (=2014, 山形浩生・守岡桜・森本正史訳『21世紀の資本』みすず書房.)

Plath, David W., 1980, *Engagements: Maturity in Modern Japan*, Stanford University Press. (=1985, 井上俊・杉野目康子訳『日本人の生き方』岩波書店.)

Plummer, Ken, 2016, *Sociology: the Basics*, second ed., Routledge. (=2021, 赤川学監訳『21世紀を生きるための社会学の教科書』筑摩書房.)

Powell, Walter W. and Paul. J. DiMaggio eds., 1991, *The New Institutionalism in Organizational Analysis*, The University of Chicago Press.

Putnam, Robert D., 2000, *Bowling Alone: The Collapse and Revival of American Community*, Simon & Schuster. (=2006, 柴内康文訳『孤独なボウリング——米国コミュニティの崩壊と再生』柏書房.)

Putnam, Robert D., 2015, *Our Kids: The American Dream in Crisis*, Simon & Schuster. (=2017, 柴内康文訳『われらの子ども——米国における機会格差の拡大』創元社.)

Putnam, Robert D. and David E. Campbell, 2010, *American Grace: How Religion Divides and Unites Us*, Simon & Schuster. (=2019, 柴内康文訳『アメリカの恩寵——宗教は社会をいかに分かち, 結びつけるのか』柏書房.)

Raftery, Adrian E. and Michael Hout, 1993, "Maximally Maintained Inequality: Expansion, Reform, and Opportunity in Irish Education, 1921-75," *Sociology of Education*, 66(1): 41-62.

Rawls, John, [1971] 1991, *A Theory of Justice*, revised ed., The Belknap Press of Harvard University Press. (=2010, 川本隆史・福間聡・神島裕子訳『正義論〔改訂版〕』紀伊國屋書店.)

Riesman, David, 1950, *The Lonely Crowd: A Study of the Changing American Character*, Yale University Press. (=2013, 加藤秀俊訳『孤独な群衆』〔上・下〕みすず書房.)

Ritzer, George, 1993, *The McDonaldization of Society*, Pine Forge Press. (=1999, 正岡寛司監訳『マクドナルド化する社会』早稲田大学出版部.)

Roethlisberger, Fritz J. and William J. Dickson, 1939, *Management and the Worker: An Account of a Research Program Conducted by the Western Electric Company, Hawthorne Works*, Chicago, Harvard University Press.

Rosa, Hartmut, 2005, *Beschleunigung: Die Veränderung der Zeitstrukturen in der Moderne*,

Suhrkamp.（=2022，出口剛司監訳『加速する社会——近代における時間構造の変容』福村出版.）

Rousseau, Jean-Jacque, 1762, *Émile, ou De l'éducation*, Jean Néaulme.（=1964，今野一雄訳『エミール』〔下〕岩波文庫.）

Sacks, Harvey, 1979, "Hotrodder: A Revolutionary Category," George Psathas ed., *Everyday Language: Studies in Ethnomethodology*, Irvington Press, 7-14.（=1987，山田富秋・好井裕明・山崎敬一編訳『エスノメソドロジー——社会学的思考の解体』せりか書房，19-37.）

斉藤知洋，2020，「シングルマザーの正規雇用就労と経済水準への影響」『家族社会学研究』32(1): 20-32.

坂本佳鶴恵，1997，『〈家族〉イメージの誕生——日本映画にみる〈ホームドラマ〉の形成』新曜社.

作田啓一，1967，『恥の文化再考』筑摩書房.

作田啓一，1972，『価値の社会学』岩波書店.

Salganik, Matthew, 2017, *Bit by Bit*, Princeton University Press.（=2019，瀧川裕貴監訳『ビット・バイ・ビット——デジタル社会調査入門』有斐閣.）

三部倫子，2014，『カムアウトする親子——同性愛と家族の社会学』御茶の水書房.

Sandel, Michael J., 1982, *Liberalism and the Limits of Justice*, Cambridge University Press.（=1992，菊池理夫訳『自由主義と正義の限界』三嶺書房.）

笹原和俊，2022，「計算社会科学とは何か」数理社会学会数理社会学事典刊行委員会編『数理社会学事典』丸善出版.

佐々木洋子，2010，「病人役割」中川輝彦・黒田浩一郎編『よくわかる医療社会学』ミネルヴァ書房，6-9.

佐藤郁哉・山田真茂留，2004，『制度と文化——組織を動かす見えない力』日本経済新聞社.

佐藤郁哉・芳賀学・山田真茂留，2011，『本を生みだす力——学術出版の組織アイデンティティ』新曜社.

Scheff, Thomas J., 1966, *Being Mentally Ill*, Aldine.（=1979，市川孝一・真田孝昭訳，『狂気の烙印——精神病の社会学』誠信書房.）

Schelling, Thomas, 1978, *Micromotives and Macrobehaviors*, Norton.（=2016，村井章子訳『ミクロ動機とマクロ行動』勁草書房.）

Schütz, Alfred, 1962, *Collected Papers I: The Problem of Social Reality*, Martinus Nijhoff.（=1983-85，渡部光・那須壽・西原和久訳『社会的現実の問題』〔Ⅰ・Ⅱ〕マルジュ社.）

Schütz, Alfred and Thomas Luckmann, 2003, *Strukturen der Lebenswelt*, UVK Verlagsgesellschaft mbH.（=2015，那須壽監訳『生活世界の構造』ちくま学芸文庫.）

Sedgwick, Eve Kosofsky, 1985, *Between, Men: English Literature and Male Homosocial Desire*, Columbia University Press.（=2001, 上原早苗・亀澤美由紀訳，『男性同士の絆——イギリス文学とホモソーシャルな欲望』名古屋大学出版会.）

盛山和夫，1994，「階層研究における「女性問題」」『理論と方法』9(2): 111-126.

盛山和夫, 2004, 『社会調査法入門』有斐閣.

Selznick, Philip, 1992, *The Moral Commonwealth: Social Theory and the Promise of Community*, University of California Press.

Sen, Amartya, 1992, *Inequality Reexamined*. Clarendon Press.（=2018, 池本幸生・野上裕生・佐藤仁訳『不平等の再検討』岩波現代文庫.）

Sennett, Richard, 1976, *The Fall of Public Man*, Knopf.（=1991, 北山克彦・高階悟訳『公共性の喪失』晶文社.）

嶋﨑尚子, 2019, 「ライフコース論——個人の人生軌道から家族過程をとらえる」西野理子・米村千代編『よくわかる家族社会学』ミネルヴァ書房, 28-29.

島薗進, 2020, 『新宗教を問う——近代日本人と救いの信仰』ちくま新書.

白波瀬佐和子, 2005, 『少子高齢社会のみえない格差』東京大学出版会.

Shorter, Edward, 1975, *The Making of the Modern Family*, Basic Books.（=1987, 田中俊宏・岩橋誠一・見崎恵子・作道潤訳『近代家族の形成』昭和堂.）

Simmel, Georg, 1890, *Über sociale Differenzierung: Sociologische und psychologische Untersuchungen*, Duncker & Humblot.（=1980, 鈴木春男・石川晃弘訳「社会的分化論」尾高邦雄編『デュルケーム　ジンメル』中公バックス, 381-537.）

Simmel, Georg, 1898, "Die Selbsterhaltung der socialen Gruppe: Sociologische Studie," *Jahrbuch für Gesetzgebung, Verwaltung und Volkswirtschaft im Deutschen Reich*, XXII, 589-640.（=1986, 「社会集団の自己保存」大鐘武編訳『ジンメル初期社会学論集』恒星社厚生閣, 23-109.）

Simmel, Georg, 1908, *Soziologie: Untersuchungen über die Formen der Vergesellschaftung*, Duncker & Humblot.（=1994, 居安正訳『社会学』〔上・下〕白水社.）

Smelser, Neil J., 1962, *Theory of Collective Behavior*, Routledge & Kegan Paul.（=1973, 木原孝・会田彰訳『集合行動の理論』誠信書房.）

Smith, Adam, 1776, *An Inquiry into the Nature and Causes of the Wealth of Nations*.（=2020, 大河内一男監訳『国富論』〔全3巻〕中央公論新社.）

Snow, David A., E. Burke. Rochford Jr., Steven K. Worden and Robert D. Benford, 1986, "Frame Alignment Processes, Micromobilization, and Movement Participation," *American Sociological Review*, 51(4): 464-481.

Spector, Malcolm B. and John I. Kitsuse, 1977, *Constructing Social Problems*, Aldine de Gruyter.（=1990, 村上直之・中河伸俊・鮎川潤・森俊太訳『社会問題の構築——ラベリング理論をこえて』マルジュ社.）

Stoller, Robert, 1968, *Sex and Gender: On the Development of Masculinity and Femininity*, Science House.（=1973, 桑原勇吉訳『性と性別』岩崎学術出版社.）

Strauss, Anselm R., 1957, "The Nature and Status of Medical Sociology," *American Sociological Review*, 22: 200.

Sudo, Naoki, 2017, "The Effects of Women's Labor Force Participation: An Explanation of Changes in Household Income Inequality," *Social Forces*, 95(4), 1427-1450.

杉野昭博, 2007, 『障害学——理論形成と射程』東京大学出版会.

Sumner, William Graham, 1906, *Folkways: A Study of the Sociological Importance of Usages, Manners, Customs, Mores, and Morals*, Ginn.（=1975, 青柳清孝・園田恭一・山本英治訳『フォークウェイズ』青木書店.）

Sunstein, Cass, 2001, *Republic.com*, Princeton University Press.（=2003, 石川幸憲訳『インターネットは民主主義の敵か』毎日新聞社.）

Sunstein, Cass, 2017, *#Republic: Divided Democracy in the Age of Social Media*, Princeton University Press.（=2018, 伊達尚美訳『# リパブリック——インターネットは民主主義になにをもたらすのか』勁草書房.）

Szasz, Thomas, 1974, *The Myth of Mental Illness*, Haper & Row.（=1975, 河合洋訳『精神医学の神話』岩崎学術出版.）

田渕六郎, 1996, 「主観的家族論——その意義と問題」『ソシオロゴス』20: 19-38.

橘木俊詔, 1998, 『日本の経済格差』岩波新書.

Tajfel, Henri, Michael G. Billig, Robert P. Bundy, and Claude Flament, 1971, "Social Categorization and Intergroup Behaviour," *European Journal of Social Psychology*, 1(2): 149-178.

高城和義, 2002, 『パーソンズ——医療社会学の構想』岩波書店.

高橋康史, 2021, 『増補版 ダブル・ライフを生きる〈私〉——脱家族化の臨床社会学』晃洋書房.

高橋正泰監修, 2019-20, 「経営組織論シリーズ」（全3巻）, 学文社.

竹村和子, 2000, 『フェミニズム』（思考のフロンティア）岩波書店.

田中耕一郎, 2005, 『障害運動と価値形成』現代書館.

田中耕一郎, 2007, 「社会モデルは〈知的障害〉を包摂し得たか」『障害学研究』3: 34-62.

Tarde, Gabriel, 1901, *L'Opinion et la foule*, Félix Alcan.（=1989, 稲葉三千男訳『世論と群集〔新装版〕』未来社.）

太郎丸博, 2009, 『若年非正規雇用の社会学——階層・ジェンダー・グローバル化』大阪大学出版会.

Tarrow, Sidney,［1994］1998, *Power in Movement*, 2nd ed., Cambridge University Press.（=2006, 大畑裕嗣監訳『社会運動の力』彩流社.）

樽本英樹編, 2018, 『排外主義の国際比較——先進諸国における外国人移民の実態』ミネルヴァ書房.

立岩真也,［1997］2013, 『私的所有論（第2版）』生活書院［初版は勁草書房］.

Taylor, Michael, 1987, *The Possibility of Cooperation*, Cambridge University Press.（=1995, 松原望訳『協力の可能性』木鐸社.）

Thaler, Richard H. and Cass R. Sunstein, 2008, *Nudge: Improving Decisions about Health, Wealth, and Happiness*, Yale University Press.（=2009, 遠藤真美訳『実践 行動経済学』日経BP.）

Todd, Emmanuel, 2015, *Qui est Charlie?: Sociologie d'une crise religieuse*, Seuil.（=2016, 堀

茂樹訳『シャルリとは誰か？——人種差別と没落する西欧』文春新書.）

富永健一, 1986, 『社会学原理』岩波書店.

友枝敏雄, ［2017］2023a, 「方法論的個人主義と方法論的集合主義」『社会学の力（改訂版）』有斐閣, 8-9.

友枝敏雄, ［2017］2023b, 「統計帰納法，数理演繹法，意味解釈法」『社会学の力（改訂版）』有斐閣, 10-11.

Tönnies, Ferdinand, 1887, *Gemeinschaft und Gesellschaft: Grundbegriffe der reinen Soziologie*, Fues's Verlag.（=1957, 杉之原寿一訳『ゲマインシャフトとゲゼルシャフト——純粋社会学の基本概念』〔上・下〕岩波文庫.）

Tourish, Dennis, 2019, *Management Studies in Crisis: Fraud, Deception and Meaningless Research*, Cambridge University Press.（=2022, 佐藤郁哉訳『経営学の危機——詐術・欺瞞・無意味な研究』白桃書房.）

Treiman, Donald J., 1970, "Industrialization and Social Stratification," *Sociological Inquiry*, 40(2): 207-234.

Tronto, Joan C., 2013, *Caring Democracy: Markets, Equality, and Justice*, New York University Press.（=2024, 岡野八代監訳，相馬直子・池田直子・冨岡薫・對馬果莉訳『ケアリング・デモクラシー——市場，平等，正義』勁草書房.）

筒井淳也, 2015, 『仕事と家族』中公新書.

筒井淳也, 2021, 『社会学』（シリーズソーシャル・サイエンス）岩波書店.

Turner, John C., 1987, *Rediscovering the Social Group: A Self-Categorization Theory*, Basil Blackwell.（=1995, 蘭千壽・磯崎三喜年・内藤哲雄・遠藤由実訳『社会集団の再発見——自己カテゴリー化理論』誠信書房.）

上野千鶴子, 1990, 『家父長制と資本制——マルクス主義フェミニズムの地平』岩波書店.

上野千鶴子, 2011, 『ケアの社会学——当事者主権の福祉社会へ』太田出版.

海野道郎, 1993, 「環境破壊の社会的メカニズム」飯島伸子編『環境社会学』有斐閣.

UPIAS, 1976, *Fundamental Principles of Disability*, Union of the Physically Impaired Against Segregation.

Urry, John, 2007, *Mobilities*, Polity Press.（=2015, 吉原直樹・伊藤嘉高訳『モビリティーズ——移動の社会学』作品社.）

Veblen, Thorstein, 1899, *The Theory of the Leisure Class*, Macmillan.（=1998, 高哲男訳『有閑階級の理論』筑摩書房.）

Wallerstein, Immanuel, 2011, *The Modern World System* I-IV, University of California Press.（=2013, 川北稔訳『近代世界システム』〔全4巻〕名古屋大学出版会.）

Weber, Max, 1904, "Die »Objektivität« sozialwissenschaftlicher und sozialpolitischer Erkenntnis," *Archiv für Sozialwissenschaft und Sozialpolitik*, 19(1): 22-87.（=1998, 富永祐治・立野保男訳，折原浩補訳『社会科学と社会政策にかかわる認識の「客観性」』岩波文庫.）

Weber, Max, 1920, *Gesammelte Aufsätze zur Religionssoziologie* I, J. C. B. Mohr.

（=1989，大塚久雄訳『プロテスタンティズムの倫理と資本主義の精神』岩波文庫.）

（=2019，大塚久雄・生松敬三訳『宗教社会学論選〔新装版〕』みすず書房.）

Weber, Max, 1922, *Wirtschaft und Gesellschaft*, J. C. B. Mohr.

（=1960-62，世良晃志郎訳『支配の社会学』〔I・II〕創文社.）

（=1970，世良晃志郎訳『支配の諸類型』創文社.）

（=1972，清水幾太郎訳『社会学の根本概念』岩波文庫.）

（=1987，阿閉吉男・脇圭平訳『官僚制』恒星社厚生閣.）

Weber, Max, 1956, "Soziologie der Herrshaft" *Wirtschaft und Gesellschaft* (5 Auf.), J. C. B. Mohr.（=2024，野口雅弘訳『支配についてII カリスマ・教権制』岩波文庫.）

West, Candace and Don Zimmerman, 1987, "Doing Gender," *Gender & Society*, 1(2): 125-151.

Willis, Paul, 1977, *Learning to Labour: How Working Class Kids Get Working Class Jobs*, Saxon House.（=1996，熊沢誠・山田潤訳『ハマータウンの野郎ども――学校への反抗・労働への順応』ちくま学芸文庫.）

矢吹康夫，2017，『私がアルビノについて調べ考えて書いた本――当事者から始める社会学』生活書院.

山田真茂留，2017，『集団と組織の社会学――集合的アイデンティティのダイナミクス』世界思想社.

山田昌弘，1994，『近代家族のゆくえ――家族と愛情のパラドックス』新曜社.

山田昌弘，2001，『家族というリスク』勁草書房.

山田昌弘，2004，『希望格差社会――「負け組」の絶望感が日本を引き裂く』筑摩書房.

Yamagishi, Toshio, 1988, "Seriousness of Social Dilemmas and the Provision of a Sanctioning System," *Social Psychology Quarterly*, 51(1): 32-42.

山岸俊男，1998，『信頼の構造』東京大学出版会.

山中浩司，2012，「テーマ別研究動向（医療）」『社会学評論』63(1): 150-165.

山根純佳，2010，『なぜ女性はケア労働をするのか――性別分業の再生産を超えて』勁草書房.

Yasuda, Saburo, 1964, "A Methodological Inquiry into Social Mobility." *American Sociological Review*, 29(1): 16-23.

横須賀俊司，1999，「男性障害者のセクシュアリティ」『リハビリテーション』410: 32-34.

横塚晃一，[1975] 2010，『母よ！殺すな（第4版）』生活書院.

吉村さやか，2023，『髪をもたない女性たちの生活世界――その「生きづらさ」と「対処戦略」』生活書院.

吉武理大，2019，「離婚の世代間連鎖とそのメカニズム――格差の再生産の視点から」『社会学評論』70(1): 27-42.

Zimmerman, Don and Candace West, 2009, "Accounting for Doing Gender" *Gender & Society*, 23(1): 112-122.

Žižek, Slavoj, 2008, "Tolerance as an Ideological Category," *Critical Inquiry*, 34(4): 660-682.

参考文献

Zola, Irving, 1982, *Missing Pieces: A Chronicle of Living with a Disability*, Temple University Press. (=2020, ニキリンコ訳『ミッシング・ピーシズ——アメリカ障害学の原点』生活書院.)

Zucker, Lynne G., 1977, "The Role of Institutionalization in Cultural Persistence," *American Sociological Review*, 42(5): 726-743.

事項索引

アルファベット

AGIL 図式　　12, 315
APC 効果　　128, 315
DEWKs　*130*
DINKs　*130*
FJH 命題　*221-222, 235*
I　*52-53*, 315
LGBTQ　*162, 170*
LZ 命題　*220-221*
me　*52-53*, 315
MMI 仮説　*233*
SOGI　164, 315
SSM 調査（社会階層と社会移動に関する全国
　　調査）　*222, 228, 240, 242*

あ 行

アイデンティティ　*53-58, 69-70, 77, 83, 88,
　　146-147, 155-156, 162, 174-175, 178, 184,
　　306-307, 310, 313,* 315　→社会的アイデン
　　ティティ論も参照
アイデンティティ・ポリティクス　*162-163*
アソシエーション　*87, 100-101, 117,* 316　→
　　コミュニティも参照
アノミー　*7, 76-77,* 316
安心社会／信頼社会　*285-286, 288,* 316
アンダークラス　*231-233*
「家」制度　*125-126, 135, 149*
異性愛　*152, 159, 163-165, 303*
異性愛主義　→ヘテロセクシズムを参照
一次元的思惟　*252*
逸脱　*74-75, 77-80, 95, 160-162, 165, 180*
一般化された他者　*52, 56,* 316
意図せざる（されない）結果　*15-16, 233*

違背実験　*67, 70,* 316
意味解釈法　*27-29, 31-35, 40, 45,* 316
移民・難民　*291, 301-304*
医療化／脱医療化　*163, 177-179,* 316
医療社会学　*177-178, 181-182, 189-190*
インターセクショナリティ　*152, 159,* 316
インターネット　*30, 94, 116-117, 262, 306-307*
インフォーマルな（非公式）集団・組織
　　106-107, 117
インペアメント　*171-174*　→ディスアビリ
　　ティも参照
エイジング（加齢）　*128, 183-185*
エージェンシー　*155-157*
エージェント・ベースト・モデル　*43-44*
エスニシティ（民族）　*51, 68, 77, 154, 292,
　　304, 310, 313*
エスノメソドロジー　*35, 66-68, 153,* 317
演繹的推論　*4-5*
演技　*65*
老いの社会学（老年社会学）　*183-184, 186,
　　189-190*
オートポイエシス　*18*

か 行

階級　→社会階級を参照
階級状況　*219*
介護の社会化　*186-189*　→ケアの社会化も
　　参照
介護保険制度　*133, 186-187, 189*
階層帰属意識　223, 317
開放性係数　*220*
会話分析　*35, 67*
鏡に映った自己　*50-51,* 317
核家族　*122-124, 132, 142, 148, 305,* 317

核家族化　　122-123

格差社会　　205-207, 222-223, 317

攪乱　　155, 163

学歴　　86, 128, 234, 239-240

家事労働　　133, 135-136, 148, 150-152, 158

加速　　307

家族　　74-75, 99-101, 122-143, 148-149, 158, 169, 228

家族愛　　124, 136

家族介護　　132-137, 187-189

家父長制　　122, 135, 149-152, 154, 158, 164, 317

カルチュラル・スタディーズ　　170, 292-293, 317

加齢　　→エイジングを参照

環境問題（環境破壊）　　260, 273-274, 277-279

監視・管理　　140-141, 159-161, 177-178, 256-260, 262-264, 293, 308

感情革命　　124

感情労働　　111

寛容　　88, 162, 238, 303-304, 310, 318

管理的権力　　257-260

官僚制　　101-103, 106-107, 112-113, 117, 255, 318

官僚制の逆機能　　105, 110, 117, 318

機会格差　　219-222, 224, 233

機会の平等／結果の平等　　196-197, 215

擬似相関　　39, 318

基礎集団／機能集団　　99, 101-105, 113, 117

機能　　11-12, 19

　順――　　11

　逆――　　11, 62

　顕在的――　　11, 15

　潜在的――　　11, 15

教育格差　　233-235, 241-242, 318

業績主義　　221-222, 234

共有地の悲劇　　270-271, 318

儀礼的無関心　　65-66, 318

近代家族　　123-126, 130-136, 140-141, 318

クィア　　163, 170

空間　　257-258, 305

グローバル化　　226, 254, 260, 264-265, 291

群集　　90-91, 95, 98, 319

ケア・支援　　134, 143, 165, 169, 186, 188, 190, 319

ケアコスト・ケア責任　　133, 142, 187-190

　ケア労働　　135, 158, 187

　高齢者ケア　　186-188

　見えないケア　　136, 188

ケアの社会化　　134

ゲイ解放運動　　161-162

経済資本　　86, 88, 236, 239-240

計算社会科学　　44

形式社会学　　10

契約履行費用負担ゲーム　　276-277

経歴　　128

ゲーム理論　　41, 319

ゲゼルシャフト　　81-83, 99, 101, 319

血縁　　123, 132, 136, 309

結婚　　101, 124, 126-127, 129-130, 134, 214, 229

ゲマインシャフト　　81-82, 99, 101, 319

権威主義　　92-93, 96, 251

権威主義的パーソナリティ　　251

言語コード　　230, 319　→精密コード，制限コードも参照

原子化　　90, 92-94

顕示的消費　　237

現象学的社会学　　35, 63-64, 68-69, 71

言説分析　　34-35, 45

権力　　141, 149, 152, 155-156, 158, 161-162, 244-254, 257-260, 263-265

　一次元的――　　244-248, 254

　二次元的――　　244, 247-248

　三次元的――　　244-245, 248, 252, 254, 321

　非行動主義的な――理解　　247-248

　個人主義的な――理解　　151, 244-247, 254

公共圏　　252-253, 319

公共財　　271-276, 278, 283-285, 288

公共性　　66, 88, 137, 139, 252-253, 295-296, 298, 306, 309, 319

公式性　　102, 117

公衆　　90-95, 98, 320

構造移動　　220-221

構造化理論　　15, 16-17, 19, 21, 23, 157, 320

構造機能主義　　11-12, 14-17, 23, 320

構造の二重性　　16, 157

構築主義的アプローチ　　130-131, 143

肯定主張モデル　　174-175

公民権運動　　78

合理性　　252-253, 255, 260, 293

形式的——／実質的—— 255
認知的・道具的理性／コミュニケーション
　　的—— 253
合理的選択理論 20-21, 62, 272, 275, 286, 288
コーホート 128, 320
国民国家 132, 140-142, 254, 255-258, 260,
　　263, 265, 281, 320
個人化 55-56, 77, 93, 251, 294, 298, 300, 305-
　　306, 313
個人主義的権力 151, 245-247, 264
子どもの社会化 74-75, 122, 148, 320 →社
　　会化も参照
子どもの貧困 130, 212-214, 216, 320
コハビテーション 126-127, 130
コミュニケーション・メディア 249, 320
コミュニケーション的行為 60, 62, 253
コミュニケーション能力 234
コミュニタリアニズム 199, 294
コミュニティ 54, 85, 87, 89, 93, 100-101, 117,
　　295, 310, 320 →アソシエーションも参照
孤立・孤独 93, 96, 129, 251, 294
コロナ（新型コロナウイルス感染症） 129,
　　180
婚外子 126, 129-130
コンピュータ・シミュレーション 43, 321

さ　行

差異・差異化 114-115, 153-155, 162-163,
　　173-174, 176
再帰性 56, 61, 84, 136, 168, 184-185, 304-306,
　　310, 321
再帰的近代化 305, 310, 321
再生産 132-133, 135-136, 141, 150, 159
サイバーカスケード 94
再分配 206, 208, 232
サブカルチャー 292-293
産業化命題 221-222
参与観察（フィールドワーク） 27, 29, 31-
　　32, 35, 45, 111-112, 321
ジェンダー 136, 146-149, 153-156, 164
ジェンダー・アイデンティティ 147, 156, 162
ジェンダー秩序 157-159, 164-165
ジェンダー平等 159, 213
時間と空間の分離 305

資源動員論 279-280, 288, 321
至高現実 64
自己執行カテゴリー 162
自己準拠 17-18
自己呈示 65
自殺論 7-8, 23, 297
自集団中心主義（エスノセントリズム） 110
市場 87-88, 135, 219, 273, 293
自然的態度 63, 321
実践 152-159
　　言説—— 128, 130, 154-155
私的領域 132-133, 138-141, 148, 312
ジニ係数 202, 205-208, 211, 216, 322
支配
　　三つの類型 102, 254-255, 330
　　カリスマ的—— 102, 149, 246, 255
　　合法的—— 102-103, 149, 254-255
　　伝統的—— 102, 149, 254-255
資本家階級 150, 218, 232, 247
資本主義・資本制 9-10, 135, 150, 171, 209-
　　210, 218, 236, 252, 257, 297
資本の交差配列的な分布構造 239-240
市民宗教 300-301
社会移動 219-224, 230-231, 322
　　世代間移動 219, 222-224, 228, 235-236
　　世代内移動 219, 223-224
社会運動 86, 279-282, 285-286
社会化 10, 71, 74-75, 77, 80-81, 95, 148, 153,
　　322 →子どもの社会化も参照
　　第一次的——／第二次的—— 75, 95
社会階級 33, 218-219, 230-232, 236-237,
　　239-240, 291-292
社会階層 218-219, 229-232, 235-236, 238-
　　241, 322
社会関係資本 86-90, 95-96, 236-237, 285,
　　322
　　結束型／橋渡し型 87-88
社会現象 vi, 6, 11, 13, 19-23, 27-32, 34, 38,
　　40-41, 43, 45, 90, 227, 244
社会構造 vi, 5, 11-12, 15-16, 158
社会構築主義 148-149, 155-157, 322
社会システム理論 17-19, 21, 29
社会システム論 12-13, 17
社会秩序 61, 74, 180, 249, 254, 274-275, 290
社会調査 28, 30, 40, 45, 113, 228, 238, 251,

社会的アイデンティティ論　*114-115, 118*

社会的行為　*5, 8-9, 23, 58-60, 62-63, 65, 70, 152, 158, 294, 322*　→コミュニケーション的行為も参照

　伝統的行為　*8-9, 59, 61-62, 82*

　感情的行為　*8-9, 59, 82*

　価値合理的行為　*8-9, 59, 61, 82*

　目的合理的行為　*8, 59, 61-62, 82*

社会的交換理論　*246, 322*

社会的ジレンマ　*272-278, 282, 287-288, 323*

社会的事実　*6-7, 23, 28, 34, 323*

社会的なもの　*138-141*

社会的平等／不平等　*196-200, 214-216, 323*

社会ネットワーク　*41, 85-88, 283-288, 323*

社会モデル　→障害の個人モデル／社会モデルを参照

主意主義的行為　*60*

自由からの逃走　*92, 96, 251, 323*

宗教　*297-301*

集権性　*102, 117*

集合行動論　*279, 281, 323*

囚人のジレンマ　*41-42, 277, 284, 323*

集団　*98-99*　→基礎集団／機能集団も参照

　第一次——　*100-101, 326*

　第二次——　*100-101, 326*

集団分極化（リスキー・シフト）　*116*

受益圏／受苦圏　*273, 278*

主観的家族論　*130*

主体化＝従属化　*141, 155-156, 323*

手段性　*81-84, 95*　→表出性も参照

出生前診断　*176, 324*

出版資本主義　*256*

主婦　*111, 126, 135, 148, 153*

趣味　*236-238, 292*

循環移動（純粋移動）　*220-221*

準拠集団　*23, 113-114, 117, 324*

純粋な関係性　*83-84, 324*

障害学　*171-173, 177*

障害者運動　*171-173, 175-176, 191*

障害の個人モデル／社会モデル　*171-173, 177, 180, 324*

少子高齢化　*130, 135, 211, 324*

女性性　*148, 152-155*

所得格差　*200-216, 324*

——と経済成長　*209-210, 215*

シングル　*126-127, 129-130, 168*

新宗教　*299-300, 310, 324*

新自由主義（ネオリベラリズム）　*88, 208, 226*

人生行路　*54, 56, 127-128*

新制度派組織論　*107, 118*

人的資本　*86, 88, 233, 236*

心的相互作用　*10*

シンボリック相互作用論　*64*

親密性　*83, 122, 136-140, 295-296, 309, 324*

信頼　*83, 87-88, 284-286, 288*

信頼社会　→安心社会／信頼社会を参照

遂行（パフォーマティビティ）　*154, 156*

数理演繹法　*27, 29, 40-45, 325*

スティグマ　*174-175, 191*

スピリチュアリティ　*299-300*

スモール・ワールド　*86*

生活世界の植民地化　*253-254, 293-294*

正義の二原理　*196-198, 216, 325*

制限コード　*230*

生－権力　*161*

政治的機会構造　*280-281, 325*

性自認　*162, 164*　→SOGIも参照

性的指向　*162, 164*　→SOGIも参照

性的マイノリティ　*152, 162-164, 169, 172*

正統文化　*236, 239*

生物学的決定論　*147-148, 325*

生物学的性（身体）　*147-148, 155, 159-161*

性別規範　*136, 146-147, 152, 159, 164*

性別分業　*132, 150-152, 157-159, 165*

精密コード　*230*

性役割　*148, 325*

世界システム　*257*

セクシュアリティ　*159-165*

世俗化　*297, 299, 309, 325*

セックス　*147-148, 154-156, 159-160, 164*

絶対主義国家　*255, 257*

潜在能力　*196, 197-198, 214-216, 325*

選択的誘因　*275-276, 280-281, 287-288, 325*

選別（セグリゲーション）モデル　*43-45*

専門職支配　*182*

専門性　*102, 117*

相互作用　*43, 58-59, 98, 130-131*

相互行為　*19-21, 58, 64-67, 69, 98, 146, 153*

事項索引

相互行為儀礼　66
想像の共同体　255-256, 326
相対的不満（相対的剝奪）　113-114
相対リスク回避モデル　41, 251-253, 326
総中流社会　205-207, 222-223, 326
ソーシャルメディア（SNS）　44, 50-51, 56-57, 95, 295, 308-309
組織　99, 102, 104-105
　　近代——　100-105, 117

　　た　行

対抗文化　33, 293
大衆　90-96, 98, 326
大衆社会　92-94, 96
大衆文化　238-239
対数線形モデル（ログリニア・モデル）　220
大卒／非大卒　234　→学歴も参照
脱埋め込み　306, 309, 326
他人指向　92-93, 96, 327　→伝統指向，内部指向も参照
多文化主義　170, 303-304
男性稼ぎ主モデル　229, 327
男性性　148, 152-155, 165
　　——研究　154
中間階級　218, 230, 232, 236
中間集団　93
中範囲の理論　13-14, 23, 327
ディスアビリティ　171-173
　　——・スタディーズ　172　→障害学も参照
データ　7-8, 26-31, 44-45, 263
　　量的——　27-31, 35-40
　　質的——　27-35
　　——の代表性　35-36
合計特殊出生率　38, 160, 169
伝統　255-256
伝統指向　92
伝統的国家　255-257, 265
動員構造　280
道具的役割　122, 148
同型化　107-108
統計帰納法　27, 28-29, 35-40, 45, 327
統計的検定　39, 327
同行集団　129

当事者　32-34, 128-129, 169, 172, 176, 178-179, 181-183, 186, 189-190
闘争　61-62, 79-80, 95
ドキュメント分析　34-35
匿名　90, 95
トランスジェンダー　148, 156, 162-164, 170, 327

　　な　行

内部指向　92
ナショナリズム（国民意識）　256
ナチズム（ナチス）　91-92, 104, 251-252
ナッジ　263
二次的ジレンマ　273-274, 276　→社会的ジレンマも参照
二重の解釈学　17, 22
日常生活世界　63-64, 67, 327
人間関係論　106-107
能力主義　176-177, 210, 234

　　は　行

ハイ・モダン　56, 306
（社会的）排除　89, 149, 156, 171-172, 182, 312-313
ハイパーメリトクラシー　234
パターン変数　12, 82
　　感情性 - 感情中立性　12, 82-83
　　自己指向 - 集合体指向　12, 82
　　普遍主義 - 個別主義　12, 82
　　業績性 - 帰属性　12, 82
　　限定性 - 無限定性　12, 82-83
パノプティコン　141, 258-259, 265, 328
ハビトゥス　157-159, 238, 242
反復投資ゲーム　204-205
非意思決定のダイナミクス　247, 328
非正規雇用　128, 212, 224-229, 241
ひとり親家庭（世帯）　126, 130, 212
批判理論　250-252, 254, 264, 293, 296, 303, 307, 328
表出性　81-84, 95　→手段性も参照
表出的個人主義　295, 328
表出的役割　122, 148
病人役割　179-181, 328

359

貧困　*197-198, 203, 214, 305*　→子どもの貧
　　困も参照
　相対的貧困率　*202-203, 212, 216,* 326
ファシズム　*251-252*
フェミニズム　*123, 126, 148-149, 154-155,*
　　163, 169-170, 172, 184, 328
　第一波——　*147*
　第二波——　*149*
　マルクス主義——　*135, 150-151, 158*
　ラディカル・——　*149-150*
　ポスト構造主義——　*155*
複雑性の縮減　*17-18*
福祉国家　*138-140, 209*
プライバシー（私的領域性）　*132-133, 136,*
　　141
ブラック・ライヴズ・マター運動　　*78*
プラティーク　*157, 238*
フレーム分析　*281, 282-283,* 328
文化資本　*86, 231, 236-241, 292,* 328
　客体化された——／身体化された——／制度
　　化された——　*237-238*
文化的オムニボア　*238-239, 293,* 329
文化的再生産　*21, 239, 292*
文化的嗜好性　*236-239*
分析社会学　*21*
ヘテロセクシズム（異性愛主義）　*136, 156,*
　　174, 329
変数　*38-39*
　従属——／独立——　*20, 38*
包摂　*312-314*
方法の三類型　*27-29*　→統計帰納法，数理
　　演繹法，意味解釈法を参照
方法論的個人主義　*5-6, 8-10, 15-16, 19, 21,*
　　23, 28, 246, 275, 329
方法論的集合主義（方法論的全体主義）　*5-6,*
　　8, 10-11, 15, 19, 21, 23, 28, 274, 329
ホーソン実験　*106-107,* 329
母子世帯　*212-214, 216*
ポスト構造主義　*155,* 329
ポストモダン　*55-56, 61, 69, 81, 83*
母性愛　*124, 136*
ホッブズ的秩序問題　*274,* 329
ホモソーシャル　*163*

ま　行

マクドナルド化　*260-261, 265*
ミクロ−マクロ・リンク　*19-21, 23, 43,* 329
未婚化　*129*
無関心圏　*103-104*
無作為抽出　*36-37,* 330
無知のヴェール　*198-199*
燃え尽き　*111-112*
モノポリー・モデル　*174-175*　→肯定主張
　　モデルも参照
モビリティーズ　*306, 310,* 330

や　行

役割移行　*127-128*
役割期待　*74, 179, 181*
病い　*177-179*
病いの語り　*181, 182-183, 191,* 330
病いの経験　*178-179, 181, 183,* 330
優生思想　*176-177, 189-190,* 330
ゆとり教育　*233-234*
予期的社会化　*113-114*
予言の自己成就　*14-15, 23,* 330
弱い紐帯（絆）　*85-86, 285*

ら・わ　行

ライフコース　*127-129, 184, 223,* 331
ライフサイクル　*127, 134, 184,* 331
ライフヒストリー　*129*
ラベリング　*77-78, 95, 182,* 331
リキッド・モダニティ　*306, 310,* 331
離婚　*126-127, 130, 214*
リスク　*305, 310*
理念型　*8, 10, 29, 60*
理論　*4*
　社会学——　*5, 21-23*　→方法論的個人主
　　義，方法論的集合主義も参照
　——と社会現象　*6, 22-23*
労働市場　*148-151, 159, 165, 224, 247*
労働者階級　*32-33, 45, 218, 230-233*
ろう文化　*173-174,* 331
ロマンティック・ラブ　*124*
ワンオペ　*136*

360

人名索引

あ 行

アーリ, J.（John Urry） 306, *310, 330*
アーレント, H.（Hannah Arendt） 137-*140,*
142, 253
アドルノ, T.（Theodor Wiesengrund
Adorno） 250-*251, 313*
アリエス, P.（Philippe Ariès） 124-*125, 142*
アンダーソン, B.（Benedict Anderson）
256, *326*
アンダーソン, M.（Michael Anderson）
124-125
石田浩 *223*
今田高俊 60-*61*
ウィリス, P.（Paul Willis） 32-*33, 45,* 230-
231
ヴェーバー, M.（Max Weber） 5, *8-10, 23,*
26, 59-*62, 82, 102-103, 117,* 149, 218-*219,*
246, 254-255, 297, *318, 322, 329-330*
ウエスト, C.（Candace West） *153, 155*
上野千鶴子 151
ヴェブレン, T.（Thorstein Bunde Veblen）
237
ウォーラーステイン, I.（Immanuel
Wallerstein） *257*
エイブラムズ, D.（Dominic Abrams） *115*
エスペランド, W.（Wendy Espeland） *261-*
262
江原由美子 157-*158, 165*
エリクソン, E. H.（Erik Homburger Erikson）
53, 184, 316
エリクソン, K.（Kai Theodor Erikson） *78*
エリクソン, R.（Robert S. Erikson） *221*
エルダー, G. H.（Glen Holl Elder, Jr.） *128*
エンゲルス, F.（Friedrich Engels） 122

か 行

オークレー, A.（Ann Oakley） *148*
小熊英二 *35*
オストロム, E.（Elinor Ostrom） 276-*277,*
288
落合恵美子 *132, 142*
オリバー, M.（Mike Oliver） *171-172*
オルソン, M.（Mancur Olson, Jr.） 271, *275,*
280-*281, 288, 325*

ガーフィンケル, H.（Harold Garfinkel） 67-
69, 153, 316-317
梶田孝道 *278*
春日キスヨ *143, 145, 187-188*
片桐新自 *280, 288*
キガノ, F.（Federico Cingano） *215*
吉川徹 *234*
キツセ, J. I.（John Itsuro Kitsuse） *175*
ギデンズ, A.（Anthony Giddens） 15-*17, 19,*
21-23, 56-*57, 83-84, 136,* 157, 168, *257, 265,*
305-*306, 310, 320-321, 324, 326*
木戸功 *131*
クーリー, C. H.（Charles Horton Cooley）
50-*51, 56, 68,* 99-*100, 317, 326*
クズネッツ, S.（Simon Smith Kuznets）
209
グブリウム, J.（Jaber F. Gubrium） *130*
クライマン, A.（Arthur Kleinman） *181,*
330
グラノヴェター, M.（Mark Granovetter）
85, *87, 96, 285*
倉本智明 *174*
クンダ, G.（Gideon Kunda） *112*
コーザー, L. A.（Lewis Alfred Coser） 62,

79, 111, *114*

ゴールドソープ，J.（John Harry Goldthorpe）
221, 231, *326*

コールマン，J. S.（James Samuel Coleman）
19-21, 43, 87, *96*, 275, *283*, 286, 322, 329

コーンハウザー，W.（William Kornhauser）
93

後藤吉彦　*176*

ゴフマン，E.（Erving Goffman）　65-66, *68*,
71, 175, 182, 191, *318*, *328*

コンネル，R.（Raewyn Connell）　*154*

さ　行

坂本佳鶴恵　*124*

サズ，T.（Thomas Stephen Szasz）　*182*

サムナー，W.（William Graham Sumner）
110, *114*

サンスティーン，C.（Cass R. Sunstein）　*94*,
263, *308*

サンデル，M.（Michael Joseph Sandel）　*199*

シェフ，T. J.（Thomas J. Scheff）　*182*

シェリング，T.（Thomas Crombie Schelling）
43-45

ジニ，C.（Corrado Gini）　202, *322*

シュッツ，A.（Alfred Schutz）　*63-64*, 68,
321, *327*

ショーター，E.（Edward Shorter）　*124-125*

ジンマーマン，D.（Don H. Zimmerman）
153

ジンメル，G.（Georg Simmel）　10, 26, *54-
55*, *57-59*, 79, 114

スタウファー，S.（Samuel Andrew Stouffer）
113

ズッカー，L.（Lynne G. Zucker）　*108*

ストーラー，R.（Robert Jesse Stoller）　*147*

ストラウス，A. L.（Anselm Leonard Strauss）
181

スペクター，M. B.（Malcolm B. Spector）
175

スミス，A.（Adam Smith）　*273*

スメルサー，N. J.（Neil Joseph Smelser）
279, *323*

セイラー，R.（Richard H. Thaler）　*263*

セジウィック，E.（Eve Kosofsky Sedgwick）

163

セネット，R.（Richard Sennett）　*295-296*

セルズニック，P.（Philip Selznick）　*294*

セン，A.（Amartya Kumar Sen）　196-*199*,
215-216, *325*

ソーダー，M.（Michael Sauder）　*261-262*

ゾールド，M. N.（Mayer Nathan Zald）　*280*

た　行

ターナー，J. C.（John Charles Turner）　*115*

タイフェル，H.（Henri Tajfel）　*115*

橘木俊詔　*207*

タルド，G.（Jean-Gabriel de Tarde）　*91-92*,
320

太郎丸博　*225*

タロー，S.（Sidney George Tarrow）　*281-
282*

筒井淳也　*199-200*

ディクソン，W.（William J. Dickson）　*107*

ディマジオ，P. J.（Paul Joseph DiMaggio）
62, 108

テーラー，M.（Michael Taylor）　*277*

デュ・ゲイ，P.（Paul du Gay）　*112*

デュルケーム，É.（Émile Durkheim）　*5-8*,
10, 23, 26, 76-77, *290-291*, 297, *316*, *323*, 329

テンニース，F.（Ferdinand Tönnies）　*81-
82*, *99-100*, *319*

富永健一　*222*

トロント，J. C.（Joan Claire Tronto）　*190*

ドンズロ，J.（Jacques Donzelot）　*140-141*

な・は　行

西川祐子　*141*

バーガー，P.（Peter Ludwig Berger）　55,
64, *68-69*, *71*, *75*, *80*, *107*, 298

パーソンズ，T.（Talcott Parsons）　*12-13*,
17, 26, *60-62*, 74, *81-82*, 122, 148, *179-180*,
248-249, 274, 291, *315*, *320*, *328-329*

ハーディン，G.（Garrett Hardin）　270, *318*

バーナード，C. I.（Chester Irving Barnard）
103

ハーバーマス，J.（Jürgen Habermas）　*60-
62*, *252-254*, *319*

人名索引

バーンスティン, B.（Basil Bernstein）　230-231, 319
パウエル, W. W.（Walter W. Powell）　62
バウマン, Z.（Zygmunt Bauman）　55-57, 296, 306, 310, 331
バクラック, P.（Peter Bachrach）　247-248
橋本健二　232
パットナム, R.（Robert David Putnam）　87-89, 96, 283, 322
バトラー, J.（Judith Butler）　154-156, 163, 191
バハオーフェン, J. J.（Johann Jakob Bachofen）　122
浜田宏　204-205
バラッツ, M.（Morton S. Baratz）　247-248, 328
ピーターソン, R.（Richard Austin Peterson）　238-239, 329
ピケティ, T.（Thomas Piketty）　209-210, 216
平山亮　165, 188
フーコー, M.（Michel Foucault）　34, 141, 160-161, 165, 258-259, 265, 323, 328-329
フォアスト, R.（Rainer Forst）　303-304
プラース, D.（David W. Plath）　128
ブラウ, P. M.（Peter Michael Blau）　62, 246, 322
プラマー, K.（Kenneth Plummer）　170
フランク, A.（Arthur W. Frank）　182-183, 191
ブリーン, R.（Richard Breen）　231, 326
ブルーマー, H.（Herbert George Blumer）　64-65, 323
ブルデュー, P.（Pierre Bourdieu）　21, 157, 231, 236-240, 242, 328
フロム, E.（Erich Fromm）　92, 96, 251, 323
ベイルズ, R. F.（Robert F. Bales）　74
ベッカー, G.（Gary Stanley Becker）　237
ベッカー, H.（Howard Saul Becker）　77-78, 95, 331
ベック, U.（Ulrich Beck）　305, 310, 321
ヘドストローム, P.（Peter Hedström）　21
ベラー, R.（Robert Neelly Bellah）　295-296, 300, 328
ホウト, M.（Thomas Hout）　233

ボーヴォワール, S. de（Simone de Beauvoir）　147
ホッグ, M.（Michael A. Hogg）　115
ホックシールド, A.（Arlie Russell Hochschild）　111
ホッブズ, T.（Thomas Hobbes）　274, 329
ホルクハイマー, M.（Max Horkheimer）　250, 254, 328

ま　行

マードック, G. P.（George Peter Murdock）　122
マートン, R. K.（Robert King Merton）　11, 13-15, 19, 23, 76-77, 98, 105, 113, 316, 318, 320
マイヤー, J.（John W. Meyer）　107
益田仁　227-228
マッカーシー, J. D.（John D. McCarthy）　280
マッキーヴァー, R. M.（Robert Morrison MacIver）　99-101, 117, 316, 320
松木洋人　131
マネー, J.（John Money）　147
マルクーゼ, H.（Herbert Marcuse）　252
マルクス, K.（Karl Marx）　150, 218
ミード, G. H.（George Herbert Mead）　51-53, 56, 68, 315-316
ミッテラウアー, M.（Michael Mitterauer）　125
ミヘルス, R.（Robert Michels）　105
ミルグラム, S.（Stanley Milgram）　86, 96, 104
ミルズ, C. W.（Charles Wright Mills）　13, 91-92, 94
ミレット, K.（Kate Millett）　149
麦山亮太　228
牟田和恵　141
モーガン, L. H.（Lewis Henry Morgan）　122

や　行

安田三郎　220
山岸俊男　285-286, 288, 316

363

山田昌弘　*132, 226, 242*
吉武理大　*214*

ら 行

ライアン，D.（David Lyon）　262
ラスレット，P.（Peter Laslett）　*124-125*
ラフタリー，A.（Adrian Raftery）　*233*
リースマン，D.（David Riesman）　92, *96,*
　327
リッツァ，G.（George Ritzer）　260, *265*
リン，N.（Nan Lin）　*87-88, 322*
ル・ボン，G.（Charles-Marie Gustave Le Bon）
　91, *319*

ルークス，S.（Steven Lukes）　244-*245, 247-*
　248, 252, 254, 265, 321
ルーマン，N.（Niklas Luhmann）　17-*19, 21,*
　61, 249, *320*
ルソー，J. J.（Jean-Jacques Rousseau）　*147*
ルックマン，T.（Thomas Luckmann）　55,
　64, 68, 71, 75, *80,* 298
レイン，R. D.（Ronald David Laing）　*182*
レスリスバーガー，F.（Fritz Jules
　Roethlisberger）　*107*
ロウワン，B.（Brian Rowan）　*107*
ローザ，H.（Hartmut Rosa）　*307*
ロールズ，J.（John Bordley Rawls）　196-
　199, 215-216, 325

執筆者紹介

数土直紀（すど なおき）編者
担当　はじめに・第1章・第2章・第9章～第12章・コラム・用語解説
東京大学文学部卒業。東京大学大学院社会学研究科博士課程修了，博士（社会学）。
現　在，一橋大学大学院社会学研究科教授（数理社会学・計量社会学・社会階層論）。
主著に，『信頼にいたらない世界──権威主義から公正へ』(2013年)，『格差社会のなかの自己イメージ』（編著，2018年，ともに勁草書房），『少子高齢社会の階層構造3　人生後期の階層構造』（共編，東京大学出版会，2021年），"The Effects of Women's Labor Force Participation: An Explanation of Changes in Household Income Inequality" (*Social Forces* 95(4), 2017) など。

山田真茂留（やまだ まもる）編者
担当　第3章～第5章・第13章・おわりに・コラム・用語解説
東京大学文学部卒業。東京大学大学院社会学研究科博士課程単位取得退学。
現　在，早稲田大学文学学術院教授（集合的アイデンティティ論・集団論・組織論・宗教社会学）。
主著に，『集団と組織の社会学──集合的アイデンティティのダイナミクス』（世界思想社，2017年），『グローバル現代社会論』（編著，文眞堂，2018年），.『災禍の時代の社会学──コロナ・パンデミックと民主主義』（共編，東京大学出版会，2023年），『いま，ともに考える社会学──現代社会論・入門』（共編，有斐閣，2025年）など。

天田城介（あまだ じょうすけ）
担当　第6章・第8章・用語解説（共著）
立教大学社会学部卒業。立教大学大学院社会学研究科博士後期課程修了，博士（社会学）。
現　在，中央大学文学部教授（福祉社会学・医療社会学・臨床社会学・歴史社会学）。
主著に，『〈老い衰えゆくこと〉の社会学』（多賀出版，2003年［増補改訂版，2010年］），『老い衰えゆく自己の／と自由』（ハーベスト社，2004年），『老い衰えゆくことの発見』（角川学芸出版，2011年），『体制の歴史──時代の線を引きなおす』（共編，洛北出版，2013年），『大震災の生存学』（共編，青弓社，2015年）など。

山根純佳（やまね すみか）
担当　第7章・コラム・用語解説
早稲田大学教育学部卒業。東京大学大学院人文社会系研究科博士課程修了，博士（社会学）。
現　在，実践女子大学人間社会学部教授（ジェンダー研究，再生産・ケア労働論）。
主著に，『産む産まないは女の権利か──フェミニズムとリベラリズム』(2004年)，『なぜ女性はケア労働をするのか──性別分業の再生産を超えて』(2010年，ともに勁草書房)，「ケアの再公共化とフェミニズムの政治──福祉国家・ケア・新自由主義」(『挑戦するフェミニズム』分担執筆，有斐閣，

2024 年）など.

染谷莉奈子（そめや りなこ）
担当　コラム・用語解説（共著）
中央大学文学部卒業。中央大学文学研究科博士後期課程修了，博士（社会学）。
現　在，日本学術振興会特別研究員 PD（法政大学），慶應義塾大学他非常勤講師（家族社会学・福祉社会学・障害学）
主著に，「何が知的障害者と親を離れ難くするのか——障害者総合支援法以降における高齢期知的障害者家族」（『障害社会学という視座』分担執筆，新曜社，2019 年），「母親が経験する知的障害者の「自立生活」——支援者とのやりとりの間にみられる解釈の相違」（『福祉社会学研究』20 号，2023 年）など.

アカデミックナビ
社会学

2025年4月20日　第1版第1刷発行

編者　数土直紀
　　　山田真茂留

著者　天田城介
　　　山根純佳

発行者　井村寿人

発行所　株式会社　勁草書房
112-0005　東京都文京区水道2-1-1　振替　00150-2-175253
　（編集）電話 03-3815-5277／FAX 03-3814-6968
　（営業）電話 03-3814-6861／FAX 03-3814-6854
本文組版 プログレス・三秀舎・中永製本

©SUDO Naoki, YAMADA Mamoru,
　AMADA Josuke, YAMANE Sumika　2025
ISBN978-4-326-60379-4　Printed in Japan

 ＜出版者著作権管理機構 委託出版物＞
本書の無断複製は著作権法上での例外を除き禁じられています。
複製される場合は、そのつど事前に、出版者著作権管理機構
（電話 03-5244-5088、FAX 03-5244-5089、e-mail: info@jcopy.or.jp）
の許諾を得てください。

＊落丁本・乱丁本はお取替いたします。
　ご感想・お問い合わせは小社ホームページから
　お願いいたします。

https://www.keisoshobo.co.jp

テキスト・シリーズ　アカデミックナビ

　アカデミックナビは，新しい世紀に必要とされる教養を身につけるために企画した，勁草書房の新しいテキスト・シリーズです。本シリーズが目指すのは，専門化が進み細分化された学問分野をあらためて体系化し，初学者にわかりやすく伝える現代のスタンダード・テキストです。そのため，これまでに勁草書房が刊行してきた人文科学各分野から特に重要なものを選び，それぞれの分野の第一人者が必要なポイントを懇切丁寧に解説し，用語解説やＱ＆Ａなどで当該分野の全体像をイメージできるように工夫します。本シリーズは，初学者がアカデミズムの世界を航海する際の最適な指針となることを目指します。

●内容のコンセプト

わかりやすく
初学者にもわかりやすく，共通教育課程（1～2年）のテキストとして最適なレヴェル。

バランスよく
特定の立場に偏らず，その分野全体に広く目を配り，汎用性が高く標準的。

ポイントをしぼって
特に重要な点のみを丁寧に説明しつつ，その分野の全体像を伝える。

体系的に
各章が整合的に構成されており，最初から最後までスムースに読み進められる。

●既刊

子安増生編著『心理学』A5 判 2970 円　25115-5

大瀧雅之『経済学』A5 判 2970 円　50445-9

田村哲樹・近藤康史・堀江孝司『政治学』A5 判 2970 円　30283-3

多湖淳『国際関係論』A5 判 2640 円　30339-7

●今後の刊行予定ラインナップ

『統計学』，『教育学』etc.

勁草書房